新世纪地理科学野外实习系列丛书

地理科学专业实习实践成果
——科研论文篇

王学东　主编

中国环境出版社·北京

图书在版编目（CIP）数据

地理科学专业实习实践成果. 科研论文篇/王学东主编. —北京：中国环境出版社，2015.1
（新世纪地理科学野外实习系列丛书）
ISBN 978-7-5111-2203-2

Ⅰ. ①地…　Ⅱ. ①王…　Ⅲ. ①地理学—教育实习—师范大学—文集　Ⅳ. ①K90-45

中国版本图书馆 CIP 数据核字（2015）第 010619 号

出 版 人　王新程
责任编辑　沈　建
助理编辑　宾银平
责任校对　尹　芳
封面设计　彭　杉

出版发行　中国环境出版社
（100062　北京市东城区广渠门内大街 16 号）
网　　址：http://www.cesp.com.cn
电子邮箱：bjgl@cesp.com.cn
联系电话：010-67112765（编辑管理部）
010-67113412（教材图书出版中心）
发行热线：010-67125803，010-67113405（传真）
印　　刷　北京中科印刷有限公司
经　　销　各地新华书店
版　　次　2015 年 5 月第 1 版
印　　次　2015 年 5 月第 1 次印刷
开　　本　787×1092　1/16
印　　张　17.25
字　　数　420 千字
定　　价　48.00 元

《新世纪地理科学野外实习系列丛书》
编 委 会

《地理科学专业实习实践成果——科研论文篇》
编 委 会

序

新世纪地理科学野外实习系列丛书终于和读者见面了。谨此献给首都师范大学 60 年华诞!

首都师范大学资源环境与旅游学院地理科学专业是学院四个专业中最早建立的，建于 1954 年原北京师范学院建院之初。地理科学专业的同仁们秉承了老地理系的优良传统，教书育人、勤与教、精与育、导与学、责与恒。本系列丛书的出版，无不凝聚着前辈老师们善行诱导和同学们的艰辛求索。

地理科学专业的特色之一是野外实践。大自然是学习地理学的第一课堂、是理论践行与实践相结合最好的实验室，是学好地理学不可或缺的教学过程。重视野外教学实践、重视理论联系实际、理论指导实践、实践验证理论，提高学生的专业技能是地理科学专业一贯秉承的教学理念，它是一把尺子，时时处处量度着我们教师的责任心。这些年来，无论培养目标如何改动、教学时数如何调整，野外实践教学始终保持着自己的特色和优势，成为了地理科学专业的品牌。

系列丛书共 5 本。由《地图学实习简明教程》《地质学野外实习简明教程》《自然地理实习指导：雾灵山土壤-植物地理》《地理科学专业实习实践成果——科研论文篇》《地理科学专业实习实践成果——实习报告篇》组成。本系列丛书较全面地反映了地理科学的专业特色以及野外教学实习成果。《地图学实习简明教程》主编常占强博士长期从事测量与地图学方面的研究，野外教学经历丰富；《地质学野外实习简明教程》主编齐童老师、刘永顺博士长期从事基础地质学、火山动力学、地貌学以及景观学教学和研究工作，有着 20 年以上的野外工作经历；《自然地理实习指导：雾灵山土壤-植物地理》主编李宏博士主要从事林学、景观规划和设计研究，野外工作经验丰富；学生野外实践成果和科学研究汇编主编分别是王学东博士和李业锦博士，两位教师都是年轻有为、学有所长、专注野外教学工作的青年教师。

系列丛书编委会成员是王学东、李业锦、李宏、刘永顺、齐童、常占强、徐建英。主编：齐童；副主编：常占强、王学东。在系列丛书编写过程中，得到了首都师范大学教务处的资助和大力支持，王德胜处长亲自参加了丛书组稿的策划、讨论、定稿、定名，为系列丛书的出版倾注了大量心血，在此表示衷心的感谢!

丛书编委会

前 言

随着国家创新体系建设的深入，经济、社会迅速发展对人才创新能力要求也不断提高，高校在融合科学研究和创新型人才的培养，发挥科学研究对创新型人才培养的积极作用非常重要。本科教育是高校办学的主体和基础。在有条件的大学开展本科生科研，培养本科生的科研意识，鼓励其及早进入研究领域，是培养本科生成为具有实践能力和创新能力创新型人才的重要途径。1969 年麻省理工学院首创“大学生研究机会计划”。这种理念逐渐被国内外的知名高校所接受并推广。我校地理科学专业在本科生培养过程中特别重视开展科研训练，目前已构建了教师科研项目、学生科研立项、拔尖人才计划、课外科技创新、野外实习实践等一体化的科研训练培养模式，使学生的科研创新能力有了很大的提高。为了反映学生科研成果，激发学生参与科研的积极性，我们挑选了近几年地理科学专业本科生的科研论文汇编了本书。

本书共分四个部分，前三部分植物地理、区域地理、地质地貌是根据研究内容来划分的，这部分文章主要取自野外实习实践的内容，也有一小部分是学生在科研立项中的自由选题。其中部分文章已经在期刊发表（已在文中进行标注）。第四部分是地理科学专业本科生的优秀毕业论文（校级），这部分论文的选题主要围绕指导教师的科研方向。

本书是地理野外实习系列丛书的一部分，编写思路由齐童老师提出，由编者收集、整理汇编而成，全书既是地理科学专业本科生的劳动成果，也汇集了地理科学专业教师，特别是野外实习教师和本科生毕业论文指导教师的心血。在此，对他们付出的辛勤劳动表示感谢！

本书是本科生科研论文汇编，涉及内容多，研究方向的差异也较大，在尊重每篇文章原有内容的基础上，我们尽管对部分内容略做了改动，但由于知识水平有限，难免出现错误和疏漏。恳请广大使用本书的朋友们批评指正。

编 者

目　录

第Ⅰ部分　植物地理

第Ⅱ部分　区域地理

第Ⅲ部分　地质地貌

第Ⅳ部分　优秀本科毕业论文

第Ⅰ部分　植物地理

雾灵山低山区油松林物种多样性初探

鲍林林，黄磊，王学东*，刘建中，华珞

摘　要：本文以河北省兴隆县雾灵山低山地区人工油松林为研究对象，采用植物群落样地调查法，对不同郁闭度的人工油松林样地灌木层和草本层群落的种类组成状况进行了观察和调查，并通过总优势度、Simpson 指数、种间相遇概率等指标来探讨不同郁闭度下的油松林植物群落的物种多样性特点，以分析油松林郁闭度对其林下群落结构和物种丰富度的影响。结果表明在油松的郁闭作用下，林下灌木层植物密集，种类丰富，物种多样性高，而草本层植物稀疏，种类贫乏，物种多样性低；随着油松郁闭度的增加，灌木层物种多样性升高，草本层物种多样性有降低的趋势。

关键词：油松林　郁闭度　物种多样性　群落组成

0　前言

油松（红皮松、短叶松，*Pinus tabulaeformis* Carr.）为松科松属针叶常绿乔木，分布广泛，是中国北方广大地区最主要的造林树种之一。雾灵山地区的人工油松林主要分布于低山地区（海拔 600～1 000 m）的阳坡与半阳坡上，其乔木层树种组成单一（主为油松），形成单优势群落结构。油松的人工种植，对植被的生境有一定的影响，从而影响群落的组成和群落的物种多样性。物种多样性是目前自然保护区研究的热点问题，本文主要针对油松林的郁闭作用对灌丛及草本物种组成的影响，以及由此形成的灌木层和草本层的物种丰富度和物种多样性特点展开研究，以期为北京山区油松林的深入研究提供依据。

1　研究区域概况

雾灵山位于河北省兴隆县北部，地理位置位于东经 117°27′～117°35′，北纬 40°30′～40°36′，海拔 2 116.2 m，为燕山山脉主峰；地处暖温带半湿润大陆性季风气候区，具有雨热同期、冬长夏短、夏季凉爽、昼夜温差大的特征。雾灵山年均温为 7.6℃，年降水量为 763.3 mm；此一带主要土壤类型为褐土和棕壤，褐土分布于 1 200 m 以下的阳坡和 900 m

---

注：该文于 2011 年发表于《北方环境》第 23 卷第 4 期。

项目资助：首都师范大学青年教师教学研究项目和北京市精品课程建设项目联合资助。

作者简介：鲍林林，女，首都师范大学地理科学专业在读本科生。

*通讯作者：王学东，男，博士，研究方向土壤地理学。

以下的阴坡，棕壤主要分布于 800～1 200 m 的阳坡和 900 m 以上的阴坡；雾灵山地理位置独特，植被类型多样，其植被既有暖温带落叶阔叶林的特征，又有温带针阔混交林的特征，在其阳坡植被大致可划分为三个带：低中山松栎林带、中山针阔混交林带、山地草甸带。

2 调查方法

2.1 样地的选择

在雾灵山人工油松林分布的低山地区（海拔 600～1 000 m），选取坡向（阳坡 170～200 m）、海拔（约 660 m）和坡度（约 32°）相同的四块样地（样地按乔木层-油松-郁闭度大小分别命名为样地 1、样地 2、样地 3、样地 4）。每块样地中，乔木层的调查面积为 10 m×10 m，灌木层的调查面积为 5 m×5 m，草本层的调查面积为 1 m×1 m。采用生态学野外调查方法，分别对每个样地灌木层和草本层的植物种类、物种数量和频度及生活力等进行调查[1]。

2.2 物种多样性测定

物种多样性是植物群落物种丰富度及其分布均匀性的综合反映，体现了群落结构类型、组织水平、发展阶段、稳定程度和生境差异，也反映了生物群落在组成、结构、功能和动态方面的异质性[2]。本文主要以 Simpson 指数、Hurlbert 种间相遇概率以及物种的总优势度来分析油松林下灌木层和草本层的物种丰富度及物种多样性的特点。其方法如下：

总优势度：SDR（Sum of Dominance Ratio）=[相对密度（D%）+相对频度（F%）]/200，以分析某植物在群落中的地位和作用。

式中，相对密度——样地中特定种的个体数占各个种的总个体数的百分数；

相对频度——各个种的频度占群落样地中所有种的频度总和的百分数[3]。

物种多样性指数：Simpson 指数 $D=1-\sum P_i^2$ （i=1，2，3，…，S）

Hurlbert 种间相遇概率（PIE）：$\mathrm{PIE}=\sum(n_i/N)[(N-n_i)/(N-1)]$

式中，n_i——第 i 个物种的个体数；

N——群落总个体数；

P_i——物种个体数 n_i 与群落总个体数 N 的比值；

S——群落的总种数。

3 结果与分析

3.1 油松林样地灌木层和草本层的植物种类组成状况

表 1 为四块油松林样地乔木层下群落组成状况及相应总优势度，由表 1 可知，油松林

乔木层下灌木层常见的种类有三裂绣线菊（*Spiraea trilobata* L.）、六道木（*Abelia dielsii*）、华北绣线菊（*Spiraea fritschiana* Schneid.）、土庄绣线菊（*Spiraea pubescens* Turcz.）、大果榆（*Ulmus macrocarpa*）、胡枝子（*Leapedeza bicolor*. Turcz.）、雀儿舌头[*Leptopus chinensis*（Bunge）Pojarkova]、蚂蚱腿子（*Myripnois dioica* Bunge）、冻绿（*Rhamnus utilis* Decne）、圆叶鼠李（*Rhamnus davurica*）和荆条（*Vitex negundo* var. *heterophylla*）等，其中绣线菊为主要优势种(其中又以三裂绣线菊为主)；草本层常见的种类为细叶薹草(*Carex rigescens*)。

表 1　油松林下灌木层及草本层的植物种类及其分布特征

样地号	灌木层				草本层			
	种名	株数	频度/%	总优势度	种名	株数	频度/%	总优势度
1	华北绣线菊	21	100.0	0.253	大丁草	16	100.0	0.734
	三裂绣线菊	21	83.3	0.232	宽叶薹草	2	40.0	0.177
	六道木	12	100.0	0.191	细叶薹草	1	20.0	0.089
	土庄绣线菊	6	66.7	0.113				
	蚂蚱腿子	6	50.0	0.095				
	大果榆	3	33.3	0.057				
	毛欧李	2	16.7	0.032				
	圆叶鼠李	1	16.7	0.025				
2	六道木	26	100.0	0.297	细叶薹草	10	100.0	0.691
	三裂绣线菊	17	100.0	0.230	玉竹	5	40.0	0.309
	土庄绣线菊	6	66.7	0.114				
	毛欧李	6	66.7	0.114				
	齿叶白鹃梅	6	66.7	0.114				
	蚂蚱腿子	3	33.3	0.057				
	华北绣线菊	2	33.3	0.049				
	冻绿	1	16.7	0.025				
3	三裂绣线菊	38	100.0	0.336	细叶薹草	21	100.0	0.733
	大果榆	13	100.0	0.185	地榆	2	20.0	0.103
	蚂蚱腿子	14	50.0	0.138	茜草	1	20.0	0.083
	冻绿	7	50.0	0.096	糙苏	1	20.0	0.083
	一叶萩	4	50.0	0.078				
	北京丁香	2	33.3	0.048				
	雀儿舌头	2	33.3	0.048				
	土庄绣线菊	1	16.7	0.024				
	荆条	1	16.7	0.024				
	毛欧李	1	16.7	0.024				
4	三裂绣线菊	46	100	0.375	细叶薹草	14	100.0	1
	六道木	13	100	0.183				
	荆条	14	66.7	0.153				
	胡枝子	5	66.7	0.101				
	华北绣线菊	3	50.0	0.071				
	雀儿舌头	2	33.3	0.047				
	冻绿	1	16.7	0.024				
	土庄绣线菊	1	16.7	0.024				
	大果榆	1	16.7	0.024				

在本调查区域即人工油松所分布的低山地区，本是以农田、灌丛林等植被为主，其灌丛林的特点为：阳坡因光照条件和温度条件较好，但水分条件差，土层薄，肥力不足，植被稀疏，灌木层群落组分以荆条、酸枣、小叶鼠李等耐旱种类为主；而阴坡因温度较凉，水分条件较好，土层厚，肥力高，植被密集，灌木层植物种类丰富，以三裂绣线菊、土庄绣线菊、华北绣线菊、蚂蚱腿子、胡枝子等为主。通过表 1 总优势度值的大小可见，此四块样地内，灌木层的主要优势种：样地 1 为华北绣线菊（0.253）和三裂绣线菊（0.232），样地 2 为六道木（0.297）和三裂绣线菊（0.230），样地 3 为三裂绣线菊（0.336），样地 4 为三裂绣线菊（0.375）。主要伴生种有胡枝子、蚂蚱腿子等，这与阴坡面的灌丛林的灌木层的植物种类组成相近。由此可见，在人工种植的油松的郁闭作用下，其乔木层下的环境因子（如水分、温度和光照等）更适宜于阴坡灌丛林的灌木生长而不是生长于阳坡灌丛林的耐旱种类（如荆条、酸枣）；且林下灌木层植被密集，种类也比较丰富，由于灌木层的植物密集、种类丰富，光照、水分和温度等生态因子的效益也被其大量削弱，使得草本层植物生长状况较差，植物稀疏，种类丰富度低，仅以细叶薹草为主。

3.2　油松林样地灌木层、草本层的物种多样性

表 2 是四块人工油松林样地内灌木层与草本层的物种多样性指数，各样地乔木层的郁闭度与 Simpson 指数、种间相遇概率的相关性如图 1 所示。

表 2　人工油松林下灌木层与草本层的物种多样性指数

样地	油松郁闭度/%	灌木层				草本层			
		总个体数 N	物种数	Simpson 指数	种间相遇概率	总个体数 N	物种数	Simpson 指数	种间相遇概率
样地 1	54.70	72	10	0.214 5	0.796 6	19	4	0.723 0	0.292 4
样地 2	57.40	67	11	0.242 1	0.616 0	15	1	0.555 6	0.476 1
样地 3	63.50	83	8	0.273 8	0.732 5	25	2	0.715 2	0.296 7
样地 4	71.40	86	9	0.341 0	0.666 8	14	3	1.000 0	0.000 0

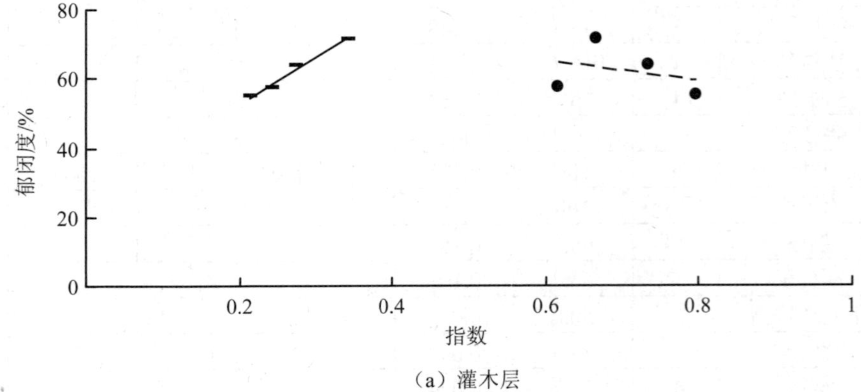

（a）灌木层

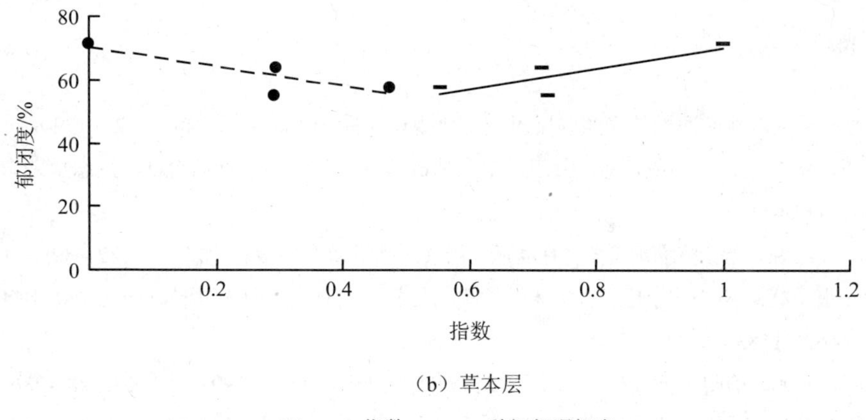

（b）草本层

● Simpson 指数 — 种间相遇概率

图 1 乔木层郁闭度与灌木层（a）和草本层（b）的物种多样性指数的相关性（线性相关）

表 2 及图 1 显示，油松林乔木层的郁闭度增大时，其乔木层下的物种（包括灌木层和草本层）数量呈递减趋势，而各个种的总个体数增加；灌木层各个种的总个体数随乔木层郁闭度的增大而增多，物种数量减少，而草本层各个种的总个体数在一定范围内减少，物种数量增加。对于物种多样性指数，当油松郁闭度增大时，灌木层的 Simpson 指数的数值较低，但呈现增加的趋势，而种间相遇概率数值较高，在一定范围内是呈现降低趋势的；其草本层的 Simpson 指数的数值较高，也随郁闭度的增加升高，而其种间相遇概率数值较低，且随郁闭度的增加降低。

综上所述，人工油松林乔木层的郁闭作用对其林下的群落组成及物种多样性有一定的影响，分布于阳坡的人工油松林其灌木层物种组分并非阳坡灌丛林的主要物种，而与阴坡灌丛林的灌木层物种组成类似，且在油松林灌木层植物密集的情况下草本层植物比较稀疏，种类简单；在不同郁闭度下，灌木层与草本层的物种多样性也有一定的变化规律：郁闭度增大，对灌木层而言，种间相遇概率增大，物种数量减少，而总个体数增多，物种多样性相对较高，并随种间相遇概率升高而升高；而草本层，在油松郁闭度增大的情况下，物种数量增加，而总个体数减少，物种多样性较低；灌木层的物种数及各个种的总个体数明显大于草本层的，且灌木层的物种多样性也较草本层的高，物种丰富度大。

4 结论

在雾灵山的低山区阳坡人工油松林乔木层下植物密集，种类丰富，尤以灌木层最为突出，其物种组成受乔木层郁闭作用的影响，形成了以绣线菊类为主要优势种的组成特点；并随着油松林乔木层郁闭度增加，林下的物种总数降低，而各个种的总个体数增加，主要表现为灌木层的物种数量减少而其总个体数增加。相对于草本层，灌木层的物种丰富度大，物种多样性指数较高。

参考文献

[1] 程子序. 雾灵山地区油松林光照强度时空变化规律初探[J]. 新课程，2010（2）：79-82.

[2] 茹文明，张金屯，毕润成，等. 山西霍山森林群落林下物种多样性研究[J]. 生态学杂志，2005，24（10）：1139-1142.

[3] 武吉华，江源，等. 植物地理学[M]. 4 版. 北京：高等教育出版社，2004：183-189.

[4] 王梅，张文辉. 不同坡向人工油松林生长状况与林下物种多样性分析[J]. 西北植物学报，2009，29（8）：1678-1683.

[5] 陈芳清，卢斌. 秭归飞播油松林的物种多样性[J]. 物种多样性，1997，5（4）：281-286.

[6] 张玉均，刘振玉. 松山油松林群落特征分析[J]. 北京林业大学学报，1996，18（2）：96-99.

[7] 张桂娟，张金龙，李淑贤，等. 承德县人工油松林下草本植物种间关系研究[J]. 中国农学报，2009，25（7）：109-113.

[8] 周秀珍，崔同祥，郭文增，等. 雾灵山的人工油松林[J]. 河北林果研究，2004，19（1）：17-22.

北京土壤重金属分布及评价
——以五环以内为例

陈潇霖，杨丹，胡迪青，连冬齐，王学东*

摘　要：本文选择北京市五环内土壤为研究对象，对不同环、不同功能区等空间位置变化下的土壤进行了采样和分析，研究了北京市城市土壤重金属 Pb、Cu、Cr、Cd 的空间分布特征，以期为北京市环境保护和治理以及城市环境规划提供理论依据。研究结果表明，北京市五环以内地区土壤中 Cu、Cr、Cd 含量均超过背景值。在空间分布上，土壤中四种重金属的含量呈现出由内向外递减的趋势，而公园外重金属含量超过公园内，车流量大、堵车严重地区土壤重金属含量也较高。综合污染评价表明，北京市五环以内地区土壤重金属属于轻度污染，Cr、Cu、Pb 属于清洁级，Cd 已接近中度污染。

关键词：北京市　土壤重金属　空间分布　污染评价

0　引言

随着经济的发展，我国工业化和城市化的进程不断加快，随之而来的城市环境问题日益突出。城市土壤是城市环境的重要因子，是城市生态系统不可缺少的组成部分，而城市化过程对城市土壤环境产生了深刻影响，使得土壤的污染物增多，尤为突出的是土壤中重金属的积累日益加剧。有毒重金属进入城市土壤环境后不能被生物降解，而且会通过吞食、吸入和皮肤吸收等主要途径进入人体，直接对人特别是儿童的健康造成危害，还可通过污染食物、大气和水环境间接影响城市环境质量和危害人体健康[1]。因此，城市土壤重金属污染的调查和研究已成为被广泛关注的环境问题。

北京市是国际化大都市，随着经济的发展，城市化的加快和人口的增多，城市土壤也受到污染的威胁。研究表明北京市公园土壤中 Cu、Pb 积累显著[2]，公路两侧呈现出较为严重的带状污染[3]。为了解北京市城区土壤重金属空间分布，本研究采集了五环以内地区土壤样品，通过对北京城区土壤重金属的分析、调查和评价，揭示北京市城区土壤重金属的积累特征，从而为北京市环境保护和治理以及城市环境规划提供理论依据。

注：该文于 2012 年发表于《环境科学与技术》第 35 卷 12J 期。
基金项目：国家自然科学基金项目（21007042）和北京市自然科学基金项目（8122014）联合资助。

作者简介：陈潇霖（1990—），女，本科，研究方向为地理科学。
*通讯作者：王学东（1978—），男，副教授，博士，研究方向为土壤污染与评价。

1 材料与方法

1.1 采样点的选择

采样地点为北京市五环以内地区，主要包括以下三类：①各个主要交通干线交汇处，如公交换乘站、环岛等；②各环内公园及外围主干道土壤；③各环内早晚高峰时段堵车严重区域，具体采样点如图 1 所示。

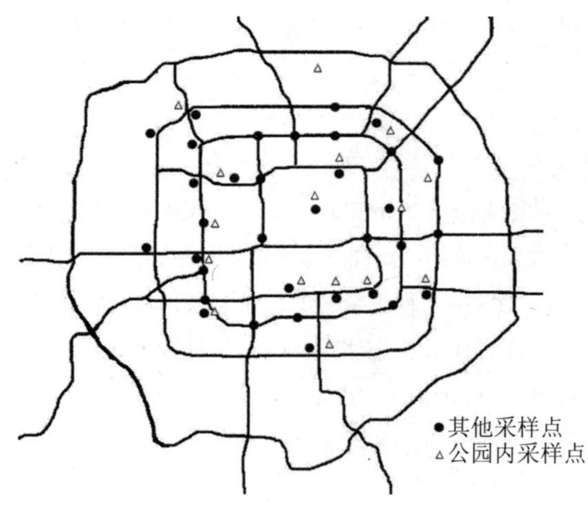

图 1 采样点分布示意图

1.2 土壤样品的采集方法

在各采样点采集土壤表层 0～20 cm 的样品，为避免极端值的干扰，每个采样区按照梅花布点法采集 3～5 个点，混合均匀后组成一个样品，共计采集 73 个土壤样品，其中包括二环 12 个、三环 40 个、四环 21 个。样品的基本化学性质见表 1。

表 1 土壤样品的化学性质

指标	pH 值	有机质/%	速效 P/（mg/kg）	速效 K/（mg/kg）	全 N/（mg/kg）
含量范围	7.78～8.54	0.73～3.95	0.44～16.51	110～380	19.6～129

1.3 样品的分析方法

土壤样品在室内风干并剔除侵入体和新生体，研磨后过 200 目筛。土壤样品的 Pb、Cd、Cu、Cr 含量采用“$HCl-HNO_3-HClO_4$”消解，电感耦合等离子体发射光谱仪（Varain 720ES）测定。

1.4 土壤重金属的评价方法

土壤重金属评价标准采用《土壤重金属污染评价标准》（GB 15618—1995）中的二级

标准，并以北京市土壤重金属基线值[4]为基准，单项污染指数按下式计算：

$$I_i = \frac{C_i - B}{S_i - B} \tag{1}$$

式中，I_i——某样品中污染元素 i 的指数；

C_i——某样品中 i 元素的实测浓度；

S_i——i 元素的评价标准；

B——土壤中 i 元素的背景值。

单项污染综合指数式为

$$I = \frac{\sum I_i}{n} \tag{2}$$

式中，I——i 元素 n 个样品中的综合污染指数；

n——参加计算的样品数。

综合污染指数采用内梅罗指数：

$$P_i = [0.5（I^2_{\text{ave}} + I^2_{\max}）]^{0.5} \tag{3}$$

式中，P_i——综合指数；

I_{ave} 和 $I_{\max}$——分别表示平均单项污染指数和最大单项污染指数。

按上述式（3）计算得到综合污染指数，根据表 2 进行评价分级。

表 2 土壤环境质量评价分级标准

等级划分	P	污染等级	污染水平
Ⅰ	$P \leqslant 0.7$	安全	清洁
Ⅱ	$0.7 < P \leqslant 1$	警戒级	尚清洁
Ⅲ	$1 < P \leqslant 2$	轻度污染	土壤轻度污染，植物已受污染
Ⅳ	$2 < P \leqslant 3$	中度污染	土壤、植物均受中度污染
Ⅴ	$P > 3$	重度污染	土壤、植物均受重度污染

2 结果与分析

2.1 北京市五环以内地区土壤重金属含量总体状况

表 3 为北京市五环以内地区土壤重金属含量平均值。由表 3 可知，与北京市土壤重金属含量背景值相比，土壤中除 Pb 含量（23.30 mg/kg）未超过背景值以外，Cd、Cu、Cr 三种元素的含量均不同程度超过背景值，这表明北京的城市化进程已经使土壤受到一定程度的污染。关于 Pb 含量较低可能有以下几方面的原因。首先，随着城市建设的发展，城市道路两旁绿化覆盖率明显好转，这对于来自机动车排放的重金属有一定阻隔和过滤作用[5]。其次，近年来北京采用了一系列措施来减轻汽车尾气的污染，如采用新气缸生产技术、提高汽油和柴油品质、淘汰高排污车辆等。第三，所采用的背景值偏高。李晓燕等[6]

的研究也表明，北京市土壤 Pb 在公园、商业区等不同土地利用方式下含量较低，尚处于清洁水平。

表 3　北京市五环以内地区土壤重金属含量

元素	样本/个	最小值/（mg/kg）	最大值/（mg/kg）	平均值/（mg/kg）	变异系数/%	背景值/（mg/kg）
Pb	73	11.34	63.84	23.30	48.03	24.6
Cd	73	0.50	3.40	0.76	48.92	0.12
Cr	73	17.86	62.59	37.36	24.08	29.80
Cu	73	22.48	68.42	36.04	26.86	18.70

从表 3 还可以看出土壤中四种重金属元素变异系数大致呈现两个层次，其中 Pb、Cd 变异系数稍大，分别为 48.03%和 48.92%，反映出它们在空间上具有较大分异特征；而 Cr、Cu 的变异系数较小，分别为 24.08%和 26.86%，表明它们的含量分布较为集中，离散性较小。

2.2　北京市五环以内地区土壤重金属含量空间分布特征

图 2 为北京市五环以内地区不同环间土壤重金属平均含量（其中 Cd 值为扩大 10 倍后的值）。由图 2 可知，二环四种重金属含量均高于背景值，三环、四环除 Pb 含量低于背景值以外，其他三种元素均高于背景值。土壤重金属在不同环的分布整体上呈现出由内环向外环逐渐递减的趋势（Cd 含量三环略高于二环）。可能的原因是大型消费娱乐场所、CBD 等集中在二三环，人口多，机动车密度大，堵车现象严重[7]，导致土壤中重金属积累较多，而越向外环，开发程度较低，人口密度越小，对土壤影响也小[8,9]，所以土壤中重金属含量较低。

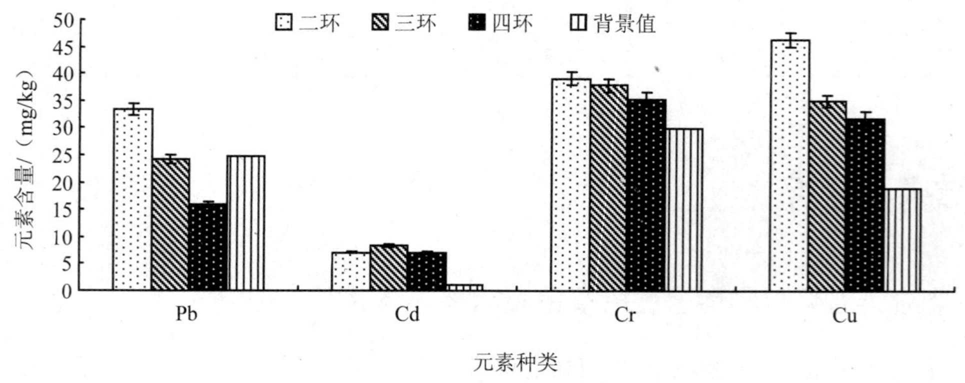

图 2　北京市五环以内地区各环间重金属元素含量对比

2.3　北京市不同功能区土壤重金属含量特征

2.3.1　公园内外土壤重金属含量比较

表 4 为各环公园内以及公园外围交通干道土壤重金属含量对比。各环公园内土壤中重

金属的含量均比公园外低。这一结果与史正军[10]对深圳城市土壤的研究一致，深圳城市公园绿地与道路绿地之间土壤重金属含量有一定差异，且道路绿地土壤的 Zn、Cu、Pb 平均含量均高于公园绿地土壤。

表 4　环内公园及周边交通干线土壤重金属含量比较　单位：mg/kg

元素	二环		三环		四环	
	公园内	公园外	公园内	公园外	公园内	公园外
Pb	23.33	33.54	23.17	24.39	14.12	16.92
Cd	0.66	0.70	0.66	0.76	0.63	0.74
Cr	35.89	37.53	33.94	38.67	31.39	37.54
Cu	40.52	47.80	33.72	35.28	28.30	33.78

2.3.2　不同交通干道土壤重金属含量比较

根据北京市交通委员会官方网站[11]提供的实时路况信息，选取交通拥堵和交通通畅处进行采样分析，结果如表 5 所示。拥挤缓行地区土壤中 Pb、Cd、Cr、Cu 四种重金属元素含量的平均值均高于通畅地区的平均值。可能原因是，交通堵塞区汽车滞停时间长，致使更多的重金属随尾气排入空气，最终沉降到周边土壤，从而使得土壤重金属含量较高。

表 5　交通拥堵地区与通畅地区土壤重金属含量比较　单位：mg/kg

	Pb	Cd	Cr	Cu
拥堵区	23.11	0.83	42.95	38.22
通畅区	20.92	0.66	34.25	32.10

2.4　北京市土壤重金属污染评价

根据式（1）～式（3），计算出北京市二、三、四环重金属单项综合污染指数以及综合污染内梅罗指数，结果如表 6 所示。

表 6　北京市土壤重金属污染指数

环数	单项污染综合指数（I）				污染综合指数（P）
	Cr	Cu	Cd	Pb	
二环	0.041	0.338	1.210	0.027	1.804
三环	0.036	0.200	1.474	0.001	1.085
四环	0.027	0.150	1.176	–0.026	0.889
所有土壤	0.034	0.229	1.287	0.002	1.259

表 6 表明，北京市五环以内地区总体土壤重金属污染综合指数为 1.259，已达到轻度污染级别。二、三环的综合污染指数 P 均大于 1，四环接近 1，说明北京市内城区土壤重金属存在一定程度的积累，且二、三环已达到轻度污染级别，四环虽在警戒级范围内，但

已接近轻度污染级。从单个重金属来看，Cr、Cu、Pb 单项污染综合指数均小于 0.7，尚属于清洁级，但 Cd 的指数已超过 1，属于轻度污染。随着工业化和城市化进程的不断加快，全国很多省市都出现了土壤重金属污染的现象。关于上海城市土壤重金属的相似研究表明：研究区内综合污染指数 P 总体在 0.79～4.68；其中 81. 54% 的样点综合污染指数在 1～2，属于轻度污染；3.46%的样点综合污染指数大于 2，属于中度以上污染 [12]。

3 结论

北京市五环以内地区土壤重金属 Pb、Cd、Cr、Cu 含量除 Pb 外，其他三种均超过北京市土壤重金属背景值，含量较高。空间分布上，由二环到四环，各种金属含量值逐渐下降。不同功能区对比来看，公园内土壤重金属含量整体较公园外交通干道土壤重金属含量低；早晚高峰时段堵车频发地区土壤中重金属含量较高。北京市五环以内地区土壤重金属属于轻度污染，Cr、Cu、Pb 属于清洁级，Cd 已接近中度污染。

作为国际化大都市，北京城区土壤在不断的城市化过程中，伴随着高强度、高频率的人为活动，发生着一系列巨大变化，该变化势必会影响整个城市生态环境质量，给城市土壤质量管理、城市土地利用带来新的挑战，所以加强城市土壤环境的保护势在必行。

参考文献

[1] 陈秀端. 中国城市土壤重金属空间分布与污染研究[J]. 环境科学与技术，2011，34（S2）：60-65.

[2] Chen T B，Zheng Y M，Lei M，et al. Assessment of heavy metal pollution in surface soils of urban parks in Beijing，China [J]. Chemosphere，2005，60（4）：542-551.

[3] 郑袁明，陈同斌，陈煌. 北京市不同土地利用方式下土壤铅的积累[J]. 地理学报，2005，60（5）：791-797.

[4] 陈同斌，郑袁明，陈煌. 北京市土壤重金属含量背景值的系统研究[J]. 环境科学，2004，25（1）：117-122.

[5] 王济，张浩，曾希柏，等. 贵阳市城区路侧土壤重金属分布特征及污染评价[J]. 环境科学研究，2009，22（8）：950-955.

[6] 李晓燕，陈同斌，雷梅，等. 不同土地利用方式下北京城区土壤的重金属累积特征[J]. 环境科学学报，2010，30（11）：2285-2293.

[7] 菲尔汉・汉杰尔，潘丽英，娜孜拉・扎曼别克，等. 汽车废气中的铅对城市土壤污染状况调查[J]. 干旱环境检测，2002，16（3）：154-161.

[8] 刘玉燕，刘敏，刘浩峰. 城市土壤重金属污染特征分析[J]. 土壤通报，2006，30（1）：184-188.

[9] 管东生，陈玉娟，阮国标. 广州城市及近郊土壤重金属含量特征及人类活动的影响[J]. 中山大学学报：自然科学版，2001，40（4）：94-101.

[10] 史正军，吴冲，卢瑛. 深圳市主要公园及道路绿地土壤重金属含量状况比较研究[J]. 土壤通报，2007，38（1）：133-136.

[11] 北京市交通委员会官方网站. http：//www.bjjtw.gov.cn/bmfw/sslk/.

[12] 柳云龙，章立佳，韩晓非，等. 上海城市样带土壤重金属空间变异特征及污染评价[J]. 环境科学，2012，33（2）：599-605.

雾灵山不同植被下土壤呼吸速率变化研究

陈钰，程艺，刘建平，崔逢日，阿依图尔荪·马木提，王学东*

摘　要：为准确揭示雾灵山不同植被类型的土壤呼吸规律，采用 Q-BOX SR1LP 土壤呼吸作用测量系统对雾灵山自然植被和人工植被的土壤呼吸进行测定，以探究雾灵山植被变化对土壤呼吸速率的影响，从而制定合理的土地利用方针和政策。结果表明，雾灵山不同自然植被条件下土壤有机质含量、全氮含量和土壤呼吸速率均较人工植被高；不同植被条件下，针叶林土壤呼吸速率最高，人工植被最低；在五种不同的人工植被下，秋季土壤呼吸速率均高于春季，果树植被土壤呼吸速率最低，而温室大棚最高；自然植被和人工植被条件下土壤呼吸速率均随土壤深度的增加呈现下降趋势。

关键词：土壤呼吸速率　植被类型　土壤深度　雾灵山

0　引言

土壤呼吸（Soil Respiration）是指土壤释放二氧化碳的过程，它包括三个生物学过程（土壤微生物呼吸、根系呼吸、土壤动物呼吸）和一个非生物学过程（含碳矿物质的化学氧化作用）[1]。土壤呼吸是碳元素由陆地生态系统进入大气生态系统的主要途径之一，同时也是影响全球碳循环的途径之一，因此它的变化可能会对大气 CO_2 浓度产生显著的影响。随着人口数量的增长，人们对于土地的需求也逐步加大[2]。每年因土地利用、土地覆被变化所导致土壤呼吸释放 CO_2 的总量就可以达到全球碳释放量的 1/4，已成为大气中第二大人为碳源[3]。因此，土地利用、土地覆被方式变化所引起的土壤呼吸变化是陆地生态系统碳循环的重要内容[2]。

土壤呼吸速率是衡量土壤呼吸的重要指标，其变化受到多种因素影响，例如地表植被、土地利用方式、土壤性质等。不同的地表植被使得土壤有机质含量、微生物组成和活性、根系生物量等发生改变。而不同的土地利用方式（如耕作、排灌等），不仅改变了地表植被，而且改变了土壤透气性，相应的土壤呼吸也大不相同[4,5]。土壤呼吸的测定最早可以追溯到 19 世纪末，但 200 多年来的研究主要针对于耕作土壤，自 20 世纪 60 年代对自然土壤呼吸的研究逐渐增多。例如韩广轩等研究指出水热因子、作物生物学特性和农业管理活动是造成中国农田生态系统土壤呼吸作用时空变异的主要因素；杨玉盛等认为树种组成，

资助项目：国家大学生科学研究与创业行动计划（201210028088）；首都师范大学校级教学改革研究项目。

作者简介：陈钰（1992—），女（汉），北京市人，本科，研究方向为地理科学。

通讯作者：王学东（1978—），男（汉），副教授，博士，研究方向为土壤污染与评价。

生产力和枯落物数量等是不同森林类型土壤呼吸速率差异的主要原因[6-10]。

我国山地面积广大，约占我国陆地面积的 1/3。山地土壤在海拔较高处一般为自然覆被，但不同海拔植被类型不同，因此土壤呼吸差异较大；在海拔较低处一般为人为利用，而受自然和人为因素的影响。雾灵山是华北地区植物资源丰富的地区之一，是燕山山脉主峰，海拔较高，植物种类丰富，植被和土壤垂直地带性十分明显。本研究以雾灵山不同植被和不同农业类型的土壤作为研究对象，探究雾灵山植被变化对土壤呼吸速率的影响，为制定合理的土地利用方针和政策提供依据。

1 材料与方法

1.1 研究区域自然概况

雾灵山国家级自然保护区位于河北省兴隆县北部，为燕山山脉主峰，地理位置位于东经 117°27′～117°35′，北纬 40°30′～40°36′，海拔 2 118 m，属于暖温带半湿润大陆性气候，具有雨热同期、冬长夏短、夏季凉爽、昼夜温差大的特征。由于流水侵蚀切割，局部基岩裸露，一般土层多夹有棱角的大小沙砾，从而使雾灵山土壤表现出明显的山地特点。雾灵山海拔较高，植被和土壤垂直地带性十分明显，植被主要分为四个带，分别为山地草甸带、中山针阔混交林带、低山落叶阔叶林带以及农田、灌丛草被带。农业利用主要位于海拔 700 m 以下，其中包括粮食作物、果树林、果农间作地、菜地、温室大棚等。

1.2 研究方法

1.2.1 采样地点及采样方法

采样点选择雾灵山地区不同植被覆盖和不同农业利用类型下的土壤。

海拔 700 m 以下的农田带（人工植被带）：针对粮食作物（主要种植玉米与高粱）、果树林（主要种植板栗、杏树与山楂树）、果农间作地（主要种植毛豆和玉米、板栗和玉米、山楂和玉米、山楂和毛豆）、菜地（主要种植菜花、萝卜、毛豆等）、温室大棚土壤分别采集 0～10 cm 表层土样。

海拔 1 000 m 以上自然植被带：分别采集落叶阔叶林、针阔混交林、针叶林、高山草甸植被下 0～10 cm、10～20 cm 以及 20 cm 以下土壤。

由于森林土壤呼吸速率从 3 月开始持续上升直到 8 月达到排放最高峰，自 9 月开始急剧下降，到 12 月达到最低值[10,11]，所以本研究选择在土壤呼吸变化明显的春季和秋季进行土壤采集。

1.2.2 土壤呼吸速率的计算

土壤呼吸速率选用 Q-BOX SR1LP 土壤呼吸作用测量系统测定，先测量出土壤中 CO_2 浓度的变化，再通过式（1）计算出土壤呼吸速率。

$$y=\frac{x}{\frac{(273+T)}{273}\times 22.413} \tag{1}$$

式中，x ——土壤呼吸系统的增量，10^{-6}/min；

y ——土壤呼吸速率，μmol CO_2/（$m^2 \cdot min$）；

T ——温度，℃。

1.2.3　样品分析方法

土壤有机质采用油浴加热—重铬酸钾容量法测定，土壤速效钾采用四苯硼钠比浊法测定，土壤全氮含量采用高氯酸硫酸法消煮，开氏法测定，土壤全磷含量采用钼锑抗比色法测定。

2　结果分析与讨论

2.1　不同植被土壤的理化性质

表 1 是雾灵山不同自然植被和人工植被下土壤的理化性质。在自然条件下，针叶林土壤的 pH 最小，落叶阔叶林的 pH 最大，这是因为针叶林的凋落物中含有大量的树脂和单宁，会释放出有机酸，产生强烈的酸性淋溶。而阔叶林中凋落物的灰分含量较高，具有较强的复盐基作用，因此 pH 相对较高。自然植被下 0～20 cm 土壤的有机质和全氮含量都远远高于人工植被，自然植被下土壤有机质平均含量为人工植被的 7 倍，全氮含量为人工植被的 2 倍。这主要是由于自然植被下枯枝落叶较多，受人为干扰少，而人工植被受到人为的影响，部分枯枝落叶被清扫，导致土壤有机质较自然植被要低。随着土壤层次的加深，自然林土壤的有机质与全氮含量均减少。

表 1　供试土壤基本性质

编号	植被类型	层次/cm	pH	有机质/（g/kg）	全氮/（g/kg）	全磷/（g/kg）	速效钾/（mg/kg）
1	落叶阔叶林	0～10	7.4	89.1	4.0	0.7	82.9
		10～20	6.5	47.8	0.9	0.5	45.3
2	高山草甸	0～10	6.6	92.5	3.1	0.8	195.7
		10～20	7.2	74.9	3.3	0.7	17.1
3	针叶林	0～10	4.9	76.3	2.4	0.9	204.2
		10～20	6.1	67.8	1.8	0.8	85.8
4	针阔混交林	0～10	5.9	73.5	2.7	1.1	113.6
		10～20	5.9	71.6	2.0	1.1	45.5
5	粮食作物	0～10	6.7	13.4	1.1	0.9	51.4
6	果树	0～10	6.8	13.4	1.2	0.4	105.2
7	果农间作	0～10	6.7	10.9	1.2	0.5	148.6
8	温室大棚	0～10	7.6	9.0	1.4	1.5	66.9
9	菜地	0～10	7.6	6.1	1.1	0.8	33.6

2.2　不同植被下土壤呼吸速率的变化

图 1 是不同植被下土壤呼吸速率的比较。由图可知，两个采样时间点的土壤呼吸速率

总和（以下简称总速率）针叶林的最高，人工植被的土壤最低。五种不同植被类型土壤呼吸速率最高值为秋季针叶林，以针阔混交林最低。在春季为针阔混交林最高，人工植被最低。按照一般规律，人工植被下的农田土壤受收割等人为影响，土壤中的生物量小，土壤呼吸速率相应较自然植被低，但本研究中秋季人工植被土壤呼吸速率较高，甚至超过了自然植被针阔混交林，可能是由于秋季农田土壤表层残留较多的凋落物，而且农田分布区的土壤温度较高，因此土壤呼吸速率较大。众多研究表明，当土壤中的有机质含量、生物量、土壤温度增加均会导致土壤呼吸速度的增加[12]。

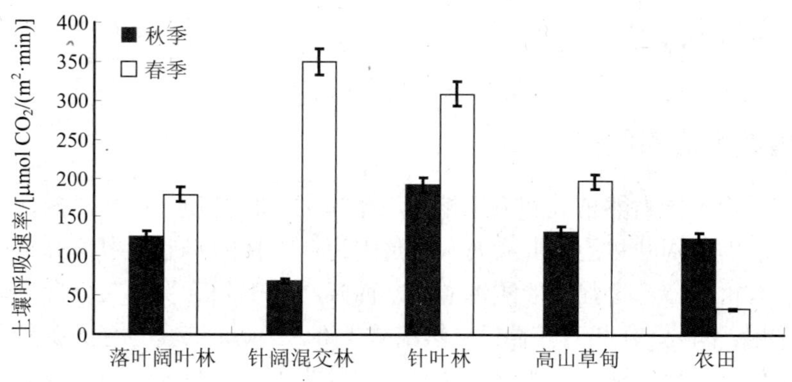

图 1　不同植被下土壤呼吸速率的变化

2.3　不同人工植被下土壤呼吸速率的变化

图 2 是不同人工植被下土壤呼吸速的变化。在五种不同人工植被下，果树植被土壤呼吸总速率最低，温室大棚最高。这可能是由于果林种植密度小，土壤的凋落物少，所以影响了土壤的生物量，加之果林土壤容重较大，土壤透气性差，因此土壤呼吸速率较低。而温室大棚内的温度与湿度高于棚外，营养物质丰富，有利于作物生长发育，因此作物地下部分的根系呼吸旺盛，土壤呼吸速率高于温室大棚外。另外，在不同植被下两个采样时间点土壤呼吸速率有明显差异，秋季土壤呼吸速率均高于春季。这可能是由于取样年份的春季华北地区正处于春旱，水分条件较差，而且此时正逢春种时节，土壤中凋落物较少，从而导致土壤呼吸速率较低。

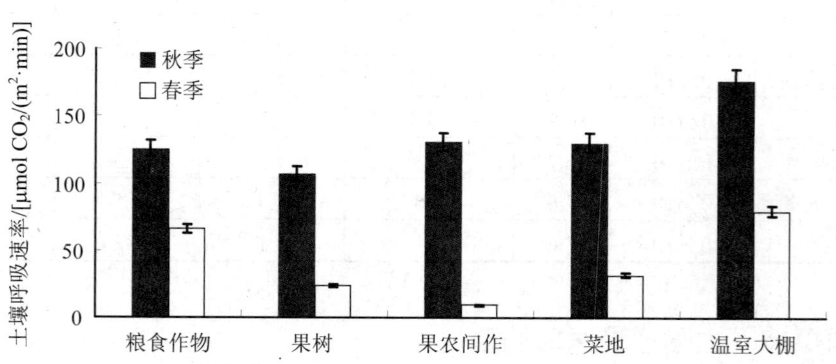

图 2　不同人工植被下土壤呼吸速率的变化

2.4　土壤呼吸速率随土壤深度的变化

由图 3 和图 4 可以看出，不同植被类型下两个季节的土壤呼吸速率随土壤深度的增加大致呈现下降趋势，这种现象与土壤有机质含量的高低有关。四种植被下的土壤在 0～10 cm 和 10～20 cm 的有机质含量均随着土壤层次的增加而减少，而土壤有机质是微生物进行分解活动、排放 CO_2 的物质基础，因此土壤呼吸速率随着有机质含量的减少而下降。

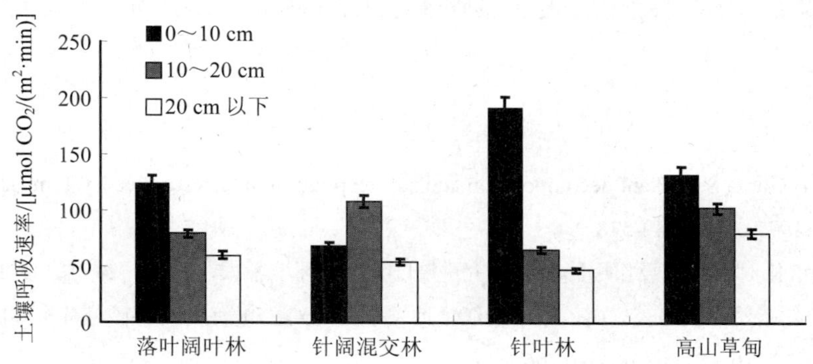

图 3　秋季土壤呼吸随土壤层次的变化比较

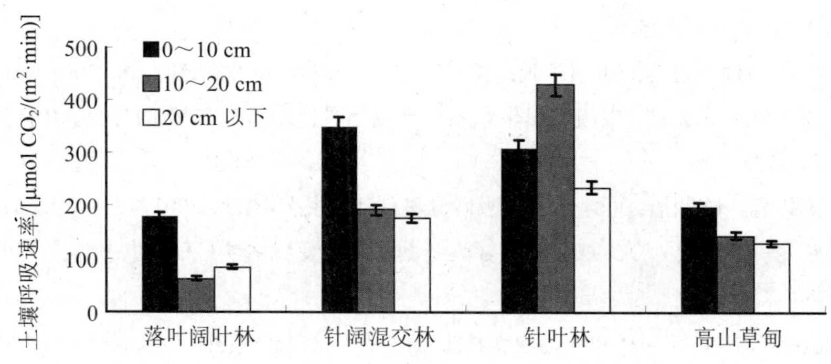

图 4　春季土壤呼吸随土壤层次的变化比较

3　结论与建议

雾灵山的自然植被条件下，针叶林土壤的 pH 最小，落叶阔叶林的 pH 最大，而自然植被下土壤的有机质和全氮的含量都高于人工植被土壤。不同植被条件下，针叶林土壤呼吸总速率最高，而人工植被最低。在五种不同人工植被下，果树土壤呼吸总速率最低，温室大棚最高；不同植被下土壤呼吸速率均为秋季高于春季；不同植被类型在两个季节的土壤呼吸速率随土壤深度的增加呈现下降趋势。

目前，全球气候温暖化趋势越来越严峻，而土壤呼吸作为全球 CO_2 的重要来源之一也越来越受到研究者的关注。雾灵山地区土地利用类型主要由自然林与农作物组成。而在陆地生态系统中，森林土壤的碳排放量最多，占全球土壤有机碳贮量的 73%。本研究结果同样表明自然植被条件下土壤呼吸速率高于人工植被，但在山区农业利用尤其是粮食作物和蔬菜作物的种植不利于水土保持，建议多种植果树等作物或果农间作，为水土保持提供良好的条件。在不同的人工植被下温室大棚内土壤呼吸速率较高，这表明温室大棚更容易排放 CO_2，因此温室大棚种植问题不容忽视。

土壤呼吸作为土壤碳的主要输出途径和大气 CO_2 的重要来源，对其精确测定已成为全球变化研究中的关键问题之一[13-15]。本研究对土壤呼吸及其影响因子进行了初步的探索，土壤呼吸的影响因素丰富，各个影响因素联系密切，对于不同植被下土壤呼吸速率差异的原因还需要综合考虑，各个因子与土壤呼吸之间的定量关系还需进一步研究。

参考文献

[1] Singh J S，Gupta S R. Plant decomposition and soil respiration in terrestrial ecosystems [J]. The Botanical Review，1977，43：449-528.

[2] 侯颖. 城市化对土壤呼吸作用影响的研究进展[J]. 生态环境学报，2011，20（12）：1945-1949.

[3] 曾宏达，杜紫贤，杨玉盛，等. 城市沿江土地覆被变化对土壤有机碳和轻组有机碳的影响[J]. 应用生态学报，2010，21（3）：701-706.

[4] 刘绍辉，方精云.土壤呼吸的影响因素及全球尺度下温度的影响[J].生态学报，1997，17（5）：469-476.

[5] 陈书涛，刘巧辉，胡正华，等. 不同土地利用方式下土壤呼吸空间变异的影响因素[J]. 环境科学，2013，34（3）：1017-1025.

[6] 方精，王娓.作为地下过程的土壤呼吸：我们理解了多少[J]. 植物生态学报，2007，31（3）：345-347.

[7] 韩广轩，周广胜，许振柱. 中国农田生态系统土壤呼吸作用研究与展望[J]. 植物生态学报，2008，32（3）：719-733.

[8] 崔骁勇，陈佐忠，陈四清. 草地土壤呼吸研究进展[J]. 生态学报，2001，21（2）：315-325.

[9] 杨玉盛，董彬，谢锦升，等. 森林土壤呼吸及其对全球变化的响应[J]. 生态学报，2004，24（3）：584-591.

[10] 牟守国. 温带阔叶林、针叶林和针阔混交林土壤呼吸的比较研究[J]. 土壤学报，2004，41（4）：565-570.

[11] 魏书精，罗碧珍，孙龙，等. 森林生态系统土壤呼吸时空异质性及影响因子研究进展[J]. 生态环境学报，2013，22（4）：689-704.

[12] 张东秋，石培礼，张宪洲. 土壤呼吸主要影响因素的研究进展[J]. 地球科学进展，2005，20（7）：778-785.

[13] 王凤文，杨书运，徐小牛，等. 北亚热带两种森林类型的土壤呼吸研究[J]. 亚热带植物学，2010，39（3）：4-7.

[14] 马秀梅，朱波，韩广轩，等. 土壤呼吸研究进展[J]. 地球科学进展，2004，19：491-495.

[15] 闫美杰，时伟宇，杜盛. 土壤呼吸测定方法述评与展望[J]. 水土保持研究，2010，17（6）：148-157.

雾灵山土壤垂直分布类型及其剖面特征

焦珑，王学东*，黄磊，费行

摘　要：采取野外调查和室内实验相结合的方法调查和研究了雾灵山地区土壤的垂直地带性分布类型及其剖面特征。结果表明：雾灵山的土壤类型主要有山地褐土、山地棕壤和山地草甸土。山地褐土是雾灵山土壤垂直分布带谱的基带土壤，随着海拔高度的升高，降水和温度发生变化，土壤类型也相应发生了变化，依次出现了山地棕壤和山地草甸土。不同土壤类型的剖面呈现出不同的形态和理化特征。

关键词：雾灵山　土壤垂直分布　剖面形态　理化特征

0　引言

雾灵山位于河北省承德市兴隆县，西北部与北京市交界，其经纬度分别处于117°17′51″～117°34′47″E，40°29′11″～40°38′09″N，东西长 24 km，南北长 7 km，总面积 143 km^2，森林覆盖率 76.2%，是国家级自然保护区。雾灵山为燕山山脉的主峰，属于典型的暖温带半湿润大陆性季风气候区，植被和土壤类型十分丰富，且垂直分布明显，较少受人为因素影响，是研究土壤和植被的天然实验室[1]。本文通过实地调查和分析雾灵山不同土壤类型的土壤剖面特征，旨在探讨雾灵山成土因素、土壤类型和剖面特征三者之间的关系，掌握雾灵山土壤的垂直分布规律，为雾灵山土壤分布、土壤利用及生态保护研究提供参考。

1　雾灵山自然条件概述

雾灵山气候为暖温带半湿润大陆性季风气候，年降水量较大。由于雨影效应，北坡的降水少于南坡，山上的空气湿度远较山下大，且多雾。雾灵山具有明显的立体气候特征和垂直差异，随着海拔变化，气候也有明显变化，人称“山下开桃花，山上飞雪花”。

雾灵山主体主要由中生代燕山期各类正长岩构成，围绕主峰的低山，岩性比较复杂，其走向与燕山山脉基本一致，由东北向西南，并有近乎南北侵入体穿插。该地区土壤母质类型主要为花岗岩，因而其 pH 值较周围地区偏低。雾灵山一带基带土壤主要为褐土，成

注：该文于 2011 年发表于《首都师范大学学报：自然科学版》第 32 卷第 3 期。

基金项目：首都师范大学青年教师教学研究项目和北京市精品课程建设项目联合资助。

*通讯作者：wangxuedong9801@126.com。

土母质皆为花岗岩残积物，由于流水侵蚀切割，局部基岩裸露，一般土层多夹带棱角的大小沙砾，从而使雾灵山土壤表现出明显的山地特点。随着海拔高度升高，降水、温度和植被均发生变化，雾灵山土壤类型相应发生变化[2]。雾灵山植物繁多，植被覆盖率高，初步统计有 114 科，800 种以上。绝大部分属于华北植物区系，一小部分属于蒙古植物区系。由于山体高大，地形复杂，植被垂直分布的现象和随地形的变化均十分明显，阳坡植被大致可以分为低中山松栎林、中山针阔混交林和山地草甸三个带[3]。雾灵山是多种动物的栖息场所。已知高等动物兽类 14 种、禽类 33 种、鱼类 5 种，还有两栖类、爬行类等，昆虫资源也较丰富[3]。

2 调查和研究方法

2.1 剖面点的选择

为了研究雾灵山土壤的垂直分布类型及其剖面特征，选择不同海拔高度挖取了典型剖面点，对每个剖面进行分层取样，以用于野外和室内土壤理化性质分析。各剖面点取样位置见表 1。

表 1 典型土壤剖面点取样位置

土壤类型	地点	海拔/m	坡度/（°）	植被类型	年均温/℃	降水/mm	无霜期/d
山地草甸土	七盘井	2 075	29	亚高山草甸	2～3	650	90
山地棕壤	莲花池	1 788	36	中山针阔混交林	4～5	760	120
淋溶褐土	大沟村	623	31	农田	7～8	500	145
典型褐土	曹家路	575	29	果园	7～8	500	145
褐土性土	三道沟村	439	18	农田	7～8	500	145

2.2 土壤样品的采集和制备

每个采样点挖取完整的剖面，采用分层取样法从土壤剖面从下往上依次分层取土，并做好标签放入取土袋中[4]。

2.3 土壤形态观察和理化性质分析方法

土壤颜色测定采用以门塞尔颜色系统为基础的标准色卡比色法，包含有 428 个标准比色卡；土壤的湿润度、土壤结构等土壤物理性质均采用野外速测法[5]；土壤 pH 值测定采用电位法（水土比为 1∶5），pH 计选用 METTLER TOLEDO DELTA 320。

3 结果分析

3.1 雾灵山土壤的垂直地带性分布类型

雾灵山海拔 2 116.2 m，随着海拔高度的变化，温度、降水和成土过程发生变化，土壤呈现明显的垂直地带性分布[2]。雾灵山垂直带谱依次为山地褐土、山地棕壤和山地草甸土，其成土过程主要包括碳酸盐的淋溶沉积过程、黏化过程及有机质积累过程，受成土过程的支配，土壤剖面形态与理化性质也表现出不同的特征。

3.2　雾灵山不同土壤类型的剖面特征

3.2.1　山地草甸土

雾灵山地区山地草甸土剖面理化特征见表 2。雾灵山的山地草甸土发育在高寒湿润的平缓顶部，海拔 1 600～2 016.2 m。这个区域冬季漫长而寒冷，夏季短促而凉爽，年均温在 2～3℃，≥0℃积温＜20 000℃，无霜期＜100 d，土壤冻期达半年以上，年降水量 800 mm，最高达 1 000 mm，降水充沛而蒸发量少，相对湿度大，土壤经常处于湿润状态。尽管无霜期不足百日，但植物生长季节土壤温度并不低，草被茂密，属短草草甸[6]。山地高寒多风，限制了林木生长。茂密的草甸植物给土壤带来大量有机质，在低温条件下、冰冻、潮湿造成土壤的嫌气环境，有机质分解缓慢，形成 3～5 cm 的半腐海绵状、潮湿多水的草毡层，其下为暗棕灰色，结构良好的腐殖质层，有机质含量高，一般在 10%以上。土层受水分条件影响，可见锈色斑纹。在寒冷潮湿的气候条件下，周期性的冻融影响着山地草甸土的形成过程。这里物理性冻结风化占优势，化学风化微弱。盐基离子释放少而淋溶作用强，只有土壤上层灰分元素含量较多，土壤吸收性复合的盐基缺乏，土体反应成微酸性至酸性，pH 值在 6.5 左右。

表 2　雾灵山山地草甸土剖面形态和理化特征

土层深度/cm	采样深度/cm	土层符号	颜色	湿润度	结构	质地	石灰反应	松紧度	孔隙	新生体	侵入体	pH
0～13		O	暗棕灰	湿润	细粒	中壤	无	疏松	大	无	无	6.37
13～30	21.5	A	黑灰	湿润	细团粒	中壤	无	疏松	大	无	无	6.42
30～50	40	AhB	暗	湿润	小块	中壤偏黏	无	稍紧实	中	无	无	6.53
50 以下	55	C	暗灰棕			中壤偏黏	无		小	无	无	6.46

3.2.2　山地棕壤

雾灵山地区山地棕壤剖面理化特征见表 3。山地棕壤在本地区的分布下限为 700～1 000 m（阴坡 700～800 m，阳坡 1 000 m），其分布上限基本与林带上限（800 m 左右）一致。山地棕壤发育的地形部位多在中、低山坡地，沟谷深切，山岭重叠，水土流失，故土层一般不厚，且多粗骨。气候以温和湿润为特征，夏季温暖多雨，冬季寒冷干燥，年均温 4～5℃；年降水量大于 700 mm，棕壤分布地区的自然植被以中生夏绿阔叶林为主，海拔 1 600～1 900 m 处还有华北落叶松，原始植被已遭破坏，目前多为次生林，林下有灌草丛生。棕壤是温暖带湿润气候条件下发育的地带性土壤。本地区山地棕壤虽有薄层、粗骨的特点，但土壤形成的基本过程仍以淋溶、黏化和较强的林下腐殖质累积为特征。土壤水分条件属淋溶型，易溶盐类淋失殆尽，碳酸盐也基本淋失，整个土体呈中性至微酸性反应，黏粒与铁铝沿坡面微向下移动。在温和湿润气候条件下，土壤黏化过程强烈进行，故土壤质地黏重，尤以 B 层为甚。植物残体富含盐基，分解后丰富的盐基不断中和土壤溶液中的氢离子，使土体反应一般呈中性或微酸性，pH 值随深度加深而降低。

表 3 雾灵山山地棕壤剖面形态和理化特征

土层深度/cm	采样深度/cm	土层符号	颜色	湿润度	质地	结构	石灰反应	松紧度	孔隙	新生体	侵入体	pH
0～8		O										
0～14	7	A	暗红棕	湿润	中壤	团粒	无	适中	大	无	碎石	6.10
14～54	34	Bt	棕	润	重壤	粒状	无	紧实	小	无	碎石	5.44
54 以下	55	C	淡棕	稍润	中壤	粒状	无	极紧实	小	无	无	5.38

3.2.3 山地褐土带

在雾灵山低山地区，主要分布的土壤类型为褐土，褐土是雾灵山地区的主要耕作土壤。在不同的成土条件下，发育着三个主要的褐土亚类：淋溶褐土、典型褐土和褐土性土。

（1）淋溶褐土：雾灵山地区淋溶褐土主要发育在 600～800 m 的低山地区，呈现出山地棕壤与褐土过渡的特性。成土母质以黄土性物质为主，尚有各种岩石残-破积风化物。在干湿交替的气候条件下土壤发生了季节性淋溶，易溶盐类被淋溶，但由于蒸发大于降水，土壤条件属于半淋溶型，碳酸盐淋洗不完全，在 1 m 土层内无钙积层，但呈盐基饱和态，土壤表层呈中性，底层呈微碱性（表 4）。由于降水相对较多，因此黏化作用较其他两个亚类明显，土壤也更湿润。

表 4 雾灵山淋溶褐土剖面形态与理化特征

土层深度/cm	采样深度/cm	土层符号	颜色	湿润度	结构	质地	石灰反应	松紧度	孔隙	新生体	侵入体	pH
0～26	13	A	暗棕	潮	粒状	中壤	无	稍紧实	中	无	无	7.56
26～46	36	B	棕	潮	粒状	轻壤	无	疏松	中	无	无	7.60
46 以下	60	C	暗棕	潮	粒状	砂壤	无	稍紧实	很细	无	无	7.58

（2）典型褐土：雾灵山典型褐土主要发育在海拔 450～600 m 旱生森林灌木草本植被下。该地区年降水量在 500 mm 左右，年均温在 7～8℃。由于处于雾灵山山麓冲积洪积扇的中上部，排水良好，冬夏冷暖交替，湿热周期性出现，给土壤形成过程带来季节性特点。表层碳酸钙显著下淋，但未完全淋失，钙积作用明显。腐殖质含量较少，质地疏松，土层较厚，新土有明显黏化现象，pH 值在 8 左右（表 5）。

表 5 雾灵山典型褐土剖面形态与理化特征

土层深度/cm	采样深度/cm	土层符号	颜色	湿润度	结构	质地	石灰反应	松紧度	孔隙	新生体	侵入体	pH
0～19	9	A	暗棕	稍润	粒状	重壤土	无	稍紧实	中	无	无	7.56
19～34	26	B	棕	稍润	粒状	中壤土	微弱	极紧实	中	无	无	7.60
34 以下	45	C	淡棕	稍润	粒状	中壤土	强	极紧实	小	无	无	7.64

（3）褐土性土：雾灵山的褐土性土发育在 400～500 m 的低山地区，为淋溶-钙积型，表层与黏化层已无碳酸钙，土壤呈中性至微碱性，但其下部钙积作用明显，其剖面理化特征见表 6。

表 6　雾灵山褐土性土剖面形态与理化特征

土层深度/cm	采样深度/cm	土层符号	颜色	湿润度	结构	质地	石灰反应	松紧度	孔隙	新生体	侵入体	pH
0～9	4.5	A	淡棕	潮	粒状	轻壤土	中等	疏松	中	无	无	7.41
9 以下	10	C	红棕	潮	粒状	中壤土	强	紧实	大	无	无	7.75

4　结论

随着海拔高度的变化，雾灵山土壤呈现明显的垂直地带性分布，从下到上，主要的土壤类型为山地褐土、山地棕壤和山地草甸土；雾灵山地区不同类型土壤呈现出不同的剖面形态和理化特征，山地草甸土剖面具有明显的草毡分层，通体没有石灰性反应，pH 值在 6.5 左右；山地棕壤剖面具有黏化层，pH 值在 5.3～6.1；褐土是雾灵山的基带土壤，主要的褐土亚类为淋溶褐土、典型褐土和褐土性土，与前两种土壤相比，褐土剖面土壤的 pH 值明显较高，具有不同程度的盐酸反应。

参考文献

[1]　朱鹤健，何宜庚. 土壤地理学[M]. 北京：高等教育出版社，1992.

[2]　王艳杰，付桦. 雾灵山地区土壤有机质全氮及碱解氮的关系[J]. 农业环境科学学报，2005，24：85-90.

[3]　王德艺，李东义，冯学全. 暖温带森林生态系统[M]. 北京：中国林业出版社，2003.

[4]　宋庆丰，杨新兵，张金柱，等. 雾灵山典型林分枯落物和土壤水文效应[J]. 生态环境学报，2009，18（6）：2316-2320.

[5]　马步州，张凤荣. 土壤剖面描述指南[M]. 北京：北京农业大学出版社，1989.

[6]　何绶林. 河北地理概要资料[M]. 石家庄：河北人民出版社，1984.

北京市城市生活垃圾处理现状与对策

康概，王学东*

摘　要：本文介绍了北京市近几年来生活垃圾的产量及其变化趋势，对北京市近年来生活垃圾处理状况、垃圾处理场建设情况作了简要介绍。最后针对北京市生活垃圾处理面临的问题提出了建议，为北京市垃圾处理可持续发展提供理论依据。

关键词：北京市　生活垃圾　垃圾处理　现状　对策

0　引言

改革开放以来，我国经济持续高速发展，社会日趋进步，人民物质生活水平不断提高，与此同时，生活垃圾产量也与日俱增。据统计，到目前为止我国生活垃圾清运量已超过 1.54 亿 t。目前，我国共设有垃圾处理场 509 座，其中垃圾填埋场 407 座，处理能力约占垃圾总量的 81.7%；垃圾堆肥场 14 座，处理能力约占垃圾总量的 1.7%；垃圾焚烧场 74 座，处理能力约占垃圾总量的 15.2%[1]。从理论上统计城市生活垃圾的无害化处理率约为 66%，而由于各个地区的认定标准和污染评判等因素存在着差异，各类无害化处理率的数据应当还要降低 10%以上。因此，把这些因素综合起来考虑，我国城市生活垃圾的无害化处理率约为 55%[1]。所以说，我国每年仍有近 5 000 万 t 生活垃圾没有处理。经过长时间的积累，我国生活垃圾累积堆存量已达 70 亿 t，占地约 80 多万亩，而我国的垃圾产量还在以每年 8%的速度增长。这对于城市化进程加快、土地资源日趋紧缺的我国来说，如同一个瓶颈，严重地制约着国家的发展以及和谐社会的构建。

1　北京市城市生活垃圾概况

北京市是我国的政治中心，地理位置处于华北平原西北边缘。2010 年全市常住人口 2 200 万人，2009 年末北京市公布外来人口是 509.2 万人，如果加上流动人口则超过 1.69 亿人。2009 年北京市城镇居民人均可支配收入达到 26 738 元，农村居民人均纯收入 11 986

注：该文于 2011 年发表于《北方环境》第 23 卷第 4 期。
项目资助：首都师范大学青年教师教学研究项目和首都师范大学科学研究与创业行动项目联合资助。
作者简介：康概：男，汉，1986 年 10 月，首都师范大学在读本科生。
*通讯作者：wangxuedong9801@126.com。

元。随着北京市城市规模不断扩大，城市人口日益增长，城市生活垃圾的产生量逐渐增大。从最近几年的资料可以看出，2003 年以来，除了 2005 年垃圾产量有所下降以外，其余年份的垃圾都呈增长趋势（图 1）。截至 2008 年，北京生活垃圾产生总量达到了 656.6 万 t，日产生量约 1.8 万 t。举一个形象的例子，北京市每天产生的垃圾量，如果用装载量为 2.5 t 的车辆来运输，首尾相连，这些汽车可排成全长 47.8 km 的一字长蛇阵，能绕三环路一圈。如此多的垃圾得不到处理，或者处理不完全不仅占用很多的土地，而且会对人类健康带来巨大的危害。生活垃圾中含有大量的蛋白质、脂类和糖类化合物。在常温情况下，微生物分解这些有机物的过程中会产生氨气、二氧化硫及有害的碳氢化合物气体，具有明显的恶臭和毒性，直接对人体健康造成危害。另外垃圾中的有害物还会污染空气与水体，进而以空气、水体、食物为媒介将环境中的有害废物直接由呼吸道、消化道或皮肤摄入人体。人类可能因此而患上呼吸道、消化道疾病。此外，垃圾中的重金属和大量有机物、蠕虫卵与幼虫、病原菌进入土壤，造成土壤污染。而土壤是生态系统中进行物质交换和物质循环的中心，我们食用的蔬菜可能就携带了这些有害物质，被人类食用吸收之后，会使人们患上各种怪病[2]。

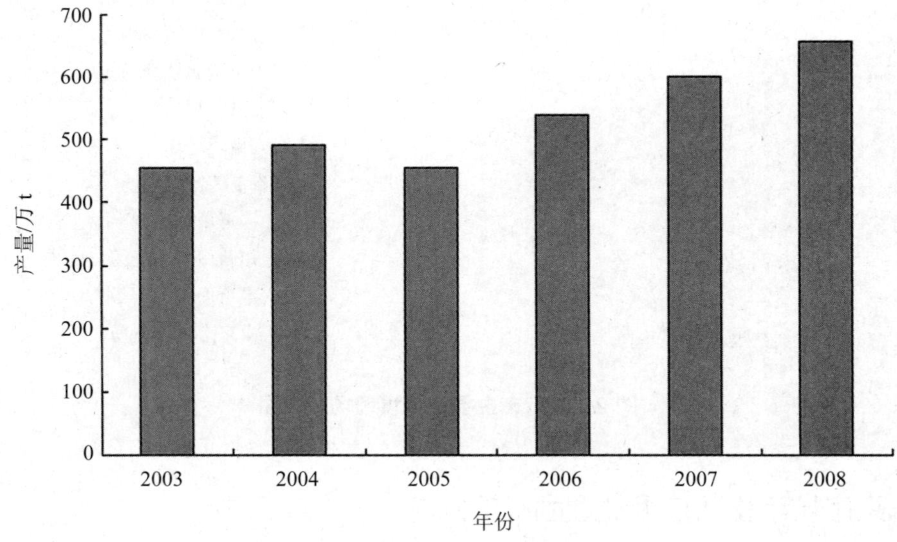

图 1　2003—2008 年北京市垃圾产量变化趋势

2　北京市生活垃圾处理中的困扰

2.1　垃圾的处理方式

目前，生活垃圾的处理方式主要有三种：卫生填埋、堆肥和焚烧。卫生填埋是通过工程手段，利用山间沟谷、废矿坑、洼地，按照环境卫生工程标准将垃圾分层铺盖堆填、压实，并按操作程序要求进行覆土，达到无害化处理的要求。堆肥法是依靠自然界广泛分布的微生物的作用，在人工控制的条件下使垃圾中可生物降解的有机废物转化为具有良好稳定性的类似腐殖质物质的一种方法。焚烧法是对可燃性垃圾进行焚烧，以消除其对居民产生直接危害的处理方法，这种方法一般可使垃圾减量90%，并可回收热能用于取暖和发电。

2.2 北京市城市生活垃圾的处理现状

目前，北京市共建有 18 个垃圾处理场，主要采取卫生填埋的方式对垃圾进行处理，设计处理能力为 12 148 t/d，实际的处理量为 17 562 t/d。北京市有 15 座垃圾填埋场（主要的垃圾处理场分布见图 2），年处理垃圾 598.8 万 t，占总量的 91.2%；垃圾堆肥场 2 座，年处理垃圾 27 万 t，占总量的 4.1%；垃圾焚烧场 1 座，年处理垃圾 15.7 万 t，占总量的 2.4%。从这些基本数据不难发现，北京的垃圾实际处理数量要大于其设计处理数量，设施的超负荷率已达到了 67%[1]。如果按照现在的垃圾产生量、填埋量和填埋速度计算，几年之后北京现有的垃圾填埋场将被填满，到时候北京就会面临真正的垃圾围城。

图 2 北京市主要垃圾填埋场分布图

2.3 北京市城市生活垃圾处理面临的问题

目前，北京市生活垃圾主要以填埋的方式进行处理，但当目前的垃圾填埋场满负荷以后，必须建立新的大型垃圾填埋场，这种选择会面临着一个几乎无法克服的困难，那就是北京的市区可供垃圾填埋用地已经基本利用殆尽，加之高额的地价，能满足大规模填埋场的新建设用地根本就无处寻觅。举个例子，如果仍然采用现行的全部卫生填埋的处理方式，建设一座日处理能力为 2 000 t 的填埋场，按 15 年服务年限计算，加上辅助处理设施的用地，一共需要占用土地面积约 600 亩。在北京城区寻找 600 亩地，就已经非常困难；如果再要求不占用基本农田，并且周边 500 m 不得有人畜栖居，这更是一个几乎不可能完成的任务。因此，在当前北京所面临的垃圾即将围城的形势下，加之土地资源日渐枯竭，适用于土地资源紧缺地区的垃圾焚烧处理成了首选方式。在北京市“十一五”规划里，计划要建成北部阿苏卫、东部高安屯、西部六里屯、南部南宫 4 个大型垃圾综合处理中心。其中，北部阿苏卫垃圾焚烧场规划为 1 200 t/d 处理能力；东部高安屯和西部六里屯垃圾焚烧场规划为 1 600 t/d 处理能力；南部南宫规划为 1 000 t/d 处理能力[4]。这些垃圾焚烧厂全部建成，可以使北京市的垃圾焚烧年处理量达到 200 万 t，占北京市垃圾年处理总量的 30%，从而可以缓解当前垃圾处理危机。

然而在垃圾焚烧规划实施的时候出现了新的问题。2007 年，由于担心新建的垃圾焚烧厂会产生二噁英污染，六里屯垃圾场周围的居民们集体采取各种方式抵制焚烧场的修建，他们甚至打出了“不要恶臭，更不要癌症”的标语。最后通过各方的协调和论证，该垃圾焚烧场缓建。这就是“六里屯垃圾场事件”。其实，关于垃圾焚烧处理是否更为妥当的问题争论已久，“六里屯垃圾场事件”只是人们对其争论的一个缩影。在当初“十一五”规划中的 4 座大型垃圾焚烧场到现在也只有高安屯垃圾焚烧场建成投入使用。而阿苏卫垃圾焚烧场正处在环评等前期阶段，南宫垃圾焚烧场已宣称启动招标设计，力争明年开工，而六里屯选址尚未确定。

3　北京市垃圾处理的对策和发展趋势

纵观现在主要的三种垃圾处理方式，卫生填埋的优点在于技术成熟、处理量大、操作简单且总成本较低，但同时也存在占地面积大、选址困难等不足。焚烧的优点是能在短时间内将垃圾量减小，同时还可以回收热能，但是国内大部分焚烧厂产生烟尘和二噁英类物质超标，导致处理厂周围大气污染严重，影响人们健康。堆肥法的资源化程度较高，但是堆肥周期长，卫生条件差，在堆肥过程中容易产生恶臭，垃圾堆肥产品肥效不高，产品销路不畅[5]。

因此，解决好北京市的垃圾危机，需要建立合理的垃圾收运、处理系统，提高垃圾无害化处理水平，最好的办法就是将这几种方式结合起来，采用综合的方式对垃圾进行处理。通过对北京市目前垃圾收运、处理现状的分析以及对国外比较成功的垃圾处理方式进行借鉴，结合我国技术水平的实际情况，我们认为北京市生活垃圾处理需做好以下几个方面。

3.1　合理调配垃圾处理方式

对垃圾的处理不能采取过于单一的处理方式，要将几种主要的垃圾处理方式综合起来，扬长避短。

处理垃圾时，首先要通过分类收集尽可能对生活垃圾中的有用物质进行回收和循环利用。据统计，每回收 1 t 废纸可造新纸 850 kg，节省木材 300 kg，比等量生产减少污染 74%；每回收 1 t 塑料瓶可获得 0.7 t 二级原料；每回收 1 t 废钢铁可炼好钢 0.9 t，比用矿石冶炼节约成本 47%[6]。其次是尽可能对生活垃圾中的可生物降解物进行堆肥处理。堆肥产出的肥料用于农业生产，不仅可增加土壤腐殖质和养分，而且堆肥中有机质与土壤结合，可使黏质土壤疏松，对砂质土壤则促进其结成团粒，明显改善土壤结构，提高土壤通风、保水和培肥的功能，同时能促进植物根系的增长，提高土壤肥力。再次是尽可能对生活垃圾中的可燃物进行焚烧处理。根据有关研究机构的统计，采用垃圾焚烧发电的方式，不仅可以回收利用热能获得电力，还可以把固体垃圾的体积减小 90%，重量减小 75%。进行焚烧时，焚烧炉内垃圾中的可燃组分与空气中的氧气在 800～1 000℃的高温下燃烧，转化为气体和性质稳定的残渣，并释放出热量，然后将残渣进行填埋。同时，燃烧产生的热量还可以回收利用，将其转化为电能。伴随着居民生活水平和消费水平的提高，垃圾中纸张和塑料类包装物增多，灰土减少，可燃成分增加，热值还在不断提高。最后就是对不能进行其他处理的垃圾进行填埋处置。主要填埋的是垃圾中对人体健康或自然环境造成直接或潜在危害的物质，包括废日用小电子产品、废油漆、废灯管、废日用化学品和过期药品等这些不能进行回收、焚烧、堆肥的物品。

由此可见，采用适当的垃圾处理方式，将卫生填埋、堆肥、焚烧等垃圾处理方式有机地结合在一起，可以将回收利用的垃圾数量最大化，将填埋的垃圾体积最小化，将垃圾的污染降至最低，但以上步骤能够顺利实施的前提是做好垃圾分类工作。

3.2 实施垃圾分类

垃圾的收集、运输、分类是解决垃圾危机的第一个环节，也是决定性的一个环节，这个环节做好了，后面的垃圾处理环节便少了很多壁垒。进行垃圾分类，不仅可以减少环境污染，促进资源循环利用，还可以简化垃圾处理技术，提高垃圾处理效率，使垃圾处理的经济效益最大化。

在国外，许多发达国家都已经实行垃圾分类收集，建立了较完善的垃圾分类收集制度。在瑞典，家家户户都在厨房的水池下或抽屉中放置不同的垃圾收纳容器，分别收集玻璃瓶、金属、纸张、塑料和厨房垃圾等；每条街边都设有不同分类的大垃圾箱，每家每户附近都有一个垃圾回收中心，专门收集分类后的垃圾。更为先进的是，有些居民的厨房水槽里还装有食物垃圾粉碎机，垃圾可被粉碎后直接冲到地下水桶，再由垃圾运输车直接送往沼气场。根据瑞典马尔默市 2009 年统计，马尔默 77%的包装材料和报纸都被分类收集、回收，马尔默人年均分类 16 kg 玻璃、12 kg 纸（板）、1 kg 金属、3 kg 塑料及 49 kg 报纸。

解决好北京的垃圾问题，实施好垃圾分类工作已经是当务之急，其实我国早就制定了详细的垃圾分类标准。按照 2004 年建设部行业标准《城市生活垃圾分类方法及评价标准》（CJJ/T 102—2004），城市生活垃圾分为可回收、大件垃圾、可堆肥垃圾、可燃垃圾、有害垃圾及其他垃圾六大类。根据以上的垃圾分类标准制定好适合于操作实施的垃圾分类回收方式，建立完善的分类收集系统，确保从源头就将生活垃圾进行有效分类，从而保证垃圾回收利用的效果。

3.3 加大环保的舆论宣传

做好垃圾处理工作是一个很庞大的系统，需要政府和市民一起努力，共同推进。因此，作为牵头者和指引者的政府在开展创建垃圾处理工作的同时，也要进行相关的宣传，让市民都了解和参与到这一工作中来。宣传北京市所面临的垃圾处理困境，以及巨大的垃圾产量，垃圾问题解决不好所带来的危害等。通过媒体的宣传来提高市民的环保意识，让每个人心中都有垃圾围城的危机感，培养市民自觉减少垃圾产生的良好习惯，将做好垃圾处理根植于市民的潜意识中。同时，组织工作人员深入群众中去，使群众充分理解减少垃圾产量，做好垃圾分类对发展城市经济、改善人类生活环境的重要性，比如，各单位组织学习，在各社区轮流组织讲座，制作纪录片，发放环保类的宣传品、纪念册和文化衫等。努力培养市民同垃圾危机斗争的意识，使现在所面临的垃圾问题家喻户晓。引导市民在日常生活中自觉地做好力所能及的垃圾处理工作，比如减少垃圾的产生，从源头上做好垃圾的分类，在垃圾处理过程中引起社会公众的关注和监督，让每一个市民都行动起来。

3.4　完善相关的法律体系

20 世纪 70 年代开始德国政府就出台了一系列环境保护方面的法律和法规。《垃圾处理法》（AbfG）是德国的第一部环境保护法。随后，各种相关的环保法律和法规相继出台。到目前为止，全德国联邦和各州有关环保的法律、法规共有 8 000 多部。除了实施本国的法律法规之外，德国还要实施欧盟的有关法规 400 多个。从 1972 年通过的第一部环保法至今，德国已拥有世界上最完备、最详细的环境保护法律体系[7]。可以说德国的垃圾能处理得这么成功是和完善的法律法规体系有莫大关系的。

解决好当前北京的垃圾问题，同样需要完善相关的法律法规制度，采用法律的手段，对垃圾的处理行为进行严格的规范。首先是对垃圾处理进行法律法规的规范。对不能够认真做好垃圾分类的行为，采取法律的手段来进行适当的惩戒，将不当的行为进行纠正。同时，对垃圾分类做得好的市民、社区要给予表扬和物质的奖励。主管单位定期在媒体上公示垃圾处理成绩显著和问题严重社区的情况。这些法规可以效仿交通法规进行设置，比如使用垃圾分类回收标志，在使用后需回收的商品及包装上进行标注，让垃圾分类的标志深入人心。又比如设置违反垃圾分类管理的罚款规定，让监管人员走上街头去监督，在容易乱放垃圾的地方设置摄像头，并鼓励市民举报乱扔垃圾的行为，给举报者一定的奖金。还可以建立一套完善的垃圾处理收费制度。多年来，北京市对单位只收取一贯制的垃圾清运费，而对居民收取的垃圾处理费还没有形成稳定的收费体系。可以借鉴国外“谁污染谁负费”的原则，开始按照垃圾的产生数量征收垃圾处理费用。这个方法的实施，可以采用垃圾处理费单独向单位社区征收的方式，也可以与水费、电费、燃气费等联合征收的方式。完善垃圾处理收费制度，不仅可以降低政府进行垃圾收集、运输和处理的成本，而且使进行垃圾处理的企业有合理的利润，还能通过垃圾处理收费方式增强人们少制造垃圾的意识。

3.5　完善基础设施和人员配置

垃圾处理工作是一套体系，需要有一系列的基础设施。比如分类垃圾桶、转运车、转运站、垃圾处理场、焚烧设备、填埋设备、清运人员、设备操作人员、监督管理人员等。所以，在进行垃圾合理处理的过程中还需要投入大量的资金进行基础设施的建设，进行专门人才的培养。首先，要合理布局垃圾回收桶、垃圾转运站的位置，建立完善的垃圾回收中转站和管理机构，使其能够覆盖到所有产生垃圾的区域，并且能够将区域内的垃圾“消化”掉。其次就是垃圾处理场的建设和选址问题，在建设中按照堆肥、填埋、焚烧处理垃圾的比例设置处理量分配合理垃圾处理场，尽量选择不会对周围居民聚居点造成污染的地方进行布局。此外，还应引进和培养一大批对口的专业技术人才进行垃圾处理方面的工作。通过良好的基础设施条件与工作水平较好的专业人才的结合，通过规范的处理技术使垃圾处理工作的效率达到最优值。通过政府、市民一起努力，一定能使垃圾处理走上一条规范的、可持续发展的道路。

参考文献

[1] 国家统计局. 中国统计年鉴 2009.

[2] 李铁锋. 城市垃圾的危害与处置[J]. 石河子科技，2010（3）：5-6.

[3] 聂永丰. 我国生活垃圾处理技术现状及发展方向探讨[J]. 环境经济，2005（10）：30-35.

[4] 北京市发展和改革委员会. 北京市“十一五”时期生活垃圾处理设施建设规划实施方案.

[5] 王艾荣，陈刚，于丽娜，等. 浅析城市生活垃圾处理现状与资源化对策[J]. 广东化工，2010，37（7）：227-229.

[6] 兰伟娜. 浅谈城市生活垃圾分类收集[J]. 科技传播，2010，19：45-50.

[7] 邵靖邦. 德国生活垃圾处理现状及发展趋势. 百度文库.

雾灵山自然保护区胡桃楸群落结构及物种多样性分析*

李哲

摘　要：采用典型性样方法对雾灵山自然保护区的胡桃楸群落的统计数据进行调查，并分析了群落的结构特征及乔灌草各层的物种多样性。结果表明：①胡桃楸群落内维管束植物达 156 种，隶属于 55 科 111 属。②群落内植物的生活型以地面芽植物最多，为 22 种，其次为高位芽植物，1 年生草本植物最少。③乔木层物种多样性最低，草本层最高，群落内物种多样性与胡桃楸的重要值呈负相关，但不显著；而群落的丰富度指数、多样性指数和均匀度指数之间存在相关性。④群落内存在具有相关性的物种，但是没有与胡桃楸存在显著相关的物种。⑤群落中胡桃楸占优势地位，油松是目前胡桃楸唯一的种间竞争者；从群落内物种的分布频度来看，胡桃楸群落符合 Raunkiaer 频度定律，在外界环境条件不变且不受人为干扰的情况下，将长期保持较为稳定的状态。

关键词：植物学　胡桃楸　植物群落　物种多样性　雾灵山自然保护区

0　引言

胡桃楸属胡桃科胡桃属落叶高大乔木，为第三纪孑遗植物，被《中国植物红皮书》列为三级保护植物。胡桃楸树型优美，材质良好，果实可以食用，具有很好的观赏和经济价值，主要分布于东北、华北及河南、山西等地。雾灵山自然保护区是北京与河北地区胡桃楸分布较为集中的地区之一，本文以胡桃楸群落为研究对象，研究其结构及各层的物种多样性情况。

群落是指在一定地理区域内，生活在同一环境下的不同种群的集合体，其内部存在着极为复杂的相互关系。群落多样性是指群落在组成、结构、功能和动态方面表现出的丰富多彩的差异，其中群落在组成和结构上表现出的多样性是认识群落的组织水平，甚至功能状态的基础，也是生物多样性研究中至关重要的方面。物种多样性不仅可以反映群落或生境中物种的丰富度、均匀度和时空变化，表征群落和生态系统的特征及其演替规律，也可反映不同的自然地理条件及人为因素与群落的相互关系。此次研究主要从胡桃楸群落的生活型、物种多样性和相关性等方面进行分析，以期对群落结构的稳定性有更深入的认识，为雾灵山植物多样性的保护提供基础材料。

---

* 指导教师：徐建英。

1 研究区域概况

雾灵山国家级自然保护区位于河北省兴隆县北部，与北京市密云县、承德地区滦平县、承德县相邻，地理坐标为东经117°27′～117°35′，北纬40°30′～40°36′。雾灵山东西长24 km，南北宽17 km，总面积为14 310.2 hm^2，最高海拔为2 118 m，为燕山山脉的主峰；地处暖温带半湿润大陆性季风气候区，具有雨热同季、冬长夏短、夏季凉爽、昼夜温差大的特征，年均温7.6℃，年降水量一般为720 mm。雾灵山一带主要土壤类型为褐土、棕壤（山地森林土），在褐土带内由于降水、地形和淋溶作用发生程度的不同，可分为典型褐土、山地淋溶褐土、褐土性褐土三大亚类。带内主要为农田果园，而棕壤主要发育于温带落叶阔叶林下。研究区内岩石以沉积岩为主，土壤以天然次生林下发育的山地棕壤为主，土层深厚。该地乔木树种主要为栎属、桦木属等暖温带落叶阔叶林和以油松占优势的温带针叶林，人工植被以华北落叶松为主，灌木主要有华北绣线菊、太平花等，草本以细叶薹草为主。

2 材料与方法

2.1 样方设置与调查

对雾灵山自然保护区的胡桃楸群落采用传统的典型性样方法。于2013年7月对保护区内胡桃楸群落分布较为集中的出榆沟进行调查，共调查17块样方，样方基本情况见表1。采用相邻网格法，将样方设置为10 m×10 m，其内西北角各做灌木小样方1个，面积为5 m×5 m；草本小样方1个，面积为1 m×1 m。记录乔木物种的种类名称、高度、枝下高、冠幅、胸径、胸面积、物候相、生活力、在样方内的坐标及整个群落的郁闭度，灌木物种的种类名称、株数多度、覆盖度、高度、物候相、生活力、叶级与在样方内的坐标，草本物种的种类名称、株数、覆盖度、高度与在样方内的坐标。

表1 研究区植物群落的基本情况

样方号	海拔/m	面积/m^2	坡度/（°）	坡向/（°）	郁闭度/%
1	917	100	42	NW301	73
2	917	100	42	NW301	65
3	917	100	43	SW255	60
4	935	100	35	SW267	67
5	935	100	35	SW267	58
6	917	100	42	NW301	43
7	917	100	42	NW301	45
8	917	100	43	SW255	60
9	935	100	35	NW267	63
10	935	100	35	NW267	55
11	923.5	100	14	NW230	65

样方号	海拔/m	面积/m^2	坡度/（°）	坡向/（°）	郁闭度/%
12	910	100	60	SW218	10
13	933	100	30	NE40	60
14	922	100	50	NE55	21
15	911	100	59	SW218	91.5
16	907	100	35	SW254	70
17	921	100	23	SW225	12

2.2 统计与计算方法

根据吴征镒《中国种子植物属的分布区类型》（1991）进行胡桃楸群落植物区系的研究；根据 Raunkiaer 生活型分类系统，进行胡桃楸群落的生活型谱分析，计算公式如下：

乔木层重要值=（相对密度+相对高度+相对优势度）/3

式中，相对优势度=（某乔木种群胸面积之和/所有乔木种群胸面积之和）×100%。

灌木层及草本层重要值=（相对密度%+相对频度%+相对盖度%）/3

物种多样性指数采用 Shannon 指数：

$$H=-\sum P_i \ln P_i$$

式中，P_i ——第 i 个种的个体数 N_i 占总个体数的比例（i=1，2，3，…，s）。

丰富度采用 Margelef 丰富度指数：

$$O=(S-1)/\ln N$$

式中，S——群落中的总种数；

N——观察到的个体总数。

均匀度用观察多样性和最高多样性的比来表示：$J=H/\ln S$。

3 结果与分析

3.1 群落物种组成

雾灵山自然保护区胡桃楸群落内共有维管束植物 156 种，隶属于 55 科 111 属，其中蕨类植物 5 科 5 属 5 种，裸子植物 1 科 1 属 1 种；双子叶植物 45 科 92 属 130 种；单子叶植物 4 科 13 属 20 种。胡桃楸群落是保护区内物种数较多的群落类型之一，群落内物种比同区域内蒙古栎、蒙椴群落物种丰富得多，其科、属、种数分别占保护区内植物科、属、种总数的 54.46%、30.66%、22.22%。

3.2 群落结构

3.2.1 群落乔木层植物的数量特征

乔木层共出现植物 8 种，隶属于 8 科 8 属，对乔木层所出现的 8 种树种进行出现频度、数量、平均胸径和重要值进行了统计计算，见表 2。

表 2 胡桃楸群落乔木层树种数量特征

种名	密度/（株/m^2）	频度	平均胸径/cm	平均高度/m	重要值
胡桃楸	517.65	1.00	15.19	9.63	76.15
油松	52.94	0.18	14.92	8.35	7.38
色木槭	11.76	0.12	4.19	3.50	0.84
山杨	23.53	0.06	9.24	8.19	2.90
棘皮桦	58.82	0.29	11.95	6.94	7.39
蒙古栎	17.65	0.06	5.78	5.73	1.51
小叶椴	5.88	0.06	2.39	3.50	0.42
山楂	41.18	0.12	12.26	3.75	3.40

由表 2 可以看出，在胡桃楸群落中，乔木种类的数量较少，只有 8 种，而且在分类群上分布较为分散，分属于 8 个科属。胡桃楸在整个乔木层中占有绝对优势，重要值为 76.15，远远大于重要值排在第二位的棘皮桦；从频度上来看，胡桃楸的频度最高为 1，其次是棘皮桦为 0.29，在 8 种植物中有 3 种植物的频度仅为 0.06，说明这些物种与胡桃楸群落的相关性不大；在平均胸径和树高上，胡桃楸的平均胸径和树高略高于油松，排在第一位，而油松的频度与密度却远远低于胡桃楸，因此在研究区内胡桃楸占优势地位。

3.2.2 生活型多样性

主要根据丹麦生态学家 Raunkiaer 提出的生活型系统，在植物活动处于最低潮的季节，按更新芽距土壤表面的位置对苗端提供保护的程度来划分，把维管束植物分为高位芽植物（Ph）、地上芽植物（Ch）、地面芽植物（H）、隐芽（地下芽）植物（G）和 1 年生草本（Th）五类，见表 3。

表 3 胡桃楸群落生活型统计

生活型	种数	百分比/%
高位芽植物（Ph）	13	32.5
地上芽植物（Ch）	2	5.0
地面芽植物（H）	22	55.0
隐芽植物（G）	2	5.0
1 年生草本（Th）	1	2.5
合计	40	100

由表 3 可知，在此胡桃楸群落内的 40 种维管束植物中，高位芽植物占 32.5%，地上芽植物占 5%，地面芽植物占 55%，隐芽植物与一年生植物共占 7.5%。生活型是对环境的适应特别是对气候的适应。该保护区内地面芽植物的比例在 5 种生活型中最大，主要是多年生草本，以细叶薹草、龙牙草、蓝萼香茶草、益母草等为优势种，平均高度在 20 cm 左右，盖度变化较大。高位芽植物中，中小高位芽植物主要是乔木层的植物，以胡桃楸为优势种，平均高度为 9.63 m，平均胸径为 15.19 cm，平均密度为 517.65 株/m^2（表 2）；矮高位芽中，以绣线菊属、溲疏属为优势种，平均盖度在 30%以上。以上说明，该群落内草本层对群落的物种多样性具有重要的影响，同时也说明该群落所处环境较为寒冷。

3.3 群落物种多样性和物种相关性

3.3.1 群落不同层次的物种多样性特征

对所有调查样方进行汇总，分别计算群落内不同层次的多样性指数、丰富度指数和均匀度指数，见表 4。

表 4　胡桃楸群落各层物种多样性比较

层次	多样性指数	丰富度指数	均匀度指数
乔木层	1.09	4.72	2.08
灌木层	2.27	4.81	2.64
草本层	2.31	5.43	2.89

由表 4 可知，无论是 Shannon 指数、Margelef 丰富度指数还是均匀度指数，乔木层都是最低的，草本层都是最高的。从这三个指数的量上来看，Shannon 指数和 Margelef 丰富度指数的变幅较大，草本层的多样性指数为 2.31，而乔木层为 1.09；草本层的丰富度指数为 5.43，而乔木层为 4.72，由此可见草本层的植物种类远较乔木层丰富且多样。灌木层在多样性指数上与草本层接近，在丰富度指数上与乔木层接近，可以判断出灌木层中植物种类少而个体数量较多。均匀度指数在群落的三个层次中变幅最小，乔木层为 2.08，灌木层为 2.64，草本层为 2.89，因此认为，在胡桃楸群落内植物种类的分布较为均匀，不同层次上的植物种类分布均匀度情况也较为接近。

3.3.2　不同样方的物种多样性特征

对 17 个胡桃楸群落样方分别求其多样性指数、丰富度指数和均匀度指数，见表 5。

表 5　17 个样方内胡桃楸各指数

样方号	重要值	多样性指数	丰富度指数	均匀度指数
1	61.47	0.32	2.15	0.15
2	33.45	0.33	1.57	0.18
3	11.08	0.15	1.70	0.09
4	70.07	0.36	1.44	0.20
5	78.00	0.37	0.87	0.26
6	59.12	0.32	1.53	0.18
7	33.72	0.23	2.46	0.10
8	63.47	0.34	2.33	0.15
9	60.51	0.31	2.44	0.13
10	55.47	0.24	2.51	0.11
11	66.32	0.35	2.34	0.17
12	48.32	0.16	1.66	0.08
13	56.36	0.28	1.97	0.13
14	37.89	0.29	2.80	0.13
15	56.16	0.23	2.18	0.11
16	55.67	0.32	1.11	0.23
17	56.08	0.33	2.20	0.16

表 5 中亦分别列出各样方中胡桃楸的重要值，尽管各重要值不同，但在每一块样方中胡桃楸都是最重要的，均是以胡桃楸为建群种的群落。可以看出不同样方的重要值、多样性指数、丰富度指数和均匀度指数均不同，但群落的多样性指数、丰富度指数和均匀度指数变化趋势基本相同，说明三者之间存在相关性。均匀度指数变化幅度相对较小，说明在

该群落内物种分布较为均匀；丰富度指数变化幅度相对较大，说明不同样方内物种丰富度差别较大。用 SPSS 软件对重要值、多样性指数、均匀度指数和丰富度指数进行相关分析，结果表明，胡桃楸的重要值与其他三个指数之间呈负相关（$r<0$），但均不显著，其中以重要值与丰富度指数负相关性较大，达到–0.191，说明胡桃楸群落的植物多样性丰富程度与胡桃楸在群落内的重要程度呈现一定的负相关，验证了胡桃楸对生物多样性具有抑制作用的结论。丰富度指数、多样性指数和均匀度指数之间存在相关性（$r>0$），多样性指数与丰富度指数的相关系数为 0.828，达到了极显著相关（$P<0.01$）；多样性指数与均匀度指数的相关系数为 0.881，也达到了极显著相关（$P<0.01$）；丰富度指数与均匀度指数的相关系数为 0.651，但不显著（$P>0.05$）。

3.3.3 物种的相关性分析

不同物种在 17 个样方内出现的频度不同，对胡桃楸群落内所有物种的频度分布进行统计，在 17 个胡桃楸群落样方内频度为 A（1%～20%）的植物有 27 种，占到植物总数的 67.5%；频度为 B（21%～40%）的植物有 10 种，占到植物总数的 25%；频度为 C（41%～60%）的植物有 2 种，占到植物总数的 5%；频度为 D（61%～80%）的植物有 0 种，占到植物总数的 0%；频度为 E（81%～100%）的植物有 1 种，占到植物总数的 2.5%。这样的频度分布与 Raunkiaer 频度定律是相吻合的。其中，频度最大的物种有 4 种，分别为胡桃楸、细叶薹草、华北绣线菊和太平花。胡桃楸在各样方中的重要值不同，再对其他出现频度较大的 3 种植物在各样方内的重要值进行统计，见表 6。分别以这 4 种植物在其各自所在的样方内的重要值为基本数据，进行相关分析，结果见表 7。由表 7 可以看出，4 种植物与胡桃楸群落的相关系数依次为–0.461、0.259、–0.066，其中细叶薹草与华北绣线菊在数量分布上具有一定的相关性，但没有达到显著相关的程度。因此认为胡桃楸群落内物种存在具有相关性的物种，但是没有与胡桃楸存在显著相关的物种。

表 6 4 种植物的重要值

样方号	重要值			
	胡桃楸	华北绣线菊	太平花	细叶薹草
1	61.47	19.61	0.00	34.68
2	35.28	17.16	0.00	36.96
3	11.08	33.87	0.00	27.64
4	68.38	23.93	0.00	40.87
5	78.00	0.00	0.00	47.78
6	59.12	0.00	20.89	34.68
7	32.12	0.00	0.00	44.98
8	63.47	0.00	19.14	33.99
9	56.34	0.00	0.00	44.66
10	56.27	0.00	0.00	46.05
11	66.39	0.00	16.76	0.00
12	48.32	0.00	0.00	29.39
13	55.98	21.06	0.00	33.21
14	37.68	15.71	0.00	38.57
15	56.16	0.00	0.00	0.00
16	55.67	0.00	32.91	0.00
17	55.80	0.00	22.10	0.00

表7 4种植物的相关系数

物种	相关系数			
	胡桃楸	华北绣线菊	太平花	细叶薹草
胡桃楸	1	—	—	—
华北绣线菊	−0.461	1	—	—
太平花	0.259	−0.433	1	—
细叶薹草	−0.066	0.226	−0.609	1

3.4 群落动态分析

从胡桃楸群落的乔木层来看，胡桃楸在群落中占有重要地位，无论是数量上还是高度上均占有优势，其他7种树种中，山楂和小叶椴为小乔木，处于亚优势层，不会取代胡桃楸的优势地位；剩下的5种乔木中只有糠皮桦和油松的频度相对较大，糠皮桦的频度为0.29，油松的频度为0.18，二者的密度也较接近，是构成华北地区的地带性植被的重要物种，且与胡桃楸同处于乔木层，其中油松的平均高度和胸径与胡桃楸十分接近，因此，油松是目前胡桃楸唯一的种间竞争者。

从群落内物种的分布频度来看，胡桃楸群落符合Raunkiaer频度定律即A＞B＞C＞D，D＜E，这说明胡桃楸群落是一个稳定性较高而种数分布比较均匀的群落。因此，在外界环境条件不变且不受人为干扰的情况下，胡桃楸群落将长期保持较为稳定的状态。

4 结论

雾灵山自然保护区胡桃楸群落内物种较为丰富，共有植物156种，隶属于55科111属。胡桃楸群落内乔木树种只有8种，物种多样性主要由草本植物的多样性引起，草本植物占群落内物种总数的45%。从生活型上看，高位芽植物占32.5%，地上芽植物占5%，地面芽植物占55%，隐芽植物与一年生植物共占7.5%。

物种相关性与多样性的分析表明，胡桃楸群落的多样性指数表现为：乔木层＜灌木层＜草本层，草本层的物种多样性指数高于灌木层和乔木层的物种多样性指数。均匀度指数表明各层内物种分布都较为均匀。群落内的物种多样性指数与胡桃楸在群落内的重要值呈负相关，但不显著。胡桃楸与群落内其他物种的相关性不大，群落内华北绣线菊和细叶薹草具有一定的相关性，但没有达到显著相关的程度。

通过群落内物种的现状分析、幼苗的数量分布以及群落内物种的分布频度情况可知，胡桃楸群落目前处于较为稳定的状态。

需要指出的是，在此次研究中依然存在不足，即所选样方的面积较小、数量较少，物种的出现频度和密度较低，乔灌草三层的物种数量相差不明显，尤其是草本层的物种数量较少，这可能是导致群落内物种相似性差别较大、相关性较低的原因，还需要进一步研究。

参考文献

[1] 邢韶华，袁秀，林大影，等. 北京雾灵山自然保护区胡桃楸群落结构[J]. 浙江林学院学报，2006，23（3）：290-296.

[2] 岳永杰，余新晓，牛丽丽，等. 北京雾灵山植物群落结构及物种多样性特征[J]. 北京林业大学学报，2008，30（s2）：165-170.

[3] 吴征镒. 中国种子植物属的分布类型[J]. 云南植物研究，1991（sIV）：1-139.

雾灵山亚高山草甸群落生态分析*

平凡

摘 要：应用 Bray-Curtis 相似性聚类分析和非度量 MDS 排序等数量分析方法，对高山草甸生态关系进行了研究，将 60 个该草甸样方划分为 8 个群落类型。分类结果很好地反映了植物群落类型及优势种的分布与环境因子之间的关系，并在 MDS 二维排序图上得到了较好的验证。DCA 排序轴反映了海拔高度、坡向梯度变化，表明海拔高度和坡向引起的水热条件变化是影响植物群落变化的主要环境因子，物种多样性在群落类型分化中有重要作用，同时雾灵山旅游业的发展对亚高山草甸演替过程有一定干扰。

关键词：雾灵山 亚高山草甸 聚类分析 MDS 排序 物种多样性

0 引言

植物与环境关系是植被生态学研究的重点之一，而分类和排序是研究植物与环境关系的两种重要数量方法[1]，可以深刻地揭示植物物种、植物群落与环境间的生态关系。数量分类和排序被广泛应用于山地森林、草地、湿地等群落的研究中。亚高山草甸作为高山生态系统的主要组成部分，是一种特殊的、重要的资源。目前，亚高山草甸与环境间的生态关系研究已引起生态学者的广泛兴趣，张金屯等[2]、席跃翔等[3]应用 TWINSPAN 分类和 DCA 排序方法，分别对五台山亚高山草甸和关帝山灌丛草甸群落进行了多元分析。

雾灵山为国家级自然保护区，是华北地区植物资源丰富的地区之一。其亚高山草甸位于主峰峰顶平台，植被种类丰富，草层茂密，草质柔软，吸引了众多游客的目光，不仅是天然的旅游胜地，更具有研究价值。因此对雾灵山亚高山草甸的研究引起了许多生态学者的兴趣，目前对群落结构特征、物种多样性以及物种间关系等问题已有较多的研究[4,5]，但对亚高山草甸进行详细的数量分析，以揭示草甸群落与环境因子间、群落与种群间生态关系的研究尚少。

本文通过大型多元统计分析软件 PRIMER 5.0[6]对雾灵山高山草甸群落进行 Bray-Curtis 相似性聚类分析和非度量 MDS 排序，并运用 SPSS 19 对影响排序的环境因子进行分析，研究了雾灵山自然保护区的亚高山草甸群落与环境的关系。旨在揭示亚高山草甸群落与环境因子间、群落与种群间的关系，进而全面地了解亚高山草甸植物群落与生态环境相互关系和作用规律，为保护和科学地利用亚高山草甸提供依据和理论参考。

---

* 指导教师：郭道宇，徐建英。

1 研究地区与研究方法

1.1 自然概况

河北省雾灵山地理位置位于东经 117°27′～117°35′，北纬 40°30′～40°36′，距北京 140 km。主峰歪桃峰海拔 2 116.2 m，为燕山最高峰，有“京东第一高峰”的美誉。属于暖温带大陆性季风气候，冬夏季明显。雨热同期、冬长夏短、夏季凉爽、昼夜温差大。雾灵山平均气温 7.5℃，最冷月 1 月平均气温–15.6℃，最热月 7 月气温 17.6℃，气候垂直变化十分显著。雾灵山是河北省多雨中心之一，多年平均降水量 763.3 mm，降水多集中于夏季，地形雨居多，云雾大，湿度大。

雾灵山地理位置独特，植被既有暖温带落叶阔叶林特征，又有温带针阔混交林的特征。雾灵山的山地次生草甸带分布在海拔 1 800 m 以上，植被主要为次生草甸，主要分布在山顶平台及梁脊的两侧，以禾本科植物为多，一般生长矮小，如早熟禾、狼毒等。

1.2 研究方法

1.2.1 样地调查

在雾灵山海拔 1 922～2 100 m，根据海拔高度变化以及坡向不同，共设置 1 m×10 m 草本样方 6 个，每个样方再分为 10 个 1 m×1 m 的样方，总共 60 个样方。每个样方调查记录草本的高度、总盖度、样方内各物种的盖度、株数、种类，同时记录样方所在地的海拔高度、坡度、坡向等生态环境因子。60 个样方共记录 54 个草本植物种，得到 54×60 的数据矩阵。

1.2.2 数据分析

以重要值为数量指标来反映草本植物与环境的关系，其计算公式为：

重要值=（相对盖度+相对高度）/2

环境数据包括海拔、坡向、坡度、植被总覆盖度 4 个环境因子。根据上述群落基本信息建立样方植被重要值和环境变量数据库。应用 Primer 5.0 软件中的 Bray-Curtis 相似性系数聚类和多维排序尺度方法（MDS）对群落进行分类和排序。应用 SPSS 19 软件中的 Spearman 相关性分析，研究群落的分类与环境因子之间的关系。应用 SPSS 19 软件中的距离测度（Distance），研究高山草甸群落间物种的相似性关系。每个样方中的物种多样性用 Shannon-Weiner 指数计算：

$$H' = -\sum_{i=1}^{s}(P_i \ln P_i)$$

式中，H'——样方（群落）的物种多样性指数；

S——物种数；

P_i——物种 i 的重要值占所有物种重要值之和的比例。

2　结果与分析

2.1　亚高山草甸群落的数量分类

利用 Primer 5.0 对雾灵山高山草甸 60 个样方进行群落分布聚类分析，根据群落 Bray-Curtis 相似性系数，构建群落等级聚类树枝图（图 1）。

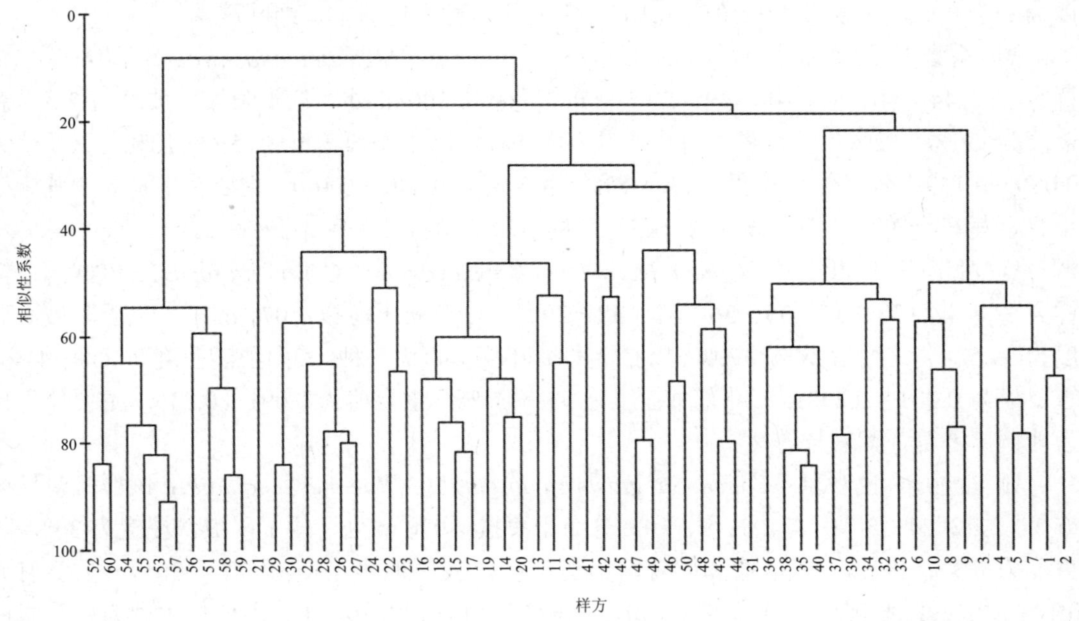

图 1　雾灵山高山草甸植物群落聚类图

由图 1 可以看出，聚类分析结果中 60 个样方可分为 8 组，分类结果如下：

Ⅰ 金露梅 + 鹅观草（*Comm. Potentilla fruticosa* + *Roegneria kamoji*）：该群落包括样方 51、52、53、54、55、56、57、58、59、60。分布于海拔 2 070 m 处，位于半阳坡，坡度为 16°，总盖度为 95%～100%。以金露梅和鹅观草为优势种，其中金露梅盖度为 14%～35%，重要值为 0.129～0.271；鹅观草盖度为 5%～40%，重要值为 0.135～0.491。主要伴生种为柳兰、狭叶寻麻、雾灵香花芥、地榆等。

Ⅱ 兰萼香茶菜 + 细叶薹草（*Comm. Rabdosia japonica* + *Carex rigescens*）：该群落包括样方 21。位于海拔 1 922 m 处半阴坡，坡度 30°，总盖度 85%。以兰萼香茶菜为优势种，其盖度为 31%，重要值为 0.319。主要伴生种为薹草和蒿草。

Ⅲ 柳叶菜 + 蒿草（*Comm. Epilobium hirsutum* + *Kobresia bellardii*）：该群落包括样方 22、23、24、25、26、27、28、29、30。分布于海拔 1 922 m 处，位于半阴坡，坡度为 30°，总盖度为 63%～87%。以柳叶菜和蒿草为优势种，其中柳叶菜盖度为 3%～22%，重要值为 0.051～0.171；蒿草盖度为 5%～22%，重要值为 0.033～0.170。主要伴生种为宽叶薹草、狭苞橐吾、景天三七等。

Ⅳ 鹅观草 + 拳蓼（*Comm. Roegneria kamoji* + *Polygonum bistorta*）：该群落包括样方

11、12、13、14、15、16、17、18、19、20。分布于海拔 2 000 m 处，位于半阴坡，坡度为 37°，总盖度为 81%～90%。以鹅观草和拳蓼为优势种，其中鹅观草盖度为 36%～61%，重要值为 0.250～0.402；拳蓼盖度为 1%～14%，重要值为 0.046～0.154。主要伴生种为地榆、狭苞橐吾、细叶藁本等。

Ⅴ 金莲花 + 地榆（*Comm. Trollius chinensis* + *Sanguisorba officinalis*）：该群落包括样方 41、42、45。分布于海拔 2 100 m 处，位于阳坡，坡度为 24°，总盖度为 44%～63%。以金莲花和地榆为优势种，其中金莲花盖度为 5%～20%，重要值为 0.093～0.232；地榆盖度为 5%～7%，重要值为 0.105～0.164。主要伴生种为辽藁本、细叶藁本等。

Ⅵ 拳蓼 + 细叶藁本（*Comm. Polygonum bistorta* + *Ligusticum tachiroei*）：该群落包括样方 43、44、46、47、48、49、50。分布于海拔 2 100 m 处，位于阳坡，坡度为 24°，总盖度为 36%～52%。以拳蓼和细叶蒿本为优势种，其中拳蓼盖度为 5%～18%，重要值为 0.080～0.149；细叶藁本盖度为 1%～8%，重要值为 0.040～0.160。主要伴生种为瓣蕊唐松草、金莲花、鹅观草等。该区域分布有散碎石块，植被覆盖率不到 60%。

Ⅶ 独活 + 细叶薹草（*Comm. Heracleum hemsleyanum* + *Carex rigescens*）：该群落包括样方 31、32、33、34、35、36、37、38、39、40。分布于海拔 2 071 m 处，位于阳坡，坡度为 31.5°，总盖度为 54%～79%。以独活和细叶薹草为优势种，其中独活盖度为 8%～41%，重要值为 0.081～0.252；细叶薹草盖度为 5%～31%，重要值为 0.091～0.236。主要伴生种为地榆、毛茛、鹅观草等。

Ⅷ 地榆 + 鹅观草（*Comm. Sanguisorba officinalis* + *Roegneria kamoji*）：该群落包括样方 1、2、3、4、5、6、7、8、9、10。分布于海拔 2 070 m 处，位于阴坡，坡度为 36°，总盖度为 73%～99%。以地榆和鹅观草为优势种，其中地榆盖度为 7%～30%，重要值为 0.124～0.229；鹅观草盖度为 9%～30%，重要值为 0.129～0.210。主要伴生种为瓣蕊唐松草、拳蓼、辽藁本、华北景天、缬草等。

2.2 草甸群落的 MDS 排序

用多维排序尺度方法（MDS）对雾灵山高山草甸 60 个样方进行群落结构分析。由 MDS 排序图呈现的不同程度分离点阵见图 2。

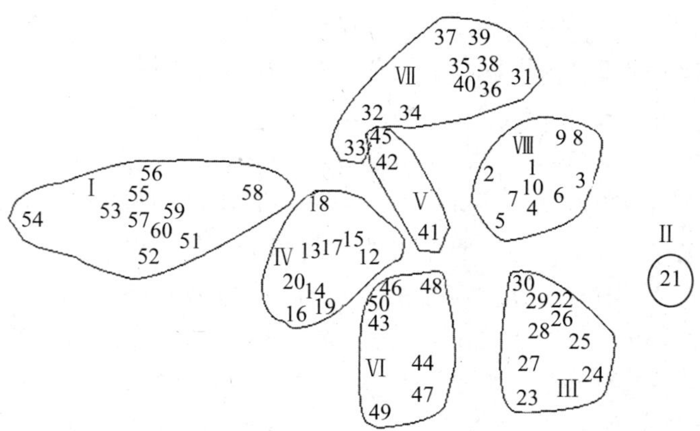

图 2 雾灵山高山草甸群落 MDS 排序图

由图 2 可看出，60 个样方群落可分为Ⅰ、Ⅱ、Ⅲ、Ⅳ、Ⅴ、Ⅵ、Ⅶ和Ⅷ共 8 个区。MDS 排序结果与群落分布聚类分析结果一致，进一步验证了聚类分析的结果。根据 MDS 排序的前两个排序轴作二维排序图（图 3）。发现 MDS 排序的第一轴和第二轴较好地反映了植物群落之间以及群落与环境之间的相互关系。

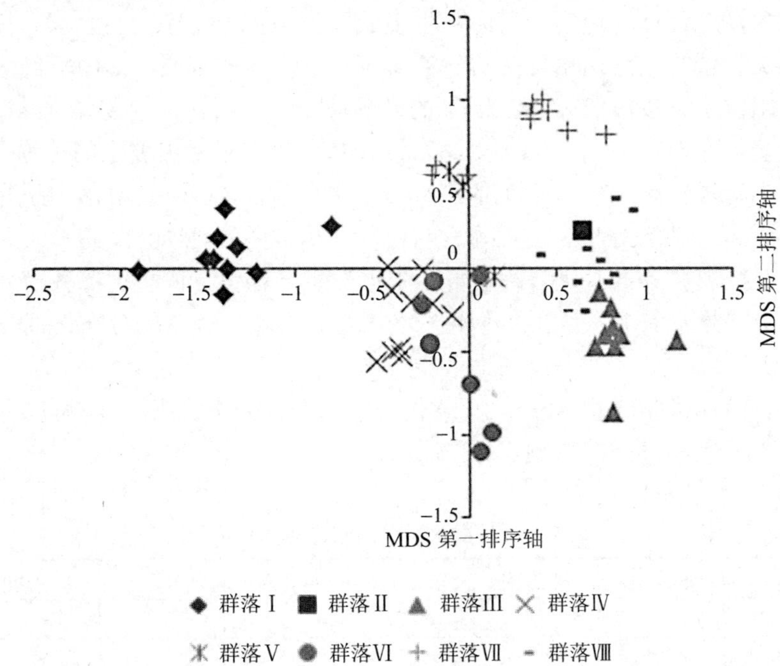

图 3　雾灵山亚高山草甸 60 个样方的 MDS 二维排序图

通过 SPSS 软件对 MDS 排序的第一轴和第二轴的数据与海拔、坡向、坡度、植被总覆盖度这四项环境因子的数据进行 Spearman 相关性分析（其中为了定量分析坡向环境因子，令阴坡为 1，半阴坡为 2，阳坡为 3，半阳坡为 4），见表 1。分析结果为第一轴与坡向呈 0.01 水平的显著负相关，第二轴与海拔呈 0.01 水平的显著正相关。

表 1　各参数之间相关系数

	第一轴	第二轴	海拔	坡向	坡度	覆盖度
第一轴	1.000					
第二轴	–0.021	1.000				
海拔	–0.153	0.399**	1.000			
坡向	–0.619**	0.239	0.478**	1.000		
坡度	0.307*	–0.034	–0.319*	–0.765**	1.000	
覆盖度	–0.469**	0.063	0.031	–0.063	0.213	1.000

注：** 在 0.01 水平的显著相关；
* 在 0.05 水平的显著相关。

MDS 第一轴反映了植物受坡向影响的变化梯度，从左到右，群落由阳坡向阴坡过渡，坡向的变化影响着温度、湿度、光照等条件的变化[3]，因而，影响着植被的发展和分布。

从左到右土壤含水量逐渐增加，土壤温度降低。群落类型呈现由群落Ⅰ→群落Ⅳ→群落Ⅷ过渡，或群落Ⅵ→群落Ⅲ的过渡。主要优势种金露梅、拳蓼、蒿草等阳坡暖温环境的中生[7]植物逐渐被独活、鹅观草等湿生植物所取代。

MDS 第二轴反映了海拔高度由高到低的变化梯度，分布在海拔较低地区的群落Ⅵ、Ⅳ和Ⅲ位于排序图的下端，适宜于高海拔生境的群落Ⅶ位于排序图的上部，其他类型分布在中间。群落类型依次呈现出由群落Ⅵ→群落Ⅳ→群落Ⅶ过渡或群落Ⅲ→群落Ⅷ→群落Ⅶ的趋势。群落Ⅲ位于海拔较低（1 922 m）的半阴坡，土壤水分含量较少，群落中耐旱、喜光植物成分较多，薹草、景天三七等生态习性喜欢生长在干燥山坡上的植物[8]为主要伴生种。群落Ⅷ位于海拔较高（2 070 m）的阴坡，土壤水分含量较多，群落中耐寒、喜湿植物成分较多，鹅观草、独活等生态习性为喜欢生长在山坡阴湿地[8]的植物，为主要优势种和伴生种。蒿草、鹅观草等群落优势种在群落中占据主导地位，说明优势种的分布格局与植物群落类型的分布格局具有很大的相似性。随着海拔升高，群落的分布格局与植被垂直带分布格局吻合。

对八种植物群落类型进行 SPSS 19 软件中距离测度分析（表 2），可以进一步分析海拔和坡向对群落分类和排序的影响。

表 2 八种群落类型的欧式距离测度

	群落Ⅰ	群落Ⅱ	群落Ⅲ	群落Ⅳ	群落Ⅴ	群落Ⅵ	群落Ⅶ	群落Ⅷ
群落Ⅰ	0.000							
群落Ⅱ	0.602	0.000						
群落Ⅲ	0.461	0.450	0.000					
群落Ⅳ	0.345	0.614	0.444	0.000				
群落Ⅴ	0.426	0.526	0.338	0.423	0.000			
群落Ⅵ	0.392	0.463	0.291	0.351	0.246	0.000		
群落Ⅶ	0.437	0.473	0.375	0.430	0.327	0.304	0.000	
群落Ⅷ	0.472	0.564	0.341	0.443	0.297	0.314	0.355	0.000

注：这是一个相异矩阵。

由表 2 可以看出，数值越大则距离越大，说明群落间物种的相似性越小；数值越小则距离越小，群落间物种的相似性越大。分析发现群落Ⅴ与群落Ⅵ这两类群落类型，都处在 2 100 m 海拔高度和阳坡的环境，优势种和伴生种都很相似，均为中生[9]和中旱生的金莲花、拳寥、薹草等植物，而其距离测度在表 2 中数值为 0.246，表示物种间的相似性较大。说明海拔和地形因子对高山草甸群落具有较大影响。

从上述分析可见，MDS 第一轴和第二轴有密切关系，草甸群落的分布明显受海拔、坡向等环境因子对水分、温度、光照影响的制约[10]。说明 MDS 排序较好地反映了雾灵山亚高山草甸群落的生态关系。

2.3 草甸群落的物种多样性与分类和排序的关系

应用 Shannon-Weiner 指数计算每个样方中的物种多样性指数，用 60 个样方的物种多样性指数与 MDS 第一轴的特征值作图（图 4）。

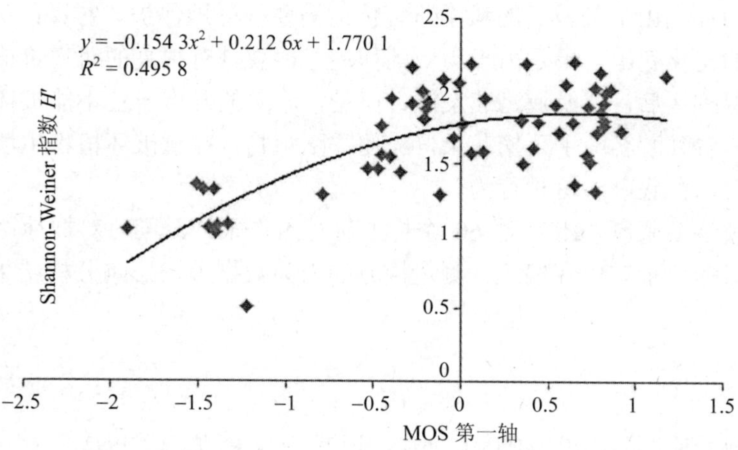

图 4　雾灵山亚高山草甸群落物种多样性与 MDS 第一轴的相关分析

从图中可以看出，物种多样性与 MDS 第一轴呈现显著的正相关，R^2 接近 0.5。从左到右，随着坡向由阳坡向阴坡过渡，影响了水分、温度、光照的变化，物种多样性逐渐增加。因为随着土壤水分的增加，植物的生境条件改善，群落物种多样性增加。也即图 2 中分布在 MDS 第一轴右方的群落Ⅲ、群落Ⅶ和群落Ⅷ的物种多样性较高，而分布在该排序轴的左方的群落Ⅰ和群落Ⅳ物种多样性较低。

从生境特点看，分布在半阳坡、半阴坡、阴坡和海拔较高处的草甸群落物种多样性较丰富，而分布在阳坡和海拔较低处的草甸群落，由于土壤水分含量较少[2]，以及游客采摘、践踏等人为影响，造成植物生境退化，群落物种多样性降低。由此可见，MDS 第一排序轴与物种多样性的关系较为密切，说明群落生境条件物种多样性相关联，并且人为影响对雾灵山亚高山草甸群落的物种多样性影响显著。

3　结论与讨论

（1）聚类分析分类客观地反映植物群丛间的生态关系。聚类分析分类将雾灵山亚高山草甸 60 个样方 54 个种划分为 8 个植物群丛类型，由于群落的生境比较接近，群落之间有较大的相似性，但各有其明显的特征，因此在排序图上有明显的分布范围和界线。

（2）聚类分析分类和 MDS 二维排序结果基本吻合。MDS 排序表明群落生境所在地的海拔高度、水热条件和坡向是决定群落类型分布的主要因素。第一轴反映了坡向的变化，从左到右坡向由阳坡逐渐过渡为阴坡，影响土壤含水量逐渐增加，温度逐渐降低，优势种也随之产生变化。第二轴反映了海拔高度的变化，从下到上海拔高度逐渐升高，温度随之下降，影响植物物种变化。可见海拔和坡向的变化，直接影响着水分和温度的变化，使得群落优势种发生明显变化，在阴坡和海拔较高的山坡上中生植物生长茂盛。

（3）雾灵山亚高山草甸中物种多样性的差异主要与生境条件密切相关。分布在半阳坡、半阴坡、阴坡和海拔较高处的草甸群落物种多样性较丰富，而分布在阳坡和海拔较低处的草甸群落，由于土壤水分含量较少，以及游客采摘、践踏等人为影响，造成植物生境退化，群落物种多样性降低。

（4）雾灵山亚高山草甸较高的科学研究价值需要很好地保护。雾灵山历史源远流长，不仅具有深厚的文化底蕴，更是由于历史的积淀，植被具有很高的研究价值。自雾灵山成为国家级自然保护区后，旅游业迅速发展，但是，旅游的发展一定不能破坏自然。笔者在采样期间，经常看到游客随手采摘花朵，随便踩踏植物，肆意破坏植物生境。建议相关部门发布专项政策，彻底整治这种行为。

由于时间及装备限制，没有对 60 个样方进行土壤采样，同时对样地微地形的描述以及环境因子的数据记录难免有偏差。测量样方的人为数据差，影响分析结果。

参考文献

[1] 张金屯. 植被数量分析方法的发展[M]. 北京：中国科学技术出版社，1992.

[2] 张金屯，米湘成，郑凤英，等. 五台山亚高山草甸群落生态关系分析[J]. 草地学报，1997，5（3）：181-186.

[3] 席跃翔，张金屯，李军玲. 关帝山亚高山灌丛草甸群落的数量分类与排序研究[J]. 草业学报，2004，13（1）：15-20.

[4] 李利平，崔国发. 北京雾灵山自然保护区植物数量评价[J]. 林业调查规划，2005，30（2）：45-49.

[5] 李东义，郭文增，周秀珍，等. 雾灵山森林植被类型分析[J]. 河北林果研究，2000，15（s1）：49-55.

[6] 顾晓英，陶磊，尤仲杰，等. 象山港大型底栖动物群落特征[J]. 海洋与湖沼，2010，41（2）：208-212.

[7] 李素清，张金屯. 山西云顶山亚高山草甸群落生态分析[J]. 地理研究，2007，26（1）：83-89.

[8] 中国科学院中国植物志编辑委员会. 中国植物志[M]. 北京：科学出版社，1999.

[9] 宋爱云，刘世荣，史作民，等. 卧龙自然保护区亚高山草甸的数量分类与排序[J]. 应用生态学报，2006，17（7）：1174-1178.

[10] 李素清，张金屯，上官铁梁. 芦芽山亚高山草甸的数量分类与排序研究[J]. 西北植物学报，2005，25（10）：2062-2067.

雾灵山低山区土地利用类型对土壤理化性质的影响

田雨，庄莹，曹义，张笑语，王学东*

摘　要：本文针对雾灵山低山区不同土地利用类型进行采样和分析，研究农田、果园、绿化林、果农间作和未利用地五种土地利用类型对土壤理化性质的影响，以期为雾灵山地区的土地合理利用和水土保持等提供科学依据。研究结果表明，五种土地利用类型中，绿化林的有机质、全氮、碱解氮、速效钾含量均为最高，而含水量最低；果农间作的有机质、全氮、碱解氮含量最低；未利用地的含水量和容重最高，而速效磷和速效钾含量最低。不同土地利用类型土壤有机质含量随土层加深而减少，而其他土壤养分含量随土层深度加深的减少量有明显差异。与全国第二次土壤普查养分分级标准相比，各土地利用类型的土壤速效磷和速效钾含量较为丰富，全氮和有机质含量较为缺乏，其中绿化林的各养分均为较丰富。

关键词：土壤理化性质　土地利用　雾灵山

0　引言

土壤理化性质的调查可以判断土壤的肥力状况。不同的土地利用方式影响土壤的理化性质，如土壤养分、土壤水分、土壤容重和养分元素的生物地球化学循环，从而影响整个生态系统的稳定性和可持续性[1, 2]。雾灵山是京津地区的重要生态屏障，在保持水土、涵养水源、挡风阻沙等方面发挥着重要生态作用。雾灵山地区拥有着丰富的自然资源，并已被划归为国家级自然保护区，但未划入保护区的雾灵山低山区仍是人们进行农业利用的主要区域。不良的土地利用方式会造成土壤板结、水土流失、作物缺素、环境污染等问题，从而破坏土地的可持续利用和生态环境的稳定性。本文主要针对雾灵山低山区不同土地利用类型下的土壤理化性质开展研究，为了解雾灵山土壤的质量变化规律，制定合理的土地利用方式和水土保持措施提供依据。

1　研究区域概况

雾灵山地理位置位于东经 117°27′～117°35′，北纬 40°30′～40°36′，处于河北省兴隆县

注：该文于 2012 年发表在《水土保持研究》第 19 卷第 6 期。
项目资助：北京市大学生科学研究与创业行动计划（BJS-1110028084）。
作者简介：田雨（1990—），女，北京人，地理科学专业本科生，E-mail：tianyu9011@sina.com。
*通讯作者：王学东（1978—），男，河北人，副教授，博士，主要从事土壤环境化学研究。

北部，与北京市密云县、承德地区滦平县、滦县、承德县相邻，是国家级自然保护区[3]，其主峰海拔 2 116.2 m，为燕山山脉主峰。雾灵山地区处于暖温带半湿润地区，年降雨量在 600～900 mm，年平均气温为 7.6℃。

雾灵山海拔较高，植被和土壤垂直地带性分布明显，海拔 600 m 以上分布着淋溶褐土、棕壤等土壤类型，主要植被为森林、草甸，而海拔 600 m 以下低山区分布的土壤类型主要为褐土[4]，这也是人们开发利用的主要地区。因为雾灵山山地地形复杂，所以人们根据地形、地势进行了不同的土地利用，主要的土地利用方式有农田、果园、绿化林和未利用地等。本文探讨了雾灵山低山区不同土地利用方式下土壤理化性质的变化，并对土壤养分状况进行了评价，以期为雾灵山地区土地合理利用提供依据。

2 研究方法

2.1 取样地点及取样方法

选择雾灵山低山区（海拔 600 m 以下）五种土地利用方式，包括农田、果园、绿化林、未利用地、果农间作（果园+农作物）进行土壤样品的采集。其中农田主要作物有玉米、黄豆、绿豆单种和间作模式，种植年限多为 3～5 年；绿化林主要种植杨树和油松，种植达 5 年以上；果园以板栗和山楂为主，还有少量杏树，大多为 4～6 年；未利用地生长有灌木和杂草，灌木主要有荆条、酸枣、绣线菊等，且植被覆盖度较大。土样的采集于 2011 年 7 月完成。在雾灵山低山区内选取 21 个采样点，使用环刀采集土壤表层（0～4.5 cm）样品 42 份。同时每个采样点均采集 0～20 cm 和 20～40 cm 的土壤样品，同层土样装入塑封袋中充分混合。土样运回实验室后经过除杂质、风干、研磨得到 20 目、60 目和 100 目的土壤待测样品。

2.2 样品分析方法

土壤含水量测定采用烘干法，土壤容重、总孔隙度测定采用环刀法[5-7]。土壤速效钾含量测定采用四苯硼钠比浊法，速效磷含量测定采用碳酸氢钠浸提法，有机质含量测定采用油浴加热-重铬酸钾容量法，碱解氮含量测定采用扩散吸收法，全氮含量的测定采用开氏法。土壤养分评价参照全国第二次土壤普查标准（表 1）。数据为三次重复测量的平均值，采用 Microsoft Excel 2003 软件处理。

表 1 全国第二次土壤普查标准

等级	有机质/（g/kg）	全氮/（g/kg）	碱解氮/（mg/kg）	全磷/（g/kg）	速效磷/（mg/kg）	全钾/（g/kg）	速效钾/（mg/kg）	养分评价
1	＞40	＞2	＞150	＞2.0	＞40	＞30	＞200	丰富
2	30～40	1.50～2.0	120～150	1.5～2.0	20～40	20～30	150～200	较丰
3	20～30	1.0～1.50	90～120	1.0～1.5	10～20	15～20	100～150	中等
4	10～20	0.75～1.0	60～90	0.7～1.0	5～10	10～15	50～100	较缺
5	6～10	0.5～0.75	30～60	0.4～0.7	3～5	5～10	30～50	缺乏
6	＜6	＜0.5	＜30	＜0.4	＜3	＜5	＜30	极缺

3 结果与分析

3.1 土地利用类型对土壤理化性质的影响

3.1.1 对土壤水分含量的影响

雾灵山低山区农田土壤含水量为6.33%、果园5.90%、绿化林地4.73%、未利用地8.33%、果农间作地7.43%，其中未利用地土壤含水量最高，绿化林最低。这些土地利用类型土壤含水量的差异不仅受测定时间不同的影响，而且与植被的覆盖度有关。未利用地中主要生长着草本和灌木，植物生长的密度较大，植被的覆盖度远大于其他土地利用类型[8,9]，因此土壤的含水量在五种利用方式下最高。绿化林和果园种植间距较大，植被覆盖度较低，土壤含水量也较低。在林间种植农作物可以有效提高树林的植被覆盖度，从而减少水分的蒸发，因此，果农间作的土壤含水量较果园和绿化林要高。

3.1.2 对土壤容重与孔隙度的影响

五种土地利用类型土壤平均容重分别为：农田 1.29 g/cm^3、果园 1.27 g/cm^3、绿化林地 1.35 g/cm^3、未利用地 1.42 g/cm^3、果农间作地 1.33 g/cm^3。五种利用类型中未利用地土壤容重最高，绿化林次之。尽管未利用地植物根系较多，可能会降低土壤的容重[10]，但缺乏人为耕作，土壤较紧实，因此土壤容重较高。相对于未利用地，绿化林经过了人为耕作，土壤容重较低，但与其他利用类型相比，绿化林的人为耕作相对较少，土壤容重较其他类型高。不同土地利用类型平均总孔隙度为 50.50%，分别为农田 50.95%、果园 52.23%、绿化林 49.02%、未利用地 45.56%、果农间作 49.99%，其中果园最高，未利用地最低。

3.1.3 对土壤有机质含量的影响

由图 1 可见，五种土地利用类型中绿化林地有机质含量最高（18.66 g/kg），果农间作地有机质含量最低（6.10 g/kg）。相对于其他土地利用类型，绿化林枯枝落叶较多，所以土壤有机质含量较高，而果园受到人为的影响，部分枯枝落叶被清扫，导致土壤有机质较绿化林要低，但与农田相比，果园中仍有部分枯枝会形成土壤有机质，所以果园较农田有机质含量要高。从不同深度的土壤有机质含量来看，五种土地利用类型均为表层（0～20 cm）有机质含量高于下层（20～40 cm）。

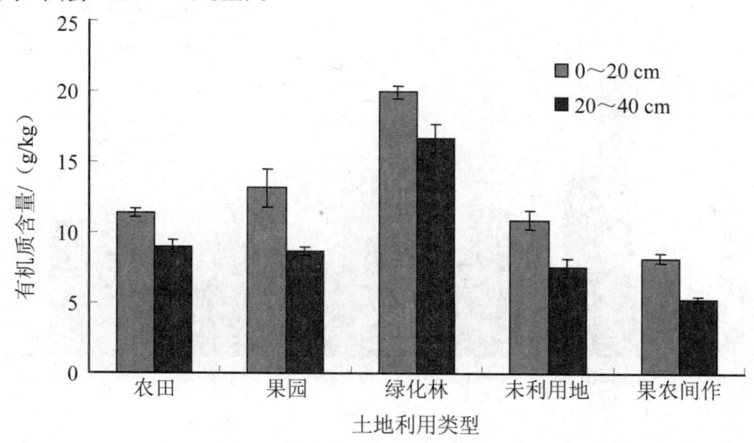

图 1 不同土地利用类型土壤有机质含量土层深度变化

3.1.4 对土壤氮、磷、钾含量的影响

五种土地利用类型土壤全氮含量分别为农田 0.76 g/kg、果园 0.94 g/kg、绿化林 1.14 g/kg、未利用地 0.76 g/kg、果农间作 0.58 g/kg。其中绿化林土壤全氮含量最高，果农间作最低。各土地利用类型有机质含量和全氮含量大小顺序一致，这是因为全氮主要为有机氮。绿化林中的枯枝落叶产生大量有机氮，导致全氮含量较高；果园因为人为清理落叶导致有机氮相对较低，但仍然比人为清理较为频繁的农田有机氮含量高。土壤碱解氮含量在 88.62～166.67 mg/kg，平均为 105.16 mg/kg。其中绿化林最高，果农间作最低。

如图 2 所示，各土地利用类型碱解氮含量随土层越深含量越低，其中未利用地的减少量最小。这可能是因为未利用地没有人为的施加氮肥，大多是自然地进行氮素转换，所以土层之间碱解氮含量的变化较小。

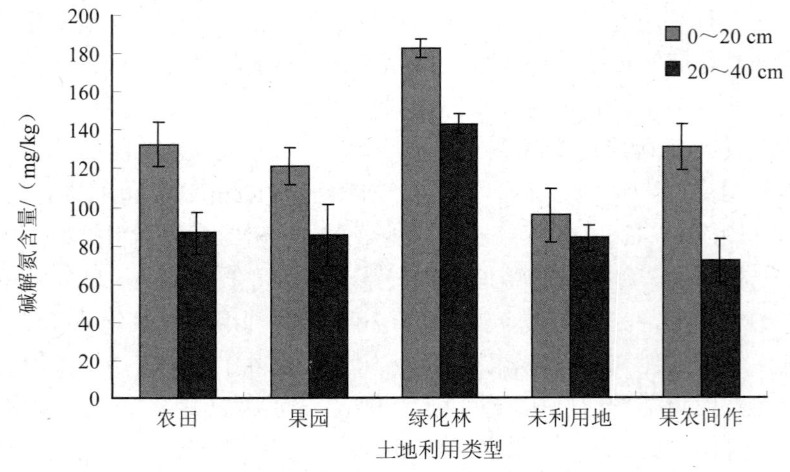

图 2 不同土地利用类型碱解氮含量随土层深度变化

五种土地利用类型速效磷的含量平均为 36.76 mg/kg，其中农田最高（51.24 mg/kg），未利用地最低（22.15 mg/kg）。如图 3 所示，未利用地和农田有明显的含量差异，这可能是由于农田施加磷肥导致的。经实地调查走访得知，当地农民经常施用过磷酸钙。速效钾含量平均为 204.55 mg/kg，其中绿化林最高（248.75 mg/kg），未利用地最低（159.79 mg/kg）。

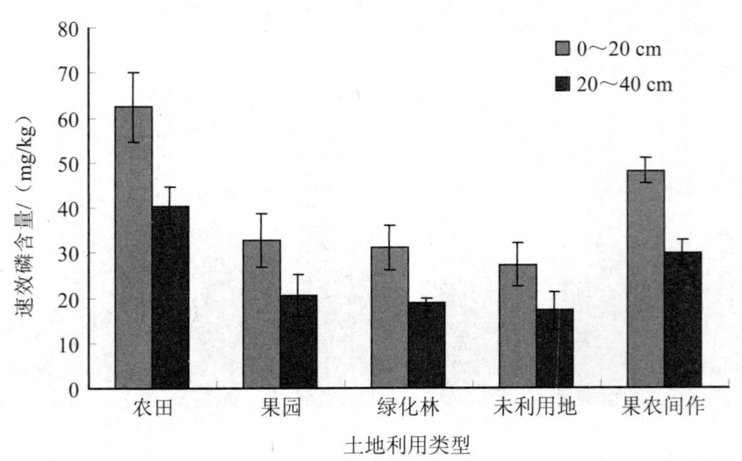

图 3 不同土地利用类型速效磷含量随土壤深度变化

从图 3 和图 4 可以看出，五种土地利用类型速效磷和速效钾含量均为表层高于下层，其中农田深层土壤速效磷含量仅为表层土壤含量的 64.81%，深层土壤速效钾的含量为表层的 79.29%。两个土层速效磷含量的差异比速效钾大，这主要是因为除了黏粒吸附磷酸盐外，土壤中还有钙离子与磷酸盐产生沉淀，而且反应量比吸附量大，因此速效磷的迁移性较差，但是速效钾的迁移性大，所以速效磷含量随土层深度减小比速效钾明显。

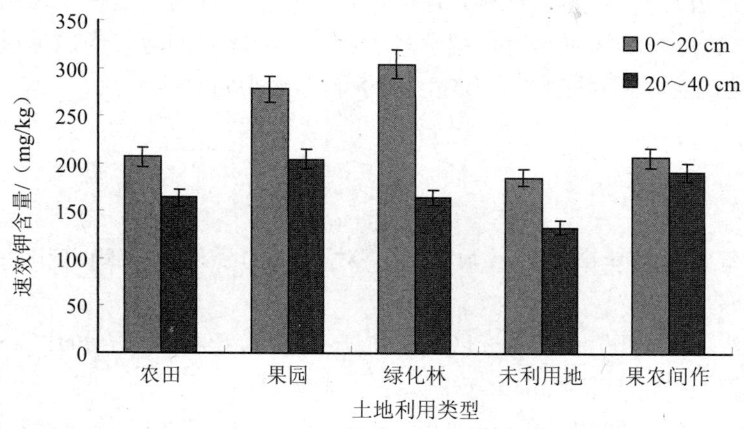

图 4　不同土地利用类型速效钾含量随土层深度变化

3.2　雾灵山不同土地利用类型的土壤养分评价

表 1 为全国第二次土壤普查土壤养分分级标准，参照表 1 对雾灵山地区各土地利用类型养分进行分级。结果表明雾灵山不同土地利用类型的土壤全氮等级在 3～5 级范围内，整体评级为较缺，其中绿化林地等级为中等，果农间作地氮素较为缺乏，其他土地利用类型均为较缺。不同土地利用类型土壤碱解氮含量等级范围在 1～4 级，其中绿化林处于丰富级，农田和果园为中等等级，其他均为较缺。速效磷和速效钾养分处于 1～2 级，整体评级为较丰。土壤有机质处于 4～5 级，整体评级为较缺，其中果园和绿化林地为较缺，其他土地利用类型均已达到缺乏的程度。

4　结论与建议

雾灵山低山区五种不同土地类型中未利用地含水量大，容重较高，土壤孔隙度偏低，表现出土壤紧实，通气性能差，保水能力好的特征。绿化林容重相对于未利用地略低，植被覆盖度低，蒸发量大，土壤含水量低。农田、果园，以及果农间作地的土壤含水量、容重和孔隙度较为适中。不同土地利用类型对土壤养分有明显影响，绿化林地的有机质、全氮、碱解氮、速效钾含量均为最高；果农间作地的有机质、全氮、碱解氮含量最低；未利用地的速效磷和速效钾含量最低，其他含量也偏低。此外，五种土地利用类型不同深度的两个土层间，有机质、全氮、碱解氮、速效磷和速效钾都呈现随土层越深含量降低的趋势。对研究区不同土地利用类型养分情况进行评价，各土地利用类型全氮和有机质含量基本处于较缺和缺乏状态；碱解氮含量绿化林地为丰富，其他均为中等或较缺状态；速效磷和速效钾均为较丰状态。

鉴于研究区农田土壤磷、钾含量总体水平较高，短期内应控制施用磷肥和钾肥。此外，我们在取样过程中发现，雾灵山低山区土层薄，土壤的石质化严重，土层厚度一般在20～40 cm，最大深度一般不超过60 cm，而且砾石多，土壤质地不均匀，保水性能差，不利于农业耕作。然而当地人们不管是平地还是坡地，最大程度地进行了农业利用，加剧了土壤侵蚀和土壤养分的流失，破坏了景观。我们的研究中发现绿化林这种土地利用类型土壤养分等级高，同时也反映了绿化林更有利于水土保持，因此我们建议当地尽量种植绿化林改善土壤质量，提高土壤涵养能力，实现土壤的可持续利用。

参考文献

[1] 刘全友，童依平. 北方农牧交错带土地利用类型对土壤养分分布的影响[J]. 应用生态学报，2005，16（10）：1849-1852.

[2] 赵米金，徐涛. 土地利用/土地覆被变化环境效应研究[J]. 水土保持研究，2005，15（1）：43-46.

[3] 蔡万波. 京东第一峰——雾灵山[J]. 森林与人类，2004（11）：56-58.

[4] 傅桦. 雾灵山自然保护区研究——III. 低山丘陵地区土地资源的开发[J]. 首都师范大学学报：自然科学版，2000，21（3）：64-70.

[5] 孙艳红，张洪江，程金花. 缙云山不同绿化林类型土壤特性及其水源涵养功能[J]. 水土保持学报，2006，20（2）：106-109.

[6] 李发明，朱淑娟，王耀林，等. 引黄灌区种植苜蓿对盐渍化土地理化性状的影响——以景泰县红跃村为例[J]. 水土保持研究，2009，16（4）：104-108.

[7] 惠淑荣，王娇，张倩，等. 辽西北沙地不同土地利用方式对土壤水分的影响[J]. 浙江林学院学，2010，27（4）：579 -584.

[8] 张萍，曾信波. 植被蓄水保土功能研究[J]. 山地农业生物学报，1999，18（5）：300-304.

[9] 徐宁，吴兆录，李正玲. 滇西北亚高山不同土地利用类型土壤容重与根系生物量的比较研究[J]. 安徽农业科学，2008，36（5）：1961-1963.

雾灵山东大石沟核桃楸群落特征研究

刘雪雁，刘祥，李夏云，方圆，布里根，栗晓婕，王蕾*

摘 要：采用样地调查法对雾灵山东大石沟核桃楸群落的结构特征、群落间相关性及群落内物种类型进行调查。结果表明：该群落共有维管束植物51科80属94种；群落整体郁闭度较高，草本层植被较为丰富；群落物种数随海拔升高先减小后增加；多样性随海拔变化明显，海拔越高，物种多样性越小，海拔差越小，群落种类组成越相似；群落内植物分布主要以温带为主。

关键词：雾灵山 核桃楸 物种多样性

0 引言

核桃楸（*Juglans mandshurica*）隶属胡桃科胡桃属（*Juglans*）的落叶乔木，其材质坚韧耐腐，常作为家具、建筑和船舰等的制作用材，具有极高的经济价值，其种仁营养丰富，与树皮一起可作药材，药用价值较高，但近年来由于人们对核桃楸的滥伐，核桃楸群落数量骤减，核桃楸则被列为国家三级保护植物。核桃楸在我国普遍分布于东北、华北、河南和山西，在北京常见于海淀区西山、昌平县等地[1]，雾灵山也是核桃楸分布较为密集的地区。由于雾灵山山体较高，垂直地带性明显，核桃楸群落分布的海拔范围较广，为400～1 000 m，且群落中生长有丰富的物种，位于不同海拔的核桃楸群落的植物种类也存在一定差异，而之前对核桃楸的研究主要集中在树种本身的生长特性、群落结构及群落中物种的种间关系等方面，而不同海拔的群落间相互关系及伴生植物物种未见报道。本文对不同海拔高度的核桃楸群落做调查，分析了群落内层次的物种多样性、群落间物种的关联性及组成植物物种的区系成分，为雾灵山地区保护核桃楸群落物种提供相应的理论依据，并为东大石沟的物种后续研究提供一定的材料支持。

1 研究区概况

雾灵山位于燕山山脉中段，属河北省兴隆县，山体自东南向西北方向延伸，其顶峰海拔 2 118 m，为燕山山脉最高峰，地处北纬 40°29′～40°38′，东经 117°17′～117°35′。雾灵

注：该文于2013年发表于《首都师范大学学报：自然科学版》第34卷第5期。

*通讯作者：wlcnu@yahoo.cn。

山属暖温带半湿润大陆性季风气候，土壤以山地褐土和棕壤为主，山顶海拔 900 m 以上分布有暗棕壤。年平均气温 7.6℃，年降雨量 763 mm，局部可达 900 mm[2]。适宜的雨热条件为雾灵山植被提供了良好的生存环境，其植物种类及数量较丰富，有高等植物 168 科 665 属 1 870 种。植被类型属暖温带落叶阔叶林，主要以胡桃属、杨属（*Populus*）、栎属（*Quercus*）等为主[3]，以核桃楸为最主要优势种。

2 研究方法

2.1 样地调查

2012 年 7 月，由低海拔到高海拔对雾灵山东大石沟人为干扰较少的核桃楸群落进行了 6 个 10 m×10 m 的群落样方调查，6 个样方分别设立在海拔 810 m、843 m、846 m、888 m、942 m 及 979 m。样方地理坐标范围为北纬 40°37′37″～40°37′55″、东经 117°28′20″～117°28′38″。东大石沟生境条件优越，沟内生长有丰富的草本、藤本、灌丛和乔木植物。每个样方分别记录地理坐标、坡度、坡向和总郁闭度，乔木层记录每株植物种类、高度、胸围及种的总盖度；灌木层按照面积为 5 m×5 m 样方进行分种调查，记录植物种类、最大高度、株数及盖度；草本层样方，面积为 1 m×1 m，共 10 个，记录草本层各植物种类、最大高度、株数及盖度。

2.2 数据处理

2.2.1 重要值处理

乔木层重要值=（相对密度+相对频度+相对优势度）/3

式中，相对密度——样地内某一物种的个体数占全部物种个体数的百分比（related density）；

相对频度——样地内某一物种的频度占全部物种频度之和的百分比；

相对优势度——由相对胸面积表示，为样地内某乔木种群胸高断面积之和占所有乔木种群胸高断面积之和的百分比。

灌木、草本层重要值（优势度）=（相对密度+相对频度+相对盖度）/3

式中，相对盖度——样地内某一物种的总盖度占全部物种盖度之和的百分比。

2.2.2 物种多样性指数处理（采用α多样性指数和β多样性指数共同表示）

α多样性指数（表示群落内物种的丰富度）采用 Simpson 指数和 Shanon-Wiener 指数，计算方法如下。

Simpson 指数（辛普森指数）：$D = 1 - \sum_{i=1}^{s} P_i^2 \qquad P_i = \frac{n_i}{N}$

Shanon-Wiener 指数（香农维纳指数）：$H' = -\sum_{i=1}^{s} P_i \ln P_i \qquad P_i = \frac{n_i}{N}$

式中，n_i——第 i 个种的个体数；

N——总物种数。

β多样性指数（表示群落间各物种的相似程度）采用 Jaccard 指数和 Sorenson 指数，计算方法如下。

Jaccard 指数（扎卡尔公式）：$K=C/(A+B-C)$

Sorenson 指数（切卡诺公式）：$K=2C/(A+B)$，$S_{sz}=C/\min(A, B)$

式中，C——两样方的共有种数；

$A+B$——两样方的全部种数。

2.2.3　植物区系处理

根据吴征镒《中国种子植物属的分布区类型》（1991）[4]进行了核桃楸群落内出现的种子植物的属的分布区类型的分析。

3　结果与分析

3.1　群落结构及物种数量特征

雾灵山东大石沟研究区核桃楸群落内共有维管束植物 51 科 80 属 94 种，群落共分为三层：乔木层、灌木层和草本层。其中，乔木层 12 种，占 21.8%；灌木层 14 种，占 25.5%，乔木层树种中树木高度不足 3 m 的归到灌木层中计算；草本层 29 种，占 52.7%[5]。核桃楸群落是保护区内物种数较多的群落类型之一[1]。乔木层树种平均树高 6～15 m，平均胸面积和 1 309.744 cm^2，郁闭度为 0.9；灌木层最大高度为 3 m，平均高 2.6 m，盖度为 0.3；草本层最大高度 1.1 m，平均高 0.3 m，盖度 0.4[6]。乔木、灌木和草本层物种的株数、相对密度、相对频度、相对胸面积/相对盖度、平均高度/最大高度统计结果如表 1、表 2、表 3 所示。

表 1　核桃楸群落乔木层物种重要值统计

种名	株数	相对密度/%	相对频度/%	相对胸面积和/%	平均高度/m	重要值
核桃楸 *Juglans mandshurica*	19	0.22	0.23	0.355	10.79	26.84%
辽杨 *Populus maximowiczii*	8	0.09	0.05	0.299	12.63	14.62%
裂叶榆 *Ulmus laciniata*	15	0.18	0.14	0.114	8.70	14.21%
小叶椴 *Tilia mandshurica*	9	0.11	0.09	0.081	7.02	9.26%
色木槭 *Acer mono*	4	0.05	0.14	0.008	4.75	6.37%
猕猴桃 *Actinidia arguta*	10	0.12	0.05	—	12.00	5.44%
大果榆 *Ulmus macrocarpa*	4	0.05	0.09	0.015	6.25	5.09%
山杨 *Populus davidiana*	4	0.05	0.05	0.048	14.75	4.67%
华北落叶松 *Larix principis-rupprechtii*	2	0.02	0.05	0.058	9.00	4.25%
大叶椴 *Tilia mandshurica*	4	0.05	0.05	0.011	7.13	3.44%
棘皮桦 *Betula dahurica*	4	0.05	0.05	0.007	6.63	3.33%
蒙古栎 *Quercus mongolica*	2	0.02	0.05	0.005	9.00	2.45%
总计	85	1	1	100	—	100%

表 2 核桃楸群落灌木层物种重要值统计

种名	株数	相对密度/%	相对频度/%	相对盖度/%	最大高度/m	重要值
小花溲疏 *Deutzia parviflora*	23	0.31	0.19	0.31	2.5	26.94%
色木槭 *Acer mono*	12	0.16	0.14	0.12	3	14.05%
白桦 *Betula platyphylla*	16	0.22	0.05	0.11	3	12.58%
小叶椴 *Tilia mongolica*	9	0.12	0.14	0.09	3	11.94%
刺五加 *Acanthopanax senticosus*	5	0.07	0.05	0.09	2	6.87%
大果榆 *Ulmus macrocarpa*	1	0.01	0.05	0.11	3	5.83%
卫矛 *Euonymus alatus*	1	0.01	0.05	0.05	2	3.55%
大叶白蜡 *Fraxinus rhynchophylla*	1	0.01	0.05	0.04	3	3.36%
冻绿 *Rhamnus utilis*	1	0.01	0.05	0.03	2.5	2.98%
山葡萄 *Vitis amuurensis*	1	0.01	0.05	0.01	2	2.42%
核桃楸 *Juglans mandshurica*	1	0.01	0.05	0.01	3	2.42%
毛榛 *Corylus mandshurica*	1	0.01	0.05	0.01	2.5	2.42%
大叶椴 *Tilia mandshurica*	1	0.01	0.05	0.01	2	2.42%
裂叶榆 *Ulmus laciniata*	1	0.01	0.05	0.01	3	2.23%
总计	74	1	1	1	—	100%

表 3 核桃楸群落草本层物种重要值统计

种名	株数	相对密度/%	相对频度/%	相对盖度/%	最大高度/cm	重要值
红升麻 *Astilbe chinensis*	18	0.063	0.019	0.204	100	9.50%
东北南星 *Arisaema amurense*	19	0.066	0.074	0.072	40	7.10%
细叶薹草 *Carex rigescens*	32	0.112	0.056	0.025	20	6.41%
白花碎米荠 *Cardamine leucantha*	16	0.056	0.037	0.115	50	6.94%
玉竹 *Polygonatum odoratum*	38	0.133	0.037	0.018	10	6.27%
口外糙苏 *Phlomis jeholensis*	15	0.052	0.056	0.061	110	5.64%

种名	株数	相对密度/%	相对频度/%	相对盖度/%	最大高度/cm	重要值
和尚菜 *Adenocaulon hiimalaicum*	17	0.059	0.056	0.050	30	5.49%
荚果蕨 *Matteuccia struthiopteris*	8	0.028	0.056	0.077	40	5.35%
舞鹤草 *Maianthemum bifolium*	23	0.080	0.037	0.037	10	5.16%
小花溲疏 *Deutzia parviflora*	9	0.031	0.074	0.045	50	5.03%
宽叶薹草 *Carex siderosticta*	18	0.063	0.056	0.019	20	4.59%
山葡萄 *Vitis amuurensis*	4	0.014	0.037	0.079	40	4.34%
蔓假繁缕 *Pseudostellaria davidii*	14	0.049	0.037	0.031	5	3.88%
五福花 *Adoxa moschatellina*	25	0.087	0.019	0.009	10	3.83%
水金凤 *Impatiens noli-tangere*	4	0.014	0.056	0.025	40	3.15%
五味子 *Schisandra chinensis*	5	0.017	0.019	0.034	10	2.33%
刺五加 *Acanthopanax senticosus*	3	0.010	0.037	0.016	40	2.11%
短毛独活 *Heracleum moellendorffii*	2	0.007	0.019	0.023	60	1.60%
黄精 *Polygonatum sibiricum*	2	0.007	0.037	0.003	15	1.58%
大叶盘果菊 *Prenanthes macrophylla*	2	0.007	0.019	0.014	35	1.30%
草乌 *Aconitum kusnezoffii*	2	0.007	0.019	0.011	30	1.23%
南蛇藤 *Celastrus orbiculatus*	2	0.007	0.019	0.007	20	1.08%
牛迭肚 *Rubus crataegifolius*	1	0.003	0.019	0.007	30	0.96%
龙牙草 *Agrimonia pilosa*	1	0.003	0.019	0.005	40	0.88%
盘果菊 *Prenanthes tatarinowii*	1	0.003	0.019	0.005	15	0.88%
透骨草 *Phryma leptostachya*	1	0.003	0.019	0.005	40	0.88%
菟丝子 *Cuscuta chinensis*	2	0.007	0.019	0.000	10	0.87%
鹿药 *Smilacina japonica*	1	0.003	0.019	0.002	10	0.81%
三籽两型豆 *Amphicarpaea trisperma*	1	0.003	0.019	0.002	15	0.81%
总计	286	1	1	1	—	100%

由表 1、表 2、表 3 可知，雾灵山东大石沟乔木层以核桃楸为优势种，辽杨和裂叶榆的重要值仅次于核桃楸，三者的重要值之和占到了乔木层的一半以上，为 55.67%，其余各树种为伴生种；从相对频度上看，除了核桃楸、裂叶榆和色木槭超过 0.1%、小叶椴和大果榆为 0.09%，其余都为 0.05%，即只在 6 个样方中的其中一个出现过，可见，这些树种与核桃楸群落的相关性并不大。灌木层中以小花溲疏为主要优势种，高度不足 3 m 的乔木树种色木槭、白桦和小叶椴也占有相当优势，其余物种优势度较小。草本层各物种优势度都在 10%以下，其中红升麻最高，东北南星次之，小花溲疏的重要值虽不及前两者，但其相对频度为 0.074，排在第二位，其次为薹草属的细叶薹草、宽叶薹草、口外糙苏、和尚菜和荚果蕨，都为 0.056%，可见，以上六者在样方中分布较均匀，在草本层中起一定作用。

3.2　物种多样性

3.2.1　α多样性指数

分别对核桃楸群落中的乔木层、灌木层和草本层的α多样性指数进行了统计，结果见表 4。由表 4 可得，草本层的 Simpson 指数和 Shanon-Wiener 指数都大于乔木层和灌木层，说明草本层的物种多样性最大，物种最为丰富；从量上看，三个层次的 Simpson 指数数值较为接近，差幅不超过 0.12，可见研究区内物种层次多样，且每层内物种数分布较为均匀；而 Shanon-Wiener 指数的差幅最大为 0.91，且灌木层与乔木层的两指数差较小，可知灌木层与乔木层的物种多样性程度较为相似，也说明了灌木层中不足 3 m 的存在明显主干的乔木树种起到一定作用，拉小了与乔木层的差距，从另一面展现了灌木层中真正不存在明显主干的灌木种类较缺乏。

表 4　核桃楸群落α多样性指数统计

层次	Simpson 指数	Shanon-Wiener 指数
乔木层	0.84	2.39
灌木层	0.81	1.95
草本层	0.93	2.86

3.2.2　β多样性指数

首先将 6 个样方各层所含物种数进行统计，见表 5；再进行两两比较，分别计算了 Jaccard 指数和 Sorenson 指数，结果见表 6。结合两表可知：①随海拔升高，样方内物种数出现先减少后增多的波动特征，样方 3 为转折点，灌木层和草本层符合上述整体变化特征，而乔木层在样方 5 之前变化波动小，之后又迅速减少，说明样方 3 内植物受沟内区域小环境影响，生长类型匮乏，也可看出乔木适应高海拔能力不及灌木及草本；②样方 3 之后的 4 个样方之间（即样方 3 与样方 4～6，样方 4 与样方 5～6）存在着随海拔升高，每一项β多样性指数数值都逐渐递减的趋势，说明样方 3 之后，海拔高差越大，气候、地质、水文等条件差异越大，继而植被生长类型的差异也渐趋明显，而样方 2 纵列数值基本递增，可能受局部小环境影响，植物种类并没有出现预期的变化现象，反而物种越接近，且由样方 1（样方 6）与样方 2（样方 5）的指数比样方 1（样方 6）与样方 3（样方 4）的指数数值大可知，样方1（样方6）与样方2（样方5）的物种多样性相似度大，说明海拔差越小，不同的核桃楸群落间相互影响越大，群落种类组成越相似。

表5　核桃楸群落乔木层、灌木层和草本层物种数统计

	样方1	样方2	样方3	样方4	样方5	样方6
乔木层	3	4	3	4	6	2
灌木层	5	4	1	2	4	6
草本层	13	9	4	12	11	6
总计	21	17	8	18	21	14

表6　核桃楸群落β多样性指数统计

样方号	样方1	样方2	样方3	样方4	样方5	样方6
样方1	—	—	—	—	—	—
样方2	(0.25，0.40，0.47)	—	—	—	—	—
样方3	(0.12，0.21，0.38)	(0.15，0.26，0.36)	—	—	—	—
样方4	(0.33，0.50，0.56)	(0.19，0.32，0.33)	(0.14，0.25，0.38)	—	—	—
样方5	(0.22，0.36，0.37)	(0.48，0.65，0.73)	(0.13，0.22，0.37)	(0.21，0.34，0.38)	—	—
样方6	(0.14，0.24，0.31)	(0.33，0.50，0.54)	(0.05，0.10，0.13)	(0.07，0.14，0.15)	(0.28，0.44，0.54)	—

注：每格（）内的第一个数值为Jaccard指数，第二个为Sorenson指数中的K值，第三个为Sorenson指数中的S_{sz}值；“—”表示无法比较或与左下方数据重复，仅看左下方数据即可。

3.3　种子植物属的区系特征

根据吴征镒《中国种子植物属的分布区类型》对核桃楸群落样方内种子植物的属的区系进行了分类，见表7。结果表明，除荚果蕨属（*Matteuccia*），样方内共有植物38个属，以北温带分布类型为主的共有18个属，占全部属种的47.37%，如槭属（*Ulmus*）、胡桃属、桦木属（*Betula*）等。另外，东亚和北美洲间断类型有5属，如两型豆属（*Amphicarpaea*）、红升麻属（*Astilbe*）、透骨草属（*Phryma*）等，占13.16%；世界分布类型有4个属，分别为碎米荠属（*Cardamine*）、薹草属（*Carex*）、鼠李属（*Rhamnus*）和悬钩子属（*Rubus*），占10.53%；泛热带类型有4属，分别为南蛇藤属（*Celastrus*）、菟丝子属（*Cuscuta*）、卫矛属（*Euonymus*）和凤仙花属（*Impatiens*），占10.53%；东亚（东喜马拉雅-日本）分布类型有3个属，分别为五加属（*Acanthopanax*）、猕猴桃属（*Actinidia*）和溲疏属（*Deutzia*），占7.89%，旧世界温带分布类型有2个属，为糙苏属（*Phlomis*）和盘果菊属（*Prenanthes*），占5.26%；北温带和南温带（全温带）间断分布类型有1个属，为和尚菜属（*Adenocaulon*），占2.63%；温带亚洲分布类型有1个属，为假繁缕属（*Pseudostellaria*），占2.63%。区系分布以温带（分布类型编号为8～11及8～4）为主，其中，北温带属种最多，说明核桃楸群落所处地理位置和本地实际气候[7]起决定性作用。

表 7 核桃楸群落维管束植物属的区系分布

分布类型	属数	占总属数百分率/%[8]	拉丁属名
1 世界分布	4	10.53	*Cardamine* *Carex* *Rhamnus* *Rubus*
2 泛热带	4	10.53	*Celastrus* *Cuscuta* *Euonymus* *Impatiens*
8 北温带	18	47.37	*Acer* *Aconitum* *Adoxa* *Agrimonia* *Arisaema* *Betula* *Corylus* *Fraxinus* *Heracleum* *Juglans* *Larix* *Maianthemum* *Polygonatum* *Populus* *Quercus* *Tilia* *Ulmus* *Vitis*
9 东亚和北美洲间断	5	13.16	*Amphicarpaea* *Astilbe* *Phryma* *Schisandra* *Smilacina*
10 旧世界温带	2	5.26	*Phlomis* *Prenanthes*
11 温带亚洲分布	1	2.63	*Pseudostellaria*
14 东亚（东喜马拉雅-日本）	3	7.89	*Acanthopanax* *Actinidia* *Deutzia*
8～4 北温带和南温带（全温带）间断	1	2.63	*Adenocaulon*

4　结论与建议

本文对雾灵山东大石沟核桃楸群落的调查结果表明，该群落物种组成较复杂[9]，共有维管束植物 51 科 80 属 94 种；群落的垂直结构可分为乔木层、灌木层和草本层，其中，核桃楸为群落乔木层优势种；小花溲疏为灌木层优势种；红升麻为草本层优势种，东北南星次之。α 多样性研究结果表明，草本层的多样性指数最大，即草本层植被较为丰富，经调查共有 29 种，占样方内物种总数的 52.7%。灌木层的多样性指数小于乔木层，且灌木层内的乔木树种较多，可能因为群落内环境适宜乔木生长而不太适宜灌木类植物生长。β多样性分析结果表明，海拔差越小，不同的核桃楸群落间受影响越大，群落种类组成越相似。组成种子植物属的分布区类型分析显示该群落植物种类以温带分布类型为主。

就两篇研究雾灵山核桃楸群落的文章来说，均用了样方调查法，但一篇侧重群落的种间联系[5]，另一篇侧重群落结构分析及动态发展[3]，与本文的研究内容均有重叠，本文与这两篇文献的样方选取地点不同，海拔高度有所差异，也就造成群落生长环境及状态的差异。本文在群落结构上，以重要值为重点，在群落间物种多样性上，以α和β多样性指数为指标，初步探讨了群落生长特点及与周围环境的关系，但可能由于样方选取地点代表性不够、相互距离较近或样方面积较小，β多样性指数未呈现出明显的规律，还需要后续更深入地研究。

参考文献

[1]　贺士元，邢其华，尹祖棠，等. 北京植物志：上册[M]. 北京：北京出版社，1993：88-89.

[2]　雾灵山[OL].http：//baike.baidu.com/view/68422.htm.

[3]　邢韶华，袁秀，林大影，等. 北京雾灵山自然保护区桃楸群落结构[J]. 浙江林学院学报，2006，23（3）：290-296.

[4]　吴征镒. 中国种子植物属的分布类型[J]. 云南植物研究，1991（s1）：1-139.

[5]　林大影，鲜冬娅，邢韶华，等. 北京雾灵山自然保护区核桃楸群落的优势种间联结分析[J]. 北京林业大学学报，2008，30（5）：154-158.

[6]　夏亚军. 雾灵山华北落叶松林群落研究[J]. 河北林业科技，2011，（4）：22-23.

[7]　程永生，苗艳明，毕润成. 山西霍山毛榛群落区系特征及分布格局的研究[J]. 山西师范大学学报：自然科学版，2012，26（1）：71-74.

[8]　王祖良，赵明水，楼炉焕，等. 临安桐坑南方红豆杉群落区系组成和群落学特征研究[J]. 浙江林业科技，2003，23（3）：1-8.

[9]　郭水土. 安溪油杉天然次生林群落特征研究[J]. 安徽农学通报，2012，18（10）：44-45.

雾灵山不同土地利用类型对土壤水分的影响

徐亚辉，刘洋洋，张妍，王瑞璠，杨丹，梁鸶琦，王学东*

摘　要：以雾灵山低山区为研究区域，研究了板栗、玉米、玉米和板栗间种等不同土地利用类型下土壤含水量的差异。结果表明，同一海拔高度玉米和板栗间作方式下 0～20 cm、20～40 cm 以及 40～60 cm 3 个层次的土壤水分含量均高于单种板栗和单种玉米的土地利用类型，山地坡底土壤不同剖面层次水分含量均高于坡顶和坡腰。不同土地利用方式下土壤含水量的变化受地形、植物郁闭度等因素的影响。

关键词：土壤含水量　玉米　板栗　玉米和板栗间种

0　引言

土壤水分是土壤重要的组成部分之一。土壤水分含量的多少，直接影响土壤的固、液、气三相的比例，以及土壤的适耕性和作物的生长发育。研究表明，对于华北平原地区土壤水分的亏损比矿质元素亏损对马铃薯生长的影响更大[1]。在栽培作物时，需经常了解田间含水量和最大分子持水量等土壤水分状况，以便适时灌溉，保证作物生长对水分的需要。

不同的土地利用会影响土壤的水分含量，通过对华北平原地区旱地耕作下不同土地利用类型土壤含水量的研究表明，玉米间作的土壤含水量比单一种植玉米的土壤含水量高[2]。相对于单一种植板栗，板栗间作的土壤含水量更有利于土壤水分的保持[3]。雾灵山山高险峻，地形复杂，既有山地，又有相对平坦的地区，所以多种土地利用类型并存，而不同的土地利用类型可能会影响土壤含水量的变化。目前，针对雾灵山不同土地利用类型土壤含水量的研究较少，本研究以雾灵山地区为研究区域，研究不同土地利用类型下的土壤含水量，从而为雾灵山土地的合理利用提供参考依据。

注：该文于 2012 年发表于《首都师范大学学报》第 33 卷第 4 期。
基金项目：北京市精品课程建设项目。
* 通讯作者：wangxuedong9801@126.com。

1　材料与方法

1.1　研究区域自然概况

雾灵山国家级自然保护区位于河北省兴隆县北部。地理位置位于东经 117°27′～117°35′，北纬 40°30′～40°36′，海拔 2 116.2 m，为燕山山脉主峰，被誉为“京东第一高峰”。雾灵山地处暖温带半湿润大陆性气候，具有雨热同季、冬长夏短、夏季凉爽、昼夜温差大的特征。雾灵山一带主要的地带性土壤类型为褐土。成土母质为花岗岩残积物。由于流水侵蚀切割，局部基岩裸露，一般土层多夹有棱角的大小沙砾，从而使雾灵山土壤表现出明显的山地特点。

1.2　研究内容与方法

1.2.1　取样方法

选择受人为影响较小的区域按照梅花布点法进行多点取样，对于每个取样点用土钻分层取土，每 20 cm 为一层，取三层，取后将土装入密封袋中以防水分散失。所取样品用烘干法求其水分含量[4]。

1.2.2　取样地点

选择雾灵山海拔 800 m 以下的低山区进行取样，并将取样类型划分为以下三种类型。

相同海拔不同土地利用类型的土壤含水量：不同耕作类型对土壤含水量有较大的影响，不同耕作类型间土壤含水量存在极显著的差异[5]。在同一海拔的平原地区选择长势良好的板栗、玉米、玉米和板栗间种三种不同土地利用类型进行取样，然后记录相关土样信息并编号。

不同海拔相同土地利用类型的土壤含水量：选择同一座山不同海拔的长势良好的板栗和玉米三种相同的土地利用类型选取土样，然后记录相关图样信息并编号。

不同土地类型的土壤含水量：分别选取同一海拔种植在山坡和平地上长势良好的玉米地，然后记录相关土样信息并编号。

2　结果与分析

2.1　同一海拔不同土地利用类型的土壤含水量

图 1 是同一海拔高度玉米板栗间种、玉米单种和板栗单种三种不同土地利用类型的土壤含水量。由图 1 可以看出，0～20 cm 的土壤含水量，单一玉米耕作类型的为 7.5%，单一板栗耕作类型的为 6.3%，而玉米板栗间作类型的为 8.4%。三种土地利用类型中玉米板栗间种的土壤表层含水量最高，玉米单种次之，表层含水量最小的为板栗单种。对于 20～40 cm 和 40～60 cm 土层的含水量三种土地类型表现出同样的大小次序。这种现象可能与单位面积土壤的植物郁闭度有关。土壤含水量尤其是表层土壤的含水量主要受到蒸发作用的影响，植物郁闭度越大，蒸发作用越小，土壤含水量就越高。经测定，三

种耕作类型的植物郁闭度从大到小依次是：玉米板栗间种类型＞玉米耕作类型＞板栗耕作类型。

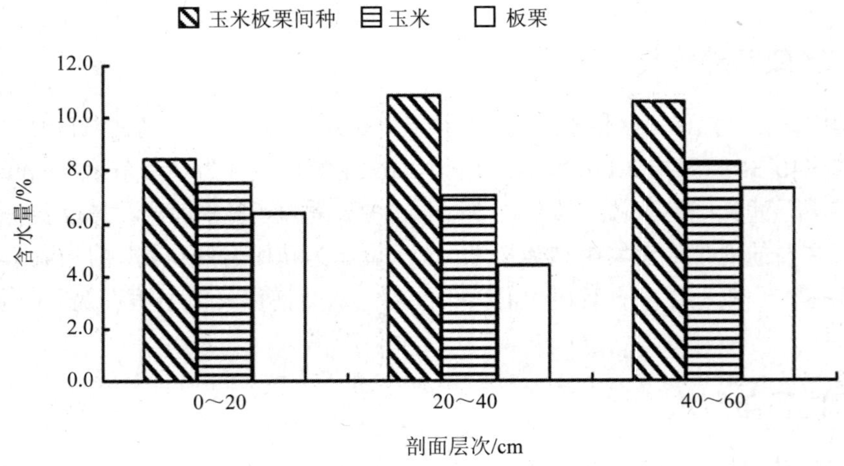

图 1　同一海拔高度不同土地利用类型含水量比较

2.2　不同海拔板栗单种和玉米单种的土壤含水量

图 2 和图 3 分别是不同海拔高度下板栗单种和玉米单种的土壤含水量。通过图 2 和图 3 可以看出，玉米和板栗两种耕作类型中表层和中层土壤含水量最高的是山脚位置，山顶表层土壤含水量其次，山腰位置表层土壤含水量最低。然而随着土壤剖面深度增加，山坡和山顶的土壤含水量呈减少的趋势，而山脚的土壤含水量增加。分析植物所种植的环境不难发现，山脚的植物郁闭度较高，表层土壤水分蒸发较少，所以表层含水量较多；而山顶和山腰上的植物郁闭度较低，表层土壤水分蒸发大，所以表层含水量较少。

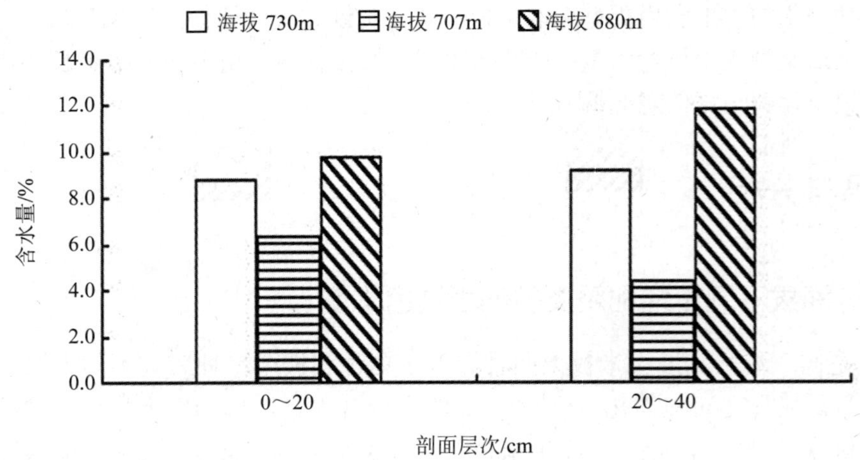

图 2　不同海拔单种板栗的土壤含水量

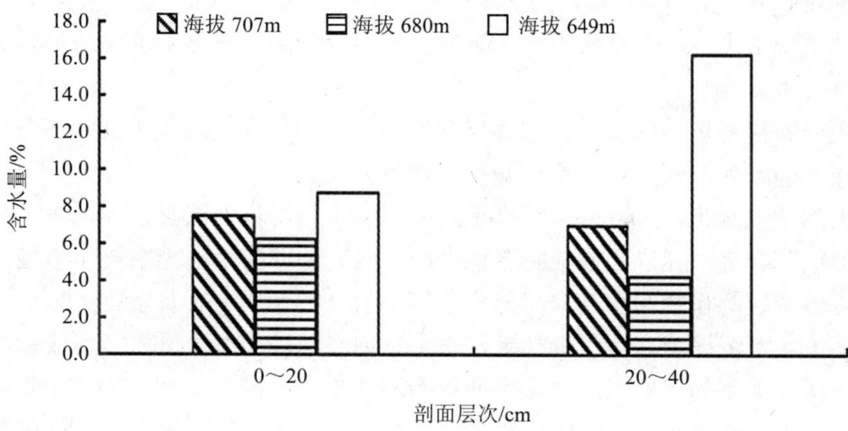

图 3　不同海拔单种玉米的土壤含水量

2.3　不同地形的土壤水分含量

图 4 是同一海拔分别种植在坡地和平坦地区的玉米田的土壤含水量。种植在平坦地区的玉米表层土壤和中层土壤的含水量分别为 13.2%和 10.0%。种植在山坡地区的玉米表层土壤和中层土壤的含水量分别为 6.3%和 4.3%。从这些数据可以看出，无论是表层还是中层，种植在平坦地区的玉米土壤含水量均高于种植在山坡地区的玉米土壤含水量。这是因为平坦地区容易聚水，不易形成径流，另外土层也比较深厚，容易保水。雾灵山地区在很多坡地种植植物，不利于水土保持，建议按照国家标准坡度大于 25°时不宜种植植物。

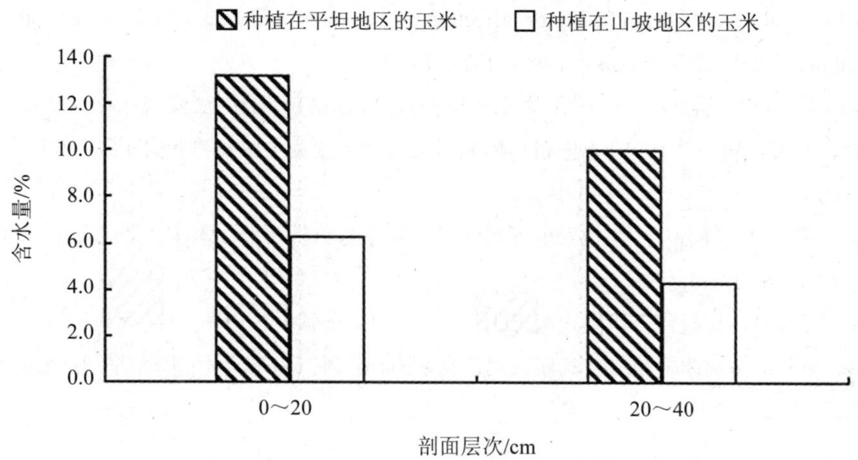

图 4　种植在山坡和平坦地区的玉米土壤水分含量

3　结论与建议

（1）雾灵山低山区同一海拔的平坦地区表层，中层和深层土壤含水量均是玉米板栗间种耕作类型＞玉米耕作类型＞板栗耕作类型。

（2）雾灵山山地阳坡表层和中层单一玉米、板栗耕作类型土壤含水量均是坡底＞坡顶＞坡腰。单一玉米、板栗耕作类型，随着土壤深度增加，坡脚土壤含水量增加，而坡腰和坡顶土壤含水量减少。

（3）同一海拔平坦地区玉米土壤各层含水量高于种植在坡地玉米的土壤各层含水量。随着土壤深度的增加，两者均呈现出减少的现象。

我国大部分地区为雨养农区，特别是北方地区水资源极为匮乏，春季大风少雨，土壤墒情差，十年九春旱，春旱严重威胁春播生产。研究合理的旱地土壤耕作措施，提高天然降水的利用效率缓解作物需水与自然降水之间不协调的矛盾，是十分必要的[6-8]。雾灵山土壤分典型褐土、淋溶褐土、棕色森林土、次生草甸土四种类型，母质多为坡积母质，较肥沃。因此在耕作类型的选取上应该采用间种类型或者农林混种类型，提高植物的郁闭度，有利于保持水土，从而减少水土流失，提高土壤养分和水分的利用率。耕作位置应尽量选择在平原水系较发达的地区，山坡种植应尽量选择在阳坡山顶位置，由于山地地区光照较强，土壤水分散失较快，所以要选择耐旱植物种植，并且要适时增加浇灌次数。此外，山坡种植裸露土层较多，应适当增种一些防风固沙的植物，减少水土流失或其他地质灾害。

参考文献

[1] 康跃虎，王凤新，刘士平，等. 土壤水分对于马铃薯生长的影响[J]. 农业工程学报，2004，20（2）：66-72.

[2] 李北齐，吴坚，王贵强，等. 土壤含水量对玉米产量因素的影响研究[J]. 中国农学通报，2009，25（18）：249-252.

[3] David J J，Andrew J P，Eddo R. Factors affecting high frequency plant regeneration from apple leaf tissue cultured in vitro[J]. Plant Physiol，1988，132：148-154.

[4] 刘克东，余红英，段志成，等. 棉花试验地土壤取样方法的研究[J]. 江西梅花，2009，31（5）：29-30.

[5] 胡兴波，李娜，曹敏建，等. 不同耕作措施对土壤含水量及出芽率的影响[J]. 玉米科学，2003，17（3）：60-62.

[6] 陈君达，王兴文，李洪文. 旱地农业保护性耕作体系与免耕播种技术[J]. 北京农业工程大学学报，1993，13（1）：27-33.

[7] 高焕文. 北方旱地机械化耕作模式探讨[J]. 中国农业大学学报，1996，1（增刊）：7-12.

[8] 何启明. 旱作沟垄地膜覆盖农田气候工程集水率的计算及其效应评价[J]. 干旱地区农业研究，1992，4（10）：29-32.

雾灵山自然保护区胡桃楸种群结构特征分析*

闫娜

摘　要：胡桃楸群落是雾灵山自然保护区森林植被的典型类型之一，分布在海拔 700～1 400 m 的阳坡。根据雾灵山自然保护区胡桃楸种群不同龄级结构设置两个样地，通过对胡桃楸种群测量，采用种群径级结构代替年龄结构，研究不同的生境条件，分析雾灵山自然保护区胡桃楸种群结构及动态变化特征。结果表明：雾灵山自然保护区胡桃楸种群结构呈“金字塔”形，种群中幼树和中龄树所占比重大，表现为稳定型种群，种群个体数目基本随径级的增加而减少；存活曲线接近 Deevy-III型，高径级种群趋于稳定，种群具两个死亡高峰，中龄树种群的死亡率高达 80%；龄级分布与微地形的关系密切相关，坡度在 30°～40°的胡桃楸种群龄级分布较广泛，海拔高度在 800～1 000 m 的胡桃楸种群各龄级分布广泛，幼树和中龄树数量多，而在其他海拔高度范围中受土地利用类型和生境条件的影响，分布的龄级数目少。

关键词：胡桃楸　种群结构　雾灵山自然保护区

0　引言

种群是在一定空间和时间内的同种生物个体的总和，种群结构和动态变化是种群生态学的重要研究内容[1]。种群结构能够反映种群在时间上和空间上的变化规律，从而体现种群动态及其群落的演替趋势[2]。分析种群结构有利于认识种群的生物学特性，种内和种间关系、种群与环境因子之间的相互关系[3]，从而掌握种群动态变化规律及其生态过程。种群结构作为种群特定时间和空间上的外在表现形式，与种群的发展过程密切相关。种群的年龄结构不仅在不同树种之间存在差异，而且同一树种在不同群落类型、不同生境和不同发育阶段其表现也有所不同。优势种的生长发育、资源利用及竞争等过程会对群落结构的形成和维持，甚至群落演替产生直接或间接的影响，因此，森林群落优势种的种群结构研究受到了广泛的关注[4]。

胡桃楸（*Juglans mandshurica*）属胡桃科（*Juglandaceae*）胡桃属（*Juglan*s）落叶高大乔木，为第三纪孑遗植物，被《中国植物红皮书》列为三级保护植物。胡桃楸树型优美，材质良好，果实可食，具有很好的观赏和经济价值，主要分布于东北、华北及河南、山西等地[5]，雾灵山自然保护区是胡桃楸分布较为集中的地区之一。本文通过对雾灵山自然保护区胡桃楸种群结构的分析，探讨其动态变化规律及其影响机制，以期对雾灵山的植物保护工作提供理论依据和科学支持。

---

* 指导教师：徐建英。

1　研究区概况

雾灵山位于河北省兴隆县西北部（40°30′～40°36′N，117°27′～117°35′E），与北京市密云县、承德地区的滦平县、滦县、承德县相邻，面积 143 km^2，主峰海拔 2 118 m，为京东第一高峰，属暖温带半湿润大陆性季风气候区。雾灵山自然保护区是暖温带落叶阔叶林带向温带针阔混交林带的过渡地带，也是我国东部湿润森林向西部半干旱、干旱区森林、草原的过渡地带，还是华北、东北、内蒙古三大植物区系交汇区域，该区域植被既有暖温带落叶阔叶林特征，又有温带针阔混交林特征。地带性植被以栎属（*Quercus*）、桦木属（*Betula*）、杨（*Populus*）等为主的暖温带落叶阔叶林和以油松（*Pinus tabulaeformis*）占优势的温带针叶林。雾灵山山地植物垂直特征明显，海拔 900 m 以下为低山农田果林灌丛带，900～1 500 m 为中山下部落叶阔叶林带，1 500～1 700 m 为中山上部针阔混交林带，1 700～1 900 m 为中山上部寒温性针叶林带，1 900 m 以上为山顶次生草甸带。土壤以山地褐土为主，主要分布在中山地带，土层厚度一般为 20～50 cm[6]。

2　研究方法

2.1　样地调查

对雾灵山自然保护区胡桃楸群落采取传统的样方法，对保护区胡桃楸群落分布较为集中的杵榆沟进行调查，在不同的坡度、坡向共调查 23 个 10 m×10 m 样方。对样方内的胡桃楸进行测量，测定其树高、胸径、冠幅等。此外，对样方内胡桃楸个体进行定位，方法为以每个样地东北角为原点，测定其坐标系中的位置。在每个样方的原点为起点测量一个 5 m×5 m 的灌木层和 1 m×1 m 的草本层进行群落调查，观察乔木层以下的灌木层和草本层的生长情况。同时，记录样方所在地的林地郁闭度、海拔、坡度、坡向、物候相和生活力等环境因子。

2.2　种群结构

2.2.1　种群径级结构

将样方内林木以胸径大小分级，即 DBH 分级，它是以立木级结构代替年龄结构来分析种群动态。虽然龄级和径级有所不同，但在一定环境下同一树种的龄级和径级对环境的反应规律具有一致性[7]。种群的径级结构以胸径大小为标准，0～5 cm 为第Ⅰ级，以后胸径每增加 5 cm 径级增加 1 级，由此将雾灵山自然保护区胡桃楸种群径级共划分为 8 个径级（Ⅰ～Ⅷ级）。把树木径级从小到大的顺序看作时间顺序，统计样地各径级胡桃楸的株数。依据径级将雾灵山自然保护区胡桃楸种群划分为幼苗（Ⅰ级）、幼树（Ⅱ级）、中龄树（Ⅲ～Ⅳ级）和成龄树（Ⅴ～Ⅷ级）并绘制种群径级结构图。

2.2.2　种群静态生命表的编制

以树木的胸径作为度量树木年龄的指标，统计各个龄级内的胡桃楸个体数，编制雾灵山自然保护区胡桃楸种群静态生命表。

2.2.3　存活曲线、死亡曲线及消失曲线的绘制

根据静态生命表，以径级为横坐标，以标准化存活个体数 l_x 为纵坐标，绘制存活曲线。以 q_x、k_x 为纵坐标，以径级相对的龄级为横坐标绘制死亡率曲线和消失率曲线。

2.2.4　龄级分布与微地形的关系

统计不同海拔高度和坡度胡桃楸种群龄级结构的分布情况，绘制雾灵山自然保护区胡桃楸种群龄级分布与海拔及坡度等微地形关系的柱状图。

3　结果与分析

3.1　种群径级结构

雾灵山自然保护区胡桃楸种群径级结构见图 1。从图 1 可以看出雾灵山自然保护区胡桃楸径级结构呈现典型的“金字塔”形，种群年龄属于稳定型。各径级中Ⅱ级、Ⅲ级和Ⅳ级的胡桃楸所占比重大，除此之外，胡桃楸个体数基本随径级增加而减少。

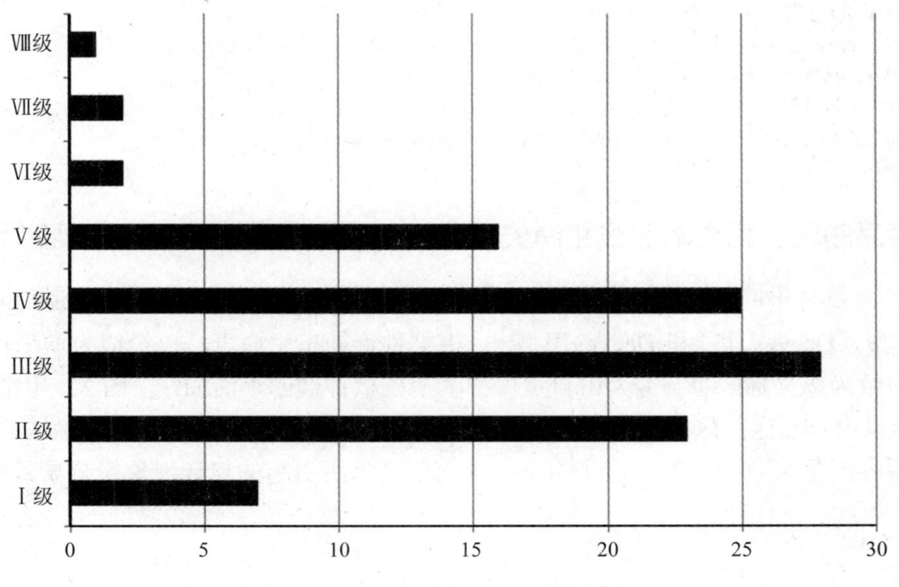

图 1　胡桃楸总样地种群径级结构

3.2　种群静态生命表的绘制

根据群落调查资料，以径级代替年龄，编制了雾灵山自然保护区胡桃楸静态生命表（表 1）。由于第Ⅰ径级存活数小于第Ⅱ径级的存活数，这与实际不符，为了满足生命表的编制要求，把第Ⅰ径级的幼苗存活数并入第Ⅱ径级幼树当中编制种群静态生命表。由表 1 可以看出，雾灵山自然保护区胡桃楸种群死亡率随着径级的增加大致为上升趋势，这说明雾灵山自然保护区中胡桃楸种群的生长发育主要受其自身的生物学特性和种内竞争影响。其中，第Ⅳ径级和第Ⅴ径级的死亡率和死亡个数均较高，这是由于这两径级的胡桃楸个体数相对较多，冠幅增加，个体间争夺资源、空间而发生激烈竞争，种群产生自疏现象。种群

生命期望随着径级的增加大致呈递减趋势，这种趋势是符合种群生物学特征的。而第Ⅵ径级的生命期望值高于第Ⅴ径级，这是由于从第Ⅲ径级开始的自疏作用和树种个体较少，生长空间变大而生命力增强有关，随后生命期望值又逐渐下降。

表 1 胡桃楸种群静态生命表

DBH 分级	a_x	l_x	d_x	q_x	L_x	T_x	e_x	k_x
Ⅱ级	30	1 000	67	0.067	967	2 967	2.967	0.069
Ⅲ级	28	933	100	0.107	883	2 000	2.143	0.113
Ⅳ级	25	833	300	0.360	683	1 117	1.340	0.446
Ⅴ级	16	533	466	0.875	300	433	0.813	1.946
Ⅵ级	2	67	0	0.000	67	133	2.000	0.000
Ⅶ级	2	67	34	0.507	50	67	1.000	0.693
Ⅷ级	1	33	—	—	17	17	0.510	3.507

注：a_x——在 x 龄级内现有的个体数；

l_x——在 x 龄级开始标准化存活个体数，$l_x= a_x/a_0 x1\ 000$；

d_x——从 x 到 x+1 龄级间隔期间标准化死亡数，$d_x= l_x-l_{x+1}$；

q_x——从 x 到 x+1 龄级间隔区间死亡率，$q_{x=} d_x/l_x$；

L_x——从 x 到 x+1 龄级间隔期间平均存活个体数，$L_x =（l_x+ l_{x+1}）/ 2$；

T_x——从 x 龄级到超过 x 龄级的个体总数，$T_x=\sum L_x$；

e_x——进入 x 龄级的生命期望寿命，$e_x =T_x/l_x$；

k_x——致死亡或消失率，即从 x 到 x+1 期间受到的阻力，$k_x=\ln x-\ln（x-1）$。

3.3 存活曲线、死亡率曲线和消失率曲线的绘制

存活曲线是借助存活个体数来描述种群个体在各龄级的存活状况的曲线，可划分为 DeeveyI 型、Deevey Ⅱ型和 DeeveyⅢ型[1]。根据种群静态生命表，以径级为横坐标，标准化存活个数为纵坐标，绘制雾灵山自然保护区胡桃楸种群的存活曲线（图 2）。由图 2 可以看出，雾灵山自然保护区胡桃楸种群的存活曲线接近 DeeveyⅢ型，Ⅱ～Ⅵ径级的存活数目较多而后存活数目急剧下降，这是由于树种内部竞争所引起的自疏现象影响导致的。

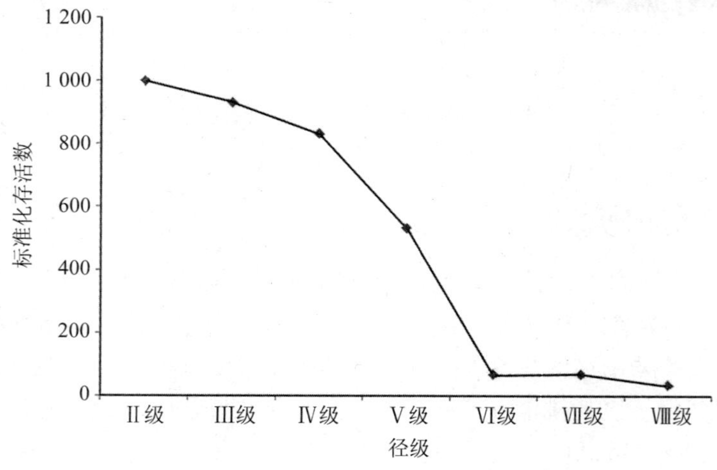

图 2 胡桃楸种群存活曲线

如图 3 所示，胡桃楸的死亡率曲线（q_x）和消失率曲线（k_x）变化的趋势基本一致，死亡率和消失率都出现两个高峰期。第一个高峰期出现在第Ⅴ径级，死亡率高达 87.5%；第二个高峰期出现在第Ⅶ径级和第Ⅷ径级，死亡率达 50%。

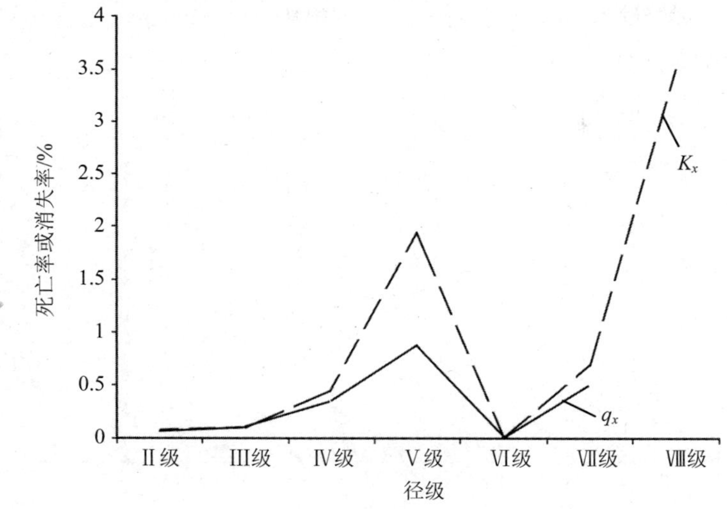

图 3　胡桃楸种群死亡率和消失率曲线

3.4　龄级分布与微地形的关系

以各样方点所在坡度及海拔高度为横坐标，各径级胡桃楸个体数为纵坐标，分别绘制雾灵山自然保护区胡桃楸种群龄级分布与坡度关系的柱状图（图 4），以及与海拔高度关系的散点图（图 5）。从图 4 可以看出，坡度在 30°～40°各龄级分布较广泛，其中Ⅱ龄级和Ⅲ龄级所占数量多。坡度在 10°～20°Ⅰ龄级分布较多，Ⅱ龄级和Ⅲ龄级分布少，Ⅶ～Ⅷ龄级几乎没有分布，这是由于低坡度范围内适宜种植作物，便于灌溉，受农田利用影响，中龄树和成龄树种植的数量受到限制。而坡度越陡，区域的生境中幼苗和幼树不易生长，龄级分布也较为稀少，主要分布中龄树和数量较少的成龄树。

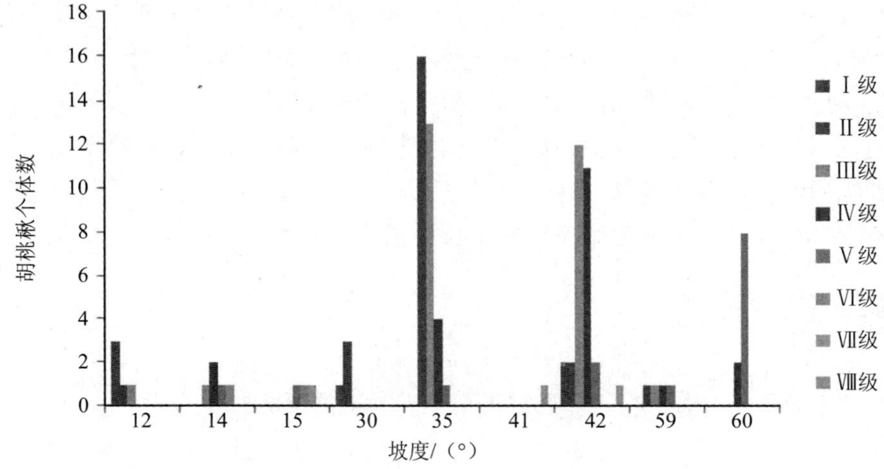

图 4　坡度与各径级胡桃楸个体数关系图

如图 5 所示，海拔高度在 400～500 m 的胡桃楸种群龄级分布稀疏，主要是因为在这片海拔高程中土地利用类型为农田用地，胡桃楸群落分布少。在海拔高度为 800～1 000 m 的胡桃楸种群各龄级分布广泛，其中，Ⅱ～Ⅳ的低龄级胡桃楸分布数量较多，对应的幼树和中龄树所占比重大，这片高程范围内属于雾灵山自然保护区中山松栎林亚带，属于森林林冠层群落植被集中分布区。

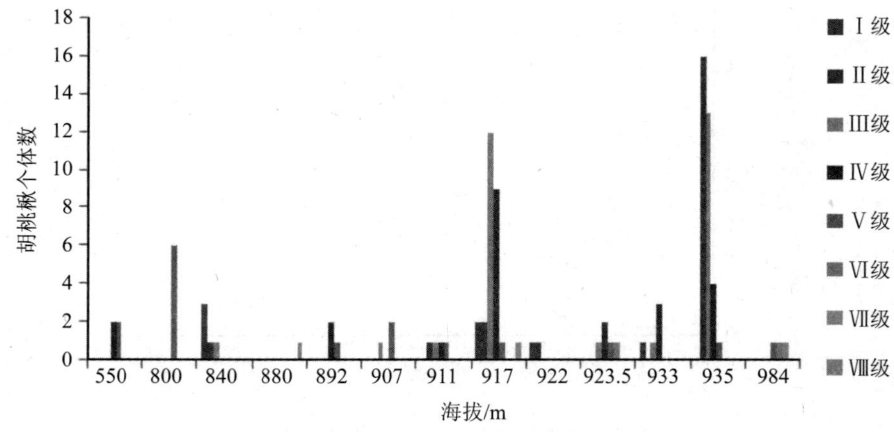

图 5 海拔高度与各径级胡桃楸个体数关系图

4 结论

（1）种群径级结构与稳定性。雾灵山自然保护区胡桃楸种群径级结构呈“金字塔”形，幼树和中龄树所占比重大，幼苗的补给少，在不同的样地中种群径级结构和个体数量存在较明显的差异。

（2）群落结构与胡桃楸种群的关系。林下灌木层以土庄绣线菊、小花溲疏、太平花、小叶椴和华北绣线菊等为主。林下灌木层发育较好，与幼苗争夺光、空间和养分等，使得幼苗的生长受限制，成活率下降。而幼苗进入幼树阶段，其竞争能力和生长能力增强，成活率明显提高。由于幼苗的补给不足，林冠层不是由胡桃楸构成的纯树种。

林冠层中的油松、棘皮桦和山杨也影响胡桃楸的生长。同时，林冠层的种群结构直接影响林下的灌木层和草本层种类的组成和结构。幼树进入林冠层集中在有限的空间里，为争夺空间和光照，产生自疏现象，有部分个体死亡。自疏作用不仅降低了种内竞争，同时为林下灌木层、草本层和立木更新层物种生长提供了空间和光照。

参考文献

[1] 江洪. 云杉种群生态学[M]. 北京：中国农业出版社，1992：8-26.

[2] 杨慧，娄安如，高益军，等. 北京东灵山地区白桦种群生活史特征与空间分布格局[J]. 植物生态学报，2007，31（2）：272-282.

[3] 王本洋，余世孝. 种群分布格局的多尺度分析[J]. 植物生态学报，2005，29（2）：235-241.

[4] 牛丽丽，余新晓，岳永杰. 北京松山自然保护区天然油松林不同龄级立木的空间点格局[J]. 应用生态学报，2008，19（7）：1414-1418.

[5] 贺士元，邢其华，伊祖棠. 北京植物志[M]. 北京：北京出版社，1993.

[6] 李宏，刘建中，郭道宇，等. 雾灵山土壤—植物地理实习指导（上）[M]. 首都师范大学出版社，2012：81-104.

[7] 张桥英，罗鹏，张运春，等. 白马雪山阴坡林线长苞冷杉种群结构特征[J]. 生态学报，2008，28（1）：129-135.

[8] 阳含熙，伍业钢. 长白山自然保护区阔叶红松林林木种属组成、年龄结构和更新策略的研究[J]. 林业科学，1988，24（1）：18-27.

不同农业利用类型对土壤性质和土壤环境的影响
——以北京延庆县为例

杨昱祺，王小策，孙淑蕊，王学东*

摘　要：选择北京市延庆县为研究区域，通过对不同农业利用类型的土壤进行采样和分析，研究了延庆县农业利用对土壤性质和土壤环境的影响，以期为北京市土壤的农业可持续利用提供依据。结果表明，研究区域粮田、菜地、果园土壤 pH 值、有机质和碱解氮含量均显著低于林地；4 种不同农业利用类型中表层土壤的 As、Cd、Cr 含量平均值分别超出北京市土壤背景值 0.93 mg/kg、0.09 mg/kg 和 15.3 mg/kg。粮田、菜地耕作层的重金属含量高于林地和果园，内梅罗指数和单项污染指数评价表明这 4 种土壤利用类型尚属清洁。尽管研究区目前重金属污染程度较低，最高值为警戒值的 74%，但其单项污染指数显示该地区土壤重金属累积速度较快，例如粮田土壤中 As、Cd 元素含量较退耕林地分别增加了 20.9%和 38.5%。如不加以控制，土壤重金属污染状况会进一步加剧。

关键词：延庆　土壤　农业利用类型　重金属污染

0　引言

土壤环境和土壤质量直接影响着农作物的生长质量，而不同的农业土地利用方式会涉及不同的外界因素施加于土壤，从而影响土壤的微生态环境，改变土壤的理化性质，甚至造成土壤污染和退化[1,2]。中国人均耕地少，土壤的利用方式多样，利用程度也较高，对土壤造成的影响较大。例如过度施用氮肥会加速土壤盐渍化和次生盐渍化的发生，而氯化钾或硫酸钾肥料用量过多时，氯离子或硫酸根离子在土壤中过量积累，造成土壤中钙离子、镁离子等盐基离子的交换与淋失，会使土壤板结，破坏土壤结构[2]。土壤环境也会由于不良的利用方式而变差，已有研究表明，中国多地的土壤重金属含量超标或存在潜在风险，如对泾河流域[3]、长江下游滨海地区[4]和成都平原[5]等地的农业土壤调查研究发现，土壤 As、Pb、Cr、Cd 等重金属元素均已超出其背景值，土壤重金属污染风险逐渐增大。

北京城郊是北京重要的农业和蔬菜生产基地，承担着北京市 1/3 的农副产品供应。近

注：该文于 2014 年发表于《水土保持通报》第 5 期。
资助项目：北京市自然科学基金项目（No.8122014）；首都师范大学校级教学改革研究项目。
作者简介：杨昱祺（1992—），女（汉），本科，研究方向为地理科学。
*通讯作者：王学东（1978—），男（汉），副教授，博士，研究方向为土壤污染与评价。

年来，北京城郊土壤也面临着质量下降和污染的风险。对北京市土壤中 As 元素含量的调查发现，菜地土壤 As 含量范围和平均含量分别为 4.44～25.3 mg/kg 和 9.40 mg/kg，已明显超过北京市土壤背景值[6]。陆安祥等[7]在 2005—2009 年对北京市农田土壤的连续监测结果表明，土壤 As、Hg、Cd、Cr 和 Pb 平均值为背景值的 109%～207%。长期的农业利用使得北京东南的土壤环境也受到不同程度的影响，其中 Cd 是北京南部地区具有显著污染特征的元素，污染指数均大于 2.1，构成重度污染，其中半数以上的样本污染指数超过 3.0，为污染极为严重地区[8]。北京北部农业耕种地区土壤中的重金属元素也均已达到或超过轻度生态危害等级[9]。延庆地处北京市西北部，自然保护区面积占县域总面积的 26%，生态指标在全市名列前茅。延庆也是官厅水库主要水源地和北京市生态农业建设基地，所以对延庆生态环境的保护具有重要意义。但目前随着人们对农产品需求的增加，延庆土壤利用程度也越来越高，因此本研究拟对延庆县地域内的农业利用土壤进行调查研究，以便准确了解当地土壤质量的基本现状，为农业生产和土壤合理利用提供建议。

1　材料与方法

1.1　研究区概况

延庆县位于北京西北部，东经 115°44′～116°34′，北纬 40°16′～40°47′，是一个北东南三面环山，东北高、西南低的山间盆地。全境平均海拔 500 m 左右。延庆属大陆性季风气候，属暖温带与中温带、半干旱与半湿润带的过渡带。延庆农业用地占总面积的 84.71%，其中耕地面积 297.92 km^2，作物以玉米为主，兼有高粱，其他农业用地有经济作物和林地。本研究区域主要分布在军都山北支：海坨山—佛爷岭南坡冲积平原上的带状区域，涉及张山营、旧县和永宁 3 镇。该区域东部主要农业利用类型以果园和林地为主，西部较为平坦的地区则以菜地和粮田为主。主要土壤类型为褐土、棕壤和潮土。近些年随着国家级生态农业示范县的建立，延庆县化学肥料施用量水平有所下降，但每年仍在万吨以上，其中氮肥施用量占到总量的 70%，以尿素、二胺、硫酸铵、氯化铵和高氮复合肥料为主。磷肥施用量约占总量的 30%，主体为五氧化二磷。农药中用量较为突出的是人工除草剂阿特拉津，年施用量在 20 t 以上，其中以康庄、延庆、张山营、旧县、永宁等 7 个乡镇最为突出。

1.2　样品采集

土壤样品采集于 2012 年 8 月，分别采集粮田、果园、林地和菜地 4 种农业土地利用类型且种植年限在 10 年以上、面积不小于 6 万 km^2 的单一利用类型地块各 3 块，其中含有一组特殊对照组，两块样地分别为粮田和退耕林地。样品采集采用多点混合法。在约 300 m×300 m 的范围内划分 100 m×100 m 的采样区，每个采样区采集 3～5 个点的耕作层（0～20 cm）土壤样品充分混合。12 块样地采集粮田 30 个，菜地、果园及林地各 27 个，共 111 个土壤样品。

1.3　样品分析方法

将土样在室温下风干，剔除新生体和侵入体。碾碎研磨过 200 目筛后置于密封袋中保存待测。样品的混合、装袋、研磨等前处理都采用木材、陶瓷用具。土壤有机质含量测定采用油浴加热—重铬酸钾容量法。碱解氮、速效钾、速效磷含量则分别采用扩散吸收法、四苯硼钠比浊法和碳酸氢钠浸提法测定[10]。土壤样品中 Pb、Cd、Hg、Cr 含量采用"HCl-HNO_3-HF"消解，电感耦合等离子体发射光谱仪（Varain 720ES）测定，As 采用"HNO_3-H_2O_2"消解，氢化物发生一原子荧光光谱法（AFS-2202）测定，同时采用国家标准参考物 GBW07403（土壤）进行分析质量控制。

1.4 土壤重金属评价标准

土壤重金属评价标准采用《土壤重金属污染评价标准》（GB 15618—1995）中的Ⅱ级标准，并以北京市土壤重金属基线值[11]为基准，采用单项污染指数、单项污染综合指数及内梅罗指数[12]进行评价分级，评价分级标准见表 1。

表 1 土壤环境质量评价分级标准

等级划分	P	污染等级	污染水平
Ⅰ	$P \leqslant 0.7$	安全	清洁
Ⅱ	$0.7 < P \leqslant 1$	警戒级	尚清洁
Ⅲ	$1 < P \leqslant 2$	轻度污染	土壤轻度污染，植物已受污染
Ⅳ	$2 < P \leqslant 3$	中度污染	土壤、植物均受中度污染
Ⅴ	$P > 3$	重度污染	土壤、植物均受重度污染

注：P 指污染指数。

2 结果与分析

2.1 不同农业利用类型对土壤理化性质的影响

在不同农业利用类型的土壤中，林地土壤 pH 值、有机质和碱解氮含量均显著高于粮田、菜地和果园，而粮田、菜地和果园土壤 3 者的 pH 值、有机质和碱解氮含量虽存在差异，但尚未达到显著水平（均指平均值）（表 1）。林地 pH 值较其他 3 种农业利用类型高出 0.2～0.4 个单位，这可能与其他农业利用类型长期施用肥料有关。研究表明延庆县每年有近 170 t 纯氮进入土壤及水体[13]，在长期的耕作中，这些过量的氮素富集在土体和地下水中，会对土壤 pH 值产生影响。

表 2 不同农业利用类型土壤的理化性质

利用类型	pH 值	有机质/（g/kg）	碱解氮/（mg/kg）	速效磷/（mg/kg）	速效钾/（mg/kg）
粮田	7.67 a	15.62±3.02 a	58.7 a	28.03 a	113.6 a
菜地	7.54 a	15.25±2.57 a	60.8 a	26.75 a	137.2 a
果园	7.70 a	17.45±3.39 a	62.2 a	31.89 a	151.9 b
林地	7.93 b	22.30±1.71 b	76.8 b	18.67 a	127.5 a

注：显著性差异分析 $P < 0.05$，a，b 表示显著性差异，下同。

粮田、菜地及果园有机质的平均含量在 15.25～17.45 g/kg，而林地土壤有机质的平均含量为 22.30 g/kg，远高于其他 3 种利用类型，这主要是由于林地中的生物含量更高，受人为影响少，所以有机质积累也更丰富。土壤中氮含量常与有机质相关，因此林地碱解氮含量也显著高于其他 3 种利用类型。

2.2　不同农业利用类型对土壤重金属含量的影响

图 2 是 4 种不同农业利用类型土壤中 As、Cd、Cr、Pb 和 Hg 这 5 种重金属含量状况。4 种农业利用类型土壤中 As、Cd 和 Cr 的平均值分别为 8.02 mg/kg、0.21 mg/kg 和 45.14 mg/kg，均高于北京土壤背景值，超出最多的是 Cr，达到了背景值的 150%以上。在 4 种不同利用类型中，粮田、菜地的 As、Cd 和 Cr 平均值分别为 8.98 mg/kg、0.29 mg/kg 和 47.30 mg/kg，而林地中 As、Cd 和 Cr 的含量分别为 7.02 mg/kg、0.12 mg/kg 和 41.45 mg/kg。与林地相比，粮田、菜地等利用程度高的土壤更易出现重金属累积情况，这与其过多使用化学肥料及污水灌溉有关。王铁宇等[14]对官厅水库周边土壤重金属含量研究中也指出，除化学肥料影响外，官厅水库上游化工厂废水排放造成的农业灌溉水源污染是土壤中 Cd 元素的重要来源。研究区果园处于延庆县张山营镇生态农业示范区内，对化学肥料及农药使用等管控力度较严，因此果园与林地土壤 5 种重金属含量均没有显著性差异。

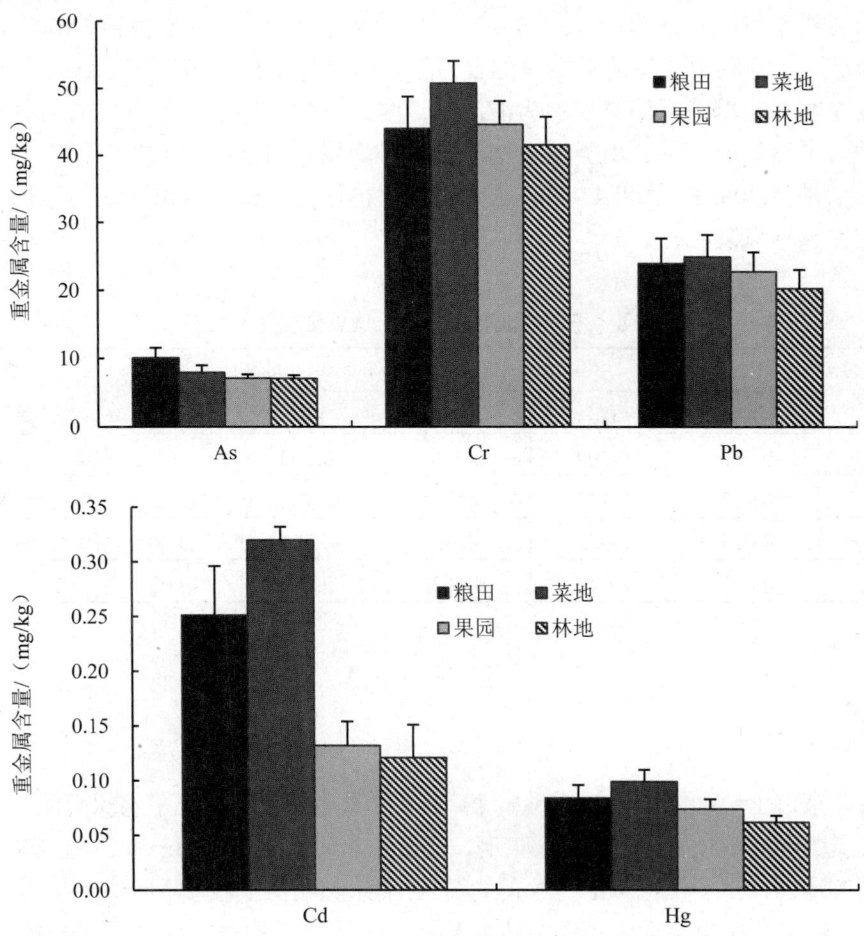

图 1　北京市延庆县不同土地利用类型的土壤重金属含量

2.3 退耕还林对土壤重金属含量的影响

为了更直观地比较人为耕作对土壤重金属含量的影响，选取了一组耕种 10 年以上的粮田地块和与之相邻的 2009 年退耕林地进行比较。分析结果表明，粮田的土壤中 As、Cd 元素含量比退耕林地出现了显著增加，增加量分别为 20.9%和 38.5%，尽管 Cr、Hg、Pb 这 3 种元素在两者之间差异未达显著性，但粮田含量均高于退耕林地（表 3）。

表 3 粮田与退耕林地土壤重金属含量对比

类型	As	Pb	Cr	Hg	Cd
粮田	10.92 a	23.1 a	46.47 a	0.068 a	0.26 a
退耕林地	8.63 b	21.6 a	42.53 a	0.067 a	0.16 b

2.4 不同农业利用类型土壤重金属污染评价

不同农业利用类型的土壤重金属污染指数结果见表 4。5 种重金属元素中，单项污染指数最高的为 Cd，其次为 As 和 Cr，其中最高值为菜地 Cd 因子，为 0.733，超出警戒标准。其余各重金属污染指数均未到达 0.7 的警戒线，最高值仅为警戒值的 60%，尚属清洁级。4 种不同土地利用类型的重金属综合污染指数同样均小于 0.7 警戒线，菜地最高，为警戒值的 74%，土壤综合污染评价为清洁级。内梅罗指数显示：污染状况菜地＞粮田＞果园＞林地。虽然目前 4 种利用类型土壤污染水平均属于清洁级，但其中粮田、菜地的内梅罗指数分别是林地的 18 倍和 43 倍。这说明长期耕作会加剧土壤重金属的累积。粮田和菜地依然存在超标风险。

表 4 不同农业利用类型土壤重金属污染指数

利用类型	单项污染指数（I）					内梅罗指数（P）
	As	Cd	Cr	Pb	Hg	
粮田	0.180	0.309	0.074	−0.002	0.019	0.218
菜地	0.117	0.733	0.106	0.002	0.021	0.518
果园	0.024	0.082	0.083	−0.006	−0.001	0.017
林地	0.053	0.019	0.062	−0.015	−0.031	0.013

3 讨论

随着北京市土地利用程度的不断加深，土壤中重金属普遍出现了累积现象。陆安祥等分析了北京土壤中的重金属含量，结果表明，北京市农田土壤中的 Hg 和 Cr 在 2006—2009 年出现了显著增加，尽管 Cd、Cr、Pb 的含量没有明显的上升趋势，但依然超出北京市土壤背景值[7]。延庆县作为北京生态农业建设基地，土壤环境相对北京其他区县较为清洁，但本研究发现，随着人类影响的加强，延庆粮田、菜地的重金属累积量仍高于影响较少的林地。由此可见，延庆地区还需改变农业利用方式，以利于土壤环境向健康方向发展。

不同的农业利用类型对重金属的累积状况不同，内梅罗指数的高低可以反映土壤中重金属污染的水平。研究区土壤重金属内梅罗指数由高到低依次为：菜地＞粮田＞果园＞林地，这和以往的研究结果相似，如韩平等研究发现北京市顺义区菜地、果园和林地的内梅罗指数分别为 0.809、0.765、0.669[15]。在对单一重金属元素的研究也发现，菜地等利用方式中的重金属含量比林地或自然土壤要高，如对北京全市土壤重金属含量的调查表明：As 含量由高到低为菜地＞果园＞麦地＞自然土壤[16]，Pb 含量由高到低为果园＞菜地＞自然土壤＞麦地[17]，Cd 含量由高到低为菜地＞果园＞自然土壤＞麦地[18]。

不同的农业利用方式也会对土壤的理化性质产生影响。尽管土壤存在很强的缓冲性，土壤 pH 较难改变，但长期的化学肥料施用也能够改变土壤的 pH 值。张福锁等[19]对华北地区农业土壤长达 19 年的监测发现，华北农田土壤 pH 值平均下降了约 0.5 个单位，氮肥的过度施用是造成土壤 pH 值下降的主要因素。孟红旗等研究了中国典型农田 6 个长期（18～30 年）施肥实验的耕层土壤 pH 值变化，结果表明单施氮肥和氮磷钾配施处理的耕层 pH 值较不施肥均有较大程度的降低，最大降低幅度为 0.64～1.51 个单位，单施氮肥的土壤酸化速率要高于氮磷钾配施和不施肥处理[20]。在本研究中，菜地、粮田和果园土壤的 pH 值较林地下降 0.2～0.4 个单位，这也可能与长期施用化学肥料有关，据调研，研究区域各利用类型土壤的利用年限均超过 10 年以上。由此可见，作为北京的生态农业建设基地、优质农副产品生产基地，延庆县还需加强农业土壤利用管理，才能实现土壤与农业的可持续发展。

4　结论

延庆县 4 种不同农业利用类型中，粮田、菜地、果园土壤 pH 值、土壤有机质和碱解氮含量均低于林地。4 种农业利用类型的土壤中 As、Cd、Cr 含量的平均值均超出了北京市土壤的背景值，超出值分别为 0.93 mg/kg、0.09 mg/kg 和 15.3 mg/kg，但内梅罗指数显示污染程度尚处清洁级范围。4 种农业利用土壤中的五种重金属元素，Cd 污染指数最高，单项污染指数中唯一超出警戒范围的是菜地中 Cd 元素，其次为 As 和 Cr。粮田、菜地土壤重金属含量较林地、果园高。粮田和退耕林地的对比表明，粮田中重金属元素的含量和累积速度均较林地快。

参考文献

[1]　熊严军. 我国土壤污染现状及治理措施[J]. 现代农业科技，2010，8：294-295.

[2]　李东坡，武志杰. 化学肥料的土壤生态环境效应[J]. 应用生态学报，2008，5：1158-1165.

[3]　郑国璋. 泾河流域农业土壤重金属污染调查与评价[J]. 干旱区研究，2008，25（5）：626-630.

[4]　武攀峰，吴为. 长江下游典型滨海地区农业土壤重金属污染特征[J]. 中国环境监测，2008，24（1）：71-74.

[5]　李富华. 成都平原农用土壤重金属污染现状及防治对策[J]. 四川环境，2009，28（4）：60-64.

[6]　陈同斌，宋波，郑袁明，等. 北京市蔬菜和菜地土壤砷含量及其健康风险分析[J]. 地理学报，2006，61（3）：297-310.

[7] 陆安祥，孙江，王纪华. 北京农田土壤重金属年际变化及其特征分析[J]. 中国农业科学，2011，44（18）：3778-3789.

[8] 付华，吴雁华，魏立华. 北京南部地区农业土壤重金属分布特征与评价[J]. 农业环境科学学报，2006，25（1）：182-185.

[9] 尤冬梅，王纪华，马智宏，等. 北京郊区小尺度农产品产地土壤重金属污染性评价[J]. 上海农业学报，2011，27（3）：89-93.

[10] 北京林业大学土壤地理教研组. 土壤理化分析实验指导书[OL]. 百度文库，2002.

[11] 陈同斌，郑袁明，陈煌. 北京市土壤重金属含量背景值的系统研究[J]. 环境科学，2004，25（1）：117-122.

[12] 陈潇霖，杨丹，胡迪青，等. 北京土壤重金属分布及评价：以五环以内为例[J]. 环境科学与技术，2012，35（12J）：78-81.

[13] 张东兴，张军，李新荣. 北京市延庆县种植业污染源普查情况及治理对策[J]. 中国农学通报，2011，27（11）： 241-245.

[14] 王铁宇，罗维，吕永龙，等. 官厅水库周边土壤重金属空间变异特征及风险分析[J]. 环境科学，2007，28（2）：225-231.

[15] 韩平，王纪华，陆安祥，等. 北京顺义区土壤重金属分布与环境质量评价[J]. 农业环境科学学报，2012，31（1）：106-112.

[16] 陈同斌，郑袁明，陈煌，等. 北京市不同土地利用类型的土壤砷含量特征[J]. 地理研究，2005，24（2）：229-235.

[17] 郑袁明，陈同斌，陈煌，等. 北京市不同土地利用方式下土壤铅的积累[J]. 地理学报，2005，60（5）：791-797.

[18] 宋波，陈同斌，郑袁明，等. 北京市菜地土壤和蔬菜镉含量及其健康风险分析[J]. 环境科学学报，2006，26（4）：1343-1353.

[19] Guo J H，Liu X J，Zhang F S，et al. Significant Acidification in Major Chinese Croplands[J]. Science，2010，327（5968）：1008-1010.

[20] 孟红旗，刘景，徐明岗，等. 长期施肥下我国典型农田耕层土壤的 pH 演变[J]. 土壤学报，2013，50（6）：42-49.

第Ⅱ部分　区域地理

黄土高原形成的物质来源*

王敏

摘 要：关于黄土的形成有很多种说法，目前最为流行的是风成说。黄土高原风尘物质的来源一直以来也是热点问题。本文总结关于黄土物源的示踪指标，并在此基础上总结了有关黄土高原的风尘物质来源。

关键词：黄土高原 示踪方法 物质来源 风尘沉积

0 引言

中国黄土高原分布着全球厚度最大、面积最广、连续性最好、年代最久远的风尘堆积。它分布于北纬 34°～38°，东经 102°～112°，地质构造上属于鄂尔多斯、台拗的南部[1]。黄土高原的土地总面积达 62.38 万 km^2，基本上全为黄土所覆盖，黄土覆盖最厚处可达 400 余米（兰州西锦村）[2]。中国的黄土堆积与深海沉积物岩芯、极地冰芯并列被视为过去全球变化研究的三大支柱。此外，黄土的物质来源是一个非常重要也是颇有争议的问题，因为黄土的物质来源变化与亚洲内陆干旱化过程、大气环流格局变迁及其所控制下的粉尘释放、运移和沉积过程密切相关[3]。

近百年来，中外学者对黄土的成因有过许许多多的讨论和争论，提出了各式各样的假说。例如，风积说、洪积-冲积说、湖积说、冰积说、海成说、风化残积说等。其中广为流行的是风积说和就地风化残积说。此外，在东欧及我国还流行一种叫做“多种成因”的假说[4]。Richthofen 最早提出了中国黄土的风成学说。Obruchev 在黄土风成学说的基础上，将中国黄土归类为“热”黄土，即沙漠吹来的黄土。刘东生从 20 世纪 60 年代开始，通过对黄土高原全面的、多学科的研究，进一步完善、发展了黄土的风成学说[5]。

孙建中把黄土依次分为砂黄土带、黄土带、黏黄土带、黏黄土带之外，还有长江下游的下蜀黄土和四川盆地的成都黄土，其颗粒更细，黏性更大。前者含黏土 30%～40%，后者含黏土 40%以上。东北的黄土也是自西向东由粗变细。这种颗粒分布规律恰好与蒙古—西伯利亚高压中心所产生的反气旋风向一致，反映了沿着风的前进方向动力条件的变化。随着风速的降低所携带的颗粒也越细。戈壁与沙漠中风蚀地形广泛，粗粒物质为主，有指向黄土区标志物质移动方向的沙丘和沙垅。而黄土区堆积地形发育，细粒物质为主。两种地区形成明显的对照和物质分异的特点。尤其像塔里木、阿拉善、鄂尔多斯等沙漠区

* 指导教师：王均平，潘宝林。

都是闭流区，但戈壁和沙漠里只剩粗粒物质，搬走那些细粒物质的营力只能是风[6]。因此，现在是以风成说占主导地位。

扬沙降尘的直接后果是形成堆积，其堆积沉积物即黄土。黄土为典型的风成沉积物，现有研究已证实，这种恶劣的扬沙降尘现象，正是形成我国黄土高原的直接根本原因。这种降尘现象主要发生在第四纪以来，距今至少已有 240 万年的历史[7]。由于这种沙尘主要为粉砂性物质，并且发生在第四纪以来，故其形成的堆积沉积物——黄土，又被称为第四纪粉砂物质[8]。但是黄土究竟是从哪儿来的？刘东生认为中国北方和蒙古国南部广泛分布沙漠、戈壁以及沙化土地，这些地方都有可能是黄土物质的来源。20 世纪 80 年代以来，黄土物源研究工作取得了长足的发展，一系列元素和同位素地球化学指标被用于黄土物质来源的示踪，如元素组成及比值、同位素组成等。但是黄土物质到底来自哪个源区还颇受争议[3]。

1 黄土物源的示踪方法

已有的黄土物源示踪指标大致可分为 3 类：①元素组成或比值；②同位素组成（如 Sr-Nd 同位素、石英的氧同位素等）；③新的指标如石英 E_1'心电子自旋共振（ESR）信号强度和结晶度、锆石的 U-Pb 年龄[3]。

元素组成是通过对某一（多个）元素组成含量的变化来判定物质源区变化。这个元素是根据黄土中某一元素的稳定度、含量比例、元素和搬运动力的关系等来确定的。这也说明了每个地区的代表元素有可能是不一样的，依据这一原理，根据在黄土中检测到的元素比例就能够比较可观地判断出黄土的物源。元素比值的采用，可以减少粉尘所受到的物理和化学风化影响，从而突出物源的特征信息[3]。比如 Zhang 等在研究中国沙尘暴的传输过程时，指出新疆地区沙尘具有高 Mg/Ti 和 Mg/K 比值、低 Al/Fe 比值的特点，内蒙古地区则以低 Mg/Ti 和 Mg/K 比值、高 Al/Fe 比值为特征[3]。张小曳等利用在亚洲气溶胶实验(ACE-Asia)中成功模拟了 2001 年和 2002 年沙尘暴过程的一个北半球区域气溶胶粒子-气候模式系统（NARCM），获得了 1960—2002 年每年春季亚洲沙尘暴的源强度变化及源区的空间分布[9]。顾兆炎等认为 Fe 和 Al 是黄土中难溶的元素，因而 Fe/Al 比值可用于物源的稳定性分析。稀土元素（REE）作为一种重要的物源示踪指标，也被成功地应用于黄土物源研究中，文启忠等通过对黄土稀土元素地球化学特征的研究，发现沙漠物质与黄土具有相似的 REE 配分模式，从而证明了黄土源于沙漠的观点；曹军骥等、Gallet 等和 Ding 等分别研究了西峰剖面、洛川和佳县的红黏土、黄土和古土壤 REE 元素组成，指出它们具有相似的 REE 元素配分模式[3]。

不同岩石和矿物的同位素组成，在物质传输和沉降过程中很难改变，因而，保留着物质源区的同位素特征，被广泛用于黄土来源的示踪[3]。例如，饶文波利用不同的岩石和矿物有不同的 $^{87}Sr/^{86}Sr$ 和 $^{143}Nd/^{144}Nd$ 比值，在大气迁移或沉积过程中这些比值比元素组分更难被改变这一特性对黄土物源进行考量。还有学者通过对比中国北方的表土样和阿克苏、敦煌、榆林及西安的沙尘样中的碳酸盐的碳氧同位素组成，认为土壤碳酸盐的 C 和 O 同位素组成能够很好地示踪粉尘来源[11]。

近年来，一些学者还采用石英的 E_1'心电子自旋共振（ESR）信号强度和结晶度作为物源的示踪指标，如利用ESR信号强度对日本列岛末次冰盛期风尘沉积进行的研究表明，日本北部的风尘物质主要来自西伯利亚和蒙古国的戈壁，而日本中部和南部的风尘物质则来自于亚洲中部的沙漠，且两地风尘物质的传输动力也不一样[3]。

2 黄土高原形成的物源

说到中国黄土高原的黄土总会将它们与亚洲沙尘暴联系在一起，因为每年春季的几次沙尘暴过程让人们看到了沙尘的搬运，及其在黄土高原的沉降。有关这些沙尘来自何方的问题，早期认为中国的干旱和半干旱区是黄土高原黄土的主要源地。卢演俦等提出了中国的黄土可能源于沙漠的观点[4]。这个观点现如今已被大多数学者接受。对黄土高原风尘物质来源的判定，多基于黄土样和沙漠表土样的矿物组成、元素特征及Sr-Nd同位素比值的直接对比。然而，不同学者对中国黄土高原风尘物质的主要源区的认识上却存在明显的争议，争议的焦点是中国西部的塔克拉玛干和柴达木盆地是否为黄土高原风尘沉积的主要源区[3]，而且越来越多的人认为青藏高原作为黄土源区也是讨论的热点话题。

刘东生等根据黄土粒度从北到南逐渐变细的规律，并结合现代盛行风向，推测黄土高原黄土来源于其北部和西北部广阔的干旱区[12]。现代沙尘暴活动和黄土堆积的关系，认为沙尘暴频发的地区，尤其是邻近黄土高原北部的戈壁、沙漠以及西北部的内陆盆地是高原黄土的主要物源区[3]。

卢演俦等通过黄土中石英粉砂颗粒形态特征、表面结构的基本特征、剖面中表面结构特征的变化及其表面结构的发育系发展发现，我国北方戈壁、沙漠和黄土在分布上紧密相连，我国黄土的物质组成、区域分布特征以及黄土与鄂尔多斯、阿拉善等地沙漠砂在矿物学上的联系，由此认为我国黄土物料主要来自西北的沙漠、戈壁地区[4]。

孙继敏等依据气象台站的资料，认为蒙古国南部的戈壁、中国北方的沙漠（主要是巴丹吉林和腾格里沙漠）和中国西部的塔克拉玛干沙漠是亚洲粉尘的三大重要源区。并且分析了黄土高原和内陆盆地周边黄土中细颗粒组分（$<20\ \mu m$）的同位素、元素地球化学及矿物学特征，结合现代气象学的资料，认为蒙古国中西部和邻近的中国戈壁和沙漠是黄土高原的主要源区，而西北内陆的3个盆地可能不是黄土高原风尘堆积的主要源地。最近，孙继敏等通过分析黄土序列中细颗粒石英的ESR信号强度和结晶度，进而与不同粉尘源区的结果对比，认为末次间冰期以来黄土高原细颗粒的粉尘物质主要来自中国北方的沙漠和蒙古国南部的戈壁[5]。

张小曳等通过直接对比采自中国九大沙漠近地面层的沙尘粒子和黄土高原黄土物质的元素组配与粒度分布，并通过元素示踪的方法[9]，根据数值模拟的过去43年（1960—2002年）每年春季（3—5月）沙尘粒子的季平均净释放通量，发现亚洲沙尘暴的主要策源地或称亚洲沙尘的源区有10个[9]。其中来自蒙古源区（S2）、以塔克拉玛干沙漠为主体的中国西部高沙尘沙漠区（S4）和以巴丹吉林沙漠为主体（包括腾格里、乌兰布和沙漠的中国北部高沙尘沙漠区，S6）的沙尘释放量约占到了释放总量的70%，说明这3个源区可视为亚洲沙尘暴也是黄土高原黄土的关键源地。他们还通过对比来自青藏高原和来自沙漠沙尘对黄土高原黄土的贡献，指出青藏高原的沙尘对黄土的贡献不超过10%的观点[10]。

物源研究指出中国黄土具有近源性特征，搬运方向与近地表盛行风向一致。黄土覆盖厚度自西向东逐渐变薄，且粒径也自西向东由粗变细呈现规律性的变化；黄土剖面具有明显的沉积分层现象[5]。物源示踪还发现亚洲风尘最终来自青藏高原北缘和中亚造山带物质，进一步确认了造高山过程制造粉砂物质的重要性[13]。

由于 Sr、Nd 同位素可以有效示踪沉积岩的物质来源，孙继敏等近年研究了 8Ma 以来黄土高原泾川剖面红黏土-黄土序列＜20 μm 的细粒硅酸盐组分的 Sr、Nd 同位素变化。认为第四纪时期堆积在中国黄土高原的风成沉积，其物质来源区并非广义上所认为的广大西北地区，事实上，中国西北三大内陆盆地（准噶尔盆地、塔里木盆地、柴达木盆地）并非黄土高原的主要物质来源区，而是主要来自蒙古国南部的戈壁、沙漠以及与此毗邻的中国阿拉善盟、鄂尔多斯市境内的戈壁、沙漠地区，而且以冰川研磨作用为代表的高山过程（mountain processes）在黄土粉土级组分的产生方面起了决定性的作用，戈壁、沙漠只不过是粉土级物质的“储存库”或称“中转站”[14]。但是有些时候用同样的方法测得的结果有可能是不同或者是更加完善的。饶文波等同样也是利用 Sr-Nd 同位素示踪方法，综合已有的 Nd 同位素资料认为塔里木盆地、内蒙古中西部沙漠、青藏高原是黄土高原的主要源区，而这些源区以及黄土高原又是远东地区风尘的生产地[11]。陈骏等对比不同沙漠源区细颗粒组分（＜75 μm）和黄土的 Sr-Nd 同位素组成，指出青藏高原北缘如柴达木盆地、巴丹吉林和腾格里沙漠是末次冰期黄土高原风尘沉积的主要源区。他们认为源自准噶尔和柴达木盆地的粉尘主要由低空气流搬运，受下风方向的山脉阻挡，就近堆积成山麓黄土。源自塔里木盆地的粉尘如果被近地面风搬运，则不可能移出盆地，而是堆积在昆仑山北麓，但如果被飙升到高空，则被西风急流携带，移出盆地而降落在北太平洋地区，无论哪种情况，该盆地的粉尘都不可能对黄土高原有重要贡献。因此，西北三大内陆盆地并非黄土高原的重要物源，而蒙古国南部及与之相邻的包括巴旦吉林、腾格里、乌兰布和、库布其、毛乌素等在内的戈壁、沙漠地区才是黄土高原的主要物质来源区，且主要由近地面风（基本在 3 000 m 以下）从上述戈壁、沙漠地区搬运而来。中国黄土并不能简单看作“沙漠黄土”，包括冰川研磨作用、山体剥蚀作用、山前冲洪积作用等在内的“高山过程”，才是产生大量粉土级物质的原因，戈壁、沙漠、黄土的带状分布，只不过是近地面风对山前冲、洪积物质的风力分异而已[13]。此外，有学者认为其他区域也可能是黄土沉积的主要物源区。如 Bowler 等分析了青海盆地和柴达木盆地的地球化学元素的特征，认为柴达木盆地可能是黄土高原西部黄土沉积的重要源区。方小敏等通过对青藏高原 40 年来沙尘暴的时空分布及扬沙过程的大气动力学和遥感影像追踪分析，认为青藏高原是其东部邻近地区和太平洋地区的重要粉尘源区。然而，张小曳等通过对比来自青藏高原和来自沙漠沙尘对黄土高原黄土的贡献，认为青藏高原的沙尘对黄土沉积的贡献不超过 10%。Derbyshire 等通过对比祁连山北麓连续 4 年降尘、冲积扇和沙漠表土样以及晚更新世黄土-古土壤样的矿物组成和粒度特征，认为河西走廊地区巨大的冲积扇可能是黄土高原西部黄土沉积的主要源区[3]。

3 物源的变化和黄土的扩张

不同地区沙漠形成时代的差异，暗示了黄土高原风尘沉积的主要来源区应该是有所变化的。从构造时间尺度上和冰期-间冰期尺度上的变化特征上看，同样存有两种认识，即稳定不变的或明显变化的，前者多依据同位素的研究结果，后者则基于元素比值或新的物源示踪指标[3]。

由于青藏高原的黄土是不同于黄土高原的冷黄土，黄土粒度显著粗于后者，可能主要来自青藏高原本身，中、高空西风和高原季风可能是主要的沙尘制造者和搬运载体。通过粉尘石英颗粒 SR 信号比较研究，日本“黄沙”的许多部分可能是西风从青藏高原地区携带而至。海钻探沉积粉尘的研究也揭示出 25°～40°N 的亚洲大陆干旱荒漠化地区是主要的粉尘源地，西风是主要的粉尘搬运载体。最新的研究表明，青藏高原及其边缘的黄土主要形成于距今 0.8～1.15Ma 前，并且可能是高原隆升到关键的大气动力学和自然地理景观分界高度。高原进入冰冻圈，荒漠化成为新的粉尘源地，并导致环流的重大调整，低中层西风被迫分成南北两支绕流。高原季风稳定发生的产物，并进而很可能导致了此时的全球降温（中更新世革命）和中国内地急剧干旱化和沙漠化，大型沙漠形成，黄土从黄土高原向中国东部长江流域中下游大规模扩展[15]。

4　结论与建议

黄土高原上的黄土来源于沙漠这个观点毋庸置疑，并且大多数接受风成说。但是讨论的焦点主要在于中国西部的塔克拉玛干和柴达木盆地是否为黄土高原风尘沉积的主要源区[3]，而且也越来越多人把青藏高原作为黄土源区也是讨论的热点话题。

（1）示踪指标的选择。关于黄土的物源问题国内外都开展了大量的研究，不同的学者利用不同的示踪指标得出的结论有很大的差异，有些用相同的方法做出的结果甚至是相反的，这说明示踪方法选择的指标可能存在着不足或者限制因素。在选择指标的时候应该考虑到黄土在传播过程中的物理和化学变化，以及风化、侵蚀、分选等作用。在用气象资料来作为参考指标时，因尽量排除主观因素的限制等。到目前为止，很多研究基于 Sr、Nd 同位素的指标来判断物源，若在现有研究的基础上能找到更有效的指标或者是把指标相结合起来可能效果会更好。

（2）研究的背景条件。目前大量的研究都主要集中在局部地区，尤其是中国的北方和西部。很多研究者更多地关注沙漠本身，而且现在也有很多学者从动力学的角度来解释黄土的来源，但是他们可能忽视了周围的地质构造等条件，如果再把这些因素考虑得更加全面或许对认清黄土来源更有帮助。

参考文献

[1] 阎隆瑞，范蕙. 中国黄土高原的形成及其黄土成因的探讨[J]. 科学通报，1988（9）：690-692.

[2] 胡良军，邵明安. 从沙尘暴看黄土的沉积及黄土高原的形成[J]. 安徽师范大学学报，2001，24（2）：139-152.

[3] 陈洪云，孙有斌. 黄土高原风尘沉积的物质来源研究：回顾与展望[J]. 第四纪研究，2008，28（5）：892-900.

[4] 卢演俦，文启忠，黄伯钧，等. 中国黄土物质来源的初步探讨——石英粉砂颗粒表面结构的电子显微镜研究[J]. 地理化学，1976，（1）：47-53.

[5] 孙继敏. 中国黄土的物质来源及其粉尘的产生机制与搬运过程[J]. 第四纪研究，2004，24（2）：175-183.

[6] 孙建中. 黄土成因问题的探讨[J]. 地质科学，1980（2）：194-200.

[7] 中国科学院黄土高原综合科学考察队. 黄土高原地区自然环境及其演变[M]. 北京：科学出版社，1991.

[8] 刘东生. 中国的黄土堆积[M]. 北京：科学出版社，1965.

[9] 张小曳. 有关中国黄土高原黄土物质的源区及其输送方式的再评述[J]. 第四纪研究，2007，27（2）：181-186.

[10] Zhang X Y，Zhang G Y，Zhu G H，et al. Elementaltracers for Chinese source dust. Science in China（Series D），1996，39（5）：512-521.

[11] 饶文波，杨杰东，陈骏，等. 中国干旱-半干旱区风尘物质的 Sr，Nd 同位素地球化学：对黄土来源和季风演变的指示[J]. 科学通报，2006，51（4）：378-386.

[12] 刘东生，等. 黄土与环境[M]. 北京：科学出版社，1985.

[13] 陈骏，李高军. 亚洲风尘系统地球化学示踪研究[J]. 中国科学：地球科学，2011，41（9）：1211-1232.

[14] 孙继敏，许立亮. 8Ma 以来黄土高原风尘堆积的物源变化与上地壳演化的关系[J]. 第四纪研究，2007，27（2）：187-192.

[15] 方小敏，韩永翔，马金辉，等. 青藏高原沙尘特征与高原黄土堆积：以 2003-03-04 拉萨沙尘天气过程为例[J]. 科学通报，2004，49（11）.

翠华山冰洞的形成过程研究*

覃明明

摘　要：所谓冰洞是指全年 365 天都存在冰的洞，它是一种较为神秘的洞穴旅游资源。在陕西的翠华山旅游景区中，由于翠华山长期受内外力的相互作用，形成了典型的山崩地貌。在此过程中，由于山体的坍塌以及下落砾石的相互堆积，形成了千奇百怪的山崩裂石及大小不一的洞穴。而这些洞穴的一部分就是所谓的冰洞，它们的形成和保存是当地气候、环境变迁的缩影、真实的记录和见证，因而研究冰洞的成因可以为翠华山山崩地貌环境的演化、气候的演化提供实际资料，并为当地旅游资源的开发提供有效的科学依据。

关键词：翠华山　冰洞　形成原因

0　引言

翠华山山崩景观国家地质公园为 2001 年 3 月国土资源部首批的 11 个国家地质公园之一，是全国第一批建成揭碑的国家地质公园。公园位于陕西省长安县秦岭北麓，距西安市南郊约 30 km，主峰终南山海拔 2 604 m，总面积 32 km^2，是我国山崩地质作用最为发育的地区之一。该区山崩地质遗迹规模巨大、保存完整、类型典型、属世界罕见，素有“中国山崩奇观”、“地质地貌博物馆”的美称。

1　翠华山地区的自然概况

翠华山山崩景区属于翠华山山崩地貌园区，面积 73.24 km^2，以山崩地貌为特色。该山崩地貌形成历史悠久，山崩主体形成于西周时期。山崩遗迹规模在中国范围内属于最大者，在世界范围内仅次于塔吉克斯坦的 Usoi 山崩和新西兰的 Waikaremoana 山崩，位于世界第三，其单个崩石的体积居世界第一。

在地势上，翠华山风景区以南高北低的地势为特点。其主峰海拔 1 416.6 m，属于中山地貌。在岩体上，该区的岩石是古生代—中生代多次岩浆侵入形成的混合岩，在秦岭的隆升背景下形成的山崩堆积物。山崩堆积物由巨大石块组成，山顶到崩积体后缘间有高达 200～300 m 的陡坡，即崩塌临空面。崩塌积石交错垒叠，形成众多的空洞、风洞，崩积物

* 指导教师：王均平。

堵塞河道积水成湖——天池，它们构成了翠华山国家地质公园的主景点。

在气候上，翠华山地处黄河流域关中平原中部，南依秦岭，北临渭河，属于暖温带半湿润的季风气候区。四季分明，气候温和，年平均气温 13℃。在垂直高度上，翠华山的植被由低向高具有明显的落叶阔叶林—针叶林—亚高山草甸植被分带现象。在土壤上，翠华山风景区主要有两个土类，即褐色土和棕色森林土。前者分布在海拔 900 m 以下，后者分布在 900 m 以上。本文主要是在翠华山山崩地貌形成的基础上，研究其冰洞的形成原因及形成过程。

2 冰洞的特征及其分布

从总体上看，冰洞洞体具有口小肚大的特征。在翠华山景区，冰洞是天然堆积所形成的洞穴，它来源于崩塌石海。由于山体坠落的砾石相互堆积，在地下 3 m 深处形成洞穴，洞穴之间相互贯通，地下温度达–3℃以下，夏季地表雨水流入可结冰形成冰洞景观。据观测，翠华山的冰洞洞长大于 100 m，由于巨厚的混合岩体的隔热作用，使洞内温度终年保持在–4℃左右，因而终年结冰。

3 区域岩性及其构造特征

3.1 地质构造

翠华山属于秦岭北脉加里东运动褶皱带，北坡有东西走向延伸的大断裂，断层面倾向北，倾角 60°～80°，是秦岭山地与渭河盆地分界断层。翠华山潜在不稳定岩体位于太乙河西岸的古坡，南北长约 600 m，东西宽 200～300 m。受构造运动影响，发育有许多组方向的断裂和节理，从而削减了岩体内部联结。不稳定岩体西侧发育有北北东陡直破裂面，成为破碎岩体与完整岩体的分界面。底部发育有向东倾斜的结构面（岩体的破裂面），这个面倾向和坡面一致，故近似南北破裂面和向东倾斜的结构面，把谷坡分割成为潜在不稳定的崩塌岩体[1]。翠华山的冰洞就是在这种不稳定岩体的基础上形成的。

3.2 岩性组分

冰洞山崩分布于十八盘山的西侧，叠覆于早期山崩体之上。该期山崩平面形态为扇状。西侧边界大致在风洞—冰洞一带，东侧边界在翠柏岭一带，东西出露宽度 200～300 m，南北出露宽度约 700 m。该期崩石以二长花岗岩为主体，含有少量片麻状混合岩崩石，崩石以棱角状、长方体为主，崩石个体普遍偏大，一般 5.2～20 m，大者可近 100 m[2]。崩石堆积杂乱，分选性极差，棱角明显，基质充填物较少，主要以碎石、泥沙充填为主。因堆积石块大小不一，往往受较大完整石块支撑，从而形成了形状奇特的岩崩洞穴——冰洞。经测量，风洞—冰洞山崩崩塌壁近南北向，反映出山崩过程主要受控于产状为 95°～115°、∠75°～85°节理面。崩石路径为自西向东，崩石搬运距离较近[2]。这不仅为气流的南北流入提供了条件，也为冰洞的形成提供天然条件。而冰洞的岩性又以二长花岗岩为主体，岩块导热性差，使得冰洞常年保持低温。

4　冰洞形成过程分析

4.1　地形因素

翠华山冰洞位于翠华山区地南部，该地区地势高峻，山岭纵横，海拔在 1 400 m 左右。冰洞附近主要山峰有甘湫峰、玉案峰、接圣台、南五台等，平均海拔在 1 500 m 以上，其中甘湫峰的海拔最高，为 2 045 m。冰洞位于翠华山的阴坡，即翠华山的南部。而南部四面环绕高山，夏季温暖湿润的东南风，因受到层层阻挡，对它影响甚为微小；而在冰洞北部，山体相对于南部较低，平均海拔在 1 100 m 左右，冬季强劲凛冽的西北风，自蒙古高原长驱直下，因而对冰洞的影响较大。

4.2　气候因素

翠华山冰洞位于秦岭北脉，与周围地区相比，地势相对较高，因而气候相对寒冷。又冰洞位于翠华峰崩积体的上部，海拔约 1 200 m。西安市位于关中平原地区，平均海拔 424 m，年均温 15℃。按正常情况下，海拔每上升 1 000 m，气温下降 6℃的规律，冰洞所在地点的外部环境气温冬季应该在 10℃左右。而冰洞较深，洞内地势低陷，形成了不规则的外洞与内洞。由于缺少与洞外进行冷暖空气交换的条件，因而洞内外夏季温差可达 23℃以上，外洞阴冷，内洞结冰常年不化。

4.3　物理因素

翠华山的风洞位于冰洞前方。风洞是由两块巨石堆砌成的人字形狭长通道，长大于 30 m，高 15 m，宽 2～2.5 m，由于狭管效应，风速较大，特别是在夏季晴朗的天气里，因与外界温差较大，热冷空气对流强烈，风感明显[3]。由风洞前行，进入冰洞。由于风洞的阻挡，气流难以进入冰洞。而冰洞的洞口狭小，洞穴的主体位置比洞口低，因而，夏季热空气不易进入洞中，使得洞里能够长时间保持低温。又由于洞内的常年气温保持在–4～–6℃，洞外的温度在 10℃左右，因而冬季外界气温一旦低于这一温度，便可以引起洞内外空气的对流，即更为寒冷的空气源源不断地进入洞中。每年冬天，洞外大量寒冷干燥的空气进入洞中，排走了洞内的温暖空气，使气温下降，将洞里岩块裂隙中渗透的水冻结成冰。而洞内外温差越大，这种交换进行得就越强烈。该地区属于温带大陆性气候，冬季寒冷而漫长，夏季凉爽而短促，这样，冷空气的进入量远大于温暖空气的进入量，这就是冰洞为什么能保持常年寒冷低温的机理，也是越往深处气温越低的原因。

5　结论

翠华山的冰洞是古气候、古环境变迁的产物。由于内外力长期的相互影响，使得翠华山的山体至今仍在活动之中。而山体崩落砾石的相互堆积，又造就了一个个独特的自然奇观，如冰洞、风洞。冰洞是翠华山区以至整个秦岭地区气候、环境变迁的缩影、真实的记录和见证。因此，对翠华山冰洞的形成原因进行分析，有利于对环境、气候的分析提供一定的依据，有利于当地旅游资源的开发，促进当地经济的发展。

参考文献

[1] 李昭淑，丁冰，王涛. 翠华山山崩地貌奇观的成因分析[J]. 西北大学学报，2007，37（6）：912-916.
[2] 郭力宇，吴成基，甘枝茂，等. 陕西翠华山山崩及其环境效应[J]. 山地学报，2001，19（4）：357-359.
[3] 吴成基，彭永祥. 西安翠华山山崩地貌地质遗迹及资源评价[J]. 山地学报，2001，19（4）：359-362.

翠华山水湫池山崩遗迹区形成过程研究*

鲍林林

摘 要：水湫池山崩遗迹是翠华山山崩景观国家地质公园的主要遗迹区之一，水湫池为地震引发山崩、泥流致使太乙河上游河道堵塞流水阻滞而形成的堰塞湖，湖的西侧至太乙峰东麓附近的崩塌区规模宏大、景观独特。堰塞坝与坝体西侧的崩塌堆积物无论是外观还是内部结构都存在明显差异，结合 C^{14} 绝对测年资料及相关史料地震活动的记载，证实在翠华山长期的山崩地质时期，水湫池遗迹区的形成具有多期多次性：一期，堰塞坝区堆积物的形成，于公元前 11000—公元前 10920 年旧石器时代左右；二期，规模较大的主景崩塌区的形成，于公元前 370—公元前 310 年稍后一些；三期为明朝嘉靖年间太乙峰和翠柏崖脚下的小型崩塌堆积的形成。

关键词：山崩 翠华山 水湫池 C^{14} 测年

0 引言

翠华山山崩景观国家地质公园，位于秦岭山脉北坡，太乙河上游，南为秦岭山脉，北临渭河第四纪黄土沉积阶地，距西安市区 23 km，主峰太乙峰海拔 1 416.6 m。翠华山山崩地貌是在强震作用下形成的新生地貌，有高大的悬崖——凌空面，规模巨大的山崩堆积体——石海，以及堰塞湖——水湫池（天池）[1]。水湫池山崩遗迹景区是翠华山山崩景观国家地质公园主要遗迹区之一，其占园区面积 1/2，是由天然形成的大坝堵截了太乙河上游的山谷流水，在坝后 1 km 处形成的一个面积为 0.14 km^2 的天然湖泊（堰塞湖），即水湫池（亦称天池）。

水湫池及其附近的堆积体，山崩景观最为发育，是翠华山旅游风景区的主体。专家实地考察研究发现，水湫池及其附近山崩景观崩积物的产状和沉积特征存在显著差异，由此可知如今的水湫池山崩遗迹景观并非同一时期形成的，再通过对崩积物底部土样进行测年分析，可判定出其具体形成的三个时期。通过堆积体的特征考察推断景观形成过程，历来是本区山崩地质研究十分关注并不断探索的问题，本文通过区域地理综合实习野外考察及对多位学者的探索研究进行总结，以阐明水湫池一带崩塌堆积的形成过程。

* 指导教师：王均平。

1 翠华山山崩成因

在陡峻斜坡上，不稳定的岩体、土体、碎屑岩层，在重力作用下突然发生急剧的倾倒、崩落现象，并在坡脚处、断崖下形成倒石堆或岩屑堆的现象，称为崩塌，规模巨大的崩塌即为山崩[1]。翠华山山崩遗迹成因特殊、规模壮观、体量巨大、形态保存完整、景观奇特，被誉为“中国山崩奇观”，其山崩地貌形态保存完整、类型齐全，由山崩凌空面（残峰断壁）、堰塞湖和崩塌石海三大部分组成，凌空面陡峭险峻，堰塞湖水湫池明镜秀美，石海的崩塌体相互叠置、堆砌、支撑，形成了诸如风洞、冰洞、夫妻对望等奇特景观。

翠华山如此大规模的山崩是在前期地质构造运动的影响（孕育期——崩塌体的形成），以及后期岩性变化、风化作用、地震等因素诱发下发生的（诱发期——地震活动的发生）[1,2]。首先是构造运动作用导致山体发育有多组不同走向的断裂和节理，割裂岩体并削弱岩体内部联结，为崩塌创造了不稳定的结构因素；其次是该地区在地质时期中形成了多种坚硬的混合岩，在应力作用下易发生脆性变形，为山崩提供了进一步裂隙发育的条件和物质来源；经受长期的风化作用、流水侵蚀，最后在地震活动的诱发下，致使不稳定的岩体崩落，发生大规模的山崩，并使崩塌后的岩体产生新裂隙。由此形成的山崩遗迹其主要特征为：以大落岩为多，遗迹广泛分布，崩石重叠交错，形成独特雄壮的山崩景观，并且山崩是形成堰塞湖的重要因素。

2 水湫池堰塞湖的形成

堰塞湖（dammed lake）是河道、凹地因种种原因堵塞后贮水所形成的湖泊，堵塞体实际上是天然的水坝，而堰塞湖则是一座天然水库[3]。地质内外力作用时形成堰塞湖的主要因素，按形成动力成因分类，堰塞湖的类型主要有[4]：地震堰塞湖，即由地震产生的滑坡、泥石流或山崩形成的堰塞湖；火山堰塞湖（岩溶堰塞湖），由火山爆发产生岩溶流形成的堰塞湖；冰碛堰塞湖，冰川消退时产生冰凌形成的堰塞湖。

翠华山水湫池属于地震堰塞湖，是由地震引发山崩，使得潜在崩塌体顺着结构面在重力作用下以滑崩为主向河谷方向快速堆积，堵塞太乙河上游河道而形成的。水湫池东岸紧邻玉岸峰，西岸为翠华山（太乙峰），堰塞坝从太乙峰东麓向北延伸约 500 m 后，转而向东直抵玉岸峰脚下，成弧形环绕在水湫西、北两岸，崩塌堆积主要分布在堰塞坝外围与太乙峰东坡之间[5,6]，此处崩塌堆积物分布集中连续，数量多、规模大，形成了各种形象生动的山崩景观造型。

3 水湫池山崩遗迹区堆积物特征及其形成过程

3.1 崩塌堆积物特征

水湫池堰塞坝沉积物与其西侧外围的崩塌堆积体虽都是粗碎屑的砾石，但无论是外观还是内部结构，堰塞坝与外围的区域都存在明显差别[6,7]。如图 1 所示，水湫池山崩遗迹区主要由三部分组成，图中以1、2、3标出该剖面3个区域的范围，其中1为水湫池堰塞坝区，2为堰塞坝西侧的主景崩塌区（崩塌景观主体），3为太乙峰麓的小型崩塌区，这3个区域的堆积物就外观和内部结构上来说，主要差别表现在：①砾石的粒径大小不同，组成堰塞坝坝体的沉积物中的砾石粒径最小，且砾石外表多半棱角状或圆状，磨圆度稍大，而坝体西侧崩塌区（包括2主景崩塌区和3小型崩塌区）的崩积砾石粒径最大可达70～100 m，砾石外形多呈棱角状，且碎裂面清晰；②砾石含量不同，堰塞坝坝体沉积中泥沙质物质含量较多，砾石只占50%～70%，而崩塌区则几乎完全是由巨砾级的砾石组成，前者属于“碎屑流”沉积，后者属于“颗粒注”沉积[7]；③内部结构不同，崩塌区巨砾重叠覆压、镶嵌交错、相互支撑，砾石间空隙大而中空，没有填充物，而易形成“风洞”“冰洞”等景观，坝体沉积具有“泥砾结构”，砾石均由泥沙等细粒物质包裹着沉积于此，由此，专家认为坝体的泥砾石结构的坝体沉积是高密度黏性泥石流形成的[5-7]。

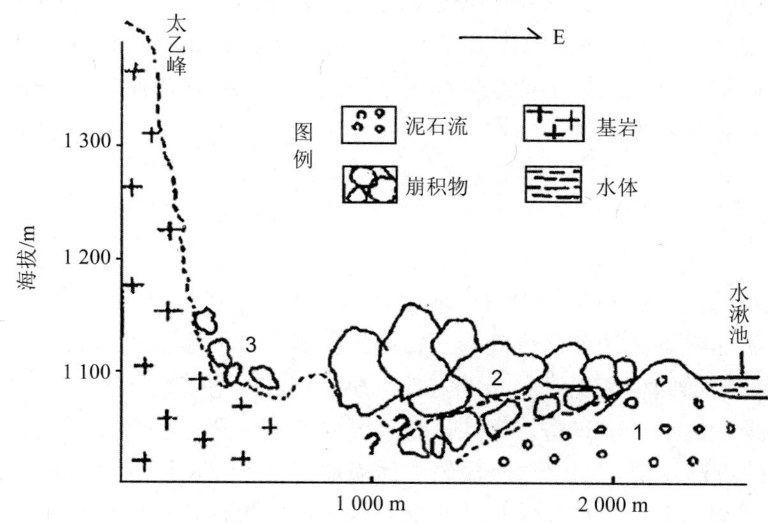

图1 水湫池山崩遗迹区剖面图（1堰塞坝，2主景崩塌，3小型崩塌）

资料来源：贺明静等，2005。

显然，根据堰塞、坝与崩塌区堆积体的沉积相的差异，水湫池附近整个山崩遗迹区确实不是同一时期形成的，根据堆积物的粒径大小以及各区域内部结构的差异，大致可以判定崩塌堆积体先后形成时间为：1＞2＞3，即堰塞坝的形成最早，而崩塌区则晚于前者。

3.2 山崩遗迹形成年代和过程

由图1可知，主景崩塌区的堆积物覆盖于堰塞坝西侧的斜坡之上，其规模最大，靠近太乙峰的小型崩塌区的崩落物散落在主景崩塌崩落后形成的洼地内，按照层序原理判定主景崩塌区晚于堰塞坝区，太乙峰下小型崩塌区则晚于主景崩塌的形成。除了如上定性的分析遗迹区的形成过程外，利用测定各区域类沉积土样 C^{14} 绝对测年法，可以深入探讨堰塞坝区和崩塌区的具体形成年代和过程。

山崩发生后，崩落物坠落覆盖在同期原始沉积物表面或被后期沉积物所覆盖，对崩石底部中心部位最表面的细泥沙沉积物（崩塌前原始地面物质）或崩石上部紧贴崩石处的沉积物进行采样，测定沉积土样的形成年代，结合史料记载的历史地震，以确定崩塌发生的具体时期。吴成基等通过对水湫池遗迹区各个区域的沉积物进行考察研究，结果如下[8]：堰塞坝崩石上坡积物底部、崩石上部的采样显示，该区土样较干，含砂石不多，颜色较浅，无现代植物根系，利用土样 C^{14} 测年，结果表明该区土样年龄介于公元前 11000 年到公元前 10920 年（距今 11 870～11 950 年）的旧石器时代晚期，即堰塞坝的崩塌先于此处沉积物的形成；主景崩塌区土样为亚砂土，呈暗棕色，潮湿，无明显现代植物根系，采集的土样为崩石底部的原始沉积物，崩塌年龄应晚于此沉积土样的形成时期，C^{14} 测年结果表明该区土样年龄介于公元前 370 年到公元前 310 年（距今 2 260～2 320 年）的战国时期，史料记载这期间之后（公元 230 年左右）有地震活动发生，与晚于土样年龄形成的山崩发生比较吻合；太乙峰麓与翠柏崖下的堆积物虽互不相连，但产状和沉积物特征十分相近，并沿断崖坡脚呈带状分布，采集翠柏崖崩石底部原始土层进行测年分析，其土样年龄介于公元 1527—1553 年，明嘉靖三十四年（公元 1556 年）陕西关中境内发生的 8 级以上的强震与该区山崩年龄时间一致。利用 C^{14} 测年进行崩石附近沉积土样年代分析，并以此推断崩塌发生的相对时期，研究结果定量地描述了水湫池崩塌遗迹区的形成年代和过程，表明该区崩塌活动的长期性和多期性。

4 结论

水湫池山崩遗迹区作为翠华山山崩地质公园的主景区之一，其山崩地貌、景观的形成成因和过程一直是各界关注和研究的热点，通过学者们不断地探索与实践，从对该区崩塌堆积物的外观、内部结构和层序关系的定性分析、比较，到利用 C^{14} 绝对测年技术和结合史料阐明了该遗迹区的形成过程、年代，对水湫池遗迹区形成多期多次性进行了较为精准的定量分析。地震活动引发的三次明显的山体崩塌，该遗迹区包括堰塞湖-水湫池，主景崩塌和峰脚小型崩塌三个崩塌堆积区域的先后形成，同时展现出奇特的山崩地质景观，堪称中国山崩奇观，也是景观地质学的一笔无价财富。

参考文献

[1] 李昭淑，丁冰，王涛. 翠华山山崩地貌奇观的成因分析[J]. 西北大学学报，2007（6）：912-916.

[2] 吴成基，彭永祥. 西安翠华山山崩地质遗迹及资源评价[J]. 山地学报，2001（4）：359-362.

[3] 朱诗鳌. 漫谈堰塞湖[J]. 人民长江，2008（15）：25-27.

[4] 季泰. 地质内、外力作用形成的堰塞湖[J]. 城市地质，2008（3）：49-50.

[5] 苏惠敏. 翠华山国家地质公园水湫池成因新解[J]. 西北大学学报，2006（6）：1004-1007.

[6] 贺明静，孙根年，宋咏梅. 陕西西安翠华山地质景观遗迹成因探析[J]. 干旱区地理，2005(2)：145-149.

[7] 苏惠敏，贺明静. 翠华山水湫池及其附近崩塌堆积形成年代探疑[J]. 中国历史地理论丛，2005（4）：70-75.

[8] 吴成基，赵辉，胡炜霞，等. 陕西翠华山水湫池山崩遗迹形成年代[J]. 山地学报，2009（3）：349-352.

中国大城市空间结构认知地图对比研究

——以西安、成都和重庆为例*

程艺

摘 要：行为地理学是近年来地理学的研究热点，而对于城市的空间认知则反映了一般人对城市的态度和印象构成。研究中国大城市的空间结构认知，不仅能了解到中国大城市的发展格局，而且能为城市规划的相关部门提供依据。

关键词：认知地图 城市地理 空间结构

0 引言

城市空间是现代社会下，人类生存与生活的主要场所。关于城市的认知研究属于行为地理学的范畴，而这一方面的研究自 20 世纪 60 年代始，行为学派的研究不断受到人们的重视。城市空间的认知研究在近几十年已有了较为丰硕的成果，在认知模式的研究、意象影响因素、距离感的研究等方面都已形成了一些经典理论，研究范畴不断扩充与丰富，此外在研究方法上也得到了拓展与完善[1]。

西安、成都和重庆是位于中国中西部的大城市。西安是十三朝古都，在城市空间的历史演变上具有典型性；成都是古代蜀都，代表中国闭塞区域的长时间空间演变状况；重庆是新中国成立以来逐渐繁荣起来的城市，代表了现代中国的城市演变轨迹。因此，选取这三个城市不仅在历史上，空间上，还是在地域上都具有代表性。

1 研究目的

城市的空间认知，反映了城市生活的主体——人，对城市的感知和认识。城市空间不仅仅是容纳人们活动的容器，而是一种与人的行为联系在一起的场所，空间以人的认知为前提而发生作用。研究人对城市空间的认知规律，有助于从人的需求出发塑造真正以人为本的城市空间。城市空间的认知研究为改善城市空间状况、提升城市空间品质提供了基础前提。

* 指导教师：李业锦。

2 研究方法

本文主要从影响因素和城市意象两方面进行探究，分析人们对大城市空间结构认知的异同。影响人们对空间结构认识的因素有个人因素和自然因素。从个人方面来看，可分为长期在某城市居住的人和初到该城市的人；在此处，笔者在“长期居民”方面的结论主要借鉴于相关研究，“初到城市”的研究借助于2010级首都师范大学资源环境与旅游学院地理科学专业区域大实习过程中所绘的认知地图。

3 研究内容

3.1 影响因素

3.1.1 个体因素

对于长期居民的城市空间结构认知而言，1969年Adams提出，目前城市中心多为工作区与商业区，住宅区则多在外围，一般城市居民每天的活动模式如上下班、办公、购物、游乐等主要的活动区域较多地集中在一个朝向市中心、越往市中心越缩小的扇形区域内。他们对这一扇形区域相对城市其他部位熟悉得多，脑际地图比较具体的只是集中在这一扇区内。

对于初到该城市生活的人而言，人们对该城市的认知只局限于生活区域部分，应该是以居住地为中心，向四周延伸的一个区域。而延伸最大的方向，则与该居民的生活习性及工作有关。从实习学生所绘的认知地图来看，他们对城市的认知仅仅是宾馆、实习地点、火车站等日常接触的事物。

表1 实习生对于各城市结构的认知印象

	城市总体框架	标志性建筑	印象深刻的地点
西安	大部分学生都能说出西安是“四四方方”型的城市框架，但对城市的具体环数及分布情况不甚清楚，对主城区的印象明显清晰于郊区	对西安的标志性建筑仅限于历史古迹，如古城墙、大雁塔、大唐芙蓉园等，这说明了西安作为一个古都，能为人们所记住的大多是一些历史建筑，西安的历史性在城市认知中占很大比重	对西安印象深刻的地点大多是日常生活所接触的地点，如望园宾馆、西安站以及去过的旅游景点，比较印象深刻的景点如西安古城墙、陕西历史博物馆等。因为旅游地点因人而异，因此表现在认知地图上的地点多有不同
成都	大部分学生能够说出成都“环形”的空间结构，当问及主城区的结构时，多数人的答案不统一，说明初到成都的人，其思维仍受之前居住地的影响	多数人对成都的标志性建筑仅限于旅游景点，如武侯祠、锦里等。而对于其他的商业建筑和科技建筑则不很清楚	印象深刻的地点仅限于居住地附近，对宾馆附近的道路及商店印象较深
重庆	对重庆的大体结构有所了解，但是对长江的方位及其附近的商业区不清楚，说明在实习过程中，对长江的接触不深导致对重庆的空间结构认知扭曲。同时，重庆主城区内道路多为环形，爬坡上坎地容易让人产生晕眩感	标志性建筑仅限于实习地点的朝天门码头、火车站的方便面楼（源于新闻对该建筑的影响扩大化）以及去过的重庆人民大礼堂。重庆市成为一个独立的整体，其形成的历史较短，说明重庆市尚需建设一些标志建筑	有去过的旅游景点，其中红色革命基地的印象较为深刻。红色革命是重庆近几年来宣传较好的特色，城市规划可在这方面加大力度，凸显重庆的革命历史和爱国教育基地的地位

3.1.2 自然因素

西安市位于关中平原之上，因此大多数人对西安的空间结构印象是较为宽广。中国古代崇尚天圆地方的概念，因此长安城的规划继承了古代都城规划布局的传统手法，采用了轴线对称的布局。成都位于成都平原之上，但蜀地平原缺乏，因此为了最大限度利用土地，成都市采取了环形的圆状空间结构。重庆市山地较多，平原更加狭窄。在嘉陵江与长江交汇处交通便利，对于地形闭塞的西南地区而言，交通方便就利于发展对外贸易，因此形成了以朝天门码头为中心的环状城市空间布局。人们对城市的空间认知是在城市总体的空间布局基础之上，融入个人的因素所形成的，因此，城市的空间布局决定了认知地图的概况，同时二者又会产生人为因素的偏差。

3.2 城市意象

凯文·林奇（Kevin Lynch）在1960年所著的《城市意象》中对人的“城市感知”意象要素进行了较深入的研究。他说：“一个可读的城市，它的街区、标志或是道路，应该容易认明，进而组成一个完整的形态”。林奇将对城市意象中物质形态研究的内容归纳为五种元素——道路、边界、区域、节点和标志物，这五个要素在城市研究领域有较大的影响。

表2 基于认知地图的西安、成都和重庆的城市意象对比

	西安	成都	重庆
区域	区域的认知频率总体上较小，但是古城区独树一帜，认知频率较高	成都市居民对城市的意象以天府广场为中心，一、二、三环路为圈状向外扩张	在广场、步行街、文化遗产与古迹方面，印象程度较高和品质较好的意象元素超过了60%，说明近年来广场和步行街建设取得了快速的发展，文化遗产与古迹也得到了较好的保护
道路	西安城市意象的道路格局是“十”字形，由东、西、南、北四条大街及其延伸线构成的骨架形成了城市道路系统的核心，且认知频率从城市中心向边缘地区逐渐减弱，城市中心区域零星点缀着若干条各具特色的商业街道	居民意象处于从低级到高级的过渡阶段，道路元素对居民城市意象影响程度高。成都市的圈状形态和横纵两条主干道，人民路和蜀都大道是主要道路。城市整体道路意象受城内河流因素影响深刻，城市道路建设也受河流因素较大	在重要路桥与交通节点方面，虽然印象程度较高的意象元素超过了50%，但其品质却较差。因此，应加大投资力度，提高设计水平，加强环境整治与综合管理
边界	西安城市意象边界格局是圈层结构，由城墙、二环、三环、秦岭和渭河构成四道环线，认知频率从城市中心向边界逐渐变小。城墙由于居于城市中心和具有鲜明的形象特征，认知频率远高于其他边界	在成都的大多数新中国成立前出生的人眼中，成都市古城的格局还深深印在脑海中，“环形加放射”以及单中心圈层拓展的空间格局变得愈发明晰，而且出现了城市发展区域化的特征	在山地与河流方面，虽然全部意象元素的印象程度均较高，但有75%的品质较差，说明在城市建设中存在着开发性破坏，不注重生态环境的保护。因此，必须协调好城市建设与生态环境保护的关系，从而促进城市社会、经济与环境的全面协调发展
节点	认知地图所表现出的西安城市节点主要包括：钟楼广场、小寨、大雁塔广场和赛格	节点意象元素对于居民对城市意象的影响较小	如“道路”所述
标志物	西安城市意象标志物格局的分布相对集中，以城墙内区域和南二环周边区域为主。钟楼作为城市的中心点，位置十分特殊，认知频率远高于其他标志物，且往往是受访者绘制城市草图时最先画出的要素[2]	天府广场这个标志性的区域是居民绘制成都市图时最主要的参考标准。无论在图上标出和没有标出的，几乎都或多或少的在绘图过程中提及天府广场[3]	标志性建筑方面，品质较差的意象元素占到了近60%，表明重庆的建筑设计水平与施工质量较差，雷同性很强，缺乏个性和文化内涵[4]

4 研究结论

一个城市的意象地图体现了当地居民对于城市环境直接或间接的经验认识，是居民头脑中的“主观环境”，其研究结果既反映了城市早期规划的实际效果，又可为后来的设计师在新一轮的规划制定过程中提供有效的城市发展导向意见，还可为城市管理者提供城市管理方面的新思路。

西安、成都和重庆作为中国中西部的重要大型城市，人们对城市的认知能有效反映出该城市的特色。这也是该城市进一步规划的基础。可以看出，平原型城市、历史型城市以及山城型城市，其认知地图都有所不同。各城市只有因地制宜，利用本地特色合理规划，才能发挥出城市的价值。

参考资料

[1] 袁海琴.城市空间的认知感应——理论综述与案例研究[C]//中国城市规划协会. 和谐城市规划——2007 中国城市规划年会论文集. 哈尔滨：黑龙江科学技术出版社，2007.

[2] 熊鹏，徐洁，余溪，等. 基于认知地图的西安城市意象研究[J]. 规划师，2011，S1：33-37.

[3] 张博，杨永春. 中国西部平原型城市意象研究——以成都市为例[J]. 甘肃科技，2010，20：134-137.

[4] 冯维波，黄光宇. 基于重庆主城区居民感知的城市意象元素分析评价[J]. 地理研究，2006，25（9）：803-813.

大雁塔北广场文化创意产业的类型划分及其开发模式研究*

罗 敏

摘 要：本文用研究综述的方法，研究了大雁塔北广场的文化创意产业类型，在此基础上，分析了其开发模式。

关键词：大雁塔北广场 文化创意产业 开发模式

0 引言

文化创意产业（Cultural and Creative Industries）是一种在经济全球化背景下产生的以创造力为核心的新兴产业，强调一种主体文化或文化因素依靠个人（团队）通过技术、创意和产业化的方式开发、营销知识产权的行业。

国内外许多学者对文化创意产业进行了研究。其中，国外学者文化创意产业的研究集中包括“文化经济”[1-3]、“文化产业”[4-8]、“创意产业”[9-11]、“创意经济”[12]、“创意阶层”[13]等。国内学者对创意产业的研究主要涉及文化创意产业的概念[14]、产业的空间集聚[15]、文化创意产业现状与对策[16,17]以及文化创意产业开发模式研究[18]等。通过国内外研究发现，国内针对城市具体地区的文化创意产业研究较少，特别是系统研究西安市大雁塔北广场文化创意产业的类型和开发模式研究。

1 研究区域概况

西安，古称长安、京兆，举世闻名的世界四大古都之一。是中华文明的发祥地，中华民族的摇篮，中华文化的杰出代表，是丝绸之路的东方起点。西安是中国历史上建都时间最长，建都朝代最多，影响力最大的都城，居中国古都之首，历史上最为强盛的周、秦、汉、隋、唐等朝代均建都于西安，是十三朝古都。西安也是联合国教科文组织最早确定的“世界历史名城”和国务院最早公布的国家历史文化名城之一，世界著名旅游胜地，被誉为“天然历史博物馆”，中国六大国家区域中心城市之一，亚洲知识技术创新中心，新欧

* 指导教师：李业锦。

亚大陆桥中国段和黄河流域最大的中心城市，中国大飞机的制造基地。

大雁塔位于南郊大慈恩寺内，是全国著名的古代建筑，被视为古都西安的象征。大雁塔北广场位于大雁塔脚下，北起雁塔路南端，南接大慈恩寺北外墙，东到广场东路，西到广场西路，整个广场由水景喷泉、文化广场、园林景观、文化长廊和旅游商贸设施等组成。整个广场以大雁塔为中心轴成三等分，中央为主景水道，左右两侧分置“唐诗园林区”“法相花坛区”“禅修林树区”等景观，广场南端设置“水景落瀑”“主题水景”“观景平台”等景观。整个广场设计凸显大雁塔慈恩寺和大唐文化精神的结合传统与现代设计手法，打造出了全中国最好的唐文化市民休闲广场。

2 大雁塔文化创意产业类型划分

文化背景不同，地理区位有别，政府作用各异，使文化创意产业集群的发展类型也有所不同。一般认为，按形成原因、集群结构、产业关联方式等可以将文化创意产业集群划分为不同类型。例如，按照产业集群形成的原因，可以把文化创意产业集群分为文化趋同型和区位因素型两类。按照集群内企业的产业关联方式，可以划分为垂直关联和水平关联两类。总的来看，一般分类包括以下四种[15]。

2.1 文化趋同型集群

文化趋同型集群是指创意产业的集群源于共同的文化背景、价值观念或制度环境，这不但使集群内的企业成员具有较强的归属感，而且使彼此之间有较好的信任关系，易于信息的沟通与交流，以及产品的创作和交易。

2.2 区位因素型集群

区位因素型集群是指创意产业的集聚源于特定的地理区位，或靠近特殊的创意群体，或靠近目标消费群体，或靠近交易市场，特定的地理区位促进了创意产业集群的形成和发展。

2.3 垂直关联型集群

垂直关联型集群是指在多层次产业集群中，上、下游企业间存在着原材料供应、成品或半成品生产和成品销售的投入产出联系的复合型产业群体。这种类型在创意产业中的影视行业尤为常见。

2.4 水平关联型集群

水平关联型集群实质上是同一产业群体，这种产业群体的最大特点就是集群企业生产或经营的产品大致相同，面对共同的市场和用户，企业仅以提供差异化的产品来避免同质竞争。大雁塔北广场依托该地独特的唐文化，将现代科技的完美融入，以水景喷泉、人文雕塑、禅修树林与唐风商业建筑四个分区组合而成，展现出一幅大唐盛世的盛景，将唐代的诗歌文化、服饰文化、饮食文化、宗教文化等融为一体，将广场文化与历史建筑旅游结合到一起，充分体现了大雁塔北广场的文化创意产业的区位因素集群和文化趋同型集群。

3 大雁塔北广场文化创意产业开发模式研究

3.1 大雁塔北广场文化资源现状

大雁塔始建于公元 652 年（唐高宗永徽三年），玄奘法师为供奉从印度带回的佛像、舍利和梵文经典，在慈恩寺的西塔院建起一座五层砖塔。在武则天长安年间重建。后来又经过多次修整。大雁塔在唐代就是著名的游览胜地，因而留有大量文人雅士的题记，仅明、清朝时期的题名碑就有两百余通。东、西步行街分别位于大慈恩寺东西两侧，通过“百姓祝寿”“皮影大戏”“悬壶济世”“街头胡乐”“角力争雄”等一系列雕塑小品，把唐朝百姓的市井生活描绘得活灵活现，这些雕塑小品人物细腻逼真，反映出唐朝民众真实的生活场景，体现了盛唐时代社会的繁荣、富强。步行街两旁有很多特色小店与摊点，出售各种特色旅游纪念品。雁塔西苑位于北广场西侧，突出园林特色，修整森林树木，铺设石板布道，置放民俗风情浓郁的雕塑小品，整体景观与大雁塔北广场浑然一体，相映成趣。整个西苑突出了公益性和地域文化色彩，以陕西民俗文化为主题，用活灵活现的雕塑艺术形象集中展示陕西关中、渭北高原、陕南、陕北等地具有代表性的民俗风情，如皮影、剪纸、泥塑、陕西八大怪、农村嫁娶、吹糖人、踩高跷、老城趣事及白鹿原系列等，颇有韵味。雁塔东苑位于北广场东侧，是突出陕西地域特色的具有公益性质的文化场所“戏曲大观园”。通过戏曲彩绘雕塑、地方戏曲铸铜浮雕、陕西大戏剧家人物群雕、陕西著名戏曲演员人物群雕等四大类雕塑群，体现出陕西地域文化的特点，展现“大秦腔”的独有魅力。漫步于戏曲大观园内，读脸谱容颜、观名剧雕塑，耳边仿佛传来阵阵鼓乐之声，《五典坡》《三滴血》《柜中缘》《斩李广》等多个秦腔传统剧目组成的雕塑群形象生动逼真，正所谓“忠孝信义雄举，美丑善恶昭彰，世间百态尽在其中”。

3.2 大雁塔北广场文化创意产业开发模式的理论构建

应该倡导积极健康的文化产业开发环境政府应给予一定的政策支持，并能建立科学的旅游区域合作机制。改变政府管理模式，由行政管理向服务社会、向科学管理转换，政府定期召开联席会议，各旅游企业信息能互通有无，实现跨地区的集团和连锁经营，同时，政府应做好西安旅游的前瞻性规划，积极给予引导、推动这一旅游区的高速发展。

3.3 大雁塔北广场文化产业开发模式的路径选择

3.3.1 通过视觉进行空间场景体验

视觉体验是观光旅游的基础，它是游客最直接的体验要素。目前，大雁塔北广场的改造将历史建筑和文化与现代科技结合，给人一种违和感，即不太历史也不太现代。所以应该避免改造过度的现象，要充分利用该地独特的地域文化，突出该地特点。

3.3.2 通过听觉进行空间场景体验

听觉是游客接受感官刺激的重要器官，良好的音乐节奏、音调、旋律等给人带来舒适和愉悦。在大雁塔北广场的听觉场景打造方面，使游客既要感受到唐代喧嚣繁华的氛围，又能享受安静祥和的静谧。游客在这些声音环绕之中，对西安市对大雁塔北广场整体印象和景观建筑有了更丰富的感知和认识。

文化创意产业及其发展模式发挥以西安为中心，以大雁塔为轴点的辐射作用，重点开发大雁塔地区文化旅游资源。其开发模式可借鉴黄河三角洲和漓江生态旅游的鱼型模式。文化创意产业发展模式定位为：点轴开发-产业互动-市场主导-政府支持。产业开发路径：一是积极发掘包括大雁塔、北广场、诗歌、佛教文化等在内的历史文化遗产；二是传承和创新包括夏、商、西周、春秋战国之先秦文化、汉唐文化、道教、儒教、佛教等历史文化；三是大力弘扬现代文化，发展文化机构、科技和文化产业。

参考文献

[1] Gibson C，Kong L. Cultural economy：A critical review[J]. Progress in Human Geography，2005，29（5）：541-561.

[2] Gibson C，Murphy P，Freestone R. Employment and social-spatial relations in Australia's cultural economy[J]. Australian Geographer，2002，33（2）：173-189.

[3] Scott A J. The Cultural Economy of Cities：Essays on the Geography of Image-producing Industries[M]. London：SAGE Publications Ltd.，2000.

[4] Lawrence T B，Philips N. Understanding cultural industries[J]. Journal of Management Inquiry，2002，11（4）：430-441.

[5] Kloosterman R C. Recent employment trends in the cultural industries in Amsterdam，Rotterdam，the Hague and Utrecht：A first exploration[J]. Tijdschrift voor Economischeen Sociale Geografie，2004，95（2）：243-252.

[6] Pratt A C. The cultural industries production system：A case study of employment change in Britain，1984-91[J]. Environment and Planning A，1997，29：1953-1974.

[7] Basset K，Griffiths R，Smith I. Cultural industries，cultural clusters and the city：The example of natural history film-making in Bristol[J]. Geoforum，2002，33：165-177.

[8] Hesmondhalgh D. The Cultural Industries[M]. London：SAGE Publications Ltd.，2002.

[9] Hartley J. Creative industries[M]. Malden：Blackwell Publishing Ltd.，2005.

[10] 凯夫斯. 创意产业经济学：艺术的商业之道[M]. 孙绯，等，译. 北京：新华出版社，2004.

[11] Howkins J. The Creative Economy：How People Make Money from Ideas[M]. London：Penguin，2001.

[12] Florida R. The Rise of the Creative Class and How It's Transforming Work，Leisure，Community and Every day Life[M]. New York：Basic Books，2002.

[13] 姚东旭. 文化创意产业的界定及其意义[J]. 商业时代，2007，8：95-96.

[14] 蒋三庚. 中央商务区文化创意产业集群发展类型与特点[J]. 经济与管理研究，2009，3：83-86.

[15] 陈汉欣. 中国文化创意产业的发展现状与前瞻[J]. 经济地理，2009，28（5）：728-732.

[16] 杨妮妮，王耀文，秦素娟. 西安文化创意产业的现状分析与对策[J]. 金融经济：理论版，2008，4：44-45.

[17] 梁慧歆. 关中-天水经济区文化产业开发模式研究[J]. 现代商贸工业，2010，17：123-124.

第Ⅲ部分　地质地貌

旅游为导向型的土地综合开发模式研究

——以曲江为例*

刘祥

摘　要：曲江以旅游为导向性的土地综合开发模式（TOLD）的典型案例之一，研究其土地综合开发模式、旅游-房地产运营、历史文化产业发展对于更好地为其他区域所借鉴具有重要价值。本文通过从宏观、中观、微观三个尺度分析了曲江的资源基础和发展概况，探讨了其 TOLD 模式的运营及开发，最后对其目前尚存在的问题进行了讨论并对其未来的开发和其他地区如何更好地运营此模式提出了建议。

关键词：TOLD 模式　曲江　旅游　房地产

0　引言

伴随着我国旅游和地产两大行业的不断发展，一种复合型的旅游土地综合开发模式（TOLD）开始进入大众视野。旅游业和房地产业的持续升温，二者相融合助推了旅游房地产业的快速发展。近几年西安曲江新区依附陕西西安大文化、大旅游、大文物的天然优势，以文化旅游产业集群发展为手段，采用了 TOLD 模式进行了开发、运营及推广，为当地带来了巨大的商业价值、人文价值乃至历史价值。目前，关于 TOLD 模型也有一定研究，例如吴必虎[1]提出了旅游导向型土地综合开发（TOLD）这一概念；李勋来等[2]以西安曲江新区为例探讨了城市边缘旅游新区的开发模式；袁昆昆[3]基于 TOLD 模型对郑州市进行了旅游发展探究。针对曲江旅游也有一定研究，但关于曲江的 TOLD 模型较少涉及。例如，黄慧明等[4]探讨了大城市边缘地区休闲度假旅游小城镇开发问题；向勇等[5]从文化产业园区理想模型进行了分析；倪明涛[6]基于“曲江模式”的地产开发企业战略创新体系研究；闫丽丽等[7]从城市文化遗产保护对西安曲江新区进行了讨论。本文基于以上研究，对曲江 TOLD 模式的运营进行了分析和探讨，对进一步的开发及该模式以后的推广提出了相关建议。

* 指导教师：李业锦。

1 研究基本概况及相关概念

1.1 研究区域

曲江位于西安城区东南部，为唐代著名的曲江皇家园林所在地，境内有曲江池、大雁塔、大唐芙蓉园、寒窑、秦二世陵、唐城墙等风景名胜古迹及历史遗存。曲江新区以闻名中外的大雁塔和曲江皇家园林遗址为中心，近期规划面积 15.88 km^2，远期规划面积 47 km^2。其是西安市城市中心区的重要组成部分，也是未来五年西安城市建设的重点区域。区内历史文化积淀深厚，名胜古迹众多，是自然风光、人文景观、民俗风情及现代都市文化的荟萃之地，旅游资源十分丰富。其中大雁塔风景区已成为中外游客来西安的必游之地，年接待游客 200 多万人次，境外游客达 40 多万人次。如今的曲江新区为我国的文化产业国家级示范区，5A 级景区和生态区。

1.2 TOLD 模式

TOLD（Tourism-oriented Land Development）或谓旅游导向型土地综合开发，是指在一片相当大规模的地区范围（从数十平方千米到数百平方千米）内，以旅游开发为先导和主要功能方向，并结合房地产产品、户外运动产品、商务会展产品及其他更多业态进行规划建设的土地综合发展模式。它是通过对旅游资源的创新开发、重新开发和补充开发等方式，形成具有一种或多种主题，兼容多种旅游或非旅游活动，集中多种休闲游憩、娱乐、商业运动和度假等功能的复合型土地开发方式。这一开发方式的结果是塑造出一个地区，该地区既包括赋予已开发旅游用地新的旅游功能，也包括非旅游用地的多重旅游功能开发。

作为 TOLD 模式多种功能中最核心的部分，旅游功能的创建十分重要。旅游功能就是旅游地满足旅游动机的功用，旅游动机具有多元性。旅游动机多元性和旅游资源复合性使得旅游地多功能开发成为可能，进而在旅游发展的集聚效应和规模效应的作用下，推动 TOLD 模式的发生发展。分析发现，TOLD 模式通常需要基于地方政府与投资商、房地产与旅游业、公共产品与私人产品的紧密合作或组合机制，其运行表现出“特定主题、多种活动”，“混合市场、依赖腹地”，“娱乐主导、房产支撑”，“高额投资，先入为主”四个基本特征。根据土地利用总体特征的差异，TOLD 模式可以划分为生态导向型低度开发、文化导向型主题开发、市场导向型多元开发三个类型。

2 曲江 TOLD 模式的内容及实质

曲江模式的投资是以西安曲江文化产业投资集团（简称曲文投）为核心，曲文投主要投资了三大文化旅游园区，以唐文化、盛世文化为代表的曲江现代文化产业核心区，如大唐不夜城、大雁塔文化广场、大唐芙蓉园、唐文化艺术长廊（即唐城墙遗址公园）等；以佛文化为代表的法门寺佛文化旅游区；以道文化为代表的楼观台道文化展示区。除此之外，还承办五大节会和五大基地：盛典西安、国际唐人文化周、曲江论坛、曲江秦腔艺术周、曲江文化大讲堂。形式上曲文投涉足的领域几乎涵盖了文化产业的主要方面，但其运营模式走的并不是一条以知识产权为特征的现代文化产业路径，很大程度上选择的是旅游房地产模式，即通过影视、演艺、会展等方式宣传曲江新区，实现新区内土地的增值，再通过这一部分增值，转而投向文化产业。在过去，这种模式实现了周边地块在 5 年内从 30 万元增长到 500 万元的奇迹。2009 年曲文投的财务报表虽然显示总资产接近 200 亿元（主要是土地），但净利润徘徊在千万元水平。这一尴尬就是贫血症的表现之一。因此，曲江模式实质上发展的是旅游房地产业，这一点也在其自比深圳华侨城房地产项目和其他研究文献中得到印证。

3 曲江旅游资源评价及发展现状

3.1 宏观视角

从西安市整体来看，其主导产业以高技术产业、装备制造业、旅游业为支撑，形成了高新技术产业和旅游业的双轮驱动，推动产业结构调整和升级。开发曲江的旅游资源，形成产业聚集优势，打造西安旅游名片，培育具有深厚文化底蕴的旅游品牌，不仅是曲江发展的需要，也是西安经济发展的总体要求。曲江作为西安市重点的整体连片开发区，对完善西安市的城市功能，做强、做大旅游产业具有关键的作用。开发西安深厚的文化旅游资源，拓建旅游景点，增加对顾客的吸引力，可实现旅游业的持续发展。随着新区的建设，将西安打造成历史文化名城、旅游观光名城、休闲度假名城。

3.2 中观视角

从曲江新区自身看，具有成片开发的天然优势。曲江附近的旅游资源密集，名胜古迹众多，是自然风光、人文景观、民俗风情及现代都市文化的荟萃之地，旅游资源十分丰富。其中有体现唐代佛教文化的大雁塔、汉文化的杜陵以及寒窑、秦二世胡亥墓等珍贵的历史遗存，规划建设的芙蓉园、唐城墙等遗址体现了唐朝文化的特色，这些历史资源通过开发、包装、营销、策划可以变成宝贵的财富。以这些历史文化旅游资源的开发建设为骨架，规划建设曲江海洋科普世界、世界娱乐园、水上世界等现代旅游景点，形成古代文明与现代文明的完美结合。

3.3 微观视角

旅游业是门类众多的综合性产业，吃、住、行、游、购、娱六大门类产业必须保持适当的比例，同时各产业在空间布局上应协调搭配，相互支撑。现代城市的开发中那种摊大饼式的杂乱无章的布局造成了许多经济问题和社会问题。新区的开发不是对原有城区的简单复制，不是摊大饼式的空间蔓延，旅游新区的建设必须打破这种定式，将过去摊大饼式铺摊子的低水平推进方式转变为组团式多中心推进态势下的空间形态错落有致的推进方式。为实现全面发展，避免重复建设，必须将新区划分成各具特色的功能区（即功能组团），采用组团式布局，实现功能区发展上的相互支撑。每个功能区以核心功能为特色而与其他功能区相区别，这也是地域分工的需要。

4 曲江旅游发展的TOLD模型分析

4.1 旅游导向型土地综合开发

4.1.1 政府主导与城市运营共同推动

曲江模式的核心特征之一就体现在政府的集中高效上，主导型政府便于资源集中、行动高效。借助社会资本的力量将旧城改造与建设主题文化公园结合起来，发挥政府在协调引导组织方面的优势，最大限度地利用社会资本，然后通过提升城市整体形象，使政府和市民获益。而在长期的实践中，曲江新区逐渐培养了一批城市运营商，替政府实施经营活动。城市运营可以理解为政府职能的外延，因此一切运营行为和结果都必须符合政府的要求，体现政府对城市资源安全和增值的要求。

4.1.2 在集群发展基础上的流程再造

曲江模式采取产业基地化发展与产业集团化运营相结合的发展思路，以西安曲江文化产业投资集团为核心，以重大文化项目为带动，不断丰富曲江新区文化旅游产业发展的内涵，加快完成西安文化产业的集聚，使文化产业沿着基地化的发展思路进一步做大、做强。曲江模式在对新区土地开发进行全面、系统、科学分析的基础上制定了新的流程，例如征地举债市政配套、招标拍卖、挂牌卖地项目规划、策划招商项目管理等。新流程不仅适应现行的国家政策，更重要的是适应了当今经济规模化发展的趋势即区域整体开发，并把战略规划提到招商引资之前，以经济聚集的发展战略，提高土地价值，培养区域后发优势，吸引投资，提高了投资商的投资信心。

4.2 文化为导向性的主题开发

TOLD综合体产品开发模式包括生态导向型低度开发、文化导向型主题开发以及娱乐导向型多元开发，而当地历史文化是旅游开发的核心资源。通过引入旅游开发商进行建设运营主题民俗文化一般需要进行包装与改造。其核心功能主要包括文化度假、民俗体验、历史寻访、主题游乐等，而其参与主体主要是政府及当地社区和旅游开发商。其产品谱系则主要有历史建筑修复、历史场景、历史文化博物馆、被改造后的民俗表演以及文化主题游乐，而以此为主题开发的最典型的案例则当属西安大唐芙蓉园。该模式对文化生态的修复延续和保护具有积极作用，各类旅游活动和项目开发都围绕主题展开，通过场景化的演绎，创造独特的文化体验，而且此类项目的产品专属性较强，可能对后续拓展构成潜在制约。

4.3 房地产为导向型的经营模式

从城市经营角度出发，曲江首先提出了新的地产开发理念这一思路，打破了原有的地产开发仅仅关注商业绩效的束缚，从更高层次提出了地产企业参与城市经营革新思路创新模式的发展战略。其次，文化旅游城市的经营模式有效地推动地产企业间的战略联盟合作，可以带动在文化旅游城市规划等不同产业具备不同优势的企业进行战略合作和资源互补，推动各个行业中具备优势性企业竞争能力的提升，这也使得进入这些战略联盟的企业很好地完成了战略转型和价值链再造。曲江模式的理念进一步使得原有的地产开发企业必须进行战略要素重组，因而曲江模式更多关注的是品牌价值、社会价值，企业必须从文化旅游城市经营几个方面打造企业品牌形象和竞争优势，这使得原有的地产开发企业不得不进行战略要素重组，设计更加全面系统化的要素组合来完成新的地产开发模式，从战略创新的整体性上来看曲江模式是地产企业进行战略创新的一种实践，同时也是地产企业进行战略创新践行的一种思路和依据。

5　讨论与结论

尽管曲江模式成了以旅游为导向的土地综合开发模式的典范，但依然存在一些问题。首先是社会问题。曲江新区在拆迁过程中，如果不能妥善安置失地农民，这些农民很快沦为社会新底层，将会是社会矛盾显现的焦点。曲江在拆迁中留下众多隐患，土地的城市化快于人口结构的城市化，这种通过圈地来圈财富的方式，将使得城乡差异变大，带来一些突出的社会矛盾。其次是文物保护问题，重商业开发、轻文物保护是学界对曲江模式最主要的批评声音。钟卫国认为，文物有历史信号，如果被过度商业化开发，这些历史信号会逐渐减弱，甚至消失。曲江文化扩张的本质就是商业风暴，风暴过后留下的只是一堆建筑垃圾，会破坏西安文化的多样性、厚重感。第三是文化产业发展问题，曲江模式走的还是传统的发展文化产业道路，并没有对商标版权产业链、新互联网技术、非物质文化遗产等现代知识产权因素给予足够的重视。

然而，曲江模式毕竟带动了当地的旅游、房地产业的发展。以曲江模式为蓝本，以曲江文化产业板块为核心，整合省市优势资源，促进陕西文化产业实现跨越式发展具有重要的意义。曲江未来的活力在三个方面：一是搭建国际一流的文化产业发展平台；二是创建具有全国示范意义的公共文化体系；三是创造世界文化创意城市的典范。而每个地区都有独特的文化。文化是不可复制的，所以模式也不可照搬。因此，文化的比较与模式的借鉴应当成为后来者深究的严肃话题。而在房地产新政里，以土地收益推动城市发展和完成产业布局的模式将面临极大挑战，曲江的成功，是因为曲江紧邻西安市区，有炒作房地产的市场基础。范增录认为一些遗址开发其实就是钢筋混凝土的仿古制品，打破了人们对古建筑的认同感、归属感、敬畏感，文化遗产被曲江化，可能会伤及历史的根文化的魂。当前学者们关于曲江模式观点差别，说明曲江模式问题具有进一步研究的价值和研究的必要性。应该注意到，对于曲江模式本身的研究，必须随着时代和环境的变化而有所调整，诸如如何消除曲江模式发展中存在的经济增长的不可持续因素，如何化解社会发展中的不良事件，如何确立曲江模式在国际范围内的比较优势等，都具有更深层次的意义和价值。

参考文献

[1] 吴必虎，徐小波. 旅游导向型土地综合开发（TOLD）：一种旅游-房地产模式[J]. 旅游学刊，2010，25（8）：34-38.

[2] 李勋来，李国平. 城市边缘旅游新区的开发模式——以西安曲江新区为例[J]. 资源开发与市场，2005，21（5）：465-467.

[3] 袁昆昆. 基于 TOLD 模型的郑州市旅游发展探究[J]. 科技广场，2012（10）：249-252.

[4] 黄慧明，魏清泉. 大城市边缘小城镇休闲度假旅游开发研究——以高明市杨梅镇为例[J]. 地域研究与开发，2001，20（3）：79-83.

[5] 向勇，陈娴颖. 文化产业园区理想模型与“曲江模式”分析[J]. 东岳论丛，2010（12）：139-143.

[6] 倪明涛. 基于“曲江模式”的地产开发企业战略创新体系研究[J]. 西安建筑科技大学学报：社会科学版，2011，30（6）：60-65.

[7] 闫丽丽，朱创业. 城市文化遗产保护和旅游开发模式研究——以西安曲江新区为例[J]. 绿色科技，2012（9）：234-236.

[8] 王云岭. 曲江模式：中国文化产业发展的成功案例[J]. 中国经贸导刊，2010（12）：69.

壶口瀑布的形成背景研究*

孙淑蕊

摘 要：位于晋陕两省交界处的黄河壶口瀑布是我国第二大瀑布，也是世界上唯一的一条金色瀑布，它是我国特有的侵蚀型、潜伏式瀑布，是典型的河流地质作用遗迹，其形成和发展经历了漫长的地质历史过程，具有构造、岩石、气候、水文等复杂的形成背景。本文主要从形成机理和形成背景两个方面阐述壶口瀑布的形成。

关键词：壶口瀑布 晋陕峡谷 形成背景

0 引言

壶口瀑布是我国四大瀑布之一，也是我国仅次于贵州黄果树瀑布的第二大瀑布，同时又是世界上唯一的一条金色瀑布，其形成和发展一直是众多学者研究的重点内容之一。壶口瀑布在黄土高原这一特殊的区域发育而成，周围地质条件十分复杂，这也使得其形成背景颇为复杂。其形成与区域地质背景、构造因素、岩性条件以及外力作用有着极其密切的关系。

1 壶口瀑布位置

黄河壶口瀑布位于山西省吉县西部南村坡下，是黄河河道上第一大瀑布。壶口瀑布的地理位置为北纬 36°8′10″，东经 110°26′40″，海拔 448.1 m。以壶口瀑布为中心，北至马粪滩，南至小船窝，西至峡谷地域，东至人祖山，总面积 100 km^2。东距吉县县城 45 km，距尧都临汾市 169 km；西距陕西宜川县城 49 km，距革命圣地延安 170 km；北距山西太原 387 km；南距陕西西安 449 km。

2 壶口瀑布现状简介

壶口瀑布属差异侵蚀成因型瀑布，上游河面宽度达 300～400 m，至壶口，黄河就被压缩到宽仅为 20～30 m 的河槽，河水从 20 余米高的基岩陡崖上倾注而泻，宛如从巨壶嘴冲

* 指导教师：王均平，李业锦。

出，故有“千里黄河一壶收”的借喻，排山倒海般的黄河水，向下冲击岩石，发出振聋发聩般的轰鸣，巨浪翻滚汹涌，有着一种势不可当的雄壮与豪气，再加上两岸险峻的悬崖峭壁，蔚为壮观。

瀑布落差 9 m，蕴藏丰富的水力资源，是黄河壶口瀑布地质公园的主要景区。壶口瀑布景区面积约 100 km^2，为山西省和陕西省共有的著名风景名胜区，1988 年被定为国家重点风景名胜区，现为国家 4A 级景区。瀑布左下方有流水侵蚀出地下石廊，可仰望瀑布“黄河之水天上来”的壮丽景色。“十里龙槽”是瀑布向源侵蚀切割的结果，全长 4 200 m，宽 30～50 m，两侧中生界砂岩高 15～20 m，是全黄河最狭窄处。在河道的约束下，河水奔腾咆哮，浊浪翻滚回旋，气势磅礴。瀑布上下的基岩上，到处都可见水流冲蚀槽及大大小小流水携带沙砾的掏蚀圆形坑，这便是著名的“石窝宝镜”：强烈的河流旁切作用，将原来岸边山体硬切成河心岛，上方的孟岛，下方的葫芦岛。“孟门夜月”之景便是月圆之夜，看天上河中两月相映“月照浪花浮”之夜景。

3 壶口瀑布形成机理

壶口瀑布是黄河中游流经晋陕大峡谷时形成的一个天然瀑布，黄河瀑布上游的水面宽 300 m，在不到 500 m 长的距离内，被压缩到 20～30 m 的宽度，洪流骤然被两岸所束缚，上宽下窄，在 50 m 的落差中翻腾倾涌，声势如同在巨壶中倾出，声威震天。

壶口瀑布的形成与当地的地层、构造、气候、水文等自然地理因素条件有关。壶口一带出露的基岩主要是三叠系纸坊组（群）（距今约 2 亿年），上部为紫红色、紫灰色和灰绿色的细砂岩与泥质岩类互层，下部为厚层砂岩、薄层砂岩、泥岩类岩石，页岩比较发育，因而河谷中的岩层软硬交替，使流水的侵蚀作用得以加剧，逐渐形成今天壮观的瀑布景象。

4 壶口瀑布形成背景

4.1 壶口瀑布形成的区域地质背景

壶口瀑布位于陕北黄土高原的东南部，在地质构造上属鄂尔多斯台向斜，地块基底由太古界及下元古界变质岩系组成，其上为中元古界长城系、蓟县系及上元古界震旦系组成，其上覆有古生界寒武系、奥陶系、石炭系、二叠系以及中生界三叠系、侏罗系、白垩系乃至第三系、第四系等不同类型的地层沉积，厚度可达万米以上。

鄂尔多斯台上，元古代地块整体隆起，致使元古代地层缺失。古生代则表现为整体升降或翘倾的波动起伏，形成海陆交互相沉积。中生代是鄂尔多斯台向斜的大发展时期。白垩世晚期的燕山运动至今，盆地开始不均衡上升，东南部隆起幅度较大，西北部为沉降中心。三叠纪时本区形成以砂页岩为主的河湖相沉积。第四纪以来的新构造运动，使盆地进一步抬升，接受了黄土沉积，中更新世时黄河开始发育。由于地壳的持续抬升和地表流水的强烈侵蚀，沿黄河河谷形成了黄土盖帽、基岩穿裙的蚀余黄土丘陵峡谷。

4.2　壶口瀑布形成的构造背景

壶口瀑布的成因主要与构造地质条件有关，其之所以形成河流宽谷之中又具深切窄谷的现象，主要与这一带原始河床上广泛发育的两组节理有关。其中一组节理走向约 10°（NNE 向），另一组走向约 80°（NNE 向），两组节理的产状直立。这两组节理将壶口瀑布地域南至孟门、北达飞瀑区河床上的基岩切割得支离破碎，造成原始河床面上构造线的分布呈棋盘构造，被切割的由三叠系砂页岩组成的基岩河床呈菱形块体，石块之间结合力大减，从而形成易于冲蚀的客观条件。

4.3　壶口瀑布形成的岩性背景

壶口瀑布现今原始宽谷河床上的岩性是三叠系纸坊群中厚层砂岩层，此套岩层硬度较大，在这套砂岩层下，是一套岩性较软的砂、页岩及杂色泥岩层。河床深部的岩性软硬相间，交互沉积。由于此地河床是水平岩层沉积区，地层原始倾斜角度仅为几度，所以，软硬相间的地层为流水的下蚀作用提供了有利的条件。另外，壶口瀑布的景区河床皆发育两组节理，这两组节理交织之后，以同组节理的走向线间距窄时仅为几十厘米，宽时为 1～2 m 的密度存在。它们肢解切割着古老的基岩河床，使河床表面厚层砂岩成块状形体堆砌在谷地之中，这种松散式毫无整体抗蚀力的岩层组合，为河水的冲蚀提供了极为便利的条件。

4.4　壶口瀑布形成的外力作用背景

4.4.1　流水侵蚀作用

水体携带泥沙对基岩河床的侵蚀作用包括冲蚀、磨蚀、拍打、重力跌落、溅落等方式。泥沙的搬运特点呈撞击、推移、跳跃、滚动等方式。

由于某种原因（如断层走向通过河床或河谷基岩节理发育等），河水在地层水平、石体破碎的河床上切出一处陡坎，形成落差。落差出现，水流跌落产生分异，分异之水对上游壁面形成掏蚀作用。当掏蚀作用进入松软地层，则冲蚀作用加剧，导致上覆岩层重力坍塌，如此周而复始，谷中谷现象演变形成。当落差达到一定高度，谷中谷达到一定宽度，水力的侵蚀作用就更大，如遇洪水丰水期，巨大水流沿河涌动，以非凡的推力，强大的轰击力搬运着河谷中的砂岩块体，这种水力侵蚀河床的作用可称其为“摧毁积木效应”。实质上，壶口瀑布后退的速度在一定意义上是这种效应在起主导作用。

4.4.2　冰川作用

壶口瀑布地处高原气候的寒冷地带，冬季冰川作用对河床谷地破坏极大，主要表现在以下几点：①水体结冰以后，体积增大 1/10，对长期受河水或河床残留水浸泡的岩层有一种胀破作用。主要表现在对岩石之中的矿物空隙、构造裂隙、定向节理间的破坏力。而昼夜间的温度变化引起岩石表层之水的反复消融冻结，更加剧了岩石的层状剥落。②冰体的拔蚀和刨蚀作用。覆盖在河床岩石上的冰体由于结冰作用，使得岩石表面具一定厚度的半风化层中的孔隙水和石体表面之水结冰形成一体，每当石体表面冰体受到河中冰川蠕动作用而推拥位移时，石体表面的风化外壳便会不同程度地被其上冰体的运动拔蚀而去。此外，河谷中缓慢运动的冰体其底部冻融携带的半风化石屑、砾石、粗砂对谷底及谷坡也是一种强烈的刨蚀作用。③冰体对谷坡的挤压冲撞作用。近年隆冬季节谷中谷内冰体前拥后挤，形成波峰波谷状，谷道之中冰裂隙随处可见。冰川作为固态物质在狭小不堪、状若巷道式的河谷中流动，它对谷底边坡的推移、挤压作用甚为明显，尤其显示出对谷坡的“修整”、拓宽和加深能力。

4.5 瀑布形成的时代背景

由于印支运动的发生，在距今大约 240 万年前，青藏高原整体隆升，从而导致了黄河和黄土高原的形成。据史书记载，公元前 770 年，壶口瀑布紧连孟门。到公元 813 年（经过了 1 583 年），壶口瀑布距孟门北 1 660 m，平均每年向北推移 1.05 m。2 700 多年后的今天，瀑布却在孟门上游 3 000 余米的地方。而且今后还会继续向北移动，可见壶口瀑布是世界上移动最快的瀑布。从孟门到现今瀑布处所遗留的所谓的“十里龙槽”地质遗迹推断，壶口瀑布像目前的样子已持续了 2 700 多年。

一些学者研究认为瀑布形成于距今 6.5 万年前，根据前人实地考察结果，孟门以前还是有瀑布的地质遗迹存在的。只不过瀑布遗留的“龙槽”很宽，“龙槽”宽意味着和目前的瀑布不同，但是否称作壶口很难说。河津龙门正好是中生代末形成的离石挠褶构造带的通过处，新生代又叠加了盆地边缘断层，造成了龙门北侧石质山体的高台阶，黄河正是利用此高台阶形成瀑布。如果是这样，即要以盆地边缘断层的形成时间为起点计算。盆地边缘断层的形成时间为 10 万年左右。边缘断层处的地层是寒武纪灰岩，灰岩比杂砂岩坚硬，估计瀑布北移的速度要慢些，当然瀑布的形成时间要比 6.5 万年早很多。专家经过研究还推断，瀑布已经经历了幼年期和青少年期，进入最为辉煌的壮年期，将来还会进入老年期。它和世间的万物一样，也有发生、发展和消亡的过程。

5 小结

综上所述，黄河壶口瀑布的形成背景主要包括区域地质背景、构造背景、岩性背景以及外力作用背景几个方面，具体为：节理发育的构造行迹；河床软硬相间的岩性；水力侵蚀作用；冰川作用。其中最为重要的形成背景即节理发育的构造行迹，它是壶口瀑布形成最为关键的因素。

参考文献

[1] 刘振和. 黄河壶口瀑布变迁考证和相应径流关系的初步分析[J]. 水科学进展，1995，3：218-223.

[2] 屈茂稳，庞桂珍，郭戚，等. 黄河壶口瀑布成因及与晋陕峡谷的关系[J]. 西安工程学院学报，2002，24（3）：47-51.

[3] 张兆琪. 黄河壶口瀑布地质遗迹成因[J]. 技术应用，2009，2：65-66.

[4] 刘振和，阎法政，张济世. 黄河壶口瀑布四千年溯源侵蚀过程[J]. 人民黄河，1992，9：54-57.

[5] 宋保平. 论历史时期黄河中游壶口瀑布的逆源侵蚀问题[J]. 西北史地，1999，1：32-37.

[6] 员争荣，陈青，李荣海. 宜川黄河壶口瀑布风景区环境地质问题调查分析[J]. 陕西环境，1998，5（2）：28-30.

北京十渡世界地质公园景观评价研究*

张晴雪

摘　要：以北京十渡世界地质公园为主要研究对象，应用心理物理学派的美景度评估法对其景观进行量化评价。采用专家和专业学生作为被测试者（共 85 名），照片幻灯片作为反映材料，对北京十渡世界地质公园的17个景观样本40张照片进行评价，评价分为五个等级，景观分解为六个要素。使用Excel软件对数据进行初步统计，结果表明，景观评价均值最高的是地质地貌现象的可观赏性（$X1$，M=3.60），最低的是植被的可观赏性（$X3$，M=2.82）。景观评价标准差最大的是山、水、植被的和谐性（$X4$，S=0.71），最小的是人工建筑的可观赏性（$X5$，S=0.28）。再使用SPSS 16.0软件对景观整体效果与六个景观分解要素进行回归分析。人工建筑与山、水、植被的和谐性、地质地貌现象的可观赏性与植被的可观赏性对十渡地质公园的景观整体审美效果有重要影响。本研究结果为北京十渡世界地质公园的规划和建设提供了科学依据。

关键词：景观评价　心理物理学　十渡世界地质公园

0　引言

随着我国旅游业的发展，对景观与景观评价的研究逐渐受到研究者的重视。景观在美学意义上是指人类对环境的一种感知[1]。景观评价，即对景观视觉质量的评价，是指个人或群体以某种标准对景观的价值做出判断，评价的过程就是为所作的判断提供证据[2]。景观评价的基本原理是认为人们对景观内部结构的审美评判存在着普遍的一致性。

地质景观作为自然界的一种重要现象，有着科学和观赏的双重价值。地质公园是以具有特殊地质科学意义，稀有的自然属性、较高的美学观赏价值，具有一定规模和分布范围的地质遗迹景观为主体，并融合其他自然景观与人文景观而构成的一种独特的自然区域。我国共有世界地质公园 30 个。如何科学地评价地质公园的景观质量，是一个亟待解决的问题。

以美国为代表的景观评价研究始于20世纪60年代，目前形成了四个主要理论学派：专家学派、心理物理学派、认知学派和经验学派[3]。其中，心理物理学主要研究环境刺激和人们感觉、知觉和判断之间关系的理论和手段方法，是各种评价方法中最严格、最可靠的理论方法，其评价的敏感性、广泛性、精确性也使其具有很高的实用价值[4]。Daniel 等

* 指导教师：齐童。

1976 年提出美景度评估法（scenic beauty estimation，SBE）[4]，以心理物理学为理论基础，这种方法是以照片作为反应材料，根据被测试者视觉神经系统接收信息并作出反应，建立景观质量与各景观要素的数学关系。因此，用此种方法对景观进行评判不是依靠少数专家，而是以公众为依据对景观进行客观、量化的评判[5]。

国内学者对景观评价通常从景观的独特性、多样性、功效性、宜人性及美学价值等方面着手，被评价的景观有自然景观（森林[6]、地貌[7]、花草[8]、滨水[9]等），有人文景观（园林[10]、书法[11]、公路[12]、居住区[13]等），常用的景观评价方法有层次分析法（AHP），美景度评价法（SBE），审美评判测量法（BIB-LCJ），语义分析法（SD）及人体生理心理指标测试法（PPI）等[14]。

李春发等对云台山世界地质公园进行了视觉环境综合评价，所用方法为层次分析法[15]；王慧明采用 AVC 旅游景观评价法对兴文世界地质公园进行评价[16]；刘明磊应用美景度评估法对新疆喀纳斯国家地质公园进行了景观评价研究[17]，但只研究了它的森林景观。此外，王海峰应用美景度评估法研究了长沙市园林石景的美景度[10]，陈鸿冰应用此对花岗岩进行了景观评价研究[7]。目前，未见对十渡地质公园尤其是该公园地质景观的评价。

北京房山十渡地质公园是联合国教科文组织评定的世界地质公园，其地质景观的保护与管理具有科研与旅游等重要意义。本研究旨在对其公园内各种景观尤其是地质景观进行审美质量的定量评价，探讨目前公园的规划建设有哪些优势与劣势，在此基础上进一步分析影响景观整体评价的各个要素及对整体景观评价所起的作用，以期对公园今后的规划建设提供科学的参考建议。对北京十渡世界地质公园景观质量的评价，是美景度评估法应用于地质公园地质景观的新探索，也是对地质公园景观的规划和建设的重要理论支撑。

1 景观评价过程

1.1 研究区概况

十渡世界地质公园位于北京市房山区西南部，拒马河中上游，地跨十渡、张坊两镇，西面、南面与河北省涞水县接壤。地理坐标为东经 115°28′～115°47′，北纬 39°34′39″～46°，暖温带半湿润大陆性气候。园区总面积 301 km^2。从张坊至平峪的拒马河河谷中，大清河的支流拒马河蜿蜒奔流形成了十个景观各具特色的渡口，此处因此而得名为十渡，是中国北方唯一一处大规模喀斯特岩溶地貌。园内主要地质遗迹包括地表岩溶地貌、地下岩溶洞穴、河谷地貌、沉积、构造遗迹，是国家“AAAA”级景区。

1.2 评价材料的选取

十渡世界地质公园从一渡到十渡沿山谷有一条主要的游道，长约 20 km。研究者经过多次考察分析，选择十渡到一渡为样本地，在游道每隔 500 m 选取一个样本景观拍摄点。拍摄的基本规范有：①样本选取的间距基本固定为 500 m，但在景观变化不大之处适当延长间距，在景观变化大之处适当减小间距；②选取样本景观拍摄点后，使用尼康 D80 单镜头反光相机（有效像素 1 620 万），统一采用广角（28 mm）拍摄，拍摄高度为 1.5 m，焦距不变，不开启闪光灯；③在每个样本景观拍摄点，采取前景、后景、侧景分别拍摄，景观较单一的可适当少拍，景观较复杂的适当多拍；④拍摄日期选取天气晴好、阳光明丽的日子，拍摄时间在 8：30～11：00 和 14：30～16：00；⑤记录每个样本景观拍摄点的经纬度、高程，数据经由 GPS 采集，拍摄过程中为照片统一编号。遵循上述工作规范，对获取的材料和数据进行初步的筛选，最终确定用于评价的样本景观拍摄点 17 个，对应待评价照片 40 张。

1.3 评价要素的确定

参考其他公园的评价要素分解[18]，并具体分析十渡地质公园的景观特点，共确定了 6 个景观评价要素：①地质地貌现象的可观赏性；②水体的可观赏性；③植被的可观赏性；④山、水、植被的和谐性；⑤人工建筑的可观赏性；⑥人工建筑与山、水、植被的和谐性。

其中，前三个要素旨在对自然景观各要素进行景观评价，对于一个地质公园，自然要素尤其是地质地貌现象要素尤为重要。第四个要素旨在对自然景观做一个整体的评价。第五个要素旨在对人文景观做一个整体的评价。第六个要素旨在对自然景观与人文景观的和谐性进行评价。评价的等级分为 5 等，见表 1。

表 1 北京十渡世界地质公园景观要素分解表

要素	编号	1	2	3	4	5
地质地貌现象的可观赏性	*X*1	未观察到地质地貌现象	地质地貌现象不明显	地质地貌现象明显	地质地貌现象明显，宏伟壮观	地质地貌现象明显，宏伟壮观奇特
水体的可观赏性	*X*2	水量少，水体浑浊，有污染物	水量一般，水体浑浊	水量一般，水体略清澈	水量充足、水体清澈	水量充足，水体清澈、灵动
植被的可观赏性	*X*3	植被稀疏，枯黄	植被稀疏，长势不好	植被略茂密	植被茂密，长势良好	植被茂密，长势良好，苍翠
山、水、植被的和谐性	*X*4	三者不和谐，两个以上要素配置不当	三者不和谐，其中一个要素配置不当	三者略和谐	三者和谐，有舒适感	三者和谐，有舒适感，交相辉映
人工建筑的可观赏性	*X*5	生硬、丑陋	生硬	略整洁、自然	整洁、自然	整洁、自然、新颖、别致
人工建筑与山、水、植被的和谐性	*X*6	二者不和谐，一种要素损害另一要素的可观性	二者不和谐，其中一种要素搭配不当	二者略和谐	二者和谐，有舒适感	二者和谐，有舒适感，交相辉映

1.4 被评价者的选取

前人已对不同群体的审美偏好做过大量研究，都表明不同群体对景观的评价表现出高度的一致性[19]。一般来讲，专家群体的数据与游人群体的数据没有显著差异，但是专家群体的评价更为严格、稳定。因此，本研究采用专家和专业学生分别为测试对象。采用专业学生被试一是因为专家数量有限，可以扩大专业评价的范围，以达到统计学的标准，另一方面，也使本研究的被试结构更为合理。

本研究专家被试 15 人，专业学生被试 70 人。专家均为首都师范大学资源环境与旅游学院的专业教师，专业学生为中国地质大学本科生（均修读过地质学基础）。

1.5 问卷的编制与施测

问卷编制内容主要包括指导语（对本研究的简要介绍及怎样填写该问卷）、被试者基本个人信息（性别、年龄）、评价表格、致谢。评价表格主要针对 17 个评价样点，对每个样点的上述六个要素进行打分，并对该样点进行一个整体的评价并打分，始终采用 1～5 李克特量表法设计评价标度，即默认评价数据为等比量度。

被试者在对照片进行打分时，统一在固定地点，每人一份问卷。首先由主试公布指导语，简介研究的方法和意义，并说明问卷的填写方法。然后放映 8 张相对质量最好和较差的照片，每张放映时间为 5 s，让被试者了解其评价范围而不予打分。然后放映待测的 40 张照片，每张放映 10 s，不予回放，让被试者分别对 17 个景观样本的总体及六个要素进行打分。被试者在评判时不能受到其他被试者打分的影响。整个测验过程都经过标准化，即问卷的编制、实施、计分及分数的解释程序都具有一致性[20]。最后回收问卷，剔除无效问卷，共有问卷专家组 13 张，专业学生组 66 张。

2 结果与分析

2.1 描述统计

经过统计分析，各组均值、标准差如表 2 所示。

表 2 各组均值、标准差

	Y	*X*1	*X*2	*X*3	*X*4	*X*5	*X*6
均值（*M*）	3.56	3.60	3.00	2.82	3.03	2.91	2.96
标准差（*S*）	0.70	0.50	0.68	0.35	0.71	0.28	0.36

由此看出，均值最高的要素是地质地貌现象的可观赏性（*X*1，*M*=3.60），这与十渡地质公园的主题建设是一致的。人们到地质公园，对地质地貌现象尤为关注，而十渡地质公园也满足了人们的审美预期。均值最低的是植被的可观赏性（*X*3，*M*=2.82），这一方面因为研究者所拍照片时节为春季，十渡地区植物生长还不十分茂盛，另一方面因为十渡地区为石灰岩山体，不利于种植多种植物，山下的植被为人工种植，虽然种类较为丰富，但仍不能满足人们审美的要求。

各组标准差最大的山、水、植被的和谐性（*X*4，*S*=0.71），说明对于自然景观几大要素的均衡配置的标准有很大的个体差异，可能有人认为刚劲的山景可观赏性强，有人认为要加上流水的灵动可观赏性才强，对于这一问题，还有待于进一步讨论。各组标准差最小的是人工建筑的可观赏性（*X*5，*S*=0.28），说明不同个体对于人工建筑的景观评判结果变动不大。

2.2 回归分析

首先，计算 17 个景观样本的总体平均评价值，作为因变量。再计算 17 个景观样本在六个要素上的平均评价值，作为六个自变量。使用 SPSS 17.0 软件采用逐步回归法进行线性回归分析得到如下结果，见表 3。建立的回归方程为式（1）：

$$Y = -3.861 + 1.071X_6 + 0.603X_1 + 0.735X_3 \quad (1)$$

由此分析，在影响十渡地质公园景观评价的 6 个要素中，有 3 个要素是对景观的整体美感起着重要作用的，分别是人工建筑与山、水、植被的和谐性（*X*6），地质地貌现象的可观赏性（*X*1），植被的可观赏性（*X*3）。

表 3　北京十渡世界地质公园景观评价影响因素回归分析

模型	回归系数（*B*）	标准化回归系数	偏相关系数	*t*	Sig
（constant）	–3.861			–3.272	0.006
*X*6	1.071	0.540	0.730	3.851	0.002
*X*1	0.603	0.428	0.646	3.049	0.009
*X*3	0.735	0.375	0.608	2.764	0.016
	R^2=0.140	*F*=7.639	Sig=0.016		

人工建筑与山、水、植被的和谐性（*X*6）对景观整体评价的影响是最大的（*B*=1.071，$P<0.05$）。这与前人对其他类型公园的景观评价结果是一致的。可见，不同类型、不同主题的公园，它的各种景观的整体协调性、自然景观与人文景观的和谐性是首要影响公园景观整体美感的要素。一个景观的各种要素配置不同，但是它们的组合与协调是最重要的，因为人们对景观整体的感受十分重要。在本研究的 17 个景观样本中，第 14 个样点的第六要素平均得分最高（*M*=3.60），此点为峡谷段（39°37′165″N，115°39′796″E，130 m），峡谷幽深险峻，上方建有一座古城楼，下方是清澈的湖水，倒映着青翠的树影，建筑与自然景物融为一体，水乳交融，城楼的古朴增添了峡谷的险峻，峡谷的巍峨衬托了城楼的威严，给人无穷的美感。据了解，这里是众多古装片的拍摄基地。第 16 个样点的第六要素平均得分最低（*M*=2.41），此点为二渡村（39°36′223″N，115°40′732″E，130 m），山脚下建有很多别墅群，呈片状分布，高矮不一，不够整齐，近处的公路旁，为了防止山体滑坡建有人工防护坡，建筑简陋，给人不愉悦感和不安全感，尽管这里的山、水、植被配置良好，但是一些基础的建设破坏了整体的美感。

其次，影响景观整体评价的要素是地质地貌现象的可观赏性（*X*1，*B*=0.603，$P<0.05$）。人们游览地质公园，可能在心中有着潜在的预期，对地质现象格外的关注。在本研究的 17 个景观样本中，第 5 个样点的第一要素平均得分最高（*M*=4.98），此点为七渡著名景点“旭日东升”（39°38′585″N，115°36′206″E，145 m），有一个大型的褶皱，此景观是岩层褶曲现象，在地质学科上称为背斜构造，它是地壳上升隆起产生的地层褶曲。背斜、向斜构造在野外是常见的现象，但是像这样完整圆滑，又有如此形象的放射性裂隙，非常典型、罕见，堪称地质奇观。让人们感受到自然的伟力与地质作用的神奇。第 1 个样点的第一要素平均得分最低（*M*=2.94），为平西抗日烈士纪念碑（39°37′876″N，115°35′186″E，130 m），这里的山体只有流水侵蚀形成的沟谷以及一些节理，都不太明显，没有奇丽壮美之感。

最后，影响景观整体评价的一个不可忽视的因素是植被的可观赏性（*X*3，*B*=0.735，

$P<0.05$）。植被作为一种自然要素，对山景、水景起着重要的点缀作用。山景是自然景观的主体，水景起着为山景衬托的作用，而植被则点缀、覆盖其间，作用不可忽视。在本研究的 17 个景观样本中，第 9 个样点的第三要素平均得分最高（M=3.42），此点为六渡桥（39°38′338″N，115°38′239″E，146 m）处，此处湖边围绕着翠绿的垂柳，倒映在湖中，微风拂动，不胜美观。不管是颜色还是形态都为背景的山、水、民居增添了诗情画意。第 12 个样点的第三要素平均得分最低（M=2.43），为四渡桥（39°37′501″N，115°39′135″E，131 m）处，此处植被非常稀疏，只有山体节理处缝隙有植被生长，山脚下也只有刚植上的植株，非常低矮，几乎不能起到绿化作用，整个景观显得非常生硬没有生机。

3 讨论与建议

3.1 讨论

本次研究的回归分析中，剔除了 3 个要素：水体的可观赏性（$X2$），山、水、植被的和谐性（$X4$），人工建筑的可观赏性（$X5$）。也就是说这三个要素对景观整体评价没有显著影响。

其中水体的可观赏性（$X2$，B=0.202，$P>0.05$）这一因素，在对其打分的过程中，有些照片是没有水景的，因此被试者对其打分出现了不一致的现象，也出现了数据的空缺，这影响了最后的回归分析的结果。在研究者对当地居民的访谈中发现，水要素对其旅游业兴衰影响极大。因此，对于十渡地区水要素的重要性研究，还需要进一步控制自变量，改进评价方法，以得到更为客观、精确的结果。

地质地貌现象的可观赏性对十渡地质公园的景观整体评价有重要影响，同时它又是被试者打分均值最高的要素。这凸显了地质公园的特点，说明十渡地质公园的地质景观建设是成功的。但是被试者对某一要素的打分与公园主题的关系，它是否受公园主题的影响，是否受公园宣传的暗示，则还需要进一步的探讨。

另外，本研究的 17 个景观样本中，由于景观的复杂程度不同，所保留的照片数不同。有的景观景色单一，一两张照片就可反映客观景观，有的景观景色丰富，需多保留几张照片才可反映客观景观。被试者在评判时，他们的打分是否会受照片数量的影响？每个景观样本的照片数量与人们景观评价的客观性问题，由于本研究样本有限，需要以后扩大样本进行进一步的研究。

3.2 建议

人工建筑与山、水、植被的和谐性是影响景观整体评价的最重要因素。这与中国传统的园林艺术观点“天人合一”是分不开的。中国人的审美讲究建筑与自然景观的和谐性，依景造园，以景造景。不仅不能破坏自然景观的美，还要与自然景观相映成趣，两相交融。因此，十渡地质公园的规划管理人员在今后的景观建设工作中仍要坚持这一原则，即要保证人文景观与自然景观的和谐性，对于一些必要的设施，可尽量美化、修饰，以提升公园的景观质量。

十渡世界地质公园对于地质地貌景观的保护可以说是非常成功的。在此基础上，可多建一些地质地貌景观的指示牌，加深人们对地质地貌现象的审美，十渡地区筹建的十渡世界地质公园博物馆，无疑对提高人们的地质审美品位有着重要的作用。今后还需应用一些先进的技术，如数字多媒体、电子展厅等全方位、多手段展示十渡公园的地质美。

植被要素对景观整体评价的重要性已被证实，同时它又是被试者打分均值最低的要素。说明十渡地区植被的景观质量目前有待提升，而且制约着十渡景观整体评价。十渡地区有着保存较好的原始次生林，珍贵植物十几科，但都分布在沟谷中的山岭区，游人在游道和景点只能看到稀疏的白杨树、柳树等植株。因此，十渡景区的规划管理人员应加大游道两侧及景点购物区、住宿区植被的覆盖度，多引进美观的植被品种，提升植被景观质量。

参考文献

[1] 毛文永. 建设项目景观影响评价[M]. 北京：中国环境科学出版社，2005.

[2] 王冰，宋力. 景观美学评价中心理物理学方法的理论及其应用[J]. 安徽农业科学，2007（12）：31-32.

[3] 吴必虎，李咪咪. 小兴安岭风景道旅游景观评价[J]. 地理学报，2001，2：214-222.

[4] 王雁，陈鑫峰. 心理物理学方法在国外森林景观评价中的应用[J]. 林业科学，1999，5：110-117.

[5] 张凯旋，凌焕然，达良俊. 上海环城林带景观美学评价及优化策略[J]. 生态学报，2012，17：5521-5531.

[6] 周国模，李金满. 千岛湖国家森林公园自然风景质量评价[J]. 浙江林学院学报，1989，4：54-60.

[7] 陈鸿冰，毛培琳. 花岗岩自然景观评价方法研究[J]. 山东农业大学学报：自然科学版，2000，1：63-69.

[8] 曲大铭，郭颖涛，权顺子. SBE 法评价北京市朝阳公园植物配置效果[J]. 黑龙江生态工程职业学院学报，2010，2：8-17.

[9] 庄潇，张秀省，于守超，等. 基于 SBE 法的聊城市水城广场的景观评价[J]. 聊城大学学报：自然科学版，2011，3：87-95.

[10] 王海峰，彭重华. 园林石景美景度评价的研究[J]. 中南林业科技大学学报，2011，12：124-132.

[11] 张捷，卢韶婧，蒋志杰，等. 中国书法景观的公众地理知觉特征——书法景观知觉维度调查[J]. 地理学报，2012，67（2）：230-238.

[12] 王军锋. 道路景观评价指标体系研究[D]. 西安：长安大学，2005.

[13] 李敏，段广德. 呼和浩特市新城区居住区环境景观评价[J]. 现代农业，2009，5：68-70.

[14] 张哲，潘会堂. 园林植物景观评价研究进展[J]. 浙江农林大学学报，2011，28（6）：962 - 967.

[15] 李春发，杨建华. 云台山旅游区视觉环境综合评价[J]. 地域研究与开发，2009，6：126-130.

[16] 王慧明，张斌，舒成强，等. 基于 AVC 的兴文世界地质公园旅游景观评价[J]. 资源开发与市场，2009，10：948-950.

[17] 刘明磊. 喀纳斯国家地质公园森林景观美学质量和生态旅游资源综合质量评价[D]. 乌鲁木齐：新疆农业大学，2009.

[18] 宋力，何兴元. 城市森林景观美景度的测定[J]. 生态学杂志，2006，25（6）：621-624.

[19] 陈鑫峰，贾黎明，王雁，等. 京西山区风景游憩林季相景观评价及经营技术原则[J]. 北京林业大学学报，2008，4：39-45.

[20] 杨鹏，薛立，陈红跃. 森林景观评价方法[J]. 广东园林，2003，1：24-27.

都江堰弯道环流的地貌学应用*

赵琳

摘　要：都江堰水利工程位于四川成都平原西部都江堰市西侧的岷江上，距成都 56 km。建于公元前 256 年，是战国时期秦国蜀郡太守李冰率众修建的一座大型水利工程，是现存的最古老的、造福人民的伟大水利工程。距今已有 2 200 多年的历史。也是全国重点文物保护单位。都江堰的创建，以不破坏自然资源，充分利用自然资源为人类服务为前提，变害为利，使人、地、水三者高度协调统一。

关键词：弯道环流　都江堰　地貌

0　引言

在弯道水流中，由于离心力的作用，河水在凹岸一边的水位较凸岸一边的水位为高，这样在河床断面上就形成了左右岸的水位差。在这个水位差的作用下，表层含沙量较少的水流不断流向凹岸并插入河底，而底层含沙量较多的水流则不断由凹岸流向凸岸，底沙也将随之移向凸岸，因此，形成横向输沙的不平衡。在河流凹岸一边，上层水流含沙量较低，水位则较高。由于郑国渠是引水渠，它的渠口选在泾水凹岸稍偏下游的地方，可以保证引入渠的水的含沙量较低，有助于减少渠道的淤积。而飞沙堰是泄洪排沙堰，将它设于岷江凸岸，则有助于在排泄内江多余的水入外江时，携带大量泥沙进入，因此，同样可以减少进入宝瓶口的泥沙数量和淤积在宝瓶口前的泥沙数量。从郑国渠口和都江堰飞沙堰的堰址选择来看，我国古代劳动人民在实践中已经初步认识了挟沙水流运动的特殊现象，并巧妙地在工程实践中加以运用。

春秋战国时期，从奴隶制下面解放出来的农民，以前所未有的积极性从事生产和创造，推动了水利事业的发展，创造出许多新的水利工程技术，也初步进行了理论的总结。从现存的记载中，我们可以清楚地看出，我国古代水利科学技术是十分卓越的，在世界文明发展史上占有光荣的地位。岷江上游，河道自西北向东南穿行于东北西南向的龙门山区，切穿许多峡谷，水流湍急，水量大，水力资源较丰富。由于上游坡陡流急携带大量的推移质泥沙，奔出山谷峡谷后向成都平原四处散流，随着河床纵比降的变小，流速减缓，大量的泥沙淤积，通过漫长的地质历史时期，逐渐堆积成自西北向东南倾斜的岷江洪积扇，成都东郊便是这个洪积扇的扇缘地区。

* 指导教师：王均平，李业锦。

1 都江堰水利工程设计

都江堰水利工程充分利用当地西北高、东南低的地理条件，根据江河出山口处特殊的地形、水脉、水势，因势利导，无坝引水，自流灌溉，使堤防、分水、泄洪、排沙、控流相互依存，共为体系，保证了防洪、灌溉、水运和社会用水综合效益的充分发挥。我国古代人民和水利工作者，经过与岷江洪水作斗争的实践，认识了水道的自然规律，合理地选择地形，因势利导，巧妙地布置了都江堰渠首工程。主要有：鱼嘴、飞沙堰和宝瓶口三项工程组成。

鱼嘴分水堤又称“鱼嘴”，是都江堰的分水工程，因其形如鱼嘴而得名，它昂头于岷江江心，包括百丈堤、杩槎、金刚堤等一整套相互配合的设施。其主要作用是把汹涌的岷江分成内外二江，西边叫外江，俗称“金马河”，是岷江正流，主要用于排洪；东边沿山脚的叫内江，是人工引水渠道，主要用于灌溉。由于它建筑在岷江冲出山口呈弯道环流的江心，冬春季江水较枯，水流经鱼嘴上面的弯道绕行，主流直冲内江，内江进水量约 6 成，外江进水量约 4 成；夏秋季水位升高，水势不再受弯道制约，主流直冲外江，内、外江江水的比例自动颠倒：内江进水量约 4 成，外江进水量约 6 成。这就利用地形，完美地解决了内江灌区冬春季枯水期农田用水以及人民生活用水的需要和夏秋季洪水期的防涝问题。

飞沙堰是都江堰三大件之一，看上去十分平凡，其实它的功用非常之大，可以说是确保成都平原不受水灾的关键要害。飞沙堰的作用主要是当内江的水量超过宝瓶口流量上限时，多余的水便从飞沙堰自行溢出；如遇特大洪水的非常情况，它还会自行溃堤，让大量江水回归岷江正流。岷江从万山丛中急驰而来，携着大量泥沙、石块，如果让它们顺内江而下，就会淤塞宝瓶口和灌区。古时飞沙堰，是用竹笼卵石堆砌的临时工程；如今已改用混凝土浇筑，以保一劳永逸的功效。

宝瓶口引水口位于内江末端（凹岸），是一个人工开凿的山口，状如瓶颈，故称“宝瓶口”。口门宽 2.0 m，河道端面十分狭窄。与飞沙堰溢洪道和人字堤流小槽的溢流宽度相比，宝瓶口相应起到了控制引水流量的作用。宝瓶口引水口与鱼嘴分水堤，飞沙堰溢洪道三项主体工程互相配合，既保证引进足够满足灌溉用水需要的水量，又不致引进过多的洪水使灌区造成洪灾，飞沙堰，人字堤有岷江使大部分的推移质泥沙排入外江，使内江免于淤积，实际进入宝瓶口的推移质，只占岷江总来沙量的 10%左右。

在都江堰的水沙控制中，弯道环流起到重要作用。在都江堰河段，悬移质基本属于冲泻质的范围，泥沙淤积问题主要是在洪水季节运动的卵石推移质。在小水时段，卵石难以启动，推移质泥沙很少，所以内江分水六成并无多少泥沙。洪水时主流从外江宣泄，自然也携带了大部分运动的卵石推移质。此外，内江进口处于微弯河段的凹岸，在弯道环流的作用下，卵石推移质沿凸岸一侧输移而进入外江，根据实测资料分析，进入内江的卵石输移量只占岷江总量的 26%左右。同样地，泄流飞沙和水分四六也对水沙控制起到不可或缺的作用。

2 河流地貌的应用

李冰在平原地形上，采用分流导江，筑堰引水方法修建都江堰时，合理利用地貌条件、河床形态对水流影响，成功地利用弯曲河床和分汊河床的发育规律指导工程建设，使工程建设建立在高度科学理论基础上。

古堰东部正是现在的成都平原，这个平原形似一把张开的纸扇向东南倾斜，而都江堰市城西一带恰好处在扇形平原的顶端，海拔 700 多米（成都附近海拔 400 m 左右），居高临下。这种自然倾斜地形，是修建水利工程最有利的地形，它可以不打坝，只修堤，开渠引水灌溉。所以李冰合理利用了这个有利地形，确定在此修建都江堰。弯道环流就是水流在弯道段内做曲线运动所产生的离心力，使表流指向凹岸，底流指向凸岸，在断面内形成封闭的横向环流。此环流与纵向水流结合在一起，形成顺主流方向呈螺旋形向前运动的水流。从分水堤与金刚堤位于河床中心位置分析，这个堤的建造，主要是李冰利用了河流的弯道环流的科学原理形成的。如现在的分水堤东侧是岷江凹岸，也正是内江流经的部位，西侧是岷江的凸岸，也正是外江流经的部位。这里的弯道环流的表流流入凹岸，把凹岸被侵蚀的和过境的大量泥沙，由环流的底流再搬运到凸岸堆积成遇回扇，其中一部分泥沙在江心堆积形成规模宏大的江心洲（金刚堤），泥沙在洲头不断堆积、延伸，加之人工不断对它们修筑、加固和保护，形成今日之天然——人工金刚堤和鱼嘴。这是李冰掌握了分汊口即江心洲（金刚堤）和洲头（鱼嘴）的分水分沙特点，又利用了内江具有平面弯道环流泄水特性，创造的科学分水方法。对于近些年，岷江水资源在逐渐减少，都江堰又是否能够满足当地人民的用水需求，是一个值得讨论的话题。

3 结语

都江堰是当今世界年代久远、唯一留存、以无坝引水为特征的宏大水利工程。它不仅是中国水利工程技术的伟大奇迹，也是世界水利工程的璀璨明珠。其原因是充分利用了科学理论的结果。李冰当时修建都江堰工程时，不仅利用了水力学理论，尤其成功地应用河床平衡剖面理论和河流动力均衡原理，创举的“深淘滩、低作堰”的方法，实践证明是非常先进的科学方法和理论，是我国古代最珍贵的科学文化遗产，科学价值意义深远。都江堰能够经久不衰，也是因为受到了历代的保护。历代的保护是多方面的：维护工程设施的完整性，使之不受损坏。古人修建都江堰，注意“乘势利导”“因地制宜”。其中之“势”，最为关键。这就是岷江水流之“势”。都江堰水利工程各设施皆因“势”而设，因地制宜，适合于岷江水量，一年中枯水期、洪水期的变化，以及沙石推移量。理论联系实际，我们可以更好地利用所学知识，解决实际问题。都江堰完善的自动引流灌溉系统。从上空俯瞰下来，这些一分二、二分四、四分八的密密麻麻的水网就像是穿行于人体皮肤下的血管，2 000 多年来为成都平原上的土地和人民源源不断地提供着甘甜的乳汁。

参考文献

[1] 侯杰，牧振伟，赵涛，等. 人形弯道环流是解决引水渠首泥沙入渠的有效途径[J]. 泥沙研究，2004，6：71-74.

[2] 李志威，方春明. 弯道环流悬移质横向输沙公式研究[J]. 人民黄河，2011，33（8）：25-27.

[3] 田伟平，李惠萍，高冬光. 弯道环流与沿河路基冲刷实验研究[J]. 重庆交通学院学报，2002，21（3）：94-97.

第IV部分　优秀本科毕业论文

北京地区 MIS3 阶段气候演化研究
——以北京昌平钻孔岩心为例*

翟少洋

摘 要：本文以北京地区的第四纪钻孔岩心为研究素材，通过测定磁化率、粒度两项气候替代性指标并结合钻孔岩心特征，研究北京地区在深海大洋沉积物氧同位素第三阶段（MIS3）时期内的气候演化特征。结果表明北京地区 MIS3 阶段气候状况不及末次间冰期温暖湿润，但在末次冰期中是相对温暖湿润的，其中存在多次气候波动，冷暖转换较为频繁。在 MIS3 时期中，呈现早期和晚期较为温暖，中期较为寒冷的气候特征。本文将北京地区 MIS3 阶段的气候和同时期青藏高原的气候进行比较，说明了北京地区 MIS3 阶段不存在类似于青藏高原的“高温大降水”事件。本文还将北京地区 MIS3 阶段的气候与同时期黄土高原的气候进行比较，说明北京地区有着和黄土高原相似的对 Heinrich 事件的响应。

关键词：北京地区 MIS3 气候演化

0 引言

随着科学技术日新月异的发展和社会生产水平的不断提高，人们越来越关注和重视在我们赖以生存的地球上所发生的一些环境变化，其中很多是对人类不利的。例如，温室效应使得海平面上升威胁沿海地区人们的生存，暴雨、洪涝、干旱等极端灾害性天气的频发造成巨大经济损失。对此，人们不禁在思考我们所生活的环境为什么会发生如此巨大的变化，全球的气候将何去何从。

为了揭示全球变化环境的机理，抑制生态与环境恶化，实现人类与自然的协调发展，国际社会大力推动“国际地圈生物圈计划（IGBP）”“国际全球环境变化人文因素计划（IHDP）”等一系列全球变化研究计划。国家自然科学基金委员会近年来将“全球变化及其区域相应”和“中国西部环境和生态科学研究”列入重大研究计划和重点研究方向，从而获取该区域环境对全球变化的响应方式、响应途径、作用过程、动力机制及未来变化趋势，从而为我国在环境安全等方面提供科学依据[1]。在研究全球变化区域响应时，就需要研究地球发展历史中最新的时期，也就是研究第四纪时期的环境。第四纪距今虽然只有 250 万年，但是却发生了气候的变冷、海面的升降、现代地貌的形成和人类的出现等一系列重大

* 指导教师：魏明建。

的变化，这些变化给当今地球造成了极大的影响[2]。国际上研究第四纪环境的主要素材有深海大洋沉积物、两极和高山的冰心；而我国有着世界上独特的研究素材，它们就是黄土高原的黄土-古土壤序列以及青藏高原的冰川与湖泊，它们中的记录既响应全球尺度上的气候变化，又带有我国气候变化的特殊性。

1 研究综述

1.1 北京地区第四纪环境研究概况

北京地区是中国第四纪地质研究的发祥地，对该地区重要地质遗迹的发掘和研究已有140多年的历史了。1863年庞培里（Pumpelly）到北京西山调查斋堂煤矿时，便注意到清水河两岸的黄土与其他第四纪沉积，并认为是湖相沉积，这可以说是北京地区第四纪研究的起点。1919年，安迪生（J.G. Andersson）赴斋堂地区调查西山地质，提出了一些一直沿用至今的概念，如“马兰黄土”“马兰砾石层”等。1929年12月2日，裴文中等发现了第一个完整的北京猿人的头盖骨，为人类学的研究做出巨大贡献，震撼了当时的国际学术界[3]。

新中国成立后，北京第四纪环境研究取得了丰硕成果。首先，关于北京西山第四纪时期是否发育过冰川曾发生过意见分歧。李四光提出在北京西山潭柘寺地区的基岩中有葫芦形凹地，是由山谷冰川铲刮作用形成的[4]。郭旭东等到西山对所谓冰川遗迹进行考察，在《北京西山潭柘寺地区第四纪冰川与环境问题》[5]一文中提出第四纪时期北京西山潭柘寺地区没有发生过任何山谷冰川作用。所谓的冰川遗迹及各种冰蚀地貌，实际上是不存在的。在更新世冰期阶段，北京西山属冰缘环境，而非冰川环境。

其次，在北京西山黄土研究中也取得一些成果。其中，对斋堂黄土的成因讨论较为激烈。20世纪初期，叶良辅和安特生均认为斋堂黄土是风成的。新中国成立后，杨杰认为斋堂黄土是水成的。经过郭旭东等的研究表明，马兰黄土的原生物质是风成的，而现在剖面上看到的马兰黄土，除了风成因之外，还包含有坡积和融冻泥流堆积[3]。安芷生、卢演俦将洛川黄土与斋堂黄土进行对比，进行华北晚更新世马兰期气候地层的划分[6]。于涛等对马兰黄土中古土壤部分进行孢粉分析，恢复了末次冰期中期这一地区的植被演化序列；研究结果显示末次冰期中期北京西山地区的植被演化分为三个阶段，这一特征与我国北方其他地区的环境演化序列具有较好的一致性[7]。

在北京地区还有一些钻孔来研究古气候变化。例如，李长安根据怀柔HR88-01孔的岩心，较系统地论述了上新世到晚更新世地层中所含孢粉、介形虫、软体化石的组合类型，重矿物、黏土矿物和部分地球化学元素的组合变化特征，并对其所代表的古气候环境进行了分析[8]。

1.2 气候替代性指标

第四纪时期，气候与环境的变化会以不同方式记录在地质体中，例如黄土和冰心等。从这些地质体中提取的气候、环境信息被称为气候替代性指标。本文中用到的气候替代性指标是磁化率和粒度，二者属于物理指标。

磁化率是物质在外加磁场作用下的磁性响应能力的量度。通常应用磁化率是物质在较弱的外加磁场作用下的磁化能力，被称为初始磁化率。物质的初始磁化率通常是由它们的磁化率曲线起始段的斜率来定义的[9]。在测量磁化率时，我们对样品进行称重，测量了低频磁化率、高频磁化率和相应的误差，根据这些先计算出低频质量磁化率（Xlf）、高频质量磁化率（Xhf），单位为 $10^{-8}\,m^3/kg$。质量磁化率常用作亚铁磁性矿物含量的粗略度量。频率磁化率（Xfd）是由样品在低频（0.47 kHz）磁场和高频（4.7 kHz）磁场中测试后求得的低频质量磁化率和高频质量磁化率经过计算得到的。计算公式为：Xfd=[（Xlf–Xhf）/Xlf]×100%。频率磁化率可以反映样品中超顺磁颗粒的存在与否及其含量的大小[10]。

磁化率曲线指示着东亚夏季风的强弱，东亚夏季风强盛指示湿热的气候，气温高；东亚夏季风弱时，指示着干冷的气候，气温低，即磁化率曲线也能指示温度的变化[11]。黄土-古土壤序列中磁化率的变化，可能是在不同气候环境下粉尘固有的和成壤作用产生（或分解）的磁性矿物在数量和种类上演化的复杂结果。土壤的磁化率随温度和降水的增加而增加，但超过一定临界值后，反而随温度、降水的进一步增加而降低。对黄土高原及邻近地区来说，多年平均温度和多年降水量与磁化率都有较好的正相关。

粒度是指颗粒的大小。通过粒度仪对一个剖面或者钻孔岩心的粒度测量，可以发现不同深度的粒度存在波动和变化，而后建立粒度随着深度波动的曲线。接着可以通过释光测年和气候地层等断代方法将粒度的深度与年代对应。最后借助粒度曲线研究沉积物的沉积相和在沉积时的动力条件，进而研究连续的气候变化，可以对当今的环境变化起到一定的指示性意义。

1.3 磁化率和粒度研究概况

磁化率和粒度作为替代性指标多应用于对黄土与河湖相沉积物中的研究。黄土是以风力搬运堆积未经次生扰动的、无层理的、黄色粉尘富含碳酸盐并具有大孔隙的土状沉积物[12]。黄土作为一种第四纪松散沉积物，以戈壁作为源地，在风力作用下进行搬运，当风力减弱时进行沉积，典型分布区是黄土高原。黄土剖面中从颜色上看有黄色和红色的相间分布的特点，分别代表冷干和暖湿气候。基于此，可以对黄土剖面建立黄土-古土壤的沉积序列，测量整个剖面的磁化率和粒度来研究第四纪气候与环境的变化。

刘东生等系统测量了洛川黄土剖面的磁化率，认为黄土和古土壤分别经历了不同程度的成土作用，在这一过程中，铁组分增加，铁磁性矿物相对聚集，因此古土壤的磁化率要高于黄土的磁化率[12]。聂高众等在渭南黄土剖面采样后，进行了国内第一次在黄土剖面上系统地进行 AMS^{14}C 测年，这次测年的数据精度高、样品连续性好、采样密度大。他们共对 15 个以上样品进行了 AMS^{14}C 年龄测定，25 个以上样品进行了 TL 年龄测定；大多数的地层界线上都采集了测年样品，样品有很好的代表性，它们的年龄应能代表地层界线的年龄。而后以年龄数据和时间标尺为基准将渭南黄土剖面的磁化率曲线同 SPECMAP 曲线和南极东方站冰岩芯的氧同位素曲线进行了对比。从中看出，这三条曲线具有很好的可对比性，曲线上各个波峰、波谷的变化相当吻合。这说明，中国黄土剖面所反映出的古气候变化同全球气候变化基本同步[13]。

鹿化煜等认为黄土古土壤粒度作为一种气候替代指标具有重要的古气候意义，通过对洛川 S2 古土壤层的采样和测量表明，＞30 μm 粒级百分含量较高对应于相对干冷的古气候阶段，是指示东亚冬季风强度变化的替代指标；<8 μm 粒级的细颗粒含量较高，对应于较暖湿的古气候阶段，与东亚冬季风强度变化反相关；在 30～8 μm 的粒级缺少很好的对应关系[14]。因为在冬季风加强时，风力搬运的能力强，可以携带更多的粗颗粒沉降于黄土高原。当冬季风较弱时，冬季风携带更多较细的粉尘沉降于黄土高原。《黄土高原黄土粒度组成的古气候意义》[15]指出 8 μm、30 μm 和 74 μm 是重要的分界线，是因为分界线的颗粒组分含量分别与东亚冬季风强度反相关、正相关和指示了强冬季风或/和尘暴事件。管玉清等通过对东亚季风区、东亚半湿润区、东亚湿润区的三个典型剖面进行研究，得出黄土地层中<5 μm 的黏粒含量，可以较好地反映东亚夏季风的变化[16]。王小莉等研究渭汾盆地西师村 250 kaBP 以来黄土粒度记录的环境信息，以<5 μm 作为东亚夏季风的代用指标，以>30 μm 作为东亚冬季风的替代指标，从季风交替运动的角度，对古气候环境进行了研究[17]。总之，黄土的磁化率高时，代表水热条件好，夏季风强，成壤作用强，所以粒度值小。磁化率低时，水热条件差，冬季风强，风力搬运和堆积作用强，粒度值较大。

磁化率和粒度同样可以用于河湖相沉积物的研究中。周晓红等在渭河高崚段的渭河桥西 3 km 的高漫滩上进行采样，以河漫滩相和河床相的剖面为研究样本并进行磁化率测定。研究表明河漫滩沉积物磁化率大小由沉积时期水流搬运物质中磁性物质多少来决定。河漫滩相沉积物磁化率指示沉积时期的洪水规模、大小。磁化率高指示沉积时水位高，水量大；磁化率低对应洪水规模小的时期，指示沉积时水位低，水量小。故用磁化率指标可间接反映气候的波动变化[18]。由此可见，河湖相沉积物的磁化率变化和黄土-古土壤序列的磁化率相似，可以表征第四纪的气候和环境的变化。

陈敬安等通过对洱海现代沉积物的精细采样，将放射性核素精确计年与沉积物粒度研究相结合，重建了 600 多年来洱海区域气候的干湿变迁，为恢复百年尺度的气候干湿变化提供了一条新途径。研究表明在气候干旱期，湖水退却，采样点距岸边的距离较近，粗颗粒物质易于到达，因而在该位置沉积的颗粒较粗；反之，在气候湿润期，湖泊扩张，采样点距岸边的距离较远，粗颗粒物质难以到达，因而在该位置沉积的颗粒较细。因此，湖泊沉积物颗粒的粗细变化能反映湖面的扩张和收缩，进而可指示湖区气候的干湿变迁，即：细粒沉积物标志着湿润气候，粗粒沉积物反映干旱气候。在进行较大时间尺度有关不同气候期的研究时，湖泊水位是决定沉积物粒度的首要因素，高水位的湿润期沉积物粒度小；而在具体的某一气候期内讨论沉积物粒度变化时，因为湖泊水位在这一气候期内相对稳定，湖盆流域降雨量则是关键因素，降雨量大湿润年份沉积物粒度相对更粗[19]。周静等对洱海北部 10.8 m 深水区 ES 孔沉积物进行采样，利用<2 μm 的黏土含量和>65 μm 的粉砂含量这两个粒度级别并结合植物孢粉来研究洱海地区一万多年以来气候环境演化的湖泊沉积记录[20]。刘兴起等对青海湖的 QH-2 000 孔的沉积物粒度组成的变化进行研究，表明冷干和暖湿气候条件下形成的沉积物，其粗颗粒物质（粒径>64 μm）均表现为明显增多，但它们的形成机制不同，冷干气候条件下植被的减少，湖区水土保持能力的减弱，以及相对湖水水位的降低是造成入湖粗颗粒物质明显增多的主要原因；而暖湿气候条件下冰融水的大量补给或降水量的增加，导致湖区地表径流的相对发育，是造成入湖粗颗粒物质明显增多的主要原因。

通过比较，我们发现黄土与河湖相沉积物都能反映第四纪环境变化。但是二者沉积时的动力条件不同，黄土是风力堆积的产物和，而河湖相沉积是流水堆积的结果。当使用磁化率和粒度两个指标来研究黄土和河湖相沉积物时，需要明确磁化率曲线和粒度曲线在二者中的环境意义。在暖湿气候条件下，温度高，降水多，夏季风强，成壤作用强，铁磁性矿物相对聚集，所以二者的磁化率都处于高值。在粒度方面对于黄土而言，这时成壤作用产生了大量黏粒，粒度值小。对于河湖相沉积物来说，较大时间尺度中，湖泊水位是决定沉积物粒度的首要因素，高水位的湿润期沉积物粒度值小；而在具体的某一气候期内时，湖盆流域降雨量则是关键因素，降雨量大的年份沉积物粒度值大。在冷干气候条件下，温度低，降水少，冬季风强，成壤作用弱，铁磁性矿物没有相对聚集，所以二者的磁化率都处于低值。对于黄土而言，这时的成壤作用弱，所以地表是以风力堆积为主，粒度值大。对于河湖相沉积物来说，这时由于植被的减少，湖区水土保持能力的减弱以及相对湖水水位的降低是造成入湖粗颗粒物质明显增多的主要原因。在具体的某一气候内，湖水位稳定时，河流水量小则搬运泥沙的能力弱，又表现出粒度值较小。

在很多时候，磁化率和粒度这两个气候替代性指标一起使用，进行相互对比和参照来研究一个地区的第四纪气候和环境变化问题，增加了准确性。例如，吉云平等对河南洛阳寺河南剖面的一套全新世湖沼相沉积进行了磁化率测试，并与剖面的粒度变化进行了对比分析。他们分析结果表明沉积物磁化率的变化与不同粒级的百分含量具有一定的相关关系，频率磁化率与细粉砂和黏土的百分含量呈正相关关系[21]。

1.4　选题意义

本文结合“昌平平原钻孔中更新世以来磁性地层、孢粉古气候地层研究”项目，利用位于北京山前昌平平原的150 m长的钻孔岩心做气候地层的子课题研究。该子课题共由我们5个本科生以毕业论文的形式联合完成。我们对长度为150 m钻孔岩心的取心率达95%，以 20 cm 为间距进行取样（不包含砾石层），选取磁化率和粒度两项气候替代性指标，共测得533个样品的低频磁化率、高频磁化率、样品质量和粒度数据。我们建立了高（低）频质量磁化率曲线、频率磁化率曲线和小于5 μm、大于30 μm、大于65 μm的粒度曲线并赋予其古气候意义。我们将整个钻孔资料分五段，即为我们五人各自的学位论文的研究内容。本文是其中的关键时段和热点问题。本文的重点研究时段为氧同位素第三阶段（MIS3），但需要用到钻孔岩心对应末次冰期以来的样品，共有92个深度的样品作为研究对象。

目前研究北京地区第四纪以来气候与环境演化的钻孔多位于山区或者平原，本钻孔的位置处于北京山前的洪积扇顶部，是北京的山区和平原的过渡地带，也是山前的汇水区，可以代表流域内的环境特征。从宏观上看，考虑到山区坡积物的影响还兼顾了平原区河流作用的过程，所以具有研究北京第四纪气候与环境演化的鲜明代表性。“北京地区 MIS3阶段气候演化研究”这一题目是基于国内外学者在全球气候变化领域研究的热点问题而提出的。通过测定磁化率和粒度两项气候替代性指标并结合钻孔信息，重点研究北京地区深海大洋 MIS3 时期的气候演化特征，并与同时期的青藏高原、黄土高原的气候与环境特征进行比较。同时，本文还探讨 Heinrich 事件对北京地区是否有影响。选题的具体依据如下。

大量国外学者在大洋钻探计划中以深海大洋沉积物为研究素材，来研究气候变化的过程和机制。大洋钻探计划（ODP）是一个重要的海洋科学国际研究计划，其目的是通过钻探和测井来增进人类对大洋岩石圈（沉积物和地壳）的地质历史、结构和演化等基本问题的认识。ODP的前身是始于1968年的深海钻探计划（DSDP）和始于1975年的国际大洋钻探项目。该计划集中于解决地球自然系统具有高度动力学性质的两个核心主题：一是地球环境动力学，包括与了解大气圈、水圈和生物圈对自然与人为扰动响应有关的一系列科学问题，尤其是十几年至几千年的时间尺度；二是地球内部动力学，将集中检验岩石圈内的特性与过程，以搞清地球外层结构、全球质量与能量流量、地幔动力学和变形过程[22]。

在国际上，Imbrie J 等学者提取深海大洋沉积物（如有孔虫等）并建立 $\delta^{18}O$ 曲线[23]，即深海大洋沉积物氧同位素曲线，以深度为纵坐标，以 ^{18}O 的相对含量为横坐标。当 ^{18}O 在深海大洋沉积物中相对较多时，代表气候寒冷，因为易挥发的 ^{16}O 以固体 H_2O 的形式贮存在两极冰盖和高山的冰川中，使得 ^{18}O 相对较多。当 ^{18}O 在深海大洋沉积物中相对较少时，代表气候温暖，因为易挥发的 ^{16}O 以液体 H_2O 降水的形式回到大洋中。所以，根据 $\delta^{18}O$ 曲线可以研究气候的演化，进而研究全球气候变化的驱动机制。经过对深海大洋沉积物的测年并根据对应年代的气候冷暖变化，可以对深海大洋沉积物氧同位素曲线划分阶段。奇数阶段为较为温暖的时期，偶数阶段为较为寒冷的时期。其中，氧同位素第一阶段（MIS1）对应为全新世大暖期，气候较为温暖；MIS2、MIS3、MIS4 对应为末次冰期，气候较为寒冷，MIS3 为末次冰期中的间冰阶，在末次冰期中是较为温暖的阶段；MIS5 对应为末次间冰期，气候较为温暖。

在国内，有很多学者研究黄土高原和青藏高原中不同氧同位素阶段的气候特征，将这两个地区的气候状况和深海大洋沉积物中所记录的全球气候变化特征进行比较。管清玉等选取六盘山东、西部两个高分辨率 S1 地层剖面，发现两剖面 S1 地层均发育 5 层古土壤、堆积 4 层黄土，指示 MIS5 阶段存在 5 次强夏季风事件和 4 次强冬季风事件。这些气候事件与东亚季风区的其他记录、北大西洋钻孔记录中的冷、暖事件呈现良好对应关系，暗示在末次间冰期，北半球气候存在较大的不稳定性[24]。青藏高原古里雅冰芯 MIS3 阶段表现为异常高温，冰芯 $\delta^{18}O$ 值明显高于现代，表明该时期温暖程度已达到间冰阶的程度。但古里雅冰芯也揭示出在 MIS3 阶段中存在着不少于 4 次的变冷事件，特别是 47～43 ka BP 出现的两次冷谷，$\delta^{18}O$ 值降低接近 MIS2 和 MIS4 阶段。在 MIS3 后期（40～30 ka BP），青藏高原出现了特强夏季风事件，高原及邻区众多大湖的高湖面指示了大范围内降水较为充沛，气温可能较现代要高 2～4℃[25]。李玉梅等对位于关中盆地的大荔地区甜水沟和垣雷两个剖面末次冰期-间冰期旋回的碳酸盐和有机质碳同位素组成、磁化率和频率磁化率进行了系统研究，初步讨论了 MIS3 后期的“高温大降水事件”对黄土高原南部气候和植被的影响。在 40～30 ka BP 的 MIS3 晚期，大荔地区气候总体表现为湿润、温暖，植被覆盖程度高，植被中 C4 植物的相对含量增加，土壤发育较好。中国大陆黄土-古土壤序列在 MIS3 的磁化率较之末次冰期的其他时段均有所增加，但不同地区的增幅各不相同[26]。

基于以上国内外对深海沉积物氧同位素不同阶段气候演化特征的研究，特别是中国的青藏高原在 MIS3 阶段出现的“高温大降水事件”和黄土高原在这一时期的气候特征，本文试图探索在北京地区是否存在类似于青藏高原的情况，即研究北京 MIS3 阶段内的温度和降水状况是否超出了末次间冰期和全新世大暖期，进而判断驱动“高温大降水事件”的机制是否作用于北京地区。

另外，Heinrich 在对取自北大西洋 3 个深海沉积物岩心进行研究时发现，岩心中普遍存在大于 150 μm 的粗粒且含量突然增多，同时有孔虫数量急剧减少、冷水浮游有孔虫相对含量增加的现象，说明气候转冷。后人对此进行更为深入的研究发现：Heinrich 事件是千年尺度的快速气候波动事件，不是仅仅局限于北大西洋深海沉积物岩心记录中，这种短暂的气候回返事件是全球性的[27]。本文通过对北京地区 MIS3 阶段的古气候特征的分析，探讨 Heinrich 事件对北京地区是否产生影响。

1.5 研究方法

文献研究法：通过阅读前人利用磁化率和粒度来研究黄土和河湖相沉积物第四纪环境的文献，整理研究思路和方法，提出一些适用于本文的观点。

室内实验法：将野外采集样品，分类编号，进行预处理，对其进行磁化率和粒度的测量。

数据分析法：对实验数据进行整理和分析并做出图像。

1.6 完成工作量情况表

工作完成情况见表 1。

表 1 完成工作量情况

序号	工作名称	设计工作量/个	完成工作量/个	累计完成工作量/个	完成百分比/%
1	分样、取样	589	589	589	100
2	样品预处理	589	589	589	100
3	粒度分析	589	589	589	100
4	磁化率测量（高、低频）	589	589	589	100
5	Excel 制图	9	9	9	100

2 研究区域概况

研究区域范围及钻孔位置如图 1 所示。虽然钻孔的位置处于海淀区上庄镇，但是钻孔所处位置的汇水区绝大部分都在昌平，因此这个钻孔的沉积物受昌平地区的影响更为显著。

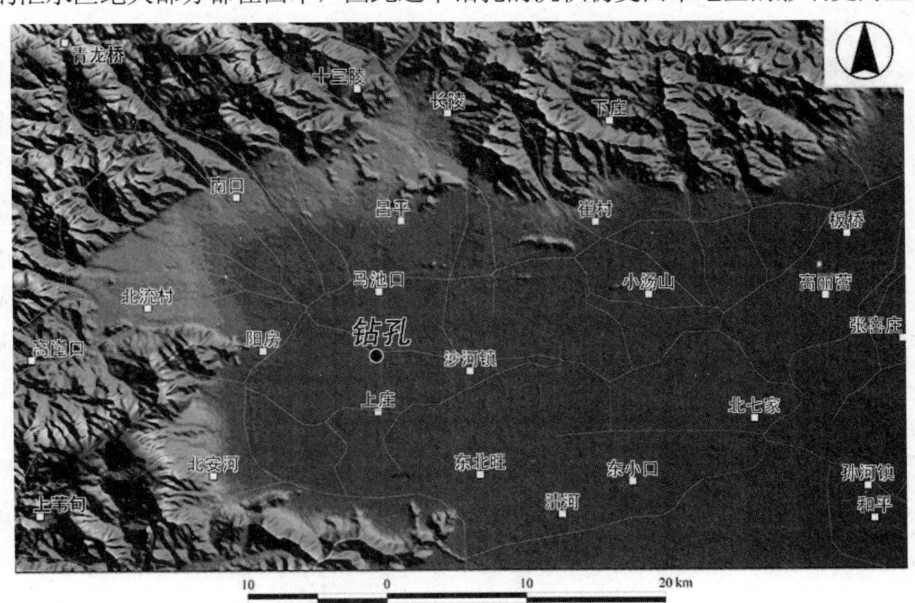

图 1 研究区域范围及钻孔位置

昌平区位于北京市西北郊，太行山脉与燕山山脉交汇处的长城以南，军都山下。经纬度坐标为东经 115°50′17″～116°29′49″，北纬 40°2′18″～40°23′13″。总面积 1 352 km^2。2005 年末户籍人口 48.2 万人。昌平区由西部山区、北部山地和东南部平原三大地貌构成。气候属于暖温带半湿润大陆性季风气候，四季分明，降雨量充足，环境优美，气温适宜。

2.1 地理位置

昌平区是北京市 10 个远郊区县之一，位于市区北部。东邻顺义区，南与朝阳、海淀、门头沟区接壤，西部接河北省怀来县，北靠延庆县、怀柔区。卫星城距市区 33 km，地理位置优越。

2.2 地质

北部山区岩性主要是花岗岩、白云质灰岩和片麻岩。土质为岩石风化形成的薄层褐土，适于发展林果业。南部平原为第四纪冲积物上形成的厚层潮土，适宜种植多种农作物。

昌平区内的南口剖面，地处南口以北并与八达岭长城、明十三陵毗邻，是我国北方著名的特殊剖面之一，历史悠久，地位重要，有中国中上元古界经典剖面之称。它在我国中上元古代地层研究上占有重要地位，是近年来我国北方中上元古界辅助剖面与参观剖面之一。十三陵地区的地质古迹——双脊波痕，是一种罕见的地质构造，它是 14 亿年前潮汐作用造成的地质现象，其科学考察和科研价值是无与伦比的。

2.3 地貌与水文

区域内地势由西北向东南逐渐形成一个缓坡倾斜地带。西部、北部为山区、半山区，以南口及居庸关为界，西部山区统称西山，属太行山脉；北部山区称军都山，属燕山山脉。山区海拔 400～800 m，最高峰（高楼峰）海拔 1 439.3 m。著名的山脉有天寿山、银山等，层叠交错，高山、峡谷、悬崖、陡壁等。昌平区有丰富的地貌特征，构成了千变万化的地貌景观。

该区域的主要水系是温榆河水系。温榆河是北运河的上源，源于本市昌平区，承泄西山及燕山南麓的诸小水流。由东沙河、北沙河、南沙河汇合于沙河镇以后称为温榆河。东沙河，上源有德胜口沟、锥石口沟、上下口沟、老君堂沟，在十三陵水库以上汇合称东沙河。东沙河在沙河镇北入北沙河。北沙河，上源有高崖口沟、柏峪口沟、白羊城沟、兴隆口沟、沟猊沟，汇合后称北沙河。沿途在双塔村东汇入关沟，在踩河村东汇入虎峪沟，于沙河镇北与东沙河汇合入沙河水库。南沙河，上源是周家巷沟，它发源于海淀区寨口村附近，向东北流，在常乐村以南汇入发源于二道河的一条小河后称南沙河。再向东流在沙河镇以东入沙河水库。三条沙河汇合后，出沙河水库称温榆河，继续向东南流，在北马坊南有孟祖沟汇入。在曹碾村接纳了发源于燕山南麓的入家沟、西峪沟、钻子岭沟、桃峪口沟、白浪河及牤牛河等小河汇合成的蔺沟。继续向东南流在沙子营以东，有清河汇入。清河发源于玉泉山附近，向东流在海淀区厢白旗北纳入万泉河（源于万泉庄），在清河镇南纳入小月河。

2.4 气候

昌平区属暖温带半湿润大陆性季风气候，主要特点是四季分明。春季干旱，夏季炎热多雨，秋季天高气爽，冬季寒冷干燥；风向有明显的季节变化，冬季盛行西北风，夏季盛行东南风。四季气候特征如下，春季气温回升快，昼夜温差大，干旱多风沙；夏季酷暑炎热，降水集中，形成雨热同季；秋季天高气爽，冷暖适宜，光照充足；冬季寒冷漫长。

3 钻孔信息

钻孔地点位于北京市海淀区上庄镇内，经纬度坐标 40°08′22.6″N，116°12′17.1″E，勘探钻孔采集的岩心的深度为 150 m。根据整个钻孔岩心的磁化率曲线和粒度曲线，比较出氧同位素第 1 至第 5 阶段所处的深度为 26.2 m 以上。而 MIS3 就处于第一主气候旋回中，它作为末次冰期中的间冰阶在末次间冰期和全新世之间。

4 研究方法与实验过程

4.1 实验样品的采集

本研究的勘探钻孔于 2009 年 6 月 12 日开孔，7 月 1 日结孔，勘探地点位于北京市海淀区上庄镇内，地处昌平平原，经纬度坐标 40°08′22.6″N，116°12′17.1″E。勘探钻孔采集的岩心的深度为 150 m。钻孔岩心送至首都师范大学资源环境与旅游学院后，我们首先对多个岩心柱按由浅到深的顺序进行编号，然后对每个岩心柱一般以 2 cm 为间隔进行取样并装入信封中待用，约取 0.5 kg，遇到砾石层而无法取样时则向后进行取样。由于取得的样品除我们测量粒度和磁化率以外，还由多名全球变化方向的研究生进行孢粉鉴定工作，故我们只能分批拿到实验样品。我们对于每一批拿到的样品编号按照深度以 A1、A2、…、A56，B1、B2、…、B44，C1、C2、…、C193，D1、D2、…、D50，E1、E2、…、E135，F1、F2、…、F111 的顺序排列，共编号 589 个样品。虽然编号较为复杂，但是我们每个编号都唯一对应一个岩心上的深度，待实验结束统计数据时按深度重新排列即可。编号之后，我们取少量样品放入干净的白纸中包好，用土碾将其擀成粉末装入 2 号塑封袋中，量以刚好装满为宜，并进行封装待测。

4.2 粒度测量实验过程

4.2.1 实验样品预处理

测量每一批的样品前，先要对样品进行预处理。首先，从塑封袋中用小药匙按照从浅到深顺序在电子天平上称取 0.5 g 左右待测样品，放入离心管内。以约 64 个装有样品的离心管为一组放入离心管架内，便于加入试剂进行测前的预处理。再者，将 30%的 H_2O_2 溶液与纯净水按照体积比 1∶2 的比例配成溶液，配制的总体积根据样品总量而定。用注射器快速向每个盛有样品的离心管内加入 10 ml 配好的溶液，并加以搅拌，静置 1 d，使其反应充分。这步操作的目的是利用 H_2O_2 的强氧化性除去实验样品中的有机质。接着，将浓盐酸与纯净水以体积比 1∶3 的比例混合配制盐酸溶液，配制的总体积根据样品总量而定。用注射器快速向每个离心管中加入 10 ml 配好的盐酸溶液，并加以搅拌，静置 1 d，使其充分反应。这步操作的目的是除去实验样品中的碳酸盐类物质。之所以去除有机质和碳酸盐类物质是因为它们可以胶结颗粒，使细粒径物质变为粗粒径物质，去除它们之后可以比较准确地还原沉积时的粒度。然后，将离心管放入离心机，每批样品以 4 000 r/min 的速度离心 8 min，将样品与含酸的上清液分离，倒掉上清液。向离心管中再加入纯净水并搅拌以洗掉一些附着在样品上的有色物质，减少对仪器遮光比的影响，再对其进行离心处理并倒掉上清液。最后，将 36.5 g 六偏磷酸钠溶解于 1 000 ml 水中，配制六偏磷酸钠溶液。向每个离心管中加入 10 ml 六偏磷酸钠溶液作为分散剂，送至粒度实验室待测。

4.2.2 实验操作过程

粒度的测量仪器采用济南润之科技有限公司研发生产的 Rise-2008 型激光粒度仪。Rise-2008 型激光粒度仪采用全量程米氏散射理论，充分考虑到被测颗粒和分散介质的折射率等光学性质，根据大小不同的颗粒在各角度上散射光强的变化反演出颗粒群的粒度分布数据。测量量程范围为 0.02～1200 μm，仪器准确性误差＜±3%（国家标准样品 D50），样品重复性偏差小于±3%（国家标准样品 D50）。

首先，测量粒度之前需要将仪器预热 20 min 左右。再者，预热后，运行颗粒粒径测量分析系统，向样品池中倒入纯净水以清洗仪器并减少测量误差，开启循环泵和排水阀后再迅速关上排水阀，使水在粒度仪中循环，待电脑屏幕显示单峰曲线最高值出现在 500 μm 左右时认为粒度仪中只存在气泡不存在杂质，表示已清洗干净，在开着循环泵的条件下将水完全排出，关上排水阀和循环泵。接着，向样品池中倒入纯净水作为分散介质，液面刚好没过进水口上侧边缘，只打开排水阀不开启循环泵，当看到排水管缓慢有液体流出时关闭排水阀，这样可以排出循环系统中的气泡减少气泡对测量的影响。开启循环泵，使循环系统中充满液体，测定基准 10 次，进入待测状态，关闭循环泵。将离心管内样品倾倒至样品池，用注射器将蒸馏水打入离心管以冲洗残余样品至样品池；再根据样品情况加入一定量的纯净水以减小仪器遮光比过高造成的测量误差。然后，开启循环泵并使得循环速度适中，能带动样品循环又不溅到样品池外，启动超声振荡和搅拌器，并调节至适当的振荡频率和搅拌速度，使被测样品在样品池中分散均匀。这时颗粒粒径测量分析系统在电脑屏幕上会显示出动态变化的曲线，如果曲线时有时无则可能是样品浓度太大使得遮光比过高仪器无法读取所致。此时采取向样品池中加水稀释或排出样品稀释后再进入粒度仪测量即可解决。最后，当动态数据和屏幕上的曲线稳定时存储测试数据，将样品按照编号命名为 C1、C2 等。

4.3 磁化率测量实验过程

4.3.1 实验样品处理

首先，将测量磁化率的实验盒用纯净水洗干净，放到烘箱烘干 1 h，以使其完全干燥，避免残留的水滴影响测量结果。再者，将实验盒按 1～100 的顺序编号，以对应每一批样品的编号。接着，实验盒放到电子天平上称重，精确到小数点后 3 位。然后，将封装袋中的样品按照相对应的编号加入实验盒中，加满即可，中间不能留有空隙。最后，将加满样品的实验盒再放到电子天平上称重，同样精确到小数点后 3 位，送至磁化率实验室待测。

4.3.2 实验操作过程

磁化率测试使用英国 Bartington 公司生产的 MS2 型磁化率仪，分低频（0.47 kHz）和高频（4.7 kHz）。首先，保证测量环境中的手机、电脑等电子设备关闭，减小环境中电磁辐射对磁化率仪测量的影响。再者，将磁化率测量仪的旋钮调整到所要读取的高频或低频的档位。接着，打开测量仪，将实验盒放入仪器中测量，开始几个样品的读数会出现较大偏差，需要重复测量，待到仪器稳定便可正常测量，读数之后再测本底用于数据统计时减小误差。以每个样品需要测量高频、低频两组数值。最后，记录好高低频的数值和相应的本底值，于测量后将所记录的数据录入电脑并按照样品编号进行命名为 C1、C2 等。

5 钻孔沉积物中磁化率和粒度的古气候意义

根据前人对黄土与河湖相沉积物的磁化率以及粒度研究，本文选取低频质量磁化率、高频质量磁化率、频率磁化率 3 项指标来研究磁化率的变化；选取小于 5 μm 粒度作为夏季风的指标，大于 30 μm 粒度作为冬季风的指标。因为北京山前地区不牵涉沙漠进退的问题，也就没有粗颗粒在风力作用下近源搬运的过程，所以用大于 65 μm 粒度作为流水作用的指标。

如图 2 所示，因低频质量磁化率和高频质量磁化率在 2.3～26.2 m 钻孔上呈现出高度一致的变化趋势，故在描述二者的变化趋势时只描述低频质量磁化率的变化。而频率磁化率的变化较为复杂。这是因为相对磁化率而言，频率磁化率具有更明确的古气候意义。频率磁化率是依赖频率的磁化率，表示跨越稳定单畴和超顺磁界线的磁性矿物的存在。高频测量时，粒度小（超顺磁，＜0.03 μm）的铁磁性矿物由于磁滞而被阻挡，对高频磁化率不再有贡献，有贡献的只是那些粒径较大的磁颗粒。从古气候意义上看，频率磁化率较明确，而磁化率受影响的因素稍多；磁化率善于反映高强度的古气候变化，而频率磁化率对弱小的古气候波动反应很灵敏，能反映出许多磁化率所不具有的细节[23]。例如图 2 和图 3，在 4.2～9.5 m 的深度上，质量磁化率表现的起伏不大，但是频率磁化率却呈现出明显的变化。说明在一定时期内，通过分析频率磁化率可以提取质量磁化率所不能反映的问题。

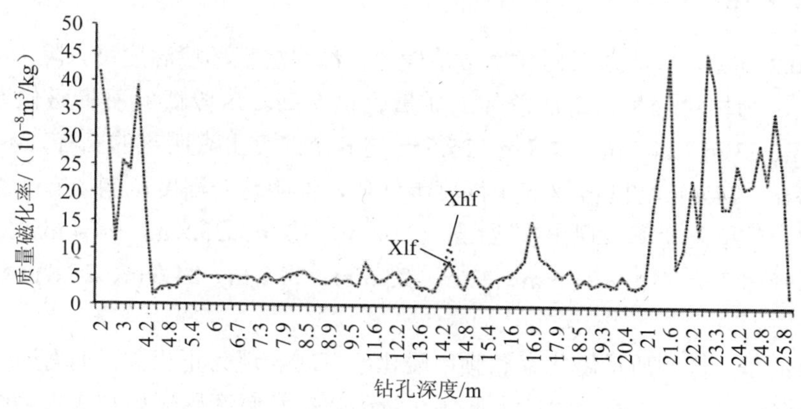

图 2 质量磁化率随钻孔深度的变化

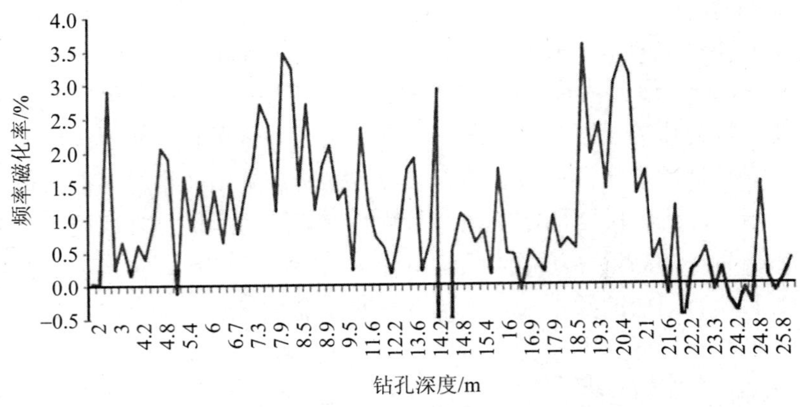

图 3　频率磁化率随钻孔深度的变化

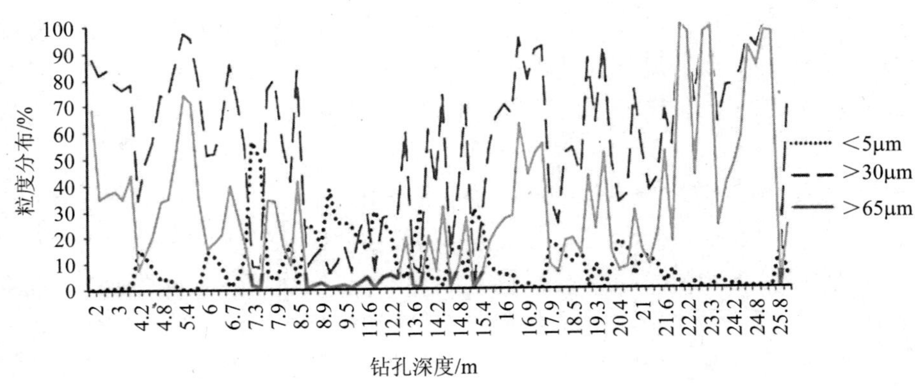

图 4　粒度随钻孔深度的变化

结合磁化率和粒度的数据特征，将 2～26.2 m 的钻孔沉积物分为以下 5 个阶段并进行磁化率和粒度的古气候意义分析，还原当时沉积时的气候环境。

5.1　21～26.2 m

在 21～26.2 m 处，低频质量磁化率数值较大，说明沉积环境温度高，降水多，成壤作用强，铁磁性矿物相对聚集，造成总体的质量磁化率高。这段低频质量磁化率还表现在 21.6 m、22.2 m、23 m、24.2 m、24.8 m、25.6 m 这 6 个深度上有明显的高峰，还有 21.8 m、22.45 m、23.8 m、24.4 m、25 m 这 5 个深度上低值，说明这一深度范围内有 6 个明显的气候波动。同时，频率磁化率表现出在 21 m、21.8 m、23 m、23.8 m、24.4 m、24.8 m 这 6 个深度上的高峰和在 21.2 m、21.6 m、22 m、23.3 m、24.2 m、24.6 m、25.6 m 这 7 个深度上低值。

值得注意的是，低频质量磁化率和频率磁化率有时表现为正相关，而有时又表现为负相关。在 23 m 和 24.8 m 这两个深度上低频质量磁化率和频率磁化率都表现为峰值，在低频质量磁化率处于低值的深度上频率磁化率并没有出现低值。在 24.2 m 和 25.6 m 这两个深度上低频质量磁化率的峰值对应于频率磁化率的低值，在 21.8 m、23.8 m、24.4 m 这 3 个深度上低频质量磁化率的低值对应于频率磁化率的峰值。在质量磁化率处于低值时频率磁化率却表现为峰值的原因可能是物质沉积后形成的铁磁性矿物的磁性较弱，但是超顺磁性矿物含量较多，这可能涉及成壤过程的问题。以上问题有待于进一步研究。

在质量磁化率中第四高峰值 24.8 m 在频率磁化率中却成为这一段最高的峰值，说明这时粒径更小的磁性颗粒对频率磁化率的贡献是最大的。在质量磁化率最大的 23 m 处对于频率磁化率来说却是第三大的峰值，原因可能是铁磁性矿物的总量较多的时候而超顺磁性颗粒含量较少。

这一深度中＜5 μm 的粒度曲线和低频质量磁化率基本呈负相关，并且该曲线的数值都小于 20%，但并不是这段时间内夏季风弱。因为磁化率曲线已经表明这段时间高温多雨，夏季风强盛，所以河流对泥沙的冲刷作用强，可以搬运较大的泥沙进行沉积，由此可见这段的动力为流水作用。在这一深度范围内，＞30 μm 和＞65 μm 两条粒度曲线表现出相同的变化趋势，在 21.6 m、22 m、23.3 m、24.6 m、25 m 这 5 个深度上表现为峰值。其中 21.6 m 处，在磁化率曲线中也表现出峰值，说明了温度高，降水多，河流搬运泥沙的作用强。

在 22 m 处，是大于 30 μm 和大于 65 μm 两条粒度曲线在这一段内的最大值，而这个位置中的频率磁化率是一个低值，根据钻孔描述这一深度附近是黄棕至淡红棕色砂土，细砂渐变至粗砂，说明温度增高和降水增多，超过临界值，使得频率磁化率随着水热条件的进一步增加而降低。可能由于铁磁性矿物进一步分解使得频率磁化率处于低值；也可能是由于本身的粒度较大不利于产生大量比较细小的铁磁性颗粒使得频率磁化率增加。

＞30 μm 和＞65 μm 两条粒度曲线在 21.8 m 处出现低值，颗粒较细。低频质量磁化率处于低值，说明这时温度不高，水动力条件不强，搬运作用弱，不利于搬运大颗粒物质，使得超顺磁性颗粒的比重较大，频率磁化率处于峰值。

5.2　18.7～21 m

在 18.7～21 m 处，低频质量磁化率总体的数值都较低，说明这一深度总体上沉积环境温度低，降水少，成壤作用弱，铁磁性矿物相对聚集趋势较弱。只有在 20.4 m 处有一个不明显的小峰值。但是对于频率磁化率来讲，在 20.4 m 和 18.7 m 处出现明显的峰值，这和低频质量磁化率峰值出现的深度相同，说明在这两个深度附近的沉积环境水热条件相对于这段的其他位置较好。而且频率磁化率在这一段的数值要明显高于 21～26.2 m 这一段的数值，而低频质量磁化率又明显低于 21～26.2 m 的数值，说明超顺磁颗粒存留的量较多，没有随着温度和降水的进一步增加而减少。

这一深度范围内的粒度中小于 5 μm 粒度的沉积物数量依然很少，都小于 20%。＞30 μm 和＞65 μm 两条粒度曲线表现出相同的变化趋势，按照时间的顺序从 21 m 处开始增大到 20.8 m 后开始减小，到 20.4 m 处是最小值，而后开始增大，到 20 m 处一个峰值后又开始下降，降到 19.3 m 处又开始上升，到 19.1 m 处达到最大值后又开始下降。通过与岩性和磁化率曲线对比，在 20.4 m 处的岩性为黄棕色粉砂，是＞30 μm 和＞65 μm 两条粒度曲线在这段的最小值，然而低频质量磁化率和频率磁化率都表现为这段的最大值，所以 20.6 m 处的粒度和磁化率是负相关的关系。而这一深度＜5 μm 的粒度曲线是这段的最大值，说明这个深度附近沉积时的水动力条件较弱，有利于搬运细的物质，而这些细粒物质的铁磁性矿物更容易发生聚集，使得低频质量磁化率和频率磁化率都处于本段的最大值。在 20 m 处是浅棕色粉砂，粒度是＞30 μm 和＞65 μm 两条粒度曲线在这段的最大值，并且

<5 μm 粒度曲线表现为这段的最小值 0，低频质量磁化率处于增加的过程中，但频率磁化率表现为一个低值。这些说明这一深度附近水动力条件较强，有助于粗颗粒的搬运和堆积，有助于粒径较大的铁磁性矿物相对聚集但不利于超顺磁性颗粒的聚集。

5.3 9.5～18.7 m

在 9.5～18.7 m 处，这段沉积物的低频质量磁化率和 21～26.2 m 的相比较低，而比 18.7～21 m 的高。这段深度的低频质量磁化率曲线波动较为明显，代表了冷暖气候的频繁转换，反映了沉积时期气候环境的不稳定性。低频质量磁化率在 18.7 m、18.3 m、16.9 m、15 m、14.4 m、13.8 m、13.4 m、12.2 m、11.4 m、9.5 m 这 10 个深度上表现为峰值；在 18.5 m、18.1 m、15.4 m、14.8 m、14 m、13.6 m、12.4 m、11.8 m、9.7 m 这 9 个深度上表现为低值。其中，16.9 m 处和 14 m 处分别是这段低频质量磁化率的最大值和最小值。以上这些代表这一时段内的 10 次气候波动。

这段频率磁化率的数值低于 21～26.2 m 的数值，却高于 18.7～21 m 的数值，说明这段沉积物对应的水热条件介于以上两者之间。这段的频率磁化率变化也较为复杂。频率磁化率在 18.3 m、17.9 m、16.9 m、15.8 m、15.4 m、14.8 m、14.2 m、13.6 m、11.4 m、9.5 m 这 10 个深度上表现为峰值；在 18.5 m、18.1 m、17.3 m、16.4 m、15.6 m、15.2 m、14.4 m、13.8 m、12.2 m、9.7 m 这 10 个深度上表现为低值。以上这些也同样反映了这一时段内的 10 次气候波动。

如图 5 所示，为了更明显地表示低频质量磁化率和频率磁化率随深度的变化，将频率磁化率的数值扩大 100 倍和低频质量磁化率进行比较。在低频质量磁化率的 10 个峰值中，有 18.3 m、16.9 m、11.4 m、9.5 m 这 4 个深度上峰值仍然是频率磁化率的峰值；但是有 14.4 m、13.8 m、12.2 m 这 3 个深度上的峰值却是频率磁化率的低值。在低频质量磁化率的 9 个低值中，18.5 m、18.1 m、9.7 m 这 3 个深度上的低值仍然是频率磁化率的低值，但是在 15.4 m、14.8 m、13.6 m 这 3 个深度上的低值却是频率磁化率的高值。总体来看，在这一时段中，前期和后期低频质量磁化率和频率磁化率表现为正相关，在中期二者表现为负相关。其中，在 14.4 m 处频率磁化率的数值非常小，达到了–42.7%，说明高频磁化率远高于低频，这个问题有待于进一步研究。

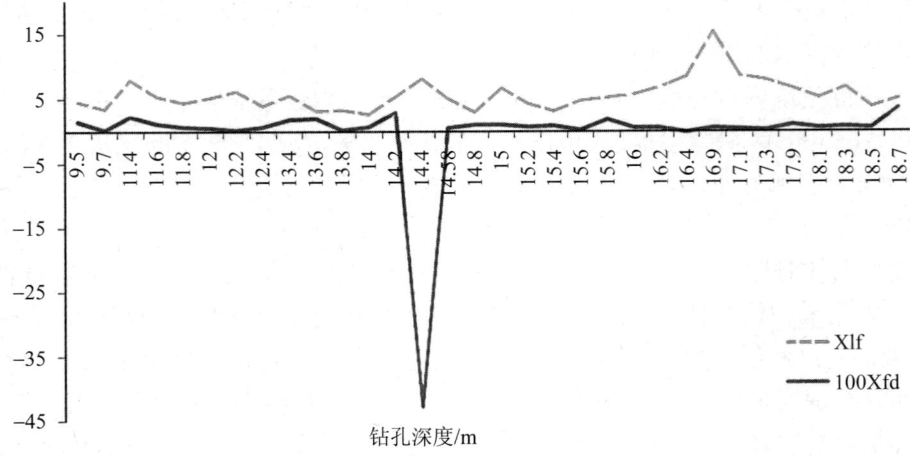

图 5 9.5～18.7 m 的 Xlf 和 100Xfd 随深度的变化

在粒度方面，>30 μm 和>65 μm 的两条粒度曲线的变化趋势基本一致，<5 μm 的粒度曲线与二者基本呈负相关，<5 μm 的粒度曲线的峰值对应二者的低值，表现为此消彼长。因此，在此只分析大于 30 μm 曲线的变化情况。>30 μm 曲线在 18.5 m、17.3 m、16.4 m、16 m、15 m、14.4 m、14 m、13.4 m、12.2 m、11.6 m 这 10 个深度上表现为峰值；在 18.1 m、16.9 m、16.2 m、15.2 m、14.6 m、14.2 m、13.8 m、12.4 m、11.8 m、9.7 m 这 10 个深度上表现为低值；因此同样反映出 10 次气候波动。

5.4　4.4～9.5 m

在 4.4～9.5 m 的这段沉积物中，低频质量磁化率一直处于低值，没有明显的高峰，说明这段时间内，温度低，降水少，成壤作用弱，铁磁性矿物的总量较少。而且这段低频质量磁化率曲线的起伏不明显，说明环境比较单一和稳定。低频质量磁化率在 9.5 m、9.1 m、8.5 m、7.5 m、7.1 m、6.7 m、6.4 m、5.6 m、5.2 m、4.8 m 这 10 个深度上表现为峰值，在 9.3 m、8.9 m、7.7 m、7.3 m、6.9 m、6.5 m、6 m、5.4 m、5 m、4.4 m 这 10 个深度上表现为低值，反映了 10 次气候波动，气候的冷暖转换非常频繁。频率磁化率在这一段内的波动也非常明显，其数值较之前的 3 段都要大。频率磁化率在 9.5 m、9.1 m、8.7 m、8.1 m、7.5 m、6.7 m、6.4 m、5.7 m、5.4 m、4.8 m 这 10 个深度上表现为峰值，在 9.3 m、8.9 m、8.5 m、7.9 m、6.9 m、6.5 m、6 m、5.6 m、5.2 m、4.4 m 这 10 个深度上表现为低值，也说明这段有明显的 10 次气候波动。而且，在频率磁化率的 10 个峰值所对应的深度中有 6 个深度上是低频质量磁化率的峰值，频率磁化率的 10 个低值所对应深度中也有 6 个深度上是低频质量磁化率的低值，这说明在这一时段内两条曲线有着较好的一致性。只是频率磁化率曲线的波动比低频质量磁化率的波动更为明显，说明频率磁化率能更好地反映一些气候变化中的细节。

在这一深度范围内，大于 30 μm 和大于 65 μm 两条粒度曲线的变化趋势基本一致，<5 μm 的粒度曲线与二者基本呈负相关，<5 μm 的粒度曲线的峰值对应二者的低值，<5 μm 的粒度曲线的低值对应二者的峰值，它和二者表现为此消彼长。因此，在此只分析>30 μm 曲线的变化情况。>30 μm 的粒度曲线在 9.5 m，8.9 m、8.5 m、7.9 m、6.7 m、5.4 m、4.8 m 这 7 个深度上表现为峰值，在 9.1 m、8.7 m、8.3 m、7.5 m、6 m、5 m 这 6 个深度上表现为低值。粒度曲线反映了 7 次气候波动，不及低频质量磁化率和频率磁化率记录的波动次数多，说明粒度指标不及磁化率指标灵敏。

5.5　2～4.4 m

在这一深度范围内，低频质量磁化率显著增高，代表水热条件转好的过程。低频质量磁化率从 4.4 m 这一深度迅速增加至 3.8 m 处；而后下降到 3.4 m 处，上升到 3 m 处；下降到 2.6 m 处，最后一直增加到 2 m 处达到本段内的最大值。低频质量磁化率共记录了 3 次气候波动。对于这一深度的频率磁化率基本表现出和质量磁化率相反的趋势。从 4.4 m 先增加至 4.2 m 处，而后下降至 3.8 m 处；上升至 3.4 m 处，下降至 3 m 处；上升至 2.6 m 处，迅速下降至 2.3 m 处；最后小幅上升到 2 m 处。造成这种现象的原因可能是，当温度快速升高时，不利于超顺磁性颗粒的存留，使得频率磁化率低。当温度迅速下降时，可以保存较多的超顺磁性颗粒，使得频率磁化率较高。也可能由于低频质量磁化率增加所代表的水热条件转好之后，水动力条件增强，搬运来的物质颗粒较大，不利于成壤作用产生超顺磁性颗粒使得频率磁化率数值较低。

通过和其他 4 个阶段的比较，发现这一深度所对应的阶段是除 21～26.2 m 以外，又一低频质量磁化率处于高值的阶段，说明这时的温度高，降水多，成壤作用强，铁磁性矿物相对聚集，造成磁化率高。磁化率迅速增长的过程代表了温度和降水迅速增加的过程，这一阶段也就是距离现在最近的全新世大暖期。

从这一深度范围的粒度指标来看，＞30 μm 和＞65 μm 两条粒度曲线的变化趋势基本一致，小于 5 μm 的粒度曲线的峰值对应二者的低值，＜5 μm 的粒度曲线的低值对应二者的峰值，它和二者表现为此消彼长。因此，在此只分析＞30 μm 曲线的变化情况。该曲线从 4.4 m 处下降至 4.2 m 处，又上升至 3.8 m 处；下降至 3.4 m 处，上升至 2.6 m 处；下降至 2.3 m 处，最后上升至本段内的最大值 2 m 处。根据岩性描述在 2.3 m、3.8 m 附近是中砂，可能在粒度仪中一些较粗的物质不能随循环泵循环，也就使得 3.8 m 和 2.3 m 处的粒度读数偏小。粒度曲线共记录了 3 次气候波动，并且该曲线呈现波动上升的趋势，这和磁化率曲线是相对应的。说明这一深度的沉积环境降水较多，水动力条件较强，河流搬运泥沙的能力较强。

6 钻孔沉积物年代序列的建立

6.1 钻孔沉积物的基准问题

钻孔年代序列的建立采用粒度数据与磁化率数据对应氧同位素阶段的年龄来确定，以确定 MIS1 到 MIS5 之中的冷区间与暖区间。在研究第四纪环境时，不论用何种替代性指标来研究气候的变化，都要有时间作为标尺来还原古气候，因此定年就成为必须要解决的问题。本文根据钻孔的岩性、磁化率和粒度曲线并结合前人在氧同位素阶段年龄方面的研究来划定。

根据施雅风在《中国第四纪冰期划分改进建议》[29]一文中将年代综合 SPECMAP 与 DSDP607 划分的 MIS 阶段，古里雅冰芯与冰川沉积记录的中国冰期，喜马拉雅与青藏高原、天山与阿尔泰山、东部山区的区域相应进行对应。其中的年代与 MIS 阶段的划分作为本文定年的基准。11 ka BP 作为 MIS1 与 MIS2 的界限；28～32 ka BP 作为 MIS2 与 MIS3 的界限，可以取平均为 30 ka BP；58～60 ka BP 作为 MIS3 与 MIS4 的界限，可以取平均为 59 ka BP；75 ka BP 作为 MIS4 与 MIS5 的界限；130 ka BP 作为 MIS5 与 MIS6 的界限。

6.2 钻孔沉积物剖面年代序列的建立

基于以上对钻孔沉积物中磁化率和粒度的古气候意义的分析，结合深海大洋氧同位素曲线。2～4.4 m 对应的沉积环境温暖湿润，代表了 MIS1 阶段，故 4.4 m 为 MIS1 与 MIS2 的界限 11 ka BP。4.4～9.5 m 对应的沉积环境寒冷，代表了 MIS2 阶段，故 9.5 m 为 MIS2 与 MIS3 的界限 30 ka BP。9.5～18.7 m 对应的沉积时间虽然也在末次冰期中，温度较低，但低频质量磁化率偏高，较 MIS2 阶段温暖，所以将其代表 MIS3 阶段，故 18.7 m 为 MIS3 与 MIS4 的界限 59 ka BP。18.7～21 m 对应的沉积环境较 MIS3 寒冷，21～26.2 m 对应的沉积环境温暖湿润，故 18.7～21 m 代表 MIS4，21～26.2 m 代表 MIS5，故 21 m 为 MIS4 与 MIS5 的界限 75 ka BP，26.2 m 代表 MIS5 与 MIS6 的界限 130 ka BP。其中，MIS4、MIS3、MIS2 分别是距今 7.5 万年到 1.1 万年的末次冰期中的早期、中期和晚期。

根据上述 4 个深度与年龄对应的控制点，假设控制点间隔处沉积速率相同，通过插值法得到一个以时间为标尺的较高分辨率的从 MIS2—MIS5 的古气候演化序列。因为在 MIS1 阶段中，本钻孔的样品数量不是很多，采用插值可能造成较大误差，故不对 2～4.4 m 进行插值。图 6 至图 8 分别表示了低频质量磁化率、频率磁化率和粒度随时间的变化图。在插值之前，先利用控制点间的时间间隔和深度来计算出两个控制点间沉积 1 m 的沉积物所用的时间，计算出两个控制点间每相邻两个采样点的深度差，转换为年龄差，再从上面的控制点利用年龄差进行累加得到每一个采样点的年龄。最后，利用每个控制点之前一个采样点的年龄加上与控制点的年龄之差，相加后与控制点的年龄进行比较，检验插值的准确性，发现相加之后的年龄约等于控制点的年龄，所以这种插值的方法是比较准确的。

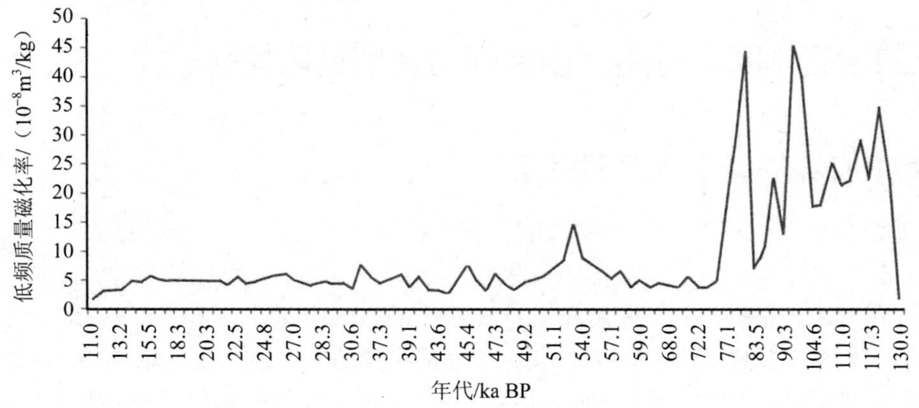

图 6　低频质量磁化率随时间变化图

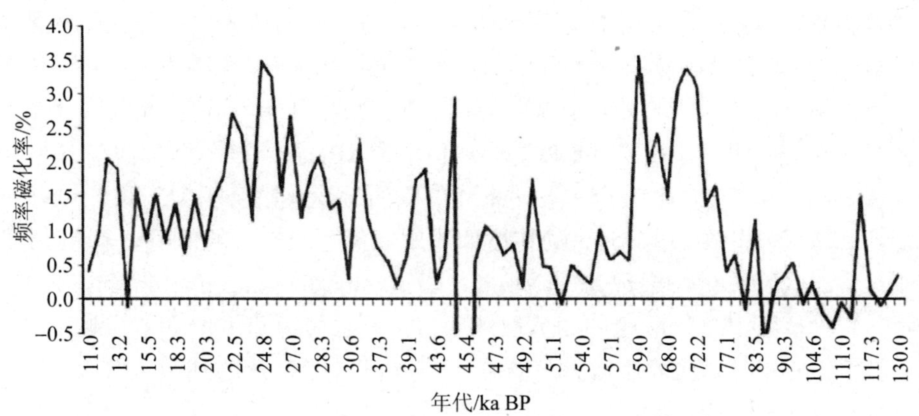

图 7　频率磁化率随时间变化图

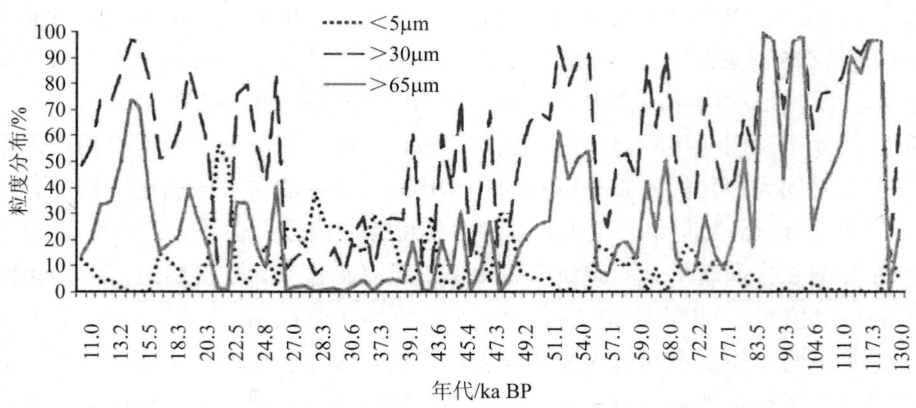

图 8　粒度随时间变化图

7　北京地区 MIS3 时期气候特征与其他地区的比较

7.1　北京地区 MIS3 时期气候特征

由于这个钻孔沉积物的低频质量磁化率和高频质量磁化率两个参量的变化趋势是一致的，因此在这里只选用低频质量磁化率并结合频率磁化率、岩性描述和粒度曲线来进行分析讨论和对比。根据钻孔沉积物磁化率和粒度的古气候意义，将 9.5～18.7 m 处划定为深海氧同位素第三阶段，即 MIS3 时期。这段沉积物的低频质量磁化率和 MIS5 的相比较低，而比 MIS4 和 MIS2 的高。说明 MIS3 阶段处于末次冰期，温度不及 MIS5 时期高，降水也没有 MIS5 时期多；但是和其他两个处于末次冰期的 MIS2 时期和 MIS4 时期相比，是较为温暖湿润的。低频质量磁化率曲线波动较为明显，这一时期内有 10 个明显的高峰和 9 个明显的低谷，代表了 10 次明显的气候波动，说明温度和降水条件和其他阶段相比变换较为频繁和复杂，沉积环境不稳定。频率磁化率在这一时间段内的变化也比较复杂，反映了 10 次气候波动。频率磁化率的整体数值低于 MIS4 和 MIS2 却高于 MIS5，也说明这一时段内的沉积物对应的水热环境介于以上两者之间。原因可能是温度较高、降水较多，一部分超顺磁性矿物被分解，还存留一定的量，存留的比 MIS5 要多一些，有待于进一步研究。

在粒度方面，＞30 μm 和＞65 μm 两条粒度曲线的变化趋势基本一致，＜5 μm 的粒度曲线与二者基本呈负相关，＜5 μm 的粒度曲线的峰值对应二者的低值，＜5 μm 的粒度曲线的低值对应二者的峰值，表现为此消彼长。＞30 μm 和＞65 μm 两条粒度曲线的高度一致性说明北京地区 MIS3 阶段的主要沉积外动力是流水搬运和堆积。当流水作用增强时，＞30 μm 和＞65 μm 粒度的数值增大，造成了＜5 μm 粒度数值的减小。因此，以下分析粒度时只用＞30 μm 的粒度曲线。

根据施雅风在《中国第四纪冰期划分改进建议》[29]一文中基于中国冰期（据古里雅冰芯与冰川沉积记录）对 MIS3 时期内部的时段进行了划分。他认为在 MIS3 内部再划分为 3 个阶段，分别是作为间冰阶时期的 MIS3 c 阶段，作为末次冰期中冰阶的 MIS3 b 阶段和作为间冰期的 MIS3 a 阶段。根据钻孔沉积物的低频质量磁化率、频率磁化率曲线和粒度曲线对北京地区的 MIS3 阶段也可划分为 3 个阶段。在每一个阶段中，低频质量磁化率可以用来界定明显的气候变化，频率磁化率和粒度曲线可以反映更为细小的气候波动。

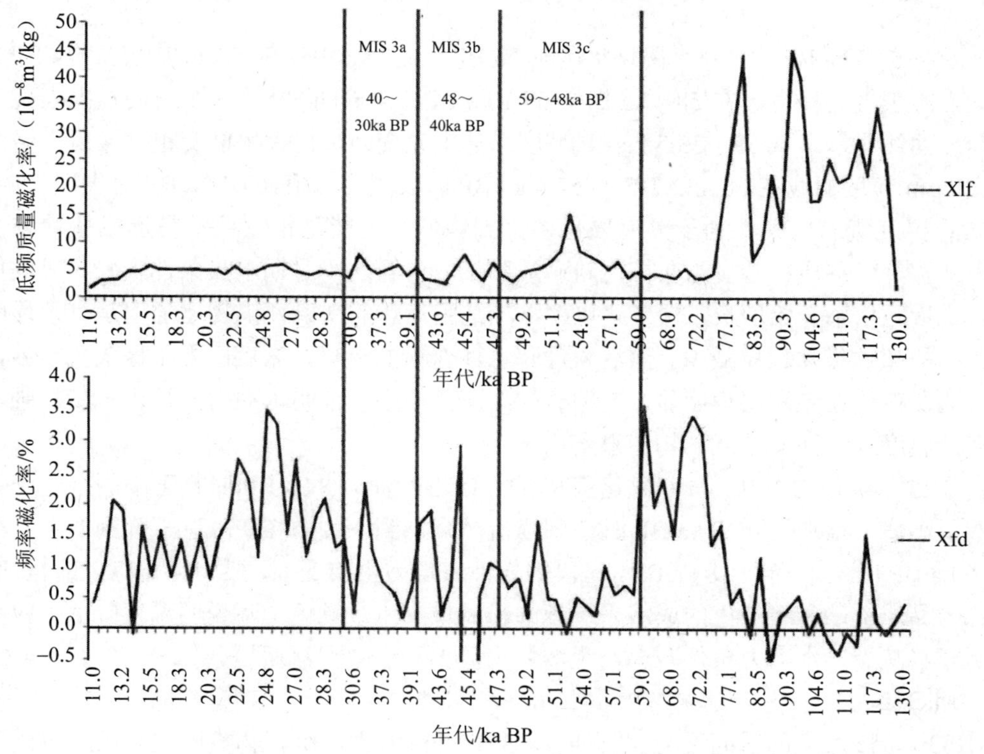

图 9 低频质量磁化率和频率磁化率在 MIS3 阶段上的变化图

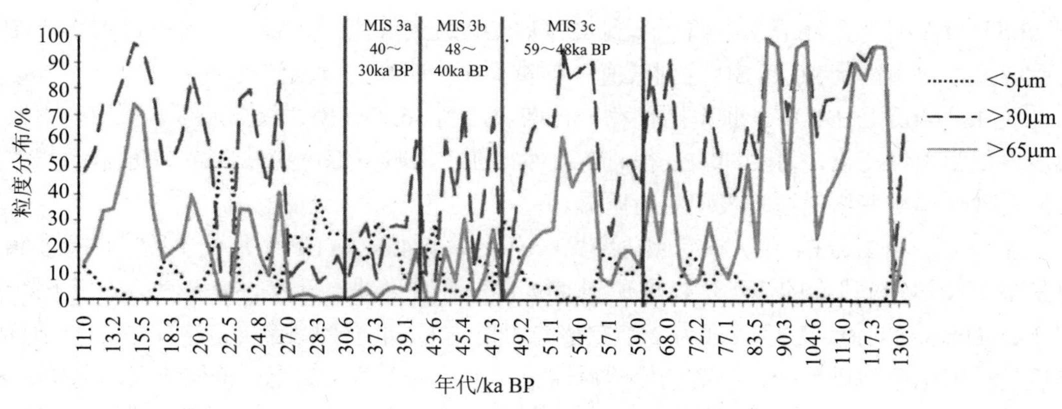

图 10 粒度在 MIS3 阶段上的变化图

7.1.1 MIS3c

MIS3c 阶段对应的时间段为 59～48 ka BP，是深海大洋沉积物氧同位素第三阶段的早期，低频质量磁化率从 59 ka BP 起开始波动增加，到 53.3 ka BP 时达到峰值，而后的总体趋势表现为下降到 48 ka BP 时。其中，在 53.3 ka BP 时的峰值是整个末次间冰期中的最大值，说明北京地区在末次间冰期中氧同位素第三阶段的早期是最温暖湿润的。频率磁化率出现了 5 个峰值，4 个低值，记录了 4 次比较细小的气候波动，说明这一时段内的环境多变，不是很稳定。＞30 μm 的粒度曲线表现为 4 个峰值，4 个低值，也反映出 4 次气候波动。

在 59～53.3 ka BP 中，频率磁化率在 59 ka BP、57.7 ka BP、56.5 ka BP、53.3 ka BP 这 4 个时间点上表现为峰值，在 58.4 ka BP、57.1 ka BP、54.6 ka BP 这 3 个时间点上表现为低值。粒度曲线显示，从 59～53.3 ka BP 粒度总体上先变细，再大幅度变粗，最后再略微变细。＞30 μm 粒度曲线在 58.4 ka BP 和 54.6 ka BP 时表现为峰值，57.1 ka BP 时表现为低值。总体来看粒度值的增大不利于频率磁化率达到峰值，可能是粗颗粒不易形成超顺磁性颗粒。先从棕黄色黏质粉砂变为灰棕色粉砂质黏土，说明这段时期水热条件转好，成壤作用加强，质量磁化率开始增长，频率磁化率下降是因为总的铁磁性矿物增加但是有效反应频率磁化率的超顺磁性颗粒减少。而后岩性有总体变粗的趋势，先后出现了棕灰色粗砂，层理明显的灰棕色粉砂和层理明显，夹粗砂的红灰色中砂，说明水动力条件进一步加强，降水偏多，温度高，铁离子从矿物中淋溶出来。

在 53.3～48 ka BP 中，频率磁化率从 53.3 ka BP 到 51.8 ka BP 时是下降的，达到了这一段的最小值；增加到 49.9 ka BP 时达到峰值，减小到 48.2 ka BP 附近下降到低谷；增加到 48.6 ka BP 时又下降到 48 ka BP。这段的岩性表现为由粗变细，成为暗黄棕色的极细砂，棕灰色的黏质粉砂和暗灰色的成水平层理的粉砂质黏土。颜色变暗说明温度降低；粒度变小说明降水减少，水动力条件减弱，粗颗粒物质不利于被河流搬运。

7.1.2 MIS3b

MIS3b 阶段对应的时间段为 48～40 ka BP，是深海大洋沉积物氧同位素第三阶段的中期。低频质量磁化率的数值和 MIS3 c 相比较低，说明这一时段的水热条件不如 MIS3 c。低频质量磁化率从 48 ka BP 上升至 47.3 ka BP 时达到峰值，46.7 ka BP 时下降到低值；上升至 45.4 ka BP 时达到这一段的最大值，下降到 44.2 ka BP 时达到这一段的最小值；上升到 43.6 ka BP 时达到峰值，小幅下降到 42.9 ka BP 达到低值；之后一直增加到 42.3 ka BP 达到峰值，再下降到 40 ka BP 达到低值。反映了 4 个明显的气候波动。

在 48～46.7 ka BP 中，频率磁化率一直增加，到 46.7 ka BP 时达到本段内的最大值。粒度表现为由细变粗，再变细的过程。在岩性方面，由暗灰棕色粉砂质黏土变为暗黄棕色黏质粉砂，说明变粗的过程表现更为明显。

在 46.7～44.2 ka BP 中，频率磁化率先一直下降至 45.4 ka BP 时达到本段内的最小值，也是整个 MIS3 阶段上的最小值，增加到 44.8 ka BP 时达到本段内的最大值；最后下降至 44.2 ka BP 达到低值。粒度表现为 2 个完整的由粗变细，再由细变粗的波动。在岩性方面，先后是暗黄棕色黏质粉砂、棕灰色粉砂质黏土、棕灰色粉砂质黏土、黄棕色黏质粉砂，表现出明显的由粗变细再变粗的过程。其中，在 44.8 ka BP 时段附近，产生了直径 3～4 cm 的较大结核，这与水的淋溶淀积有关；具大量锈斑，说明环境较为湿润。这时是频率磁化率在 MIS3 阶段的最大值，是＞30 μm 粒径在这段的一个低值，说明在水热条件处于中等的情况下，粒径较小有助于频率磁化率的数值增大。

在 44.2～42.9 ka BP 中，频率磁化率先下降至 43.63 ka BP 时达到本段的最小值，然后增加到 42.9 ka BP 时达到峰值。粒度表现为由粗变细再变粗的过程。岩性为从黄棕色粉砂到灰棕色粉砂质黏土再到灰棕色黏质粉砂，也表现为由粗变细再变粗的过程，说明温度和降水经历了一个约 1 300 年的周期变化，流水搬运作用由强到弱再到强。

在 42.9～40 ka BP 中，频率磁化率一直在减小。粒度先变粗再变细。岩性从灰棕色粉砂质黏土变为灰棕色黏质粉砂，颗粒变粗，然后变为暗黄棕色的黏质粉砂，粒径又变细。在 40 ka BP 附近有大量锈斑，具微层理，说明这段时间内的水动力条件变弱，间接说明降水减少。

7.1.3 MIS3a

MIS3a 阶段对应的时间段为 40～30 ka BP，是深海大洋沉积物氧同位素第三阶段的晚期。低频质量磁化率的数值比 MIS3 c 阶段的值小，但是比 MIS3 b 阶段的值大，说明这一时期内北京的环境温度和降水量比 MIS3 c 阶段低，但是比 MIS3 b 阶段高。低频质量磁化率表现为 2 个完整的波动，有 2 个峰值和 2 个谷值。从 40 ka BP 时开始增加，到 38.5 ka BP 达到小的峰值，下降至 37.3 ka BP 时达到低谷；由此增加到 36 ka BP 时，达到这一阶段的最高值，而后开始下降一直到 30.6 ka BP 时达到低谷；最后上升到 30 ka BP 时达到峰值。

在 40～37.3 ka BP 中，频率磁化率先减少到 38.5 ka BP 时达到本段内的最小值，后来增大到 37.3 ka BP。粒度显示出先变粗后变细的过程。结合岩性表述可知这段的沉积物都是黏质粉砂，粗细变化不显著。从暗黄棕色变为棕灰色，其中含有少量钙结核，可能对频率磁化率的测量造成一定的影响，使得超顺磁颗粒的磁性特征无法很好地表现出来。

在 37.3～30.6 ka BP 中，频率磁化率增加到 36 ka BP 时达到峰值，这一过程中的低频质量磁化率的增加也代表了温度增加和降水增多的过程。而后，频率磁化率从 36 ka BP 减小到 30.6 ka BP，代表了温度的降低和降水的减少过程。粒度曲线反映了先变粗再变细的过程，也说明了降水先增加再减少的过程，导致搬运能力先变强后变弱。从岩性上看，从暗灰黄色的粉砂质黏土，到暗灰棕色黏泥，反映出变细的过程更为明显。暗灰棕色黏泥，说明这一时期对应沉积环境水分较多，气候较为湿润。

在 30.6～30 ka BP 中，频率磁化率和低频质量磁化率都增加，粒度也显示变粗，三者共同反映出水热条件转好，成壤作用与河流搬运能力加强。

综上所述，粒度、岩性描述和磁化率的关系十分紧密，可以共同说明环境演化的问题。一般在低频质量磁化率较高时，说明温度高，降水多，水动力强，河流搬运泥沙的能力就强。而根据粒度曲线和岩性描述刚好表现出低频质量磁化率高时粒度较大，说明北京山前地区的沉积外动力以流水堆积作用为主。

7.2 北京地区 MIS3 阶段的气候和同时期青藏高原气候的比较

根据施雅风等在《距今 40～30 ka 青藏高原特强夏季风事件及其与岁差周期关系》[25]一文中提到古里雅冰芯记录、青藏高原和其北侧的高湖面记录、植被变化记录共同指示在 40～30 ka BP，也就是末次冰期的深海氧同位素第 3 阶段后期，青藏高原异常的温暖湿润，温度高于现代 2～4℃，降水有 4 成至成倍以上的增长，代表着一次特强的夏季风事件，如图 11 所示。

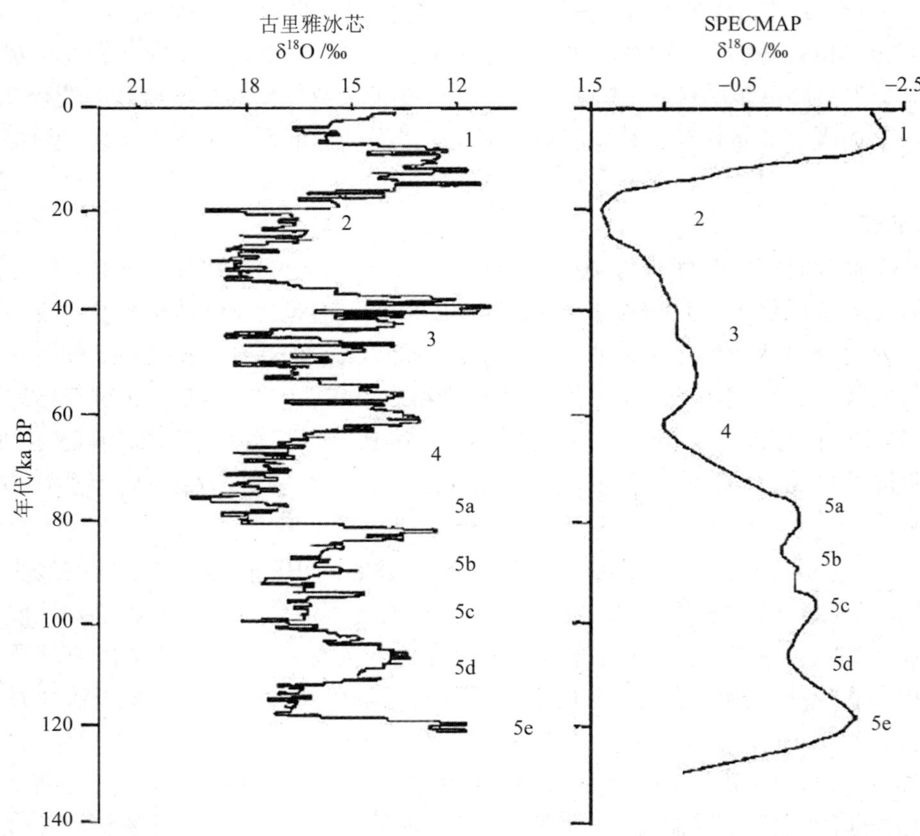

图 11　古里雅冰芯[30]与 SPECMAP[23]130 ka BP 以来气候旋回比较

根据图 8 和图 9 的比较，北京地区在 MIS3 阶段的气候与环境状况和青藏高原不同。根据以上对北京地区 MIS3 时期气候特征的分析，北京地区在末次间冰期中氧同位素第三阶段的早期，即 MIS3 c 阶段是最温暖湿润的，这和青藏高原在 MIS3 a 阶段异常温暖的时间不同。而且，北京地区 MIS3 阶段的低频质量磁化率只是高于 MIS2 和 MIS4 阶段，数值低于全新世大暖期和末次间冰期，代表这一时期的温度条件不及末次间冰期和全新世大暖期，不存在“高温大降水事件”，而青藏高原在 MIS3 阶段表现为比现在的温度还要高。

造成北京地区和青藏高原地区在 MIS3 阶段出现巨大差异的原因在于气候的驱动机制不同。施雅风等分析青藏高原 MIS3 晚期异常温暖的原因在于一方面为高原夏季低气压强盛，增大了对夏季风的吸引力；另一方面热带洋面的旺盛蒸发，助长了西南季风携带丰富水汽吹越青藏高原。特强夏季风形成背景是 40～30 ka BP，正值 20 ka 左右岁差周期的太阳高辐射阶段，青藏高原接收的辐射增强加大了高原与印度洋中南部的热力对比[31]。而本研究钻孔代表的北京地区第四纪沉积物记录反映出不是以 20 ka 左右的岁差周期为最主要的驱动机制，北京地区的夏季风也不是西南季风，而是东南季风，故和青藏高原在 MIS3 阶段的表现会有所不同。

7.3　北京地区 MIS3 阶段的气候和同时期黄土高原气候的比较

陈一萌等对中国黄土高原西部区的马兰黄土进行研究，他们认为该区作为对气候的响应非常敏感和很高的沉积速率是高分辨率研究古气候变迁的理想场所。该区记录的具有全球意义的深海氧同位素第3阶段的气候变化规律可明显地划分为56.1～42.2 ka BP时段强温湿、39.3～33.1 ka BP时段弱温湿、31～25 ka BP时段中等温湿的3个温湿期和42.2～39.3 ka BP、33.1～31.0 ka BP时段的两个干冷期[32]。

根据钻孔沉积物中所提取的北京地区MIS3阶段的气候特征是两段相对暖湿，中间相对干冷，这和黄土高原的MIS3时期的3段暖湿时段夹2个冷干时段有一定的相似之处，但是在时间段的划分上有较大的差距，可能是因为黄土高原形成黄土-古土壤层的动力是风力堆积，受陆地的影响占很大比重。而北京地区的钻孔沉积物以流水搬运堆积为主，而流水搬运一方面受降水的影响，另一方面还受地貌形态的影响，流水在流动过程中河谷河床的改变都会影响水的搬运，其机制较风成沉积更为复杂，这需要进一步的工作。

7.4 北京地区对Heinrich事件的响应

鹿化煜等通过对前人研究的分析在《Heinrich事件和末次冰期气候的不稳定性》[33]一文中指出末次冰期北大西洋沉积物记录中有多次洋面温度降低、有孔虫含量减少、盐度降低和粗颗粒的碳酸盐碎屑快速堆积的现象，这些时间跨度上千年或几百年的气候快速波动被称为Heinrich事件。根据刘东生在《黄土与干旱环境》一书中总结的干旱区半干旱区古气候事件年表，发现在黄土高原MIS3阶段中的33.5 ka BP和50.5 ka BP分别是H-4和H-5事件，对应着千年尺度的降温事件，他们不能用轨道要素来解释。图9说明，北京地区第四纪钻孔的沉积物在33.5 ka BP和50.5 ka BP附近处于温度下降的阶段，与黄土高原的H-4和H-5事件相比，对Heinrich事件有相似的响应，说明北京地区所在的受东亚冬季风控制的地区与北大西洋地区气候可能存在一种"遥相关"，对于此的具体问题有待于进一步研究。

8 结论与讨论

（1）磁化率曲线能指示东亚夏季风的强弱，东亚夏季风强盛指示湿热的气候，气温高；东亚夏季风弱指示干冷的气候，气温低。低频和高频质量磁化率表示宏观上的气候变化，频率磁化率表示一段时期内气候变化的细节。低频质量磁化率和频率磁化率二者呈正相关时说明相同的环境意义，二者呈现负相关多表现为在低频质量磁化率达到峰值时频率磁化率处于低值，可能是由于温度高降水多的时候，粗颗粒沉积物较多不利于细小的超顺磁性颗粒相对聚集使得频率磁化率数值较低。

（2）本文选取＜5 μm粒度作为夏季风指标，大于30 μm粒度作为冬季风指标。因为北京山前地区不牵涉沙漠进退的问题，也就没有粗颗粒在风力作用下近源搬运的过程，所以用大于65 μm粒度作为流水作用的指标。在本文中＞30 μm和＞65 μm两条粒度曲线的变化趋势基本一致，而且二者和低频质量磁化率的变化趋势相近，说明北京地区MIS3阶段的沉积时的外动力是流水搬运和堆积。小于5 μm的粒度曲线与二者基本呈负相关，表现为此消彼长。

（3）北京MIS3阶段处于末次冰期，温度不及MIS5时期高，降水也没有MIS5时期多；但是和其他两个处于末次冰期的MIS2时期和MIS4时期相比，是较为温暖湿润的。低频质量磁化率曲线波动较为明显，这一时期内有10个明显的波峰和9个明显的波谷，代表了 10 次气候波动。而且，频率磁化率曲线和粒度曲线也都说明北京地区 MIS3 阶段存在明显的 10 次气候波动，代表了温度和降水条件变化得较为频繁和复杂，沉积环境不稳定。

（4）北京地区 MIS3 阶段不存在类似于青藏高原的“高温大降水事件”。北京地区受东南季风影响，不是西南季风，故不呈现出类似于青藏高原在 MIS3 晚期阶段异常高温多雨的特点。北京地区 MIS3 阶段的气候特征是两段相对暖湿，中间相对干冷，这和黄土高原的 MIS3 时期的 3 段暖湿时段夹 2 个冷干时段有一定的相似之处，但是在时间段的划分上有较大的差距，可能是因为黄土高原形成黄土-古土壤层的动力是风力堆积，受陆地的影响占很大比重。而北京地区的钻孔沉积物以流水搬运堆积为主，而流水搬运一方面受降水的影响，另一方面还受地貌形态的影响，流水在流动过程中河谷河床的改变都会影响水的搬运，其机制较风成沉积更为复杂，这需要进一步研究。

（5）北京地区 MIS3 阶段有着和黄土高原 MIS3 阶段对 Heinrich 事件相似的响应。北京地区第四纪钻孔的沉积物在 33.5 ka BP 和 50.5 ka BP 附近处于温度下降的阶段，和黄土高原的 MIS3 阶段中的 H-4 和 H-5 事件对应，说明北京地区 MIS3 阶段对 Heinrich 事件有所响应，这在一定程度上说明北京地区所在的受东亚冬季风控制的地区与北大西洋地区气候可能存在着一种“遥相关”，对于此的具体问题有待于进一步研究。

对于本文中的研究内容还有进一步的工作需要进行。可以通过测年使得年代断定更为准确，还需要结合全球变化研究领域最新的科研成果来研究和分析北京地区气候变化的驱动机制、对全球性事件的响应和与地区性事件的关联等。

参考文献

[1] 中国科学技术协会. 2006—2007 地理科学学科发展报告[R]. 北京：中国科学技术出版社，2007：58-59.

[2] 夏正楷. 第四纪环境学[M]. 北京：北京大学出版社，1997.

[3] 郭旭东. 北京第四纪地质导论[M]. 重庆：重庆出版社，2007.

[4] 李四光. 华北地区的冰期和间冰期问题[J]. 中国地质，1963（4）：1-6.

[5] 郭旭东，严富华. 北京西山潭柘寺地区第四纪冰川与环境问题[J]. 冰川冻土，1993，15（4）：574-581.

[6] 安芷生，卢演俦. 华北晚更新世马兰期气候地层划分[J]. 科学通报，1984，4：228-231.

[7] 于涛，魏明建. 北京西山末次冰期中期植被演化序列研究[J]. 首都师范大学学报：自然科学版，2005，26（3）：81-86.

[8] 李长安. 北京平原区第四纪古气候变化[J]. 中国区域地质，1993，4：336-343.

[9] 刘东生. 黄土与干旱环境[M]. 合肥：安徽科学技术出版社，2009.

[10] 强小科，安芷生，常宏. 佳县红黏土堆积序列频率磁化率的古气候意义[J]. 海洋地质与第四纪地质，2003，8：91-96.

[11] 李秉成，雷祥义，李正泽，等. 西安白鹿塬全新世黄土剖面磁化率的古气候特征[J]. 海洋地质与第四纪地质，2008，28（1）：115-121.

[12] 刘东生，等. 黄土与环境[M]. 北京：科学出版社，1985.

[13] 聂高众，刘嘉麒，郭正堂. 渭南黄土剖面十五万年以来的主要地层界线和气候事件年代学方面的证据[J]. 第四纪研究，1996，3：221-231.

[14] 鹿化煜，安芷生. 洛川黄土粒度组成的古气候意义[J]. 科学通报，1997，42（1）：66-69.

[15] 鹿化煜，安芷生. 黄土高原黄土粒度组成的古气候意义[J]. 中国科学（D 辑），1998，28（3）：278-283.

[16] 管清玉，潘宝田，高红山，等. 粘粒含量——夏季风的良好替代指标[J]. 干旱区资源与环境，2004，18（8）：17-19.

[17] 王小莉，潘保田，王均平. 汾渭盆地 250 ka BP 以来黄土粒度记录的环境信息[J]. 兰州大学学报：自然科学版，2006，42（6）：6-11.

[18] 周晓红，赵景波. 近120年来高陵渭河河漫滩沉积物磁化率指示的气候变化[J]. 水土保持学报，2007，21（3）：196-200.

[19] 陈敬安，万国江，徐经意. 洱海沉积物粒度记录与气候干湿变迁[J]. 沉积学报，2000，18（3）：341-345.

[20] 周静，王苏民，吕静. 洱海地区一万多年以来气候环境演化的湖泊沉积记录[J]. 湖泊科学，2003，2：104-111.

[21] 吉云平，夏正楷. 河南洛阳寺河南剖面沉积物的磁化率及其与粒度参数的关系[J]. 南水北调与水利科技，2008，6（6）：78-80.

[22] 沈建忠. 大洋钻探计划的最新动态[J]. 地球科学进展，1998，13（6）：582-587.

[23] Imbrie J，Hays J，Martinson D S，et al. The orbital theory of Pleistocene，climate：support from a revised chronology of the marine $\delta^{18}O$ recond//Berger A，et al. Milankovitch and climate[M]. Reidel Pub Company，1984：269-305.

[24] 管清玉，潘保田，高红山，等. 高分辨率黄土剖面记录的末次间冰期东亚季风的不稳定性特征[J]. 中国科学（D 辑），2007，37（1）：86-93.

[25] 施雅风 刘晓东 李炳元，等. 距今 40～30 ka 青藏高原特强夏季风事件及其与岁差周期关系[J]. 科学通报，1997，44（14）：1475-1480.

[26] 李玉梅，刘东生，吴文祥，等. 黄土高原马兰黄土记录的 MIS 3 温湿气候[J]. 第四纪研究，2003，23（1）：69-76.

[27] 蓝先洪. Heinrich 事件的全球性意义[J]. 海洋地质动态，2000，8：5-7.

[28] 刘秀铭，刘东生，Heller F，等. 黄土频率磁化率与古气候冷暖变换[J]. 第四纪研究，1990，1：42-50.

[29] 施雅风. 中国第四纪冰期划分改进建议[J]. 冰川冻土，2002，24（6）：687-692.

[30] Thompson L G，Yao T，Davis M E，et al. Tropical climate instability the last glacial cycle from a Qinghai-Tibetan ice core[J]. Science，1997，276：1821-1825.

[31] 施雅风，贾玉连，于革，等. 40～30 ka BP 青藏高原及邻区高温大降水事件的特征、影响及原因探讨[J]. 湖泊科学，2002，14（1）：1-11.

[32] 陈一萌，饶志国，张家武，等. 中国黄土高原西部马兰黄土记录的 MIS3 气候特征与全球气候记录的对比研究[J]. 第四纪研究，2004，24（3）：359-365.

[33] 鹿化煜，周杰. Heinrich 事件和末次冰期气候的不稳定性[J]. 地球科学进展，1996，11（1）：40-44.

朔州市土地利用变化及其对生态服务价值的影响*

冯婧嫄

摘　要：土地是人类赖以生存和发展的基础。近年来对土地利用变化及其生态服务价值的研究成为热点。通过对朔州市 1989 年、1996 年及 2008 年三期土地利用影像进行解译，运用 GIS 空间分析方法和统计方法，分析朔州市近 20 年来的土地利用的动态变化过程。与此同时，参照谢高地等建立的中国陆地生态系统和生态价值系数，测算朔州市生态系统服务价值的动态变化，揭示土地利用变化对生态系统服务价值的影响，并为区域生态建设和可持续发展提供参考。研究结果表明：近 20 年中，朔州市湿地和水体面积大幅度减少，而建设用地面积有所增长，其主要原因为城市发展需要；朔州市大部分单项土地生态系统服务价值均有不同程度减少，主要体现在湿地、林地和农田的减少；朔州市生态系统总价值大大减少，表明朔州市土地利用结构调整不合理。

关键词：土地利用变化　生态服务价值　朔州市

0　引言

土地利用作为人类有目的、有意义的社会经济活动，贯穿于人类生存和发展的整个历史过程，是人类社会与自然环境相互影响和作用的结果，也是二者共同发展与不断进化的产物[1]。随着经济发展以及城市化进程加快，加之对水土资源需求量及开发力度增加，人们对土地的利用方式发生了极大的变化，进而导致许多生态过程的变化，如土壤养分和水分的变化、土表径流与侵蚀、生物多样性的分布和生物地球化学循环等[2]。随着全球人口、资源、环境问题的日益突出，1995 年国际科学联合会的地圈生物圈计划（IGBP）和国际社会科学联合会两个科学组织同时拟定和开展《土地利用/土地覆被变化科学研究计划》，把土地利用和变化作为其研究的核心，自此土地利用/土地覆盖变化（Land Use/Cover Change，LUCC）研究成为国内外学术界一个关注的焦点[3]。

土地利用/土地覆被既受自然因素的制约，又受人文因素的影响，它客观地记录了人类改变地表特征的空间格局，显示了地表景观的时空动态变化过程。它不仅影响生态系统的结构、功能和稳定性，生物种群和土壤类型的多样性，气候和地理环境的演变过程，而且影响自然资源的可持续利用，经济、社会、生态的协调发展。因此，土地利用/土地覆被变化被认为是全球变化的重要组成部分和主要原因之一[4]。土地利用及其变化在全球环境变

* 指导教师：蔺雪芹。

化和可持续发展研究中占有重要的地位。尤其是 20 世纪末，随着人们对生态服务价值量计算和评估的深入研究，对土地利用变化所引起的生态服务价值变化的认识也得到了进一步深化，而土地利用变化对生态服务价值的影响也逐渐成为协调人类、土地和生态关系研究中的焦点，为人们在发展中进行合理的土地政策调整提供了参考依据。

朔州市作为一个典型的煤炭城市，其土地利用变化及其对生态服务价值影响的研究十分重要，通过研究，可以发现目前矿区城市发展存在的一些问题，为今后城市的协调发展提供若干数据和理论支撑。

1　研究综述

1.1　土地利用变化研究进展

土地利用变化科学的研究是从土地利用与土地覆被变化研究演进而来的，土地利用与土地覆被变化被认为是全球环境变化研究的核心领域，在国际地圈生物圈计划（IGBP）和国际全球变化的人文因素计划（IHDP）的大力推动下，土地利用/土地覆被变化研究在 20 世纪 90 年代迅速成为全球环境变化研究的重要内容。自 1990 年起，IGBP 与 IHDP 积极筹划全球性的综合研究计划，于 1995 年共同拟定并发表了《土地利用与土地覆被变化科学研究计划》，将其列为全球环境变化的核心项目，拉开了土地利用与土地覆被变化不同尺度专题研究的序幕[5]。

国际上关于 LUCC 的研究，其内容大致可归纳为三个方面（表 1），即土地利用动力机制、土地覆被的变化、LUCC 的区域与全球模型。

表 1　土地利用与土地覆被变化研究的主要内容[6]

研究内容	核心 1：土地利用动力机制	核心 2：土地覆被变化	核心 3：区域与全球模型
研究方法	比较研究	实地调研与诊断模型	综合分析与评价
具体内容	①土地利用行为与决策； ②土地利用变化的动态模型； ③从过程到类型，从局部的案例研究到区域与全球的过程模型； ④土地利用变化的可持续性研究	①土地覆盖变化指标体系、热点地区与关键性区域研究； ②自然与社会经济变量的动态监测； ③从类型到过程	①已有区域模型的回顾、总结与对比； ②区域土地利用/土地覆盖变化模型建立过程中的关键性技术与问题； ③土地利用/土地覆盖变化及其相关系统的动力机制； ④发展规划与关键性的环境问题

由于我国复杂的自然环境特征，我国土地利用与土地覆被变化在全球变化中占有十分重要的地位。而且我国学者在国土资源环境动态数据库的构建、对土地时空变化监测技术、区域土地时空变化等领域的研究也取得了丰硕的成果。国内学者在土地利用变化方面的研究已初见成效，但在国土资源数据库的充实和更新、高精度监测技术以及区域土地利用/土地覆被时空变化的案例比较研究等方面仍需加强。

1.2 土地利用变化对生态服务价值影响研究进展

生态系统服务价值的研究是近些年才发展起来的生态学研究领域。Daily 对生态系统服务的定义是通过自然生态系统和其中的物种为维持人类生活而提供的一系列的条件和过程。Costanza 等认为生态系统服务是人类直接或间接地从生态系统功能得到的效益。我国的欧阳志云、王如松等学者对生态系统服务功能的概念作了如下的概括：生态系统服务功能是指生态系统与生态过程所形成及所维持的人类赖以生存的自然环境条件与效用[7]。

土地利用变化对生态服务价值影响是基于生态服务价值的评估研究，它是在生态服务价值的测算和评价的基础之上探究区域土地利用数量、结构等的变化对生态服务价值影响的研究。经过长期探索，学者们从经济学的角度总结出了 4 种比较普遍接受的评估方法——市场价值评估方法、非市场价值评估方法、条件价值法、集体评价法。1997 年 Costanza 等在 Nature 上发表的题为“The value of the world’s ecosystem services and natural capital”的文章[8]，提出了生态系统服务价值估算的原理及方法，该方法所提供的价值系数较为科学地表示了自然资源价值，并以生态服务供求曲线为一条垂直直线为假定条件，逐项估计了各种生态系统各项服务价值，在生态系统服务价值评价中得到了广泛的引用，也引发了学术界大量的讨论。首先是 Costanza 于 1998 年指出自己研究方面的不足，如有过多关于自然资本形态和经济背景性质相同的假设，评估是片面的、静态的等。其他如 Serafy 提出将相对独立的不同生态系统服务价值的研究结果进行加和，可能带来重复计算，而且如果加和时不考虑替代效应和经济预算可能带来的影响，往往导致估价过高[9]。生态系统评估在数据来源以及评估方法等方面也受到了许多学者的批评[10]，如 Sagoff 认为环境体系与主要的社会价值体系密切相关，所以不能也不应该局限于货币价值[11]等。归纳起来，学者们关于生态系统服务价值评估的争论主要集中在以下几个方面：生态系统的复杂性、经济学方法的局限性和用经济学方法评估自然生态系统的局限性。针对这些局限，学者们也进行了大量的尝试和探索，但到目前为止，国际上仍然没有一个统一且完善的关于生态系统服务功能价值的评估方法。

我国在生态系统服务价值评估方面的研究始于 20 世纪 80 年代初，90 年代后不同层次评估陆续面世。如 1996 年由胡涛等组织了中国环境经济学研讨班[12]。1998 年李金昌系统地分析了生态价值有关基础理论，并就其量化进行了深入研究[13]。1999 年，欧阳志云等首次对我国陆地生态系统服务功能价值进行了研究，并得出我国生态系统服务功能具有经济价值。更多的研究是应用 Costanza 的成果，评估各种生态系统服务经济价值[14]。谢高地等针对 Costanza 研究的不足，结合我国生态系统的实际，分别在 2002 年和 2006 年，通过对 700 位具有生态学背景的专业人员进行问卷调查，得到了“中国陆地生态系统单位面积生态服务价值表”，从而总结出适合我国生态系统且比较完善、合理的生态系统价值评估体系，该体系已经广泛应用于已知土地利用面积的生态系统服务价值估算方面，来研究区域生态系统价值变化和区域土地利用或景观格局的变化对生态系统服务价值的影响，在国内生态系统价值评估尚不完善的当前，谢高地等的评估体系具有十分重要的参考价值，也成为目前国内普遍认同的评估体系[15]。其中耕地、林地、草地、水域、未利用地相应的生态系统分别为农田、森林、草地、水体和荒漠。且生态系统生态服务价值当量因子具有如下特点：

（1）生态服务被划分为气体调节、气候调节、水源涵养、土壤形成与保护、废物处理、生物多样性维持、食物生产、原材料生产、休闲娱乐共 9 类。其中气候调节功能的价值中包括了 Costanza 等（1997）体系中的干扰调节，土壤形成与保护包括了 Costanza 等（1997）体系中的土壤形成、营养循环、侵蚀控制 3 项功能，生物多样性维持中包括了 Costanza 等（1997）体系中的授粉、生物控制、栖息地、基因资源 4 项功能。

（2）生态系统服务价值当量因子是指生态系统产生的生态服务的相对贡献大小的潜在能力，定义为 1 hm^2 全国平均产量的农田每年自然粮食产量的经济价值。以此可将权重因子表转换成当年生态系统服务单价表，经过综合比较分析，确定 1 个生态服务价值当量因子的经济价值量等于当年全国平均粮食单产市场价值的 1/7。

2　研究方法和数据获取

2.1　研究方法

本研究主要应用生态系统服务价值测算模型来估算朔州市土地利用变化的生态系统服务价值，主要研究方法包括以下几个方面：

2.1.1　土地利用动态变化幅度

土地利用变化幅度是表示某土地类型在一定时间内变化快慢的一个数值。其计算公式为

$$P_i = \frac{\mathrm{LU}_{\mathrm{itl}} - \mathrm{LU}_{\mathrm{ito}}}{\mathrm{LU}_{\mathrm{ito}}} \times 100\%$$

式中，$\mathrm{LU}_{\mathrm{ito}}$、$\mathrm{LU}_{\mathrm{itl}}$——分别表示某城市某土地类型研究初期和研究末期的土地面积[16]。

2.1.2　土地利用动态变化度

按照生态系统服务功能的地类，引进单一土地利用类型动态变化度指标，来描述某个城市某一类型用地的变化情况。其计算公式为

$$K = \frac{U_b - U_a}{U_a} \times \frac{1}{T} \times 100\%$$

式中，U_a、U_b——分别是研究初期及研究末期某一种土地利用类型的数量；

T——研究时段，当 T 的时段设定为年时，K 值就是该研究区某种土地利用类型年变化率。

2.1.3　生态系统服务价值

谢高地等参考 Costanza 等的研究成果，并根据中国的实际情况，把生态系统服务功能归结为 9 类，分别是：气体调节、气候调节、水源涵养、土壤形成与保护、废物处理、生物多样性维持、食物生产、原材料生产以及休闲娱乐。根据这 9 项，又制定了中国陆地生态系统给单位面积生态服务价值表。本文按照生态价值估算公式来计算各生态服务功能价值及总价值，公式为

$$\mathrm{ESV}=\sum_{i=1}^{n}P_i\times A_i\text{，}\quad \mathrm{ESV}_f=\sum_{i=1}^{n}P_{fi}\times A_i$$

式中，ESV——整个研究区生态系统服务总价值，元；

ESV_f——生态系统单项服务功能价值，元；

P_i——土地类型 i 的单位面积生态价值，元/（$hm^2 \cdot a$）；

P_{fi}——土地类型 i 的单项生态服务功能价值；

A_i——土地类型 i 的面积，hm^2。

2.1.4　生态敏感性指数

生态敏感性指数（CS）是用于检验生态系统服务价值（ESV）随时间变化对生态价值系数（P）变化的依赖程度的一个方法[17]。若 CS＜1，说明 ESV 对 P 缺乏弹性；若 CS＞1，则说明 ESV 对 P 富有弹性，CS 越大，说明 P 的准确性越关键。本文将土地类型的 P 分别调整 50%，来衡量 ESV 的变化情况，从而得到 ESV 对 P 的敏感程度。CS 计算公式为

$$\mathrm{CS}=\left|\frac{(\mathrm{ESV}_j-\mathrm{ESV}_i)/\mathrm{ESV}_i}{(P_{jf}-P_{if})/P_{if}}\right|$$

式中，i、j——分别代表生态价值系数调整前后的价值。

2.2　数据来源

本研究的数据主要分为两个方面，一方面是土地利用情况的数据，另一方面是生态价值估算的单位面积价值量数据。前者主要是根据经过遥感解译的朔州市 1989 年、1996 年及 2008 年三期土地利用图，运用 ArcGIS 的空间分析功能和统计功能并结合 Excel 计算得到。后者则是利用谢高地等的研究成果，经过 Excel 计算得到。

本研究选择的遥感信息源为美国 Landsant TM/ETM 图像，三期遥感影像均进行了单波段提取、假彩色合成、几何精纠正、图像镶嵌、图像切割等处理，形成了以朔州市县级行政单元为基础的标准假彩色影像。通过三期遥感影像的直接对比分析，采用土地覆被类型分类判读的方式对土地利用动态信息进行提取，并加以定性与集成，完成了朔州市 1989 年、1996 年、2008 年三期 1∶100 000 土地利用与土地覆被遥感解译专题图。

3　研究区概况

3.1　行政区划

朔州市是 1989 年 1 月经国务院批准设立的省辖地级市，位于山西省北部、大同盆地西南端，南邻忻州，北接大同，西北与内蒙古交界，是一座正在崛起的北方生态园林工业城市。朔州市总面积 1.07 万 km^2，辖二区四县（朔城区、平鲁区、山阴县、应县、右玉县、怀仁县），共 73 个乡镇（含街道办）、1 688 个行政村。

3.2　自然条件

朔州市属温带大陆性季风气候，根据山西气候区划方案，属晋北温带寒冷半干旱气候区。主要特征是四季分明，春季雨雪少，风沙大，蒸发量大，经常出现干旱天气；夏季雨量集中，间有大雨、暴雨、冰雹等；秋季雨水少，早晚凉爽，中午炎热；冬季风多雪少，气候寒冷。朔州境内气温水平分布的规律是由东南向西北递减。年平均气温一般为 3.6～7.3℃。1 月最冷，平均气温为–14.9～–9.4℃，极端最低气温–40.4℃。从 3 月到 5 月，每个月气温平均升高 8℃左右。7 月为最热，平均气温为 19.4～22.3℃，极端最高温度达 38.3℃。朔州地处黄土高原，日照充足，全市平均降雨量超过 400 mm。

朔州整体位于黄土高原，自然条件复杂多样，过渡性质明显。本市地貌轮廓总体上是北、西、南三面环山，山势较高，中间是桑乾河域冲积平原，相对较低，呈倒“V”字结构。全市地貌划分为山地、丘陵和平原 3 个单元。山地面积为 2 816 km^2，占总面积的 26.5%；丘陵面积 3 648 km^2，占总面积的 34.3%；平原面积 4 163 km^2，占总面积的 39.2%。

3.3　社会经济状况

朔州市 2011 年全市生产总值 855.2 亿元，比上年增长 15.2%。其中，第一产业增加值 45.4 亿元，按可比价格计算总量与上年持平，占生产总值的 5.3%；第二产业增加值 498.8 亿元，增长 19.9%，占生产总值的 58.3%；第三产业增加值 311.0 亿元，增长 10.5%，占生产总值的 36.4%。第三产业中，金融保险业增加值 17.6 亿元，增长 11.1%；交通运输、仓储和邮政业增加值 92.3 亿元，增长 9.1%；批发和零售业增加值 67.2 亿元，增长 14.0%；房地产业增加值 16.3 亿元，增长 12.6%。

朔州市是以煤电能源化工为主导而兴起的一个工业城市，其第二产业所占百分比超过 50%。近几年，朔州市的发展重心也慢慢转向第三产业，处于产业结构转型阶段，但第二产业仍占有相当比重。其中煤炭产业占朔州市第二产业的比重就超过 90%，远高于山西省煤炭产业发展的平均水平。朔州市在近些年的产业结构政策也围绕着发展第三产业来展开，并取得飞跃，其中以服务业与旅游业最为突出。现阶段，朔州市工业化进程已经到了比较成熟的阶段。

城镇化是指农村人口转化为城镇人口的过程。反映城镇化水平高低的其中一个重要指标是城镇化率，即一个地区城镇常住人口占该地区总人口的比例。根据 2011 年人口普查结果，全市常住人口为 171.5 万人，同第五次全国人口普查 2000 年 11 月 1 日零时的 145.2 万人相比，10 年共增加 26.3 万人，增长 18.11%，年平均增长率为 1.68%。2010 年，朔州市城镇人口达 79.36 万人，城镇化率达 46.28%，与 2000 年相比，城镇人口增加 27.7 万，城镇化率增加 10.7 个百分点。按照城市发展的若瑟姆曲线，当城市人口占常住人口 30%左右时，就进入城市化的加速阶段，人口和经济活动迅速向城市集聚，非农经济活动增加，城市规模迅速扩张。第一产业比重下降，第二、第三产业比重上升。由于朔州市处于城市发展的加速期，所以在未来几十年中，朔州市的城镇人口仍会快速增长。但目前朔州市城镇化与工业化之比仅为 0.86，远低于国际公认的 1.4～1.5 的合理水平，城镇化滞后于工业化。

4 朔州市土地利用动态变化研究及其对生态系统服务价值的影响

4.1 朔州市土地利用动态变化研究

根据遥感解译的朔州市1989年、1996年及2008年三期土地利用图，结合ArcGIS的空间统计分析，得到三年的土地利用情况。根据已有资料对朔州市的土地数量变化和结构变化分别分析（表2、表3、图1、图2）。

表2 1989—2008年朔州市各类用地面积及其变化 单位：km^2

	林地	草地	农田	湿地	水体	建设用地	未利用地
1989	1 540.527 2	2 486.334 0	5 678.034 0	336.192 4	84.048 1	253.208 2	260.655 5
1996	1 734.157 0	3 292.771 0	4 702.438 0	270.230 6	43.619 9	275.550 1	319.170 0
2008	1 296.894 1	3 597.046 0	5 115.231 0	94.687 1	29.789 2	446.838 0	59.578 4
1996年与1989年的差值	193.629 8	806.436 2	−975.596 0	−65.961 8	−40.428 0	22.341 9	58.514 5
2008年与1996年的差值	−437.262 9	304.275 4	412.793 2	−175.544 0	−13.831 0	171.287 9	−259.592 0
2008年与1989年的差值	−243.633 1	1 110.712 0	−562.803 0	−241.505 0	−54.259 0	193.629 8	−201.077 0

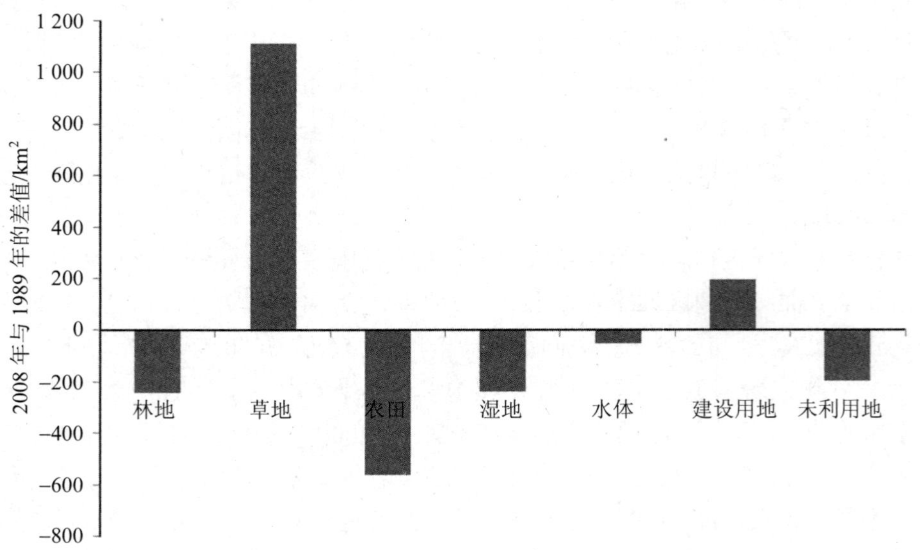

图1 1989—2008年朔州市各用地种类的总面积变化情况

表3 1989—2008年朔州市各类用地比例 单位：%

年份	林地	草地	农田	湿地	水体	建设用地	未利用地
1989	14.48	23.37	53.37	3.16	0.79	2.38	2.45
1996	16.30	30.95	44.20	2.54	0.41	2.59	3.00
2008	12.19	33.81	48.08	0.89	0.28	4.20	0.56
1989—1996	1.82	7.58	–9.17	–0.62	–0.38	0.21	0.55
1989—1996（K）	1.80	4.60	–2.50	–2.80	–6.90	1.30	3.20
1989—1996（P_i）	12.60	32.40	–17.2	–19.60	–48.10	8.80	22.40
1996—2008	–4.11	2.86	3.88	–1.65	–0.13	1.61	–2.44
1996—2008（K）	–2.10	0.80	0.70	–5.40	–2.60	5.20	–6.80
1996—2008（P_i）	–25.20	9.20	8.80	–65.00	–31.70	62.20	–81.30
1989—2008	–2.29	10.44	–5.29	–2.27	–0.51	1.82	–1.89
1989—2008（K）	–0.80	2.40	–0.50	–3.80	–3.40	4.00	–4.10
1989—2008（P_i）	–15.80	44.70	–9.90	–71.80	–64.60	76.50	–77.10

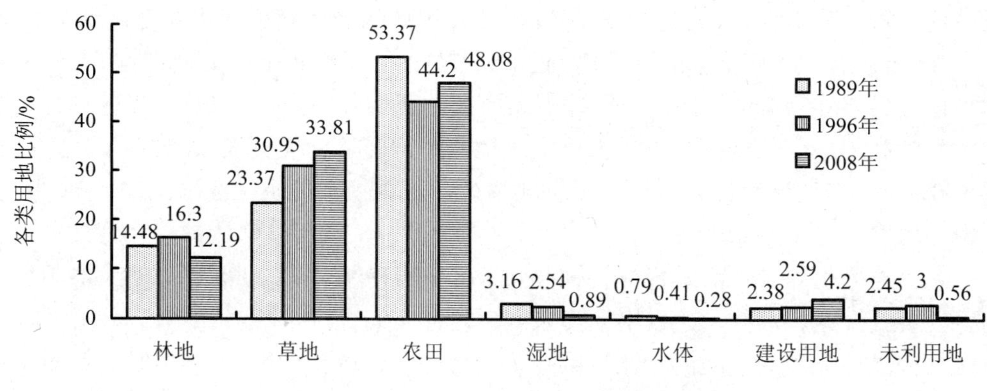

图2 1989—2008年朔州市土地利用结构

4.1.1 各类用地变化情况

从整体上看，朔州市的土地利用度很高，其占主体地位的土地类型是农田和草地，而建设用地所占比重非常小。湿地和水体虽然一直占的比重都不是很高，但是也在不断地下降，面临消失的危险。从土地利用结构上看，1989年，林地、草地、农田、湿地、水体、建设用地及未利用地的比例为14.48∶23.37∶53.37∶3.16∶0.79∶2.38∶2.45，而在2008年，这个比例变为12.19∶33.81∶48.08∶0.89∶0.28∶4.2∶0.56，城市覆被面积极高而建设用地较小。

（1）草地变化情况。从1989年到2008年草地由2 486.33 km^2增加到3 597.05 km^2，增加了1 110.71 km^2，其在朔州的覆盖度也由1989年的23.37%增加到33.81%，土地利用变化幅度达到44.67%。虽然从两个阶段的土地动态变化度分析，1996—2008年（以下称作第二阶段）的草地面积变化相比不如1989—1996年（以下称作第一阶段）明显，但草地所占比重及其面积还是在平稳中略有增长。

（2）农田变化情况。从1989年到2008年农田由5 678.03 km^2减少到5 115.23 km^2，减

少了 562.8 km^2，其覆盖度也由 1989 年的 53.37%减少到 48.08%。其农田并非一直在减少，在第一阶段，明显可以看到农田减少的态势，其面积减少了 957.6 km^2，土地利用变化幅度也达到–17.18%；而第二阶段，农田面积的急速减少得到了有效遏制，农田所占比重及面积略有上升。

（3）林地变化情况。相较其他土地利用类型，林地的面积及占全市百分比均比较稳定。从这 20 年来看，土地面积减小了 243.63 km^2，占全市百分比减小了 2.29%。但是从这两个阶段看，林地也经历了先升后降这样的变化。

（4）湿地变化情况。从 1989 年到 2008 年湿地面积由 336.19 km^2 减小到 94.69 km^2，其覆盖度也从 3.16%下降到只剩 0.89%。虽然两个阶段的湿地面积减少相差不大，但是由于湿地面积本身就不大，所以其土地利用变化幅度第二阶段远远超出了第一阶段，对比两个阶段数据，湿地的土地利用变化幅度为–71.84%，是变化幅度最为明显的土地类型之一。

（5）水体变化情况。朔州市水体占的比例非常小，在 1989 年仅有 84.05 km^2，占总面积的 0.79%，而在之后的 20 年也在逐渐减少。到了 2008 年，水体面积仅有 29.79 km^2，占总面积的 0.28%，其土地利用变化幅度也相当之高。

（6）城乡、工矿、居民用地（以下称作建设用地）变化情况。从 1989 年到 2008 年，建设用地一直在稳定增长，尤其在第二阶段，建设用地的土地利用变化幅度达到了 62.16%，而综合 20 年来看，其变化幅度更是达到了 76.47%，处于所有土地类型之首。2008 年，建设面积也达到 446.84 km^2。但建设用地占总面积的比例并不大，在 2008 年也只有 4.2%。

（7）未利用地变化情况。整个朔州的土地利用率较高，尤其在 2008 年，基本已经达到了 100%，但是通过对比分析，可以发现朔州市未利用土地也在逐渐减少，到 2008 年，未利用土地面积已不足 60 km^2。

综合上述分析以及观看解译好的朔州市 1989 年、1996 年及 2008 年三期土地利用影像，我们可以看到湿地、水体、建设用地和未利用地在空间范围上相对稳定，而农田、林地和草地这三种土地类型的土地流转比较频繁，一部分农、林地经过 20 年的发展变成了草地。而整体格局上，没有大规模的变动。

4.1.2 1989—2008 年朔州市用地变化特征

（1）农田、草地面积和所占比例最大。从整体上看，朔州市占主体地位的土地利用类型是农田和草地，其次是林地、建设用地、湿地和水体。1989 年农田面积 5 678.034 km^2，草地面积 2 486.334 km^2，分别占总用地的 53.37%和 23.37%；2008 年农田面积 5 115.231 km^2，草地面积 3 597.046 km^2，分别占总用地的 48.08%和 33.81%。

（2）林地、农田、湿地、水体和未利用地面积减少，且变化幅度由大到小依次为未利用地、湿地、水体、林地和农田 1989—2008 年这 5 类用地面积和比例不断下降，由大到小分别为农田、林地、湿地、未利用地和水体，分别减少 562.803 km^2、243.633 1 km^2、241.505 km^2、201.077 km^2 和 54.259 km^2。变化幅度由大到小依次为未利用地、湿地、水体、林地和农田。

（3）草地、建设用地增长，且建设用地变化幅度高于草地。1989—2008 年这两类土地面积和比例增加。20 年间草地增加了 1 110.712 km^2，变化幅度为 44.7%；建设用地增加了 193.629 8 km^2，变化幅度为 76.5%。

4.2　朔州市土地利用变化对生态服务价值的影响

生态系统服务价值的概念由 Daily 等较为完整地提出，指的是生态系统与生态过程所形成及所维持的人类赖以生存的自然环境条件与效用。具体来说是根据生态系统的不同功能进行估价。而土地利用的变化则可以影响各种生态类型，甚至影响整个生态服务价值的变化[18]。

4.2.1　朔州市生态服务价值估算

谢高地等在 Costanza 研究的基础上，将生态系统服务功能划分为气体调节、气候调节、水源涵养、土壤形成与保护、废物利用、生物多样性维持、食物生产、原材料生产、休闲娱乐这九类。与此同时，经过问卷等形式的调查，得到了中国陆地生态系统单位面积生态服务价值表，本文将直接采用谢高地等的研究成果（表 4），在计算生态服务价值时遵循一一对应原则（其中森林对应林地，建设用地和未利用地服务价值按荒漠价值处理），按照中国陆地生态系统单位面积生态服务价值，计算朔州市土地利用变化的生态系统服务价值。

表 4　中国陆地生态系统单位面积生态服务价值　　单位：元/hm^2

生态服务功能	土地类型					
	森林	草地	农田	湿地	水体	荒漠
气体调节	3 097.0	707.9	442.4	1 592.7	0.0	0.0
气候调节	2 389.1	796.4	787.5	15 130.9	407.0	0.0
水源涵养	2 831.5	707.9	530.9	13 715.2	18 033.2	26.5
土壤形成与保护	3 450.9	1 725.5	1 291.9	1 513.1	8.8	17.7
废物处理	1 159.2	1 159.2	1 451.2	16 086.6	16 086.6	8.8
生物多样性维持	2 884.6	964.5	628.2	2 212.2	2 203.3	300.8
食物生产	88.5	265.5	884.9	265.5	88.5	8.8
原材料生产	2 300.6	44.2	88.5	61.9	8.8	0.0
休闲娱乐	1 132.6	35.4	8.8	4 910.9	3 840.2	8.8
合计	19 334.0	6 406.5	6 114.3	55 489.0	40 676.4	371.4

分析各类用地单位面积生态服务价值表可以看到，综合各生态服务功能价值，湿地和水体的功能价值高，远超出其他土地类型，且湿地作用主要体现在气候调节、水源涵养及废物处理方面，水体作用则集中体现在水源涵养和废物处理方面。林地的生态服务价值总量上虽然并不突出，但其对各项生态服务功能带来的价值比较平均。建设用地和未利用地的生态服务价值相对较小。不同的土地类型，生态服务价值侧重也不太一样，比如林地就更侧重土壤形成与保护。

4.2.2　朔州市生态系统单项服务价值（ESV_f）及其变化

由计算可以分别得到 1989 年及 2008 年朔州市各种生态服务功能价值量，并且通过对比可以看出 20 年中朔州市各土地类型生态服务价值的变化情况（表 5）。

表 5 朔州市生态系统单项服务功能价值变化 单位：10^6 元

生态服务功能	1989			2008			2008 年与 1989 年的差值	
	ESV_f	比例	排序	ESV_f	比例	排序	ESV_f 变化量	变化百分比
气体调节	957.9	9.3	6	897.7	10.4	6—	−60.2	1.1
气候调节	1 525.3	14.9	3	1 143.6	13.3	3—	−381.7	−1.6
水源涵养	1 527.7	14.9	3	1 078.3	12.5	5↓	−449.3	−2.3
土壤形成与保护	1 746.0	17.0	2	1 744.3	20.3	1↑	−1.7	3.3
废物处理	1 967.3	19.2	1	1 510.3	17.6	2↓	−457.0	−1.6
生物多样性维持	1 149.2	11.2	5	1 085.1	12.6	4↑	−64.1	1.4
食物生产	592.2	5.8	7	562.8	6.5	7—	−29.4	0.8
原材料生产	417.8	4.1	8	360.1	4.2	8—	−57.7	0.1
休闲娱乐	386.1	3.8	9	222.5	2.6	9—	−163.6	−1.2
合计	10 269.5	100	—	8 604.9	100	—	−1 664.6	—

从表 5 中可以看出，1989—2008 年朔州市生态服务各单项价值均有下降，其中在气候调节、水源涵养及废物处理三个单项下降尤为明显。在这三项中，废物处理服务功能价值下降最大，下降了 457×10^6 元。生态服务价值下降最少的为土壤形成与保护，20 年下降了 1.7×10^6 元。

从百分比来看，土壤形成与保护和废物处理两项服务价值占据了朔州市生态服务价值中较大的比例，二者之和约占朔州市总服务价值的 1/3。气体调节、土壤形成与保护、生物多样性维持、食物生产、原材料生产 5 类生态服务功能价值在总生态服务价值重的比例上升，土壤形成与保护比例上升最多，上升了 3.3 个百分点，而气候调节、水源涵养、废物处理、休闲娱乐在总生态系统服务价值重的比例下降，水源涵养降低最明显，下降了 2.3 个百分点。

4.2.3 朔州市生态系统服务价值（ESV）及变化

通过计算，我们可以得到 1989 年和 2008 年不同土地类型的生态服务价值，并且可以看到它们的变化情况（表 6、图 3）。

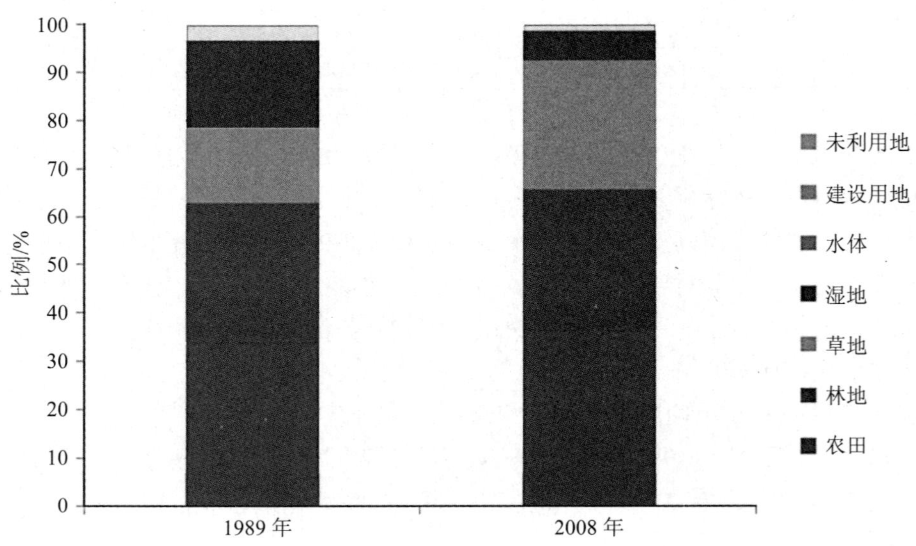

图 3 1989—2008 年朔州市生态系统服务价值结构变化

表 6　朔州市生态系统服务功能价值变化

土地类型	单位面积生态价值/（元/hm^2）	1989 年		2008 年		2008 年与 1989 年的差值	
		ESV/10^6 元	比例/%	ESV/10^6 元	比例/%	ESV 变化量/10^6 元	变化率/%
农田	6 114.3	3 471.72	33.8	3 127.61	36.3	−344.11	−0.10
林地	19 334	2 978.46	29.0	2 507.42	29.1	−471.04	−0.16
草地	6 406.5	1 592.87	15.5	2 304.45	26.8	711.58	0.45
湿地	55489	1 865.50	18.2	525.41	6.1	−1 340.09	−0.72
水体	40 676.4	341.88	3.3	121.17	1.4	−220.71	−0.65
建设用地	371.4	9.40	0.1	16.60	0.2	7.19	0.76
未利用地	371.4	9.68	0.1	2.21	0.03	−7.47	−0.77
合计	128 763	10 269.51	100	8 604.86	100	−1 664.65	−0.16

1989—2008 年朔州市生态系统服务价值主体为农田、林地和草地，三者之和占总服务价值的比例为 70%以上，到 2008 年更是超过了 80%。这主要也是因为农田、林地和草地三种土地面积在各类用地中占了绝对优势，其单位面积生态服务价值较高。

1989—2008 年朔州市生态系统服务价值总体下降，由 $10\,269.51\times10^6$ 元下降至 $8\,604.86\times10^6$ 元，其中生态系统服务价值下降最大的为湿地、林地和农田，其次为水体和未利用地。朔州市的生态服务价值总体降低，一部分是由于高生态价值土地类型减少，比如湿地和水体，虽然面积小，但是单位面积造成的生态价值减少明显，另一部分是由于中等生态价值土地减少，虽然单位面积生态价值不及高生态价值土地，但是由于其占地面积较大，也会导致生态服务价值的降低。

从生态系统服务价值结构来看，1989 年各类用地生态系统服务价值在总生态系统服务价值中的比例由大到小依次为农田、林地、草地、湿地、水体、建设用地和未利用地，2008 年各类用地生态系统服务价值在总生态系统服务价值中的比例由大到小顺序未变，但农田和草地生态系统服务价值比例增大明显，而湿地和水体生态系统服务价值比例降低明显（图 4）。

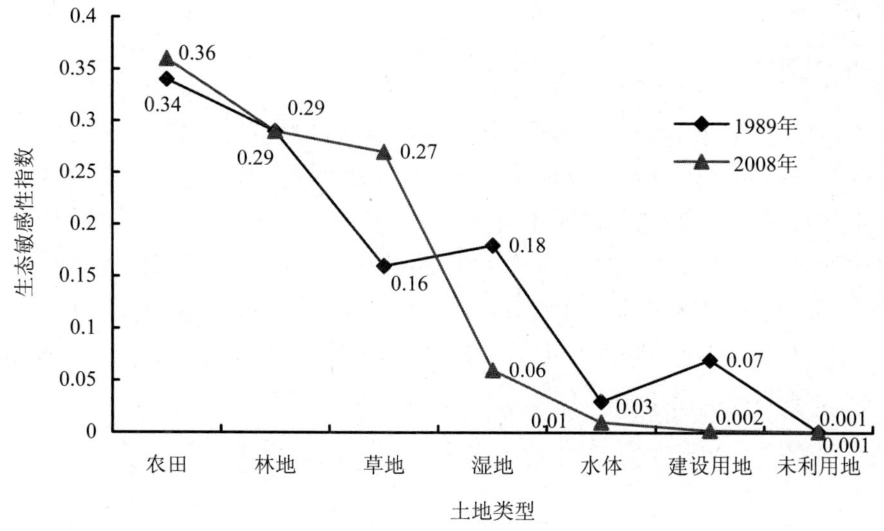

图 4　ESV 敏感性指数变化曲线

总体上，朔州市生态系统服务价值呈现下降趋势，从 1989 年到 2008 年减少了 $1\,664.6\times10^6$ 元，这也是各类用地生态服务功能共同作用的结果。这一结果表明，朔州市近 20 年生态系统遭到了一定破坏，造成了其生态价值的下降，在土地利用方面忽视了其可持续性，应当引起有关地区的重视。

5 朔州市生态系统服务价值变化的驱动因素及敏感性分析

5.1 驱动力分析

引起朔州市生态系统服务价值减小的主要原因是湿地的减少，其次是林地和农田的减少。其中湿地的减少使生态系统服务减少了超过 13 亿元，这也是朔州生态系统服务价值减少的最大的负向驱动因素。湿地和水体的大量减少，几近消失是近 20 年朔州市土地利用变化的一个重要特征，也是导致生态系统服务价值变化的主要因素。同时，林地和农田的减少，也造成了生态系统服务价值减少了超过 8 000 万元，这也是朔州市生态服务价值减少的负向因素。忽略建设用地和未利用地这两项对生态服务价值影响较小的两种土地类型，草地的增加是朔州市生态系统服务价值增加的唯一正向驱动因素，给城市多带来 7 000 万元的生态服务价值。从数据分析上看，目前朔州市水体和湿地减少，森林资源也遭到一定破坏，主要是由于工业发展所致。一些工厂排放大量煤烟及其他有害气体。与此同时，矿产资源等的开发也给生态造成了极大破坏，如诱发水土流失等地质灾害，也导致森林资源的破坏以及生物多样性减少等生态问题，且开采煤炭产生的煤矸石也对原有的生态系统造成了一定的破坏。而水体污染主要由工业废水和生活污水两个部分组成。随着城市的发展以及城镇化步伐的加快，大量的人口迁移也给朔州市本身的生态环境造成了一定的压力。另外，朔州市处于长城沿线和鄂尔多斯高原外缘，属潜在沙漠化地区，本身生态环境就比较脆弱，这也给城市发展带来了一个难题。

综上所述，我们也能看到朔州市城市发展带来的生态环境效益是消极的，应该引起有关学者和政府部门的注意。

5.2 生态敏感性分析

本文将不同土地利用类型的生态价值系数 P 上下调整 50%，分别计算变动后各土地类型的生态服务价值，并代入生态敏感性指数计算公式中，得到 1989 年和 2008 年朔州市各土地类型生态敏感性指数 CS，如图 4 所示。

结果表明，各种情况下，生态服务价值都远小于 1，最高的农田在两年的生态敏感性指数也分别只有 0.34 和 0.36，也就是说当农田的 P 值增加 1%，研究区生态服务价值在 1989 年和 2008 年分别增加 0.34%和 0.36%，其服务价值对生态价值系数是缺乏弹性的，即它的变化主要是由于土地利用变化所引起的。因此，本研究的结果是具有说服力和参考价值的。

6　结论与讨论

（1）朔州市自 1989—2008 年这 20 年中，土地利用结构发生了一定变化，湿地和水体的面积急剧减少，建设用地面积稳步增加，向着工业城市的方向发展。土地流转模式主要是耕地和林地向其他形式用地转移，如草地和建设用地的转移，这与朔州市城市发展需求和产业结构等密不可分。

（2）从 1989 年到 2008 年的 20 年中，朔州市单项生态服务功能均有不同程度的下滑，主要体现在废物处理、水源涵养和气候调节三方面，主要是由湿地、林地、农田和水体面积不同程度下降所引起的。总的生态系统服务价值也在 20 年内下降了 16 亿元多。结果充分表明这 20 年内，朔州市土地利用的调整对生态系统服务价值的发挥起到了一定的消极作用，城市发展没有以保护生态环境为基础进行。因此，土地利用政策从宏观上看，可持续性比较差，需做进一步调整。

（3）通过对朔州市 1989—2008 年生态敏感性的计算，可以看出朔州市生态服务价值对其生态系数是缺乏弹性的，即它对生态系数依赖程度不高，它的变化是由于朔州市土地利用的变化导致的。因此，直接利用谢高地等提出的中国陆地生态系统服务价值系数作为计算参数来进行朔州市生态系统服务价值的研究，能够比较好地反映出土地利用变化对生态系统服务价值的影响，结果可信度较高，具有一定的说服力。

（4）朔州市在快速的城镇化过程中，土地利用结构发生了一些转变，无疑给这一地区的生态环境造成了一定的消极影响。目前朔州市生态问题的出现与其土地利用变化是不可分割的。这也是我们研究这一问题的一个最主要的切入点。如何解决朔州市人地关系的矛盾成为朔州市发展道路上的又一重大问题。

（5）根据这 20 年的数据，朔州市应该继续扶持自己的绿色生态产业，并且继续坚持“生态建设产业化、产业发展生态化”的理念，推进绿色产业的快速发展。此外，朔州市的发展定位也应继续围绕北方生态园林工业城市，科学规划，提升城市自身的环境及品位。与此同时，做好自然保护区的保护工作，尤其是各湿地保护区应当引起重视。

（6）从土地利用发展的角度来看，朔州市应该着重加大对湿地和水体的保护力度，加强水资源的综合治理与调控。对森林资源的保护和规划应当进一步加强，继续建设生态防护林，加大植树造林力度，建设森林公园，提高森林覆盖率。在农田方面，以保护为主，严格落实基本农田保护责任，建立和完善现有制度，并加大审查力度。在现有基础上，提高朔州市建设用地的利用效率，建设紧凑型城市，促进土地集约化利用，做到城市发展与生态效应提升双管齐下。

本研究还存在一些不足。比如受到数据来源的限制，本次研究未能获取各年数据，不能很好地分析发展趋势究竟是大体增加（减少）或是持续增加（减少）等。同时由于缺乏朔州市各辖区的数据，无法分析其变差贡献率（即某一区域生态系统服务价值变化总量中各土地利用类型生态服务价值变化所占比例）。受技术和手段限制，未能做出一个土地利用变化的转移矩阵，只能大致从图上观察出各土地类型的流转情况，没有数据支持。此外，可以在现有分析方法的基础上，加入近几年 CPI 的变化带来的价值影响做一些创新等。

参考文献

[1] 刘英. 杨凌示范区土地利用动态变化及其驱动力分析[D]. 西安：西北农林科技大学，2009.

[2] 詹晓红. 宝鸡市土地利用变化及其驱动力研究[D]. 西安：西北农林科技大学，2009.

[3] 朱胜勇. 开发区土地利用问题浅析[J]. 价格月刊，2004，5：19.

[4] 赵英时. 遥感应用分析原理与方法[M]. 北京：科学出版社，2003.

[5] 姜鲁光. 鄱阳湖退田还湖地区洪水风险与土地利用变化研究[D]. 北京：中国科学院地理科学与资源研究所，2006.

[6] 陈佑启，杨鹏. 国际上土地利用/土地覆盖变化研究的新进展[J]. 经济地理，2001，21（1）：95-100.

[7] De Groot R S，Wilson M A，Boumans R M J. A typology for the classification，description and valuation of ecosystem functions，goods and services[J]. Ecological Economics，2002，41：393-408.

[8] Safety S. Pricing the invaluable：the value of the world’s ecosystem services and natural capital[J]. Ecological Economics，1998，25：25-27.

[9] Van der Straaten J. The economic value of nature[M]//Briassoulis H，van der Straaten J. Tourism and the Enviromnent. Kluwer，Dordrecht，2000：123-132.

[10] Sagoff M. Aggregation and deliberation in valuing environmental public goods：a look beyond contigent valuation[J]. Ecological Economics，1998，24：213-230.

[11] De Groot R S. A typology for the classification and valuation of ecosystem functions，goods and services[J]. Ecological Economics，2002，41：393-408.

[12] 李金昌，等. 生态价值论[M]. 重庆：重庆大学出版社，1999.

[13] 谢高地，肖玉，鲁春霞. 生态系统服务研究：进展、局限和基本范式[J]. 植物生态学报，2006，30（2）：191-199.

[14] 段瑞娟，郝晋珉，王静. 区域土地利用结构与生态系统服务功能价值变化研究——以山西省大同市为例[J]. 生态经济，2005（3）：60-64.

[15] 谢高地，鲁春霞，冷允法，等. 青藏高原生态资产的价值评估[J]. 自然资源学报，2003，18（2）：189-196.

[16] 钟来元，郝晋珉. 粤西低山丘陵去景观生态及景观优化研究——以高州市新垌镇为例[J]. 中国生态农业学报，2006，14（2）：227-229.

[17] 吴后建，王学雷，宁龙梅，等. 土地利用变化对生态系统服务价值的影响——以武汉市为例[J]. 长江流域资源与环境，2006，15（2）：185-190.

[18] Costanza R D，Arge R，de Groot R，et al. The value of the world’s ecosystem services and natural capital[J]. Nature，1997，386：253-259.

多尺度下南岭地区地球化学场空间分布规律*

贾凡

摘　要：南岭地区为华南钨、锡等有色金属成矿省的核心部分，为跨越赣南、湘南、粤北和桂北的成矿远景区带。本文以该区 1∶20 万分散流水系沉积物数据为基础，以南岭地球区域地球化学场为研究对象，通过不同尺度的网格化过程对与岩浆岩形成演化关系密切的 6 种元素丰度的平均场进行度量，经地质统计分析方法构建各尺度下地球化学场，进一步揭示其在空间分布规律的尺度效应，为探索本区成矿过程的空间相关性，提高成矿预测水平和找矿效果提供参考。

关键词：南岭地区　地球化学场　空间地统计分析　尺度效应

0　引言

南岭地区是华南钨、锡等有色金属成矿省的核心部分，是跨越赣南、湘南、粤北和桂北的成矿远景区带[1]。经过几十年来成千上万地质工作者长期的工作积累，获取了大量的第一手资料信息。这些宝贵的资料是在国家大量物力、财力支持下获得的。但在实际工作中，部分资料没有很好地充分发挥其应有的作用。同时，随着矿区开发和勘查工作的不断深入，以及花岗岩型隐伏矿床埋深的加大，地表或近地表发现大规模金属矿富集区的难度越来越大。由于传统技术在提取成矿信息方面有其局限性，因此在新一轮花岗岩型金属成矿靶区优选中，为了更好地提取本地区地球化学场的空间分布信息、提高矿产资源勘查开采的效率，创造、引进和发展行之有效的新思维、应用新技术、新方法显得尤为重要。

地球化学场是地球化学指标的特征变化空间，它强调接受化学、热力学定律和地球化学动力学共同制约的地球化学参数之间的动态关系，而这种关系在空间分布上能够呈现出异常复杂的尺度效应。因此，诸多地球化学过程实质上是各种地质作用在相应尺度的演化过程，而地球化学场是各种演化结果的叠加场。在实际研究中，人们更多地强调精细尺度的研究，突出精细尺度的地球化学场演化的时空规律。事实上，地质过程的其他尺度的演化规律很难通过单一尺度的细致工作挖掘出来，必须在相应的尺度空间略去其他精细尺度的干扰才能还原地质演化的真实原貌。本次研究中，我们把整个南岭区域地球化学场看成是多种时空尺度地质作用叠加的结果，而地球化学变量不再是简单的随机变量，而是复杂

* 指导教师：彭年。

的区域化变量。

基于此，本项工作利用前人收集掌握的数据，拟通过多尺度分析处理，充分挖掘基础地质资料的信息，建立多尺度下的地球化学场空间结构，对于进一步探讨地球化学场演化与岩浆岩活动及其成矿规模之间的内在联系提供重要参考。

1 研究综述

1.1 研究现状

地球化学场的概念由来已久，Levinson A A 最早提出过这个概念[2]。1985 年，阮天健、朱有光教授也提出地球化学场的概念。几十年来，地球化学场在区域地球化学、成矿联系等方面形成了很好的基础。

（1）区域地球化学场研究。魏富有对康滇地轴北段层控铅锌矿沉积地球化学场进行了剖析，研究显示，在宁会地区 Pb、Ag、Ba 从南到北增加，Zn、Cd、Hg、As 从北到南增加，而甘洛地区相反[3]。陆玉梅研究了湘东某地元素的地球化学场特征，根据 1∶50 000 土壤化探资料，用块段平均法计算，编制 Pb、Zn、Cu 地球化学异常图，圈定的异常多与矿脉吻合，并根据地质条件，对找矿的有利地段进行了预测。陈济源研究了安徽省区域地球化学场，并得出安徽省区域地球化学场与区域构造有密切关系。夏定良和覃金宁研究了 320 地区放射性地球化学场的特征，指出该区无铀源层（体）存在，硅质角砾岩体是唯一富铀地质体，铀系元素异常的分布是离当冲组层位距离的函数。刘朝荣和俞碧清研究了广西单池盆地的地球化学场演化，划分了杨子、加里东、海西、印支 4 个地球化学域，并指出丹池成矿带的成矿作用是在长期的地质、地球化学场演化过程中，以地质构造运动为主导，沉积地球化学场，岩浆地球化学场、构造地球化学场三者融为一体，形成特大型工业矿。季克检等研究了热液矿床的负晕和地球化学场系，指出热液矿床元素地球化学场系以矿体为中心，向外依次为矿化场、正晕场、降低场和背景场。

（2）地球化学场异常研究。万丛礼等通过岩石学、有机地球化学等分析，发现纯西辉长岩周围烃源岩具有有机质含量极低、高熟和裂缝发育以及油气比较丰富等特征[4]。李双林等[5]对北黄海盆地 3 个主要坳陷的地球化学场进行分析发现其均匀程度均有不同，各种烃类指标的地球化学异常显著，并且主要沿坳陷及其内部次级凹陷的边界断裂分布。这表明地球化学场的均匀程度和地球化学异常分布明显受断裂，特别是坳陷边界断裂的控制。进而通过烃类地球化学指标的异常分布，划分了 8 个综合地球化学异常区。孙忠军[6]进行了化探异常下限计算方法在矿产勘查和资源预测的研究。传统的计算方法存在依据不充分的问题。这里在研究地球化学场数据分布的基础上，提出了多重含量—频数分形计算方法。研究表明，多重分形异常下限计算方法较之传统的方法具有理论基础扎实、适用性较广的特点。孙中任等[7]通过实际工作数据分析，证明了磁异常与地球化学场异常确实有一定的关系，而且使用分频的磁异常研究与地球化学异常的关系会得到更合理的解释。分析的地球化学元素不同，与不同的频率磁异常会有不同的相关关系。

（3）地球化学场与成矿。谭秋明探讨了温压地球化学场和矿产分布之间的关系，指出了成矿的有利地段。之后，何进中[8]运用逻辑信息法建立了白银厂型铜矿区地球化学场预测模式，而吴传壁等[9]就地球化学场与成矿预测研究的问题进行分析，阐述了勘探地球化学在自然科学发展的综合性、活动论和定量模型化的总趋势中发展的特征。Markku Tialnen[10]依据野外采集的样品，利用相似性分析，讨论芬兰某地 Ni 矿床及矿带的地球化学场的特征。孙继春研究了青城子矿田不同级次地球化学结构特征，指出了找矿方向、主攻矿种。V. G. Voroshilov[11]研究过热液型金矿的地球化学场结构，他是基于标准化的无偏指标检测和不规则结构的几何研究方法，得出其地球化学场结构呈不规则状态，并指出了其与估算矿田和矿床的关系。荣平等[12]根据南秦岭镇—山—柞及邻区地球化学场特征，通过对不同类型矿种引起的地球化学异常特征进行分析总结，认为地球化学场的元素组合及矿物组合可以指示不同矿种，也可以预测未知区的矿种类型。

（4）地球化学场的分形研究。孟宪伟等[13]提出运用分形思想考察地球化学场景观，提出了地球化学场可能的分型特征，介绍了几种分维值的计算方法，并作出地球化学分级预测图。孟宪伟和张晓华[14]指出，在地球化学叠加场内，不同时期、不同规模的地质作用形成的地球化学景观具有不同的分形标度空间和分维，并利用多标度分形方法把黑龙江省团结沟金矿外围的叠加地球化学场分解成了分别与北东向和北西向构造相对应的地球化学正常场和异常场，进而探讨了地球化学场的演变。成秋明[15]指出，运用多重分形滤波方法根据场的能谱分布的不同空间自相似形成不规则甚至分形滤波器对区分与矿有关的局部异常和背景场是很有效的。谢淑云等[16]研究了地球化学场的连续多重分形模式，指出地球化学指标值的 ACAF 均显示连续多重分形特征，而且具两种特定模式：简单连续多重分形（SCM）和具高浓集的连续多重分形（HACM）模式，主要成矿元素和主要油气化探指标均不同程度地显示为 HACM 模式，而其他指标多表现为 SCM 模式。同年，谢淑云运用多重分形矩分析方法和经过改进的浓度面积法，分析了地球化学场可能的分形和多重分形特征，并进行了不同的 De Wijs 模型模拟、实例分析和 Monte Carlo 模拟。文战久等[17]从多重分形理论出发，在赤峰地区的 2 个区域应用“元素含量-面积（C-A）”模型方法。对“元素含量-面积”双对数图的形态进行分析，将地球化学异常多重分形特征模式分为 3 种类型。成秋明等[18]以解决地球化学复杂背景与叠加异常分解难题为例，介绍了广义自相似理论与分形滤波技术的发展和应用，阐明了多重分形是更具普适性的地球化学元素分布模式，“密度-面积”分形模型是刻画地球化学异常的基础模型，并为多个空间开展分形滤波和分解地球化学复杂背景与叠加异常的理论基础。

1.2 研究区域与数据

南岭地区工作程度较高，为华南钨、锡等有色金属成矿省的核心部分。该区是中国地质调查局确定的“十五”固体矿产勘查战略的“矿产资源重点突破区”之一。据陈毓川等[19]划定，南岭是指地理上的五岭和九连山脉及其旁侧沉积建造、地壳运动、岩浆活动、变质作用以及成矿作用相似的有色、稀有金属矿产比较集中的地区，西起东经 107°左右，北界北纬 26°上下，东南到海边，面积约为 55 万 km^2，与“南岭及其邻侧”概念相当。据中国地质调查局，南岭为跨越赣南、湘南、粤北和桂北的成矿远景区带。本研究所指的南岭地区为东经 110°～115°，北纬 24°～27°，面积约 17 万 km^2。

研究数据是由湖南、广西、江西、广东四省（区）提供的1∶200 000区域地球化学水系沉积物数据（图幅东南角无数据），是中国地质调查局矿产资源评价南岭组在编制《物探化探遥感综合信息图册》时使用的化探原始数据。本文研究工作共涉及Y、Zr、Na、B、Be和K六种元素，每种元素有33 222个有效数据，六种元素共计199 332个有效数据。

图1 南岭原始数据点集合图

1.3 研究内容与方法

本项工作拟利用南岭地区前人收集掌握的1∶200 000分散流数据，通过不同尺度的网格化过程对主要成矿元素丰度的平均场进行度量，尝试展现多尺度下的地球化学场空间分布，为进一步探讨地球化学场演化与岩浆岩活动及其成矿规模之间的内在联系提供参考。拟重点开展工作的思路如下：

（1）尺度划分。将地球化学尺度划分为5×5块、10×10块、20×20块、50×50块以及原有数据赋存尺度由粗到细共五个尺度进行研究。

（2）网格化平均场计算。统计南岭地区地球化学场在各网格尺度下的平均分布，进行“粗粒化”过程。

（3）空间变异的地球化学场分解。利用Excel、Arc GIS等软件，选用单变量因子克里格方法来实现南岭地区地球化学场的分解，构建地球化学场空间分布结构，将地球化学场可视化。

（4）花岗岩与成矿关系探讨。分析地球化学场不同尺度下的差异，进一步研究和预测南岭地区地球化学场的成矿聚集与花岗岩演化的关系，以及地球化学场尺度的自组织临界性。

本文研究框架如图2所示。

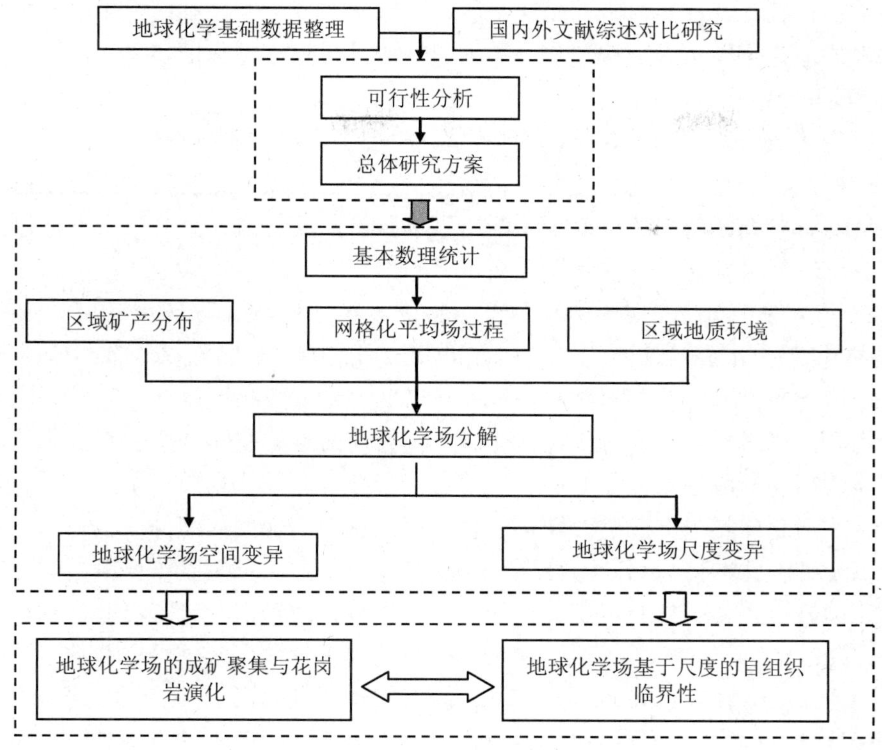

图 2　研究框架

2　研究区域地质概况

2.1　自然地理

南岭地区跨越湖南、广东、广西、江西四省（区），地理坐标为东经 110°～115°，北纬 24°～27°，面积约 165 800 km^2。区内地势总体为中低山区，间有少量河谷盆地与丘陵，中部的南岭山脉，是华南地理分区的天然屏障；山区地形切割强烈，最高海拔标高 2 141 m，最低 500 m，高差达 1 500 m 以上，盆地、丘陵区海拔标高一般在 200～500 m。区内水系发育，以南岭山脉为分水岭，形成南、北两个主要水系，北区主要河流为湘江与赣江，南区河流主要是通达大海的珠江水系。区内亚热带气候明显，1 月平均气温 4～8℃，7 月 27～30℃，山区气温略低；全年无霜期 260～300 d，年均降雨量 1 250～1 750 mm。区内水、陆交通发达，京广、京九、湘桂铁路及京珠高速、107 等多条国道纵横全区，构成本区以铁路干线为主的陆地交通网络；水上有北达长江航道、南抵大海的水运能力。

2.2　地质概况

南岭地区地质工作程度较高，自 20 世纪 30 年代起，丁文江、李四光、田崎隽、黄汲清等一批地质学家先后到本区进行过地质矿产调查、研究工作，初步确定了区内地层层序、构造轮廓、矿产种类和分布特点；新中国成立后，地质工作得到蓬勃发展，基础地质、物化探、遥感、矿产普查及专题研究相继开展，在地学的各个领域都取得了丰硕成果。本文将在岩浆岩、地球化学与区域构造三个方面对区域地质进行重点阐述。

2.2.1 岩浆岩与成矿

南岭研究区域内岩浆活动频繁，除地表有大小数百个岩体外，还有多处隐伏岩体（带），岩石类型以酸性、中酸性花岗岩类为主，另有少量中性、碱性、基性岩，形成时代从四堡期至燕山期均有分布，其中燕山期岩浆活动最为强烈，演化最为完全。故本文选择重点对花岗岩的成矿进行地球化学的多尺度分析。

①花岗岩类时空分布。据 380 个岩体同位素年龄样统计，华南花岗岩形成时代在 1 063～66Ma，以燕山期（侏罗纪—早白垩世）最为集中，且时限以 161～131Ma 居多。燕山期花岗岩出露面积占花岗岩类总面积的 55.2%。受大地构造运动及陆壳增生的制约，自北西向南东，花岗岩类形成时代逐渐变新。区内花岗岩类空间分布受基底构造及深大断裂控制明显，往往形成规模宏大的构造岩浆带，展布方向以北东向、东西向为主，亦有部分呈北西向、南北向产出。②燕山期花岗岩特征。燕山期岩浆活动分早、晚两期。燕山早期花岗岩以早、晚侏罗世为活动高峰期，分布广、面积大，岩性以二长花岗岩为主，其次为黑云母花岗岩。主要岩体有骑田岭、千里山、陂头、西华山、诸广山南体、花山、姑婆山、九峰、大东山等，产状以小-大岩基为主，且均为多期次、多阶段侵入的复式岩体。燕山晚期花岗岩主要分布在南岭地区南东，岩性以红长石斑晶黑云母二长花岗岩为主，灰白色二长花岗岩数量较少，除赣南水头、寨背岩体为出露面积较大的岩基外，多呈小岩体、岩株、岩墙侵入于燕山早期岩体内部及其边缘。

岩石化学成分为 SiO_2、TiO_2、Al_2O_3、Fe_2O_3、FeO、MnO、MgO、CaO、Na_2O、K_2O、P_2O_5，属富硅、钾、钠，贫铁、钛的酸性富碱岩石。一般从早至晚具有酸性增加、基性降低的演化趋势。花岗岩中 Rb、Be、W、Sn、Pb、Zn、Ag、Nb、U、Th 含量较高，大大高于维氏值，而 Ni、Cr、Co、Fe、Cu 则低于维氏值；从燕山早期至燕山晚期，元素组合具有由简单到复杂，Sn、Pb、Zn 增高的变化总趋势。已有资料表明，南岭地区燕山早期晚阶段和燕山晚期早阶段花岗岩是钨、锡、铅、锌、银、锑、铀、稀有、稀土的主要成矿岩体。燕山期花岗岩成因类型主要有壳源重熔型与混源同熔型两类。壳源重熔型花岗岩主要为黑云母二长花岗岩，副矿物磁铁矿含量低，岩体规模大，是南岭地区花岗岩类的主体。混源同熔型花岗岩类以花岗闪长岩为主，SiO_2 含量偏低，基性成分偏高，岩体规模小，一般分布在重力梯级带或重力梯度带交叉部位。代表性岩体有水口山、铜山岭、宝山等。

2.2.2 地球化学特征

地球化学是研究地球的化学组成、化学作用和化学演化的科学。地球化学的理论和方法，对矿产的寻找、评价和开发，农业发展和环境科学等有重要意义。地球科学基础理论的一些重大研究成果，如界限事件、洋底扩张、岩石圈演化等均与地球化学的研究有关。

（1）南岭区域岩石地球化学特征。统计资料表明，南岭地区地层中显著富集的成矿元素为 As、Sb、Bi、Sn、W、Li、Ag、Pb、Zn、Th、U（表 1），其中主要成矿元素 W、Sn、Pb、Zn 在古生界和元古界都有不同程度富集，Sn 以泥盆系最高，含量达 3.93×10^{-6}，富集系数 K 值为 1.97，其次是奥陶系、四堡群；Pb、Zn 分布不均匀，桂北 D1-D2 泥质岩、粤北 D3 砂泥质岩、湘南 D2、赣南 D3 砂泥质岩石中都有相当的富集，与区内大型—特大型铅锌矿床赋存层位相对应。

表 1　南岭片各地层富集元素表（$K \geqslant 1.5$）

地层（系群）	富集元素
板溪群	As、Sb、Ba、Li
震旦系	Bi、Sb、As、Ba、La、Pb、W、Li、U
寒武系	U、Sb、As、Bi、Th、La、Ba、Pb、Li
奥陶系	Sb、As、Bi、La、Mo、Sn、Th
泥盆系	Sb、As、Bi、Sn、Ca
石炭系	As、Sb、Ca
二叠系	As、Sb、Bi
三叠系	As、Sb、Ag、Pb、Bi、Li、Th

不同地区花岗岩类微量元素有所差异：桂北同熔型岩体明显富集的元素有 W、Sn、Ni、Co、V、Ti、U、Th；重熔型岩体 W、Sn 特别富集（K 值>5），Nb、Pb、Zn、Li、U、Th、F、Ca、Sc 亦有较明显的富集，且从四堡期至燕山期、主成矿元素 W、Sn 单向升高。湘南地区加里东、印支期岩体富集 W、Sn、Pb、Zn、Li、As、Ta、U、B、Th，其中 W、Sn、Ta、U 特别富集；燕山期重熔型花岗岩较印支期相对富集元素有 Cu、Pb、Zn、Ag、Sb、W、Sn、Bi、Li、Nb、Ta、As、U、F、Rb 等，同熔型花岗岩 Cu、Zn、V、Sr、Ag、Mo 较重熔型高，而 W、Sn 较低。粤北印支期岩体成矿元素都低于维氏值，而燕山期岩体 W、Sn、Cu、Pb、Zn、Ag、Th、F、Li 都相当富集。

（2）南岭水系沉积物（土壤）地球化学特征。南岭地区是钨、锡、锑、砷、铀、铅、锌、稀有、稀土地球化学省，富集层位多、分布广。富集地层首推泥盆系，次为寒武系，湘赣粤地区还有震旦系、下石炭统；富集岩体首推燕山期岩体，次为加里东期岩体。成矿元素富集湘南以 W、Sn、Pb、Zn、Mo、Ag 为主，桂北以 Sn、Pb、Zn、Sb 为主，粤北以 Sn、Pb、Zn、Ag、W 为主，赣南以 W、Sn 为主。

Sn 元素分布地域差异明显，围绕骑田岭—大东山 Sn 高度聚集中心，出现千里山—骑田岭、乐昌—上犹、曲江—龙南、英德—乳源、阳山、姑婆山、九嶷山、香花岭等 8 条局部异常带，表明该区是南岭地区锡矿成矿的优势区。桂林—钟山以西，除局部有小范围 Sn 异常外，均以低背景区为主，明显贫 Sn。

2.2.3　区域构造特征

南岭地区主要发育纬向、经向和扭动构造体系。纬向构造具有较明显的分带性，从北向南大体分为贵阳—兴国—福州、九峰山—会昌—仙游、宜山—大东山—厦门、田东—佛冈—饶平、南宁—高要—惠来、廉江—阳江等 6 条纬向构造带。它们表现形式主要以褶皱、断裂、复杂隆起带及花岗岩带为主，还有近期拗陷带、火山喷发带、混合岩带及动力变质带等。经向构造集中分布在北纬 24°30′以北地区。自西向东可分为贵阳—东兰、榕江—东兴、白马山—越城岭—大瑶山、道县—河路口、耒阳—临武—连阳、罗霄山—诸广山—始兴、永丰—安远、宁化—上杭、崇安—华安、浦城—嵩口等 10 个经向构造带。它们多以隆起带、拗陷带及压性断裂带组成。扭动构造体系包括华夏系、华夏式、山字形和新华夏系以及一系列的扭转、弧形和尚有争议的北西向构造带。以上各种体系中，纬向、山字形、经向、新华夏系组成南岭地区的基本构造格架。

早在 20 世纪 30 年代，李四光就开始对南岭纬向带进行了研究，认为本区中生代花岗岩类有关的金属矿床主要受到纬向和新华夏构造复合控制、以新华夏构造为主的构造控矿规律。在接下来的几十年里，我国的几个主要区域构造学派在南岭地区做了大量的工作，为南岭地区的构造研究做出了重要贡献。受到20世纪60年代以来板块构造的影响，国内学者开始尝试用板块构造的观点来探索解释本区的沉积作用和岩浆活动。

本区跨越湘粤桂拗陷区和赣南粤北隆起区。前者为海西－印支期强烈坳陷，构造层为二元结构：基底为新元古代－早古生代构造层，盖层为晚古生代－三叠纪构造层，为一套海相砂质－碳酸盐岩沉积。中、新生代内陆盆地广泛分布，加里东晚期广西运动形成S形花岗岩类，其后，进入相对稳定期。区域花岗岩活动以S形为主。赣南粤北隆起区包括赣中、赣南、粤北、粤西和闽西，具有过渡性质。以Z-S构造层为主，盖层不发育，局部见D-T构造层和T-K构造层。加里东运动产生混合花岗岩和S形花岗岩类；燕山期岩浆活动强烈，形成S形花岗岩，还有部分I形花岗岩类。

2.3 存在的问题

上述各项工作，提供了丰富的地质、矿产、物化探、遥感资料，为发展区域经济，解决一些重大的基础地质问题，研究区域成矿规律，进一步划分找矿远景区带打下了基础。但是受各种因素的制约，区内以往地质工作还存在三大主要问题。

2.3.1 仍存大量有争议的科学问题

南岭地区仍然存在大量存在争议的基础性科学问题，譬如与花岗岩类有关矿床的成因问题，矿床类型、矿床分带、成矿系列和成矿模式问题，南岭地区大陆动力学问题以及区域矿床成矿空间分布规律等。这些亟待解决的根本性问题制约着南岭地区诸多地质研究的进一步开展。

2.3.2 基础地质区域调查未全覆盖

1∶200 000区域调查虽已覆盖全区，但都是“七五”以前完成的，受当时的技术方法和传统理论的限制，其成果有待更新；1∶50 000 区域调查只完成全区面积的 30%左右，一些重要成矿远景区尚未覆盖，有待进一步加强。

2.3.3 大量地质数据解读不充分

经过几十年来成千上万地质工作者长期工作的积累，获取了大量的第一手地质资料信息。这些宝贵的资料是在国家大量物力、财力支持下获得的。但在实际工作中，没有很好地充分发挥现有地质资料的作用和避免重复工作，所以为了提高矿产资源勘查开采的效率，创造、引进和发展行之有效的新思维、新技术和新方法显得尤为重要。

3 多尺度下南岭地球化学场统计

3.1 元素选取

本文选取的Y、Zr、Na、K、Be和B 6个元素是与花岗岩成岩及活动密切相关的元素。研究表明，不同类型岩石的形成导致不同类型元素的富集成矿，而后者与元素的自身结构密切相关：具惰性气体型离子结构的元素亲沉积岩，具过渡型或铜型离子结构的元素亲岩浆岩。进一步研究发现，陆壳大规模熔融-固结，亦即花岗岩的形成过程导致不同类型元素在上陆壳及其上层圈重新分配：亲氧（造岩）元素占据壳内熔融（岩浆）层的位置，亲硫（成矿）元素迁移到岩浆层上覆盖层且其中副族成矿元素按离子半径增大的顺序沉淀析出，亲水元素迁移到水圈而亲气元素则回归大气圈[20]。以花岗岩为代表的长英质岩浆岩，形成于不同的物理化学过程，因而导致不同类型的元素富集成矿：具惰性气体型离子结构的元素亲沉积岩，具过渡型或铜型离子结构者，除铁族元素亲铁镁质岩浆岩外，均为亲花岗岩的成矿元素。由图 3 可以看出 Y 和 Zr 元素属于亲花岗岩成矿元素。

亲沉积岩成矿元素（外生成矿场）
惰性气体型离子，最外层电子数为 8 或 2
（常量造岩元素+亲生物元素+卤族元素）

亲铁镁质岩浆岩成矿元素（内生成矿场 I）
（铁族元素；过渡型离子，最外层电子数为 9～17）

Li	Be											B	C	N	O	F
Na	Mg											Al	Si	P	S	Cl
K	Ca	Sc	Ti	V	Cr	Mn	Fe	Co	Ni	Cu	Zn	Ga	Ge	As	Se	Br
Rb	Sr	Y	Zr	Nb	Mo	Te	Ru	Rh	Pd	Ag	Cd	In	Sn	Sb	Te	I
Cs	Ba	La	Hf	Ta	W	Re	Os	Ir	Pt	Au	Hg	Tl	Pb	Bi	Po	At
Fr	Ra	Ac	Th	Pa	U											

亲花岗岩成矿元素（内生成矿场 II）
（微量元素；过渡型+铜型离子，后者外层电子数 18 或 18+2）

图 3　元素离子结构类型及其与不同类型岩石成矿关系

地壳熔融-结晶过程（花岗岩形成）中元素迁移与分布模型如图 4 所示。亲石元素聚集于重熔界面（MI）之下，亲硫元素迁移到 MI 上方的盖层岩石中沉淀析出，介质元素迁移至水圈，而气体元素则最终逃逸大气圈。

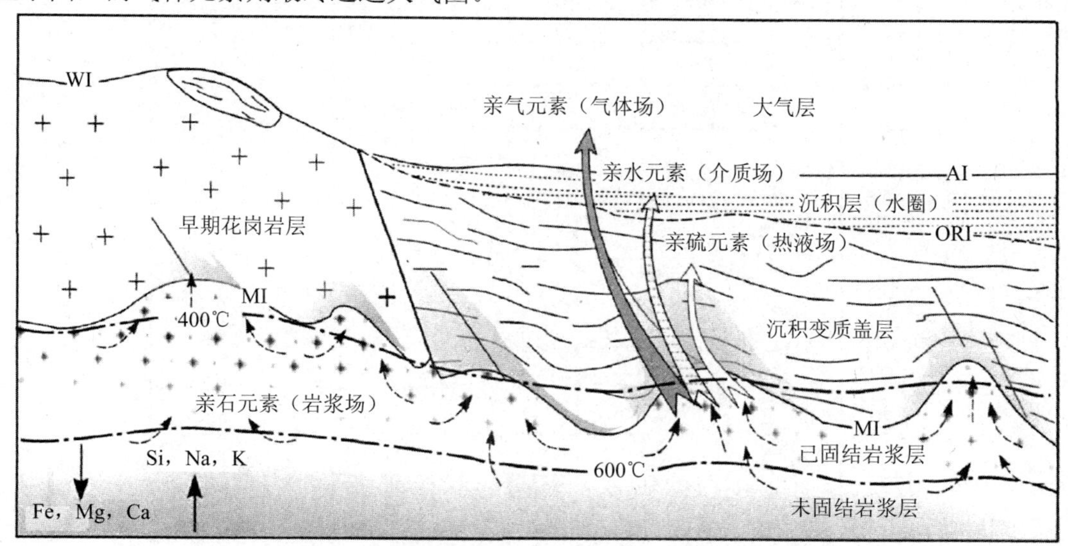

图 4　地壳熔融-结晶过程（花岗岩形成）中元素迁移与分布模型

注：粗箭头分别表示亲硫元素、介质元素和气体元素的迁移路径及目的区；虚线小箭头表示岩浆结晶过程中分离出的气相物质在岩浆系统中的运移方向；直线小箭头表示岩浆中硅碱组分和铁镁组分的迁移方向。MI=重熔界面；WI=风化界面（岩石和大气圈直接接触的界面）；AI=堆积界面（沉积圈上界面）；ORI=氧化-还原界面（风化沉积物与未风化基岩之间的界面）。

B是典型的亲石元素，在地球各圈层中主要富集于地壳中，中性岩、酸性岩中B的丰度值较高且趋于咸水中和与火山活动有关的泉水中最为富集。B元素在花岗岩的成矿中，主要富集于地壳高温熔融—结晶状态时的迁移，在火山和岩浆活动的最初期，熔融岩浆内B呈分散状态，进入岩浆岩的浅色矿物。在岩浆岩作用晚期，B重新分配，进入气-液流体相中高度聚集形成硼酸盐等。B在花岗岩的熔融和重熔作用时十分重要，对于花岗岩演化活动有指示作用。由图可以看出，重熔界面下的花岗岩（浆）层内，含有大量元素，包括本文研究的K、Na、Be、Y等。由图6可知，Zr元素属于花岗岩体顶部MI面下元素，对研究花岗岩侵位有重要研究意义。

3.2 尺度选取

前人矿产预测和普查的一系列方法组合中，地球化学工作是占据主导地位的工作之一。区域性预测评价和局部的成矿区段划分，主要都是借助于地球化学的资料进行的。但是原有的地球化学异常评价方法主要是立足于利用地球化学场金属量之类的参数，且试图一下子就将工业矿床圈化出来。经过实践证明，以这种单一的方法为依据，决非总能在大量分散的矿化带地球化学晕的背景下把与工业矿化有关的异常准确地辨别出来。这种方法思路的弊端在于忽视了成矿作用是在不同规模、不同等级、不同环境的自然体系中发展，最后才形成工业矿床的基本过程。

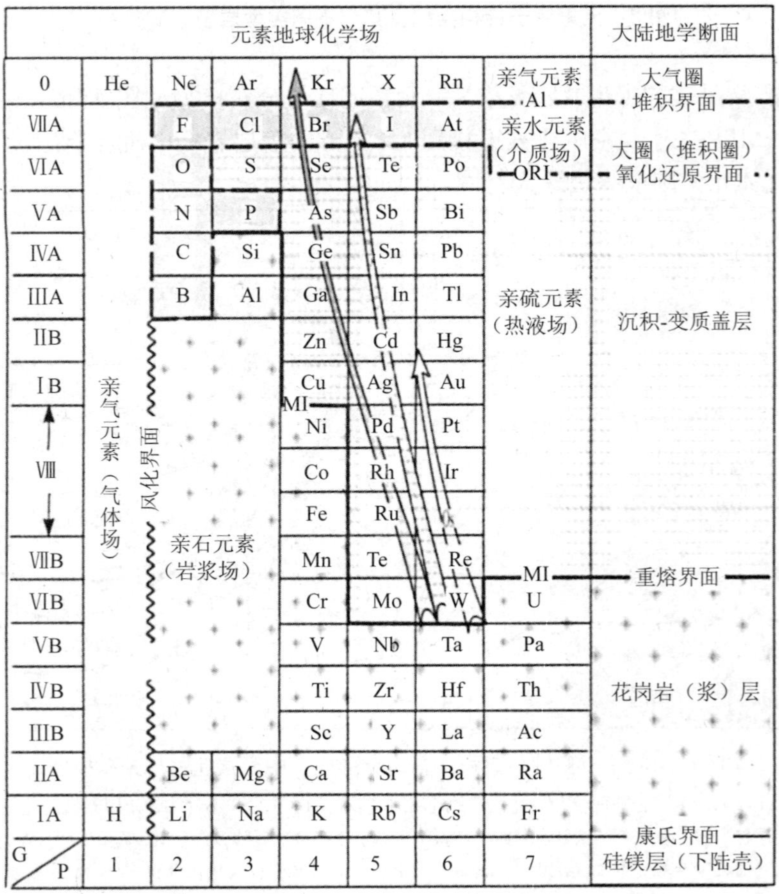

元素地球化学场								大陆地学断面
0	He	Ne	Ar	Kr	X	Rn	亲气元素 Al	大气圈 堆积界面
ⅦA		F	Cl	Br	I	At	亲水元素（介质场）	大圈（堆积圈）
ⅥA		O	S	Se	Te	Po	ORI	氧化还原界面
ⅤA		N	P	As	Sb	Bi		
ⅣA		C	Si	Ge	Sn	Pb		
ⅢA		B	Al	Ga	In	Tl	亲硫元素（热液场）	沉积-变质盖层
ⅡB				Zn	Cd	Hg		
ⅠB	亲气元素（气体场）	风化界面		Cu	Ag	Au		
Ⅷ				MI Ni	Pd	Pt		
Ⅷ				Co	Rh	Ir		
Ⅷ				Fe	Ru			
ⅦB		亲石元素（岩浆场）		Mn	Te	Re	MI	重熔界面
ⅥB				Cr	Mo	W	U	
ⅤB				V	Nb	Ta	Pa	
ⅣB				Ti	Zr	Hf	Th	花岗岩（浆）层
ⅢB				Sc	Y	La	Ac	
ⅡA		Be	Mg	Ca	Sr	Ba	Ra	
ⅠA	H	Li	Na	K	Rb	Cs	Fr	康氏界面
G/P	1	2	3	4	5	6	7	硅镁层（下陆壳）

图5 元素在陆壳熔融-固结过程中的行为及分布空间

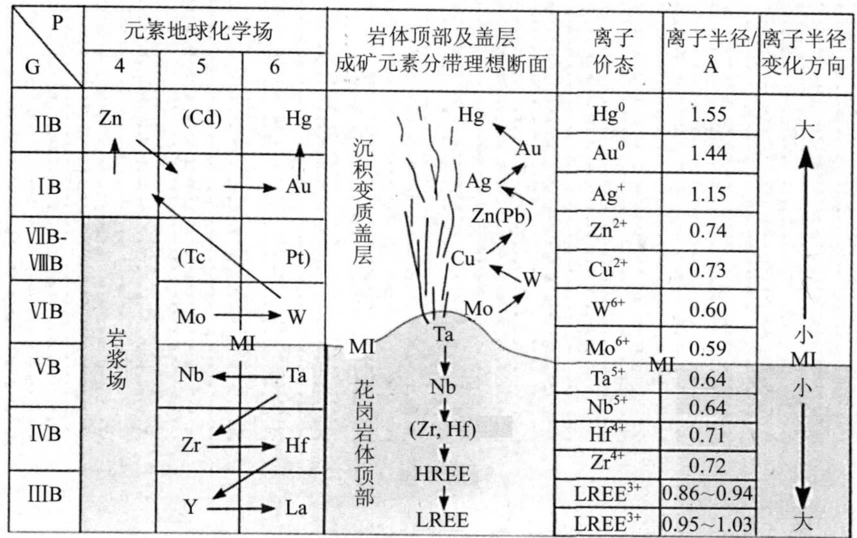

图 6　副族成矿元素的分带特征及其与元素离子半径的关系

所以此次研究中，本文为了更进一步地观察并分析南岭地区花岗岩成矿的六元素地球化学异常与规律，将原有的数据进行了不同尺度的分块，采用单变量因子克里格方法来实现南岭区域内地球化学场的分解。本文在原数据尺度上进行网格化平均场度量操作，分别分成 5×5 块、10×10 块、20×20 块、50×50 块与每一尺度的块体都按照“粗粒化”平均，形成包括原始数据在内的共五套尺度数据。

5×5 方格中心点位置示意图

10×10 方格中心点位置示意图

20×20 方格中心点位置示意图

50×50 方格中心点位置示意图

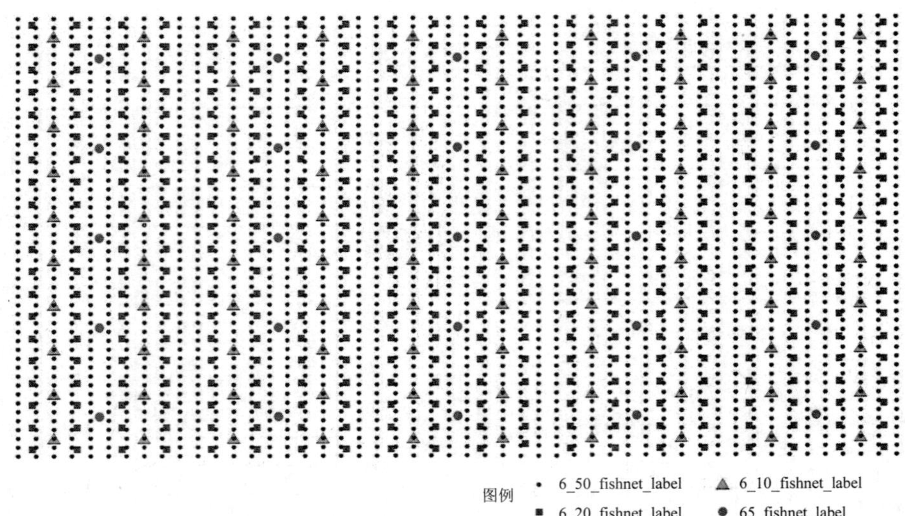

图 7 南岭区域不同尺度叠加“粗粒化”示意图

3.3 地球化学场统计

为了研究南岭地区花岗岩成矿其中六元素的地球化学特征，本文进行了地球化学场的参数统计分析（表 2），并将其分为原始数据统计分析表和尺度划分的数据统计分析表。表中最大值和最小值反映了数值的分布范围。常用极差值（最大值–最小值）表示其变化幅度。均值表示某指标所有样品分析数据的算术平均值，即数据的平均水平，它近似地代表了区域地球化学场背景水平，是表征地球化学场的重要参数。方差是表示一系列数据或统计总体的分布特征的值，是数据离散程度的表征，代表总体水平的波动大小。

表 2 南岭地区原始数据六元素指标特征

原数据	Y	Zr	Na	B	Be	K
最小值	0.500	15.000	0.005	0.130	0.000	0.060
最大值	788.000	5 044.300	3.980	3 166.000	900.400	83.700
均值	31.144 0	360.475 9	0.273 0	79.802 0	3.653 7	2.394 2
方差	423.028 1	55 352.84	0.105 0	6 297.675 0	109.570 5	1.963 0

从表 2 中可以看出，南岭地区 Y、Zr、Na、B、Be 及 K 元素的分布极不均匀，最大、最小值相差很大，且各元素的均值都小于各自元素的中间值，说明南岭地区内研究的这六种元素含量普遍较中间值偏低。

B 元素的极差值变化倍数最大，达到了 24 353 倍，均值含量较高，接近 80，仅次于 Zr 元素的 360.4，但是与 Zr 元素均值相差也较大。方差是所研究的六元素内偏大的，达到了 6 297.7，说明 B 元素的数据离散程度很高。Be 元素的最小值为 0，无法测量极差值变化倍数，最大值为 900.4，在六元素的最大值中，处于中等位置。Na、K 两元素分析的各数值都很接近且 Na、K 两元素的方差是最低的，说明这两种元素离散程度相对最低，各点坐标的元素分布数值相对最为均匀。Zr 元素的方差最高，超过了 50 000。

表 3 内的 MEAN_表示某元素在特定尺度下所计算出的均值。表所列均值，是在不同尺度下计算出来的所有块的均值。如在 5×5 的尺度下，会相应得出 25 个块和 25 个相对应的块内的均值坐标点以及坐标内的元素均值含量点。由表 3 可以分析出以下结果。

表 3　南岭地区五种尺度下 Y、Zr、Na、B、Be 及 K 元素地球化学特征表

5×5	MEAN_Y	MEAN_Zr	MEAN_Na	MEAN_B	MEAN_Be	MEAN_K
最小值	22.739	105.705	0.084	45.535	1.787	1.687
最大值	47.360	622.281	0.457	136.159	10.747	3.429
均值	31.053 9	345.864 4	0.261 1	79.792 6	3.601 2	2.346 0
方差	34.511 5	11 604.779 0	0.009 7	507.755 3	3.147 0	0.199 7
10×10	MEAN_Y	MEAN_Zr	MEAN_Na	MEAN_B	MEAN_Be	MEAN_K
最小值	17.369	84.446	0.073	15.013	1.430	1.186
最大值	58.446	780.574	0.754	214.639	32.294	4.960
均值	30.792 0	342.865 2	0.256 2	79.849 8	3.577 5	2.321 1
方差	66.047 1	15 721.382 3	0.022 6	1 067.007 0	11.465 0	0.497 6
20×20	MEAN_Y	MEAN_Zr	MEAN_Na	MEAN_B	MEAN_Be	MEAN_K
最小值	14.703	73.352	0.059	11.295	1.191	0.217
最大值	107.313	1 316.209	1.257	676.627	152.078	5.626
均值	30.988 8	343.466 8	0.258 6	79.852 5	3.744 7	2.336 0
方差	118.691 6	21 465.381 8	0.042 9	2 333.844 3	62.616 7	0.901 6
50×50	MEAN_Y	MEAN_Zr	MEAN_Na	MEAN_B	MEAN_Be	MEAN_K
最小值	8.550	50.500	0.000	0.000	0.700	0.067
最大值	264.500	1 813.307	2.232	1 075.700	383.200	10.000
均值	31.011 8	344.952 5	0.257 0	79.176 9	3.764 3	2.325 5
方差	203.063 5	28 462.948 9	0.067 7	3 271.606 7	129.766 0	1.228 8
原数据	Y	Zr	Na	B	Be	K
最小值	0.500	15.000	0.005	0.130	0.000	0.060
最大值	788.000	5 044.300	3.980	3 166.000	900.400	83.700
均值	31.144 0	360.475 9	0.273 0	79.802 1	3.653 7	2.394 2
方差	423.028 1	55 352.841 6	0.105 0	6 297.674 9	109.570 5	1.962 9

（1）整体来看，在同一尺度下的六种不同元素均值的最值（包括最大值和最小值）差异很大。说明在南岭区域，本次工作所研究的六种元素分布较散乱，且随着尺度从大到小的变化（5×5—10×10—20×20—50×50—原始数据，下同），每种元素内极值差逐渐增大。

（2）不同尺度下的同一种元素均值的最小值随着尺度从大到小的变化而变小。如 Y 元素均值的最小值随尺度逐渐减小的变化：22.7—17.4—14.7—8.6—0.5（均为保留一位小数后的值），其他元素类似。但是其中 Na 和 B 元素 50×50 尺度下的最小值为 0，与其他元素有所差别。

（3）不同尺度下的同一种元素均值的最大值随着尺度从大到小的变化而变大。如 Zr 元素均值的最大值随尺度逐渐减小的变化：622.3－780.6－1 316.2－1 813.3－5 004.3（均为保留一位小数后的值）。

（4）不同尺度下的同一种元素均值的均值随着尺度从大到小的变化而变化，但是变化较

小。如分块内 Na 元素均值的均值随尺度逐渐减小的变化：0.261—0.256—0.259—0.257—0.273（均为保留三位小数后的值）。

（5）不同尺度下的同一种元素均值的方差值随着尺度从大到小的变化而变大。如 B 元素方差值的最大值随尺度逐渐减小的变化：507.8—1 067.0—2 333.8—3 271.6—6 297.7（均为保留一位小数后的值），类似于成倍增长。但是其中 Be 元素 50×50 尺度下的方差值为 129.8，原始数据的方差值为 109.6，方差值并未随尺度的减小而增加，反而减小。

（6）综合分析，可以看出南岭地区所研究的六种元素方差值从高到低排序为：Zr＞B＞Y＞Be＞K＞Na。K 与 Na 在整个区域的相对均匀性反映了岩浆背景的稳定性；而 Zr 与 B 更多地反映了不同的地质构造背景对岩浆岩后期演化的影响，造成区域性差异较大。

通过图 8 六种元素不同尺度方差的点线图，可以分析出，Be 元素的方差值随尺度变化的变化与其他五种元素有所差别。其他五种元素（Y、Zr、Na、B 以及 K）随着分块尺度的减小，方差值为单调增长曲线，且斜率 k 大致相同。Be 元素方差值则在从 5×5 尺度到 50×50 尺度时不断增长，但是当尺度从 50×50 减小到原数据时，方差值减小。所研究的 6 种元素都是随着分块增多，尺度减小（5×5—10×10—20×20—50×50），方差值逐渐增加。说明各元素在南岭研究区域内，都是随尺度减小，总体水平波动逐渐增大。由此可以了解到，各元素在小区域内不同取样点下元素含量差异较大，随着区域面积的扩大，元素含量值逐渐趋向于均匀。

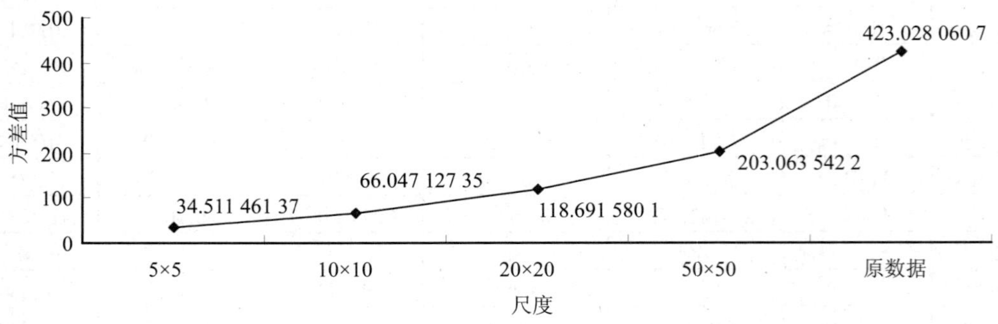

（a）Y 元素不同尺度方差点线图

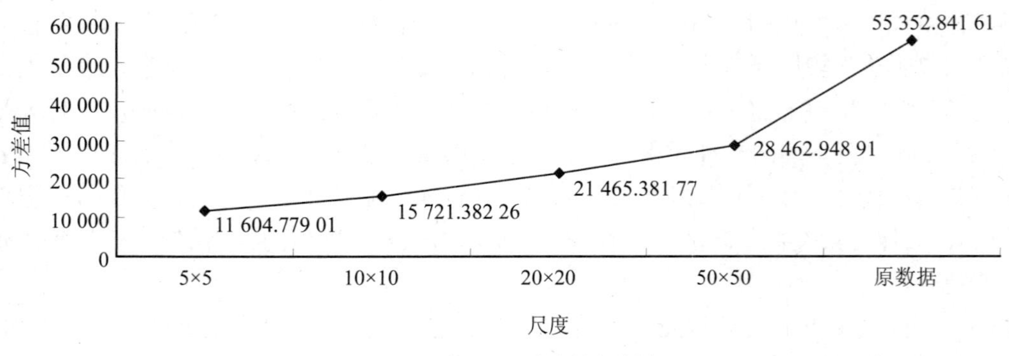

（b）Zr 元素不同尺度方差点线图

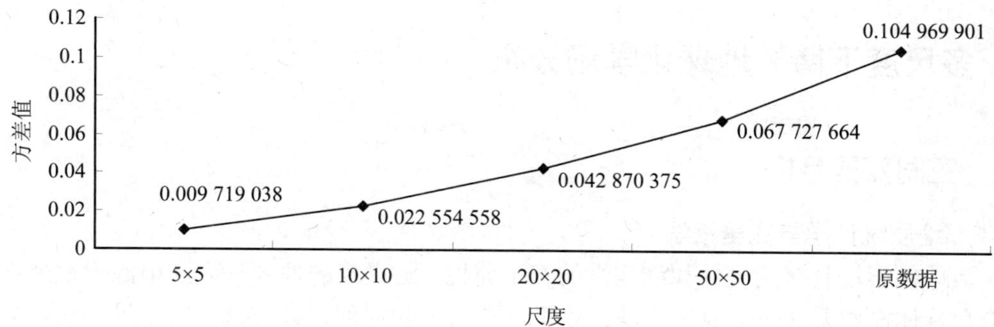

（c）Na 元素不同尺度方差点线图

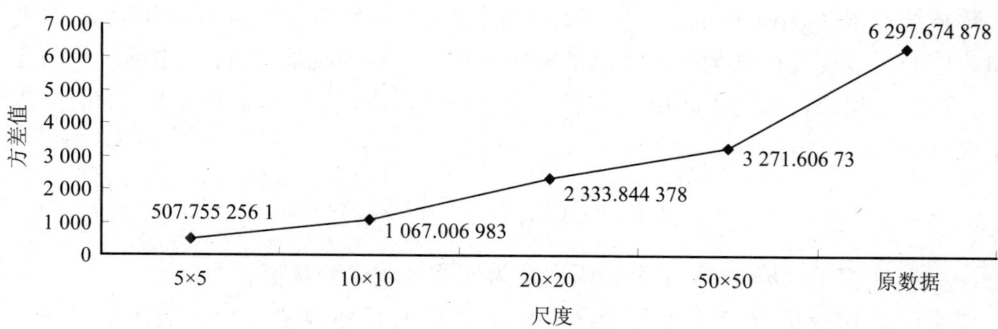

（d）B 元素不同尺度方差点线图

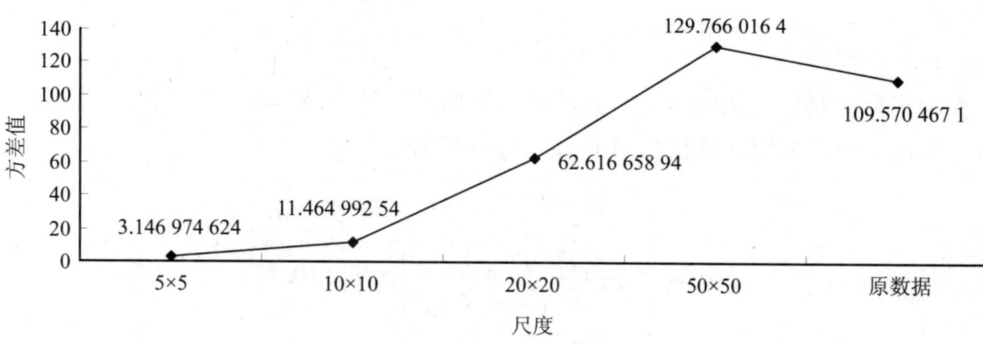

（e）Be 元素不同尺度方差点线图

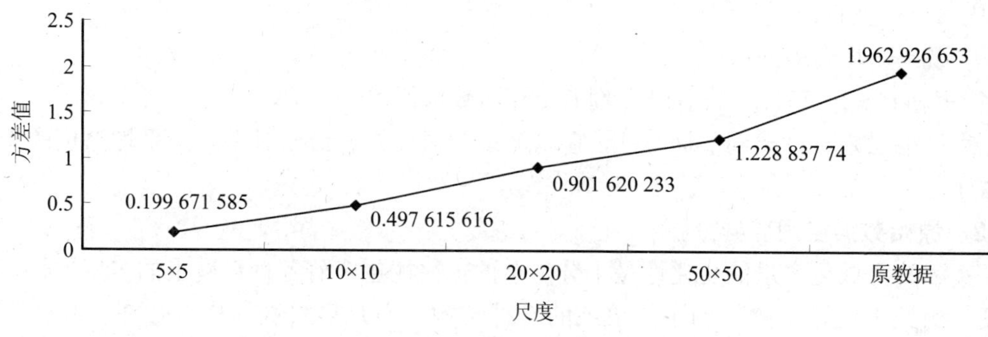

（f）K 元素不同尺度方差点线图

图 8 六种元素不同尺度方差点线图

4 多尺度下南岭地球化学场分布

4.1 空间变异分析

4.1.1 地质统计学与克里格法

地球化学场具有随机性和结构性的双重属性。随机场的理论与方法根源于地质统计学理论和具体操作方法——克里格法。克里格法是一种局部估计方法，它以最小估计方差给出对于平均品位的无偏线性估计量。

地质统计学（geostatistics）是一种以空间相关（矿化的时空结构）为基础，以区域化变量为核心，以变异函数为基本工具的随机场理论（stochastic field）。按照地质统计学理论，一种矿化现象可以用“区域化变量”的空间分布来表征。区域化变量之间的变异用下式来表示。

$$2\gamma(x,h)=E\{[Z(x+h)-Z(x)]^2\}$$

式中，$Z(x)$、$Z(x+h)$——两个相隔向量为 h 的区域化变量值。

现实的地质找矿只能给出两个区域化变量点的具体数值，无法满足对于变异函数 $2\gamma(x,h)$ 进行估计。因而转向寻求内蕴假设。假定随机函数增量 $Z(x+h)-Z(x)$ 是平稳的，只依赖于 h 而独立于 x，就可以来估计变异函数 $2\gamma(h)$。实验变差函数

$$2\gamma^*(h)=\frac{1}{N(h)}\sum_{i=1}^{N(h)}[Z(x_i+h)-Z(x_i)]^2$$

表示实际观测值之间的增量平方的算术平均值，其中 $N(h)$ 是以 h 的球形空间内的数据点数目。通常采用球状模型对 $r(h)$ 进行拟合：

$$\gamma(h)=\begin{cases}0,当h=0\\ C_0+C_1\left(\dfrac{3|h|}{2A}-\dfrac{1}{2}\dfrac{|h|^3}{A^3}\right),\forall|h|\in[0,A]\\ C_0+C_1,\forall|h|\geqslant A]\end{cases};$$

式中，A——变程；

C_0——块金效应；

C_0+C_1——基台，其值由实验半变异函数求得。

克里格法是一种局部估计方法，它以最小的估计方差给出对于块段平均品位的无偏线性估计量。

4.1.2 原始数据空间变异分析

实际的区域化变量的变化性是十分复杂的，往往包含着各种尺度上的多层次性，反映在变差函数上就是它的结构不是单纯的一种结构，而是多层次结构叠加在一起的套和结构。例如不同尺度上的地质作用，如全球构造运动、断裂带上的构造运动、断层上的变形以及全球变化、气候带的变化、局部的变化等。在本研究中，实际的区域化变量的变化性由地球化学场的多重尺度决定。

在考察了解区域化变量（随机场）的相关性（噪声、相关程度、相关范围）、空间场的各向异性、空间场的尺度特征和空间场的周期性特征之后对南岭地区与岩浆岩密切相关的 6 种元素进行了空间分析和插值计算。

水系沉积物地球化学数据蕴含了地球化学场的成矿空间结构分布，适合采用地质统计学方法进行研究。本次工作在湖南、广西、江西、广东四省（区）提供的 1∶200 000 区域地球化学水系沉积物数据基础上，对 Zr、Be、Y、B、K 和 Na 6 个元素进行了空间变异分析，得到初步分析结果。

（1）用指数（或球状）模型对元素 Zr 的各向同性进行了拟合（图 9）。由基台值距离给出了 Zr、Be、Y、B、K 和 Na 时空延展特征量半变异函数变程（见表 4）。

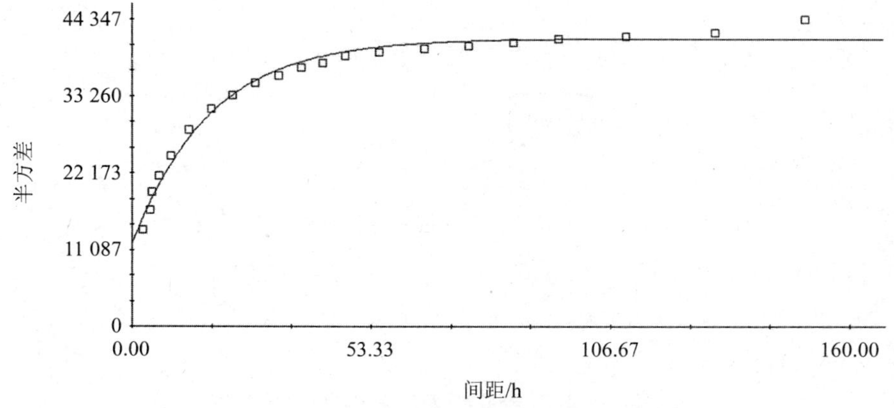

图 9 元素 Zr 各向同性前提下的半变异函数（变程 A_0=65 km）

表 4 时空延展特征量半变异函数变程一览表 单位：km

元素	E-W	N-S	NE-SW	NW-SE	各向同性
Zr	84	37	65	32	65
Be	40	27	19	10	25
Y	22	46	25	35	35
K	60	50	55	28	40
Na	29	50	41	68	53
B	62	35	66	30	61

（2）地球化学场的结构分布在成矿空间具有明显的方向性，这不仅体现在时空延展特征量半变异函数变程的差异上，也反映在拟合值的半方差空间分布中。图 10 给出了元素 Zr 时空延展特征量半变异函数各向异性的空间分布以及与中心点具有结构性相关联系的椭圆变程范围。

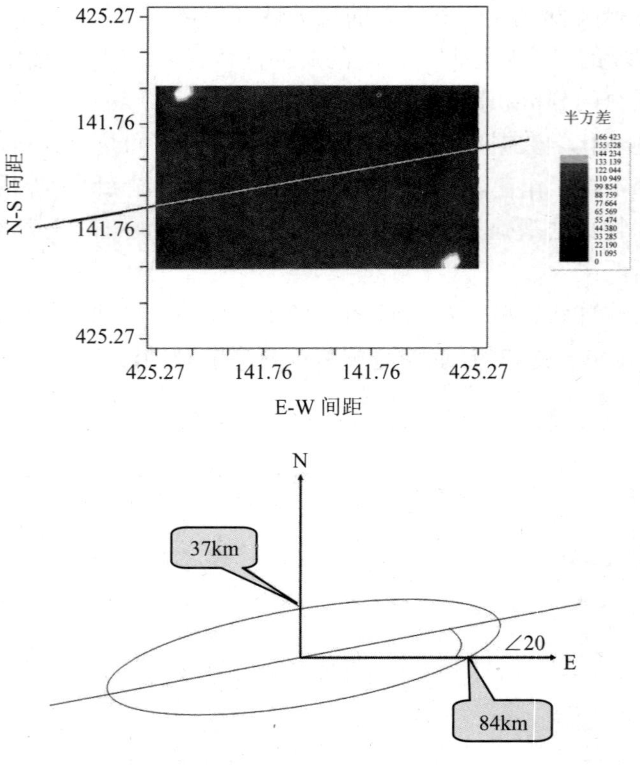

图 10　元素 Zr 半变异函数各向异向空间分布

4.1.3　多尺度空间变异分析

我们进一步分析网格化多尺度下南岭地区地球化学场的空间变异状况。分析得到：①随着平均场尺度增大，场半变异函数的各向异向性越来越弱，反映了大尺度平均场受到近地表构造影响越来越小；②随着平均场尺度增大，场的空间变异变程也越来越大，反映出大尺度的地球化学场可能受制于大尺度（或更深度）的地质演化过程的影响；③平均场尺度变化对 K、Na 空间变异影响最小，而对 Zr、B 元素影响显著。

4.2　多尺度下地球化学场分布规律

本次工作所研究的南岭地区为东经 110°～115°，北纬 24°～27°，面积约 17 万 km^2（注：克里格差值图内不再标注经纬度坐标与面积）。采用单变量因子克里格方法圈定南岭地区地球化学场，具有成因意义，基本能反映成矿因素的特点。

4.2.1　元素的地球化学多尺度可视化

（1）Y 元素叠加场地球化学特征。

Y 元素 5×5 方格克里格叠加场地球化学场形态大致为环状。其中西向的中部有一高值区，由四周向中心逐渐浓集。10×10 方格克里格差值图地球化学场形态大致为面状、条带状的集合。西向仍为高值区，且相比于 5×5 方格差值图，高值量相对增加。南北向有一条带状低值区。异常的总体展布方向为东西向和南北向，异常浓集中心展布方向为东西向。

20×20 方格克里格差值图内，异常的总体展布为东西向、北东向。随着尺度的减小，高值区数量以及高值色度相应增加。图中有两个较为明显的高值区，Y 元素明显富集于图内其他地区，且两高值区相邻较近。50×50 方格克里格差值图内异常的总体展布方向仍为东西向，有约 3 个高值区和 3 个低值区。

分析 Y 元素原始克里格差值图，可发现异常的总体展布方向为东西向或北东向。异常浓集中心的展布方向以东西向为主。地球化学场无整体明显的形状。较为散乱。集合以上前 4 个尺度的差值图，可以知道随着尺度的减小，元素的高值区数量不断增加。由此可大致推断出：东西向和北东向构造代表了控岩构造，东西向构造是直接的控矿构造，二者的叠加对成矿最有利。

（2）Zr 元素叠加场地球化学特征。

Zr 元素 5×5 方格克里格差值图内，Zr 元素自西北向逐渐朝东南向富集。地球化学场形态趋向于环状和半环状。10×10 方格克里格差值图内，高值区位于东、南、西三个方向，高值面积较 5×5 方格克里格差值图有减少，北部为低值区。

在 Zr 元素 20×20、50×50 克里格差值图内，分别在南、东、东南向各有一偏高值点，高值区所占面积再次减少。正北方向有一低值区，区内 Zr 元素含量值较为平均。

通过观察 Zr 元素原始数据克里格差值图可知，异常的总体展布方向多为西南向或者东西向。但异常浓集中心的展布方向则为东西向，根据矿田构造分析，西南向和东西向构造代表控岩构造。东西向构造是直接的控矿构造，二者的叠加对成矿有利。

（3）Na 元素叠加场地球化学特征。

从 Na 元素 5×5、10×10 方格克里格差值图可以看出，地球化学场形状以环状为主。Na 元素均值含量自西南逐渐向东北递增，图内中心是元素高值区。Na 元素 20×20 方格克里格差值图内，有高值区数个，且多数互相连接。50×50 方格克里格差值图内，高值区数量和面积有增加，多呈椭圆状。异常的总体展布方向为东西向，异常浓度中心的展布方向也以东西向为主。

Na 元素原始数据克里格差值图中，高值区数量和面积相对于 50×50 方格克里格差值图有所减少。异常的总体展布方向为东西向或北西向。异常浓集中心的展布方向多为东西向。根据矿田构造分析，东西向和北西向构造代表控岩构造。东西向构造是直接的控矿构造，二者的叠加对成矿有利。

（4）B 元素叠加场地球化学特征。

在 B 元素 5×5 方格克里格差值图内，东南方向处有一展布方向为南北向分布较广的高值区，与北方另一高值区连接，形成一条带状的呈北东向展布的异常浓集带。西侧有一展布方向为南北向的低值区。10×10 方格克里格差值图内，高值区和低值区面积减少。

B 元素 20×20 方格克里格差值图上，低值区的总体展布方向为南北向。50×50 方格克里格差值图内，无明显的高值区和低值区，异常的总体展布方向为东西向或南北向，异常浓集方向为东西向。

综合来看，可知 B 元素原始克里格差值图与其他元素原始克里格差值图比较，高值区数量过少，低值区较多，异常的总体展布方向依旧以东西向为主。

（5）Be 元素叠加场地球化学特征。

Be 元素 5×5 和 10×10 方格克里格差值图上，地球化学场形态呈环状，自西南向东北元素含量逐渐增高。在东北角形成一高值区。相比较而言，10×10 方格克里格差值图高值区面积有所减少。20×20 方格克里格差值图内，高值区面积有了明显地减少。50×50 图内，低值区面积有了明显的增加，高值区零星分布。

观察 Be 原始数据克里格差值图，异常的总体展布方向为东西向或西北向，异常浓集中心的展布方向为东西向。矿田构造分析表明，东西向和西北向构造代表控岩构造，东西向构造是直接的控矿因子，二者的叠加对成矿有利。

（6）K 元素叠加场地球化学特征。

观察 K 元素 5×5 和 10×10 方格克里格差值图可知，K 元素含量自西向东逐渐增加。20×20 方格克里格差值图内，几乎 80%为高值区，异常浓集中心的展布方向为东西向或南北向。50×50 方格克里格差值图内，异常的总体展布方向为东西向。

K 元素原始克里格差值图上表现为：异常的总体展布方向为东西向或西南向，但异常浓集中心的展布方向以东西向为主。根据矿田构造分析，东西向和西南向构造代表了控岩构造，东西向构造是直接的控矿构造，二者的叠加对成矿最有利。

4.2.2 地球化学多尺度分布规律及尺度效应

（1）大尺度地球化学场多呈现环状结构。其中 K、Y、Be 单中心明显，B 和 Na 多中心，略呈环带。Zr 元素可能数据出错，出现明显低值区。

（2）除 Y 元素外，其他元素大尺度地球化学场普遍具有东高西低的规律。这可能与太平洋板块俯冲所引起的大范围岩浆活动有关。

（3）随着尺度由粗到细，地球化学场展现出更多的细节，但也磨灭了大尺度展现的宏观规律。如果把不同尺度赋予不同的地质意义，大尺度则看成宏观地质作用的结果，而小尺度地球化学场可认为是微观地质作用的结果。

（4）大尺度地球化学场反映了南岭地区更深部位元素分布的原生态，所表现出来的是深层成矿作用；小尺度受到近地表的地质构造的影响。随着地层深度的增加，所表现出地质现象可以根据地球化学场尺度增加的成图来表现出相应的地质现象。同时，也可以知道地质构造对近地表地球化学场的分布有明显的控制作用。

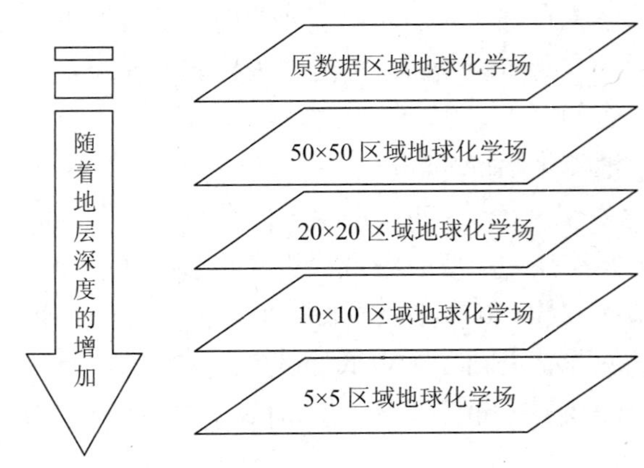

图 11 尺度地层深度与地球化学场的尺度关系

（5）小尺度地球化学场更多反映了地表构造背景。随着尺度的减小，表现出的普遍规律有：高值区的数量有所增加，各高值区面积逐渐减小。异常的总体展布方向多为东西向或北东向，异常浓集中心的展布方向多为东西向。异常的总体展布方向：东西向或北东向构造代表了控岩构造；而异常浓度中心的展布方向：东西向构造是直接的控矿构造。二者的叠加对成矿有利。而前人已得出结论，南岭地区的地表以北东向和东西向构造带规模最大。与本次研究工作根据地球化学场图所得出的结论相同。

5　结论与展望

5.1　结论

通过以上对数据的统计以及对数据的分析工作，可以得出以下结论：

（1）六种元素空间数据统计分布上存在差异性。六种元素方差值从高到低排序为：Zr＞B＞Y＞Be＞K＞Na，可知K、Na元素分布比较集中，而Zr元素则分布差异较大。

（2）六种元素地球化学分布差异性。根据元素化学场图可知，深地层的表现为元素含量东高西低。近地表层六种元素分布极其不均匀。地质构造景观较为复杂，地表以东西向和北东向构造带规模为主。

（3）南岭地区地球化学场的尺度差异性。不同尺度的区域地球化学场所表现出的是不同地层深度的地质过程。小尺度地球化学场所表现的是地表的细节方面、地质构造等现象。相反，大尺度的地球化学场则表示深地层大规律的地质构造现象。随着地层深度的增加，所表现出地质现象可以根据地球化学场尺度增加的成图来表现出相应的地质现象。通过不同的尺度，也可以判定不同地质过程的存在。

5.2　不足与展望

虽然获取了大量地质数据和资料，也按照工作思路进行了大量计算和分析，但地质工作离不开地质实际，没有对区域地质进行过真实的野外考察，对南岭地区地质背景缺乏深入体会，这制约了地球化学场工作的理论联系实际的工作开展以及对计算结果的分析力度。由于时间有限，还有很多工作未能在本次研究中实现，今后将在以下方面开展进一步思考与探索：地球化学场系统是一个巨复杂系统，作者对于地球化学过程和成矿作用的理解还需要更多深入野外工作的接触与实践；尺度分析工作量大，因而在某些方面的处理还不是很成熟或者略显粗糙，希望将这套工作方法能够实现程序化。

参考文献

[1]　朱焱龄，李崇佑，林运淮. 赣南钨矿地质[M]. 南昌：江西人民出版社，1981.

[2]　Levinson A A. Introduction to exploration geochemistry[M]. 2nd ed. Chicago：Wilmette Applied Pub，1976：1-924.

[3]　魏富有. 康滇地轴北段层控铅锌矿沉积地球化学场剖析[J]. 矿物岩石，1989，9（2）：101-108.

[4]　万丛礼，李继红，裴卫兵，等. 沉积盆地侵入岩区的异常“温度场、压力场和地球化学场”与油气的关系[J]. 西安石油大学学报：自然科学版，2005，20（1）：26-29.

[5]　李双林，董贺平，赵青芳，等. 北黄海盆地烃类地球化学场与综合异常分区[J]. 海洋地质与第四纪地质，2010，30（5）：91-99.

[6] 孙忠军. 矿产勘查中化探异常下限的多重分形计算方法[J]. 物探化探计算技术，2007，29（1）：54-57.

[7] 孙中任，赵雪娟. 磁异常与地球化学异常关系分析[J]. 西北地质，2011，44（2）：170-175.

[8] 何进中. 白银厂型铜矿区域地球化学场预测模式[J]. 有色金属矿产与勘查，1994，3（3）：160-162.

[9] 吴传壁，李洪祥. 地球化学场与成矿预测研究的新思路[J]. 国外地质勘探技术，1994（4）：18-24.

[10] Markku Tialnen. 芬兰西南部地区冰破物地球化学数据的相似性分析——互马拉的屈尔迈科基镍矿床的地球化学特征[M]//中国地质矿产信息研究院. 化探资料选编十. 1993.

[11] Voroshilov V G. Gold Deposits：Formation Mechanism，Methods of Geometrization，Typical Models，and Forecasting of Ore Mineralization[J]. Geology of Ore Deposits，2009，51（1）：3-19.

[12] 荣平，黄转莹.南秦岭镇—山—柞及邻区砷地球化学场特征及意义[J]. 矿产与地质，2009，23（3）：261-265.

[13] 孟宪伟，于先川. 地球化学场分形景观与地球化学分级预测[J]. 物探与化探，1994（5）：393-397.

[14] 孟宪伟，张晓华. 多标度分形与地球化学场分解[J]. 地质与勘探，1996，32（4）：47-49.

[15] 成秋明. 空间自相似性与地球物理和地球化学场的分解方法[J]. 地球物理学进展，2001，16（2）：8-16.

[16] 谢淑云，鲍征宇. 地球化学场的连续多重分形模式[J]. 地球化学，2002，31（2）：191-200.

[17] 文战久，高星，姚振兴. 基于“元素含量-面积”模型方法的地球化学场的多重分形模式分析[J]. 地理科学进展，2007，22（6）：598-604.

[18] 成秋明，张生元，左仁广，等. 多重分形滤波方法和地球化学信息提取技术研究与进展[J]. 地学前缘，2009，16（2）：185-198.

[19] 陈毓川，裴荣富，张宏良. 南岭地区与中生代花岗岩类有关的有色及稀有金属矿床地质[M]. 北京：地质出版社，1989.

[20] 陈国能. 成矿元素的离子结构及其在花岗岩成矿过程中的行为[J]. 地质前缘，2011，18（1）：89-94.

[21] 吴传壁，李洪祥. 地球化学场与成矿预测研究的新思路[J]. 国外地质勘探技术，1994（4）：18-24.

“城市空间结构及城市化”前概念的调查研究

——以首师大附中高一学生为例*

覃明明

摘　要：在地理教学中，了解学生的实际认知情况，揭示他们在地理学习中的前概念，对改革地理教学，提高地理教学质量，促进学生的认知发展，具有重要意义。本文在综述前人前概念研究成果的基础上，以构建主义学习理论为指导，通过对首都师范大学附属中学高一学生“城市空间结构及城市化”的前概念进行调查研究，整理、分析数据，了解学生头脑中原有的地理认知模式及认知来源，探讨出一个行之有效的地理教学设计，提高地理教学效果。

关键词：前概念　城市空间结构　城市化　地理教学　高中

0　引言

当前，随着经济的迅速发展，国际竞争空前激烈，知识经济也愈来愈重要。伴随着经济快速发展的同时，我们可以清楚地看到，人类的生存和发展面临着许多困境。面对人类社会与地球环境的种种矛盾，我们不仅要转变经济的发展方式，加强对科学技术的投入，还要培养具有高度科学文化素养和人文素养的人，培养具有综合地理素养的人。

近年来，在新课改的背景下，地理课堂的教学理念和教学方法都有了一定的改观。然而，传统的教学思想和教学模式仍占主导地位，“填鸭式”“满堂灌”的教学方法仍然存在[1]。又由于诸多因素，地理处于“副”科地位，地理教学效果并不是很理想。实际的情况表明，地理是一门综合性的学科，涉及许多复杂、难懂的词汇。由于部分术语脱离生活实际，许多学生常常对一些基本的地理概念缺乏理解，他们所学到的只是形式上而非实质上的知识。因此，他们虽然能够记忆这些知识，但当在现实生活中遇见时，并不一定能加以灵活或正确的应用。例如，在地理课堂的教学中，仍有相当多的学生没有学会判读经纬度、计算实地距离、判断方位和气候类型等，没有具备中国公民应该具备的中国地理和世界地理的基本知识。

20 世纪 70 年代末，教育界出现了研究“前概念”的热潮[1]。20 世纪 80 年代末，兴起了建构主义学习观[2]，这对地理的学习与教学产生了深刻的影响。在此背景下，从“前概

* 指导教师：林培英。

念”的“建构观”角度来研究学生对地理概念的学习，从中了解学生是如何学习地理的，进而分析学生持有错误概念的产生原因，提出如何改进学生地理学习的对策，对于改善学生的地理学习和教师的教学都是十分有益的。

1 概念界定

1.1 前概念

前概念是前科学概念的简称，建构主义认知心理学又形象地称之为日常概念。它是指个体在没有接受正式的科学概念教育之前，对日常生活中所感知的现象，通过长期的经验积累与辨别式学习而形成的对事物的非本质认识[3]。它不仅来自日常生活经验，而且在教学学习中也会令学生形成前概念。

地理前概念则是个体在没有获得正式的地理科学概念时，根据自己长期积累的日常生活经验所形成的对地理概念的感性认识。

1.2 前概念的特点

一是广泛性。地理前科学概念的广泛性主要表现在三方面：涉及的知识范围广、主体层次多以及地域广泛 [4]。据了解，学生在地球运动、大气环境、陆地环境、海洋环境、中国地理、世界地理等各个分支中都存在前科学概念，并且在一些地理概念上，不同的学生会具有相同的前科学概念。

二是自发性。学生大脑中的前科学概念，主要是来自于生活的环境、日常生活中所获得的经验以及长期的观察和感知。这些观察和感知通过大脑的加工，逐渐发展、深化，最终形成了概念[4]。那么，学生在构建前科学概念时，完全是自发的、潜移默化的。因此，学生在构建前科学概念时，主要是凭借自己对事物的感性认识来构建。当然，如果他原先存在的经验是错误的，他对新概念的习得可能也是错误的；如果他原先存在的经验是正确的，他对新概念的习得可能也是正确的。

三是顽固性。学生从出生开始就与人和周围环境发生作用，从与人和环境的相互作用中经由自己的体验形成了对周围世界中各种现象的认知图式[5]。在长期的生活经验积累中，随着前科学概念的不断强化，学生容易形成思维定式。他们对这些概念深信不疑，很难放弃自己的观念。例如：南方的学生总是以为北方人只吃小麦，不吃大米；暴雨一定会形成洪涝灾害；洪涝灾害只发生在南方，而不发生在北方；地震一定会引起滑坡、泥石流等。研究表明，一旦学生对某些地理现象形成了前概念，要想加以转变是相当困难的。

四是隐蔽性。当学生对某一类地理事物或现象形成前概念时，由于他们的年龄和思维能力的限制，这种前概念通常处于一种模糊的状态，难以用语言表达清楚[6]。例如，我们所熟悉的“气候”这个名词，如果没有人问他什么叫“气候”时，他一般不会深究什么叫“气候”，也不会觉得他不知道什么叫“气候”。但当你一旦问他什么叫“气候”时，他可能会不假思索地回答出“气候就是不同时期的不同天气”，而不能给出准确的解释。

五是差异性。学生的前概念是因人而异的。在实际教学中，我们会经常看到：不同的班级对同一现象的解释是不同的；在一个人的不同发展阶段，他对同一现象的解释也是有差异的[4]。这是由于不同的学生有着不同的生活背景和知识背景，且每个人的智商也是不同的，因此他们会以不同的方式来认识外部世界，并且构建出不同的思维体系。例如，对月球的理解，幼儿可能会认为月球是一个挂在天上的大饼，初中生可能认为月球是一种和地球类似的球体，高中生则认为月球是一颗卫星，绕着地球自西向东运转。

2 理论基础与研究进展

2.1 建构主义学习理论

建构主义是行为主义发展到认知主义以后的进一步发展。在教育中，建构主义最早的提出者可以追溯至瑞士的皮亚杰[7]。他认为，儿童是在与周围环境相互作用的过程中，逐步建构起关于外部世界的知识，从而使自身的认知结构得到发展。在皮亚杰认知理论的基础上，科尔伯格在认知结构的性质与认知结构的发展条件等方面作了进一步的研究；斯滕伯格和卡茨等则强调个体的主动性在建构认知结构过程中的关键作用，并对认知过程中如何发挥个体的主动性作了认知的探索；维果斯基则强调社会历史文化背景对学习者认知过程的作用。综上所述，随着上述研究者的研究，建构主义理论得到进一步的丰富和完善，这为实际应用于教学过程创造了条件。

20 世纪 80 年代末，建构主义学习理论兴起，其主要将注意力的焦点放在认知问题上[2]。它强调以学生为中心，认为学生是认知的主体，是知识意义的主动建构者；教师只对学生的意义建构起帮助和促进作用，并不是直接向学生传授和灌输知识。那么，在日常生活中，我们想要了解一件事物，主要是以我们个人的经验世界来构建的。因此，我们更加关注如何以原有的经验、心理结构和信念为基础来建构知识，然后在教师的有效指导下，获得准确而科学的概念，并获取相关解决问题的能力。

2.2 国外研究进展

前科学概念的术语很多，主要分为“以科学知识为依据的术语”和“以自我描述为依据的术语”。“以科学知识为依据的术语”主要有错误概念、教学前概念等；“以自我描述为依据的术语”主要有相异概念、常识性知识、儿童观点、直觉概念等[4]。早在 100 多年以前，人们已经认识到儿童中普遍存在的前概念现象。美国的霍尔早在 1903 年启动了一个计划，调查儿童对自然现象如热、霜和火的前科学观念。让·皮亚杰按照不同的语言机能，把儿童的言语分为自我中心言语和社会化言语，他将其分别称为自发概念和非自发概念。列夫谢苗诺维奇·维果斯基曾研究儿童通过经验和独立思考形成的日常概念和在学校里所学到的科学概念之间的关系。以此为起点，前科学概念的研究逐步开始涉及学校教育中的不同学科[8]。

近代，前科学概念在国外大致经历了 3 个阶段：①20 世纪五六十年代。西方发达国家的一些心理学家、教育家，受认知心理学的影响和启发，开始探查学生对科学现象和问题所拥有的个人认识和概念[4]。②20 世纪七八十年代。由于人们越发认为个人的发展与科学素养密切相关，因此许多学者更强调获取科学知识的过程，前概念也得到了更多的研究。③20 世纪 90 年代。相关研究力图与教学实际相结合，探索在科学教学中转变学生的前科学概念的有效策略和方法，开始将研究成果深刻而广泛地渗透到学科教师的培训和科学教育标准制定乃至转化为完全不同于过去的科学教学观念和行为[4]。

2.3 国内研究进展

国内对前科学概念的研究自20世纪90年代兴起，尤其是90年代中后期到21世纪初的几年里，关于物理、化学、数学、生物等理科课程的前概念研究成为热点。学者们主要探究了前科学概念的定义、特点、影响、形成原因等[4]。如李高峰、刘恩山的《前科学概念的研究进展》，赵强、刘炳升的《建构与前概念》，范应元的《国内关于物理学科“前概念”的研究》等。同时有的学者开始探索前科学概念的转变策略，出现了一些有价值的教学经验文章，如杨兆刚的《前概念与物理概念教学》、孙建新的《化学“迷思概念”的研究和教学对策》、吴举宏的《错误概念矫正策略》、李宗风的《前概念与思想政治课教学》、王琼华等的《高中地理教学中的相异构想探索》、孙立峰等的《地理教学中的相异构想及其转变》等[4]。基于前科学概念的理论基础，前人将科学教学实践与心理学成果有机整合，而有关地理前科学概念及其地理科学概念的具体实例研究相对少一些。

3 研究过程

3.1 研究对象

以首师大附中高一学生为样本，由于高一年级有9个班：8个理科班、1个文科班。为了便于研究，以理科班为例。而理科班中1、3、5、7班为普通班，2、4、6、8班为实验班，故随机选取1班和8班作为研究对象。

3.2 研究方法

以编制“城市空间结构及城市化前认知调查研究”的问卷为主，以访谈法为辅。随机访谈学生5名，原地理教师1名。

3.3 “城市空间结构及城市化前概念”调查问卷的编制

3.3.1 问卷的类型及内容

采用选择式，设计一份封闭式问卷，从城市空间结构、城市化两个维度来了解高中生对这两个概念的了解情况。

3.3.2 问卷的设计依据

本文基于上一届学长研究成果的基础上，了解到2011年首师大附中高一学生在对“城市空间结构及城市化”前概念的认识上，与科学概念存在较大的冲突。为了了解学生的前概念来源及验证这一结论是否具备普遍性，本文引用了上届学长的调查问卷“高中生关于城市空间结构和城市化前认知的调查”[9]，并根据题目的难易程度、重复性进行适当的增减及排列组合。

问卷由15个问题组成。1～7题主要从城市空间结构的分布特点、各功能分区的具体特点、影响城市空间结构的分布因素来考查；8～12题主要从城市化的概念、城市化的特点、发展中国家和发达国家城市的发展特点等来考查学生对城市化的理解；13～14题主要考查高一学生对“城市空间结构及城市化”的了解情况，15题主要考查学生对城市空间结构、城市化、逆城市化、郊区城市化的理解。

3.3.3 问卷的发放

问卷的发放主要是1班和8班，1班是普通班，8班是实验班。2个班共92人，实收86份问卷。1班44人，实收39份，1份无效；8班48人，实收47份。

3.3.4 访谈设计

至于访谈，主要从学生和老师两个方面进行了解。

对于学生，基于上届学长的研究成果，主要从学生对“城市空间结构及城市化”的了解情况、认知来源及对两个词语的理解情况3个方面进行了解。

对于教师，主要从原地理教师了解两个班学生的地理基础知识状况，在此之前是否接触过相关的知识等方面进行了解。

3.4 调查研究过程

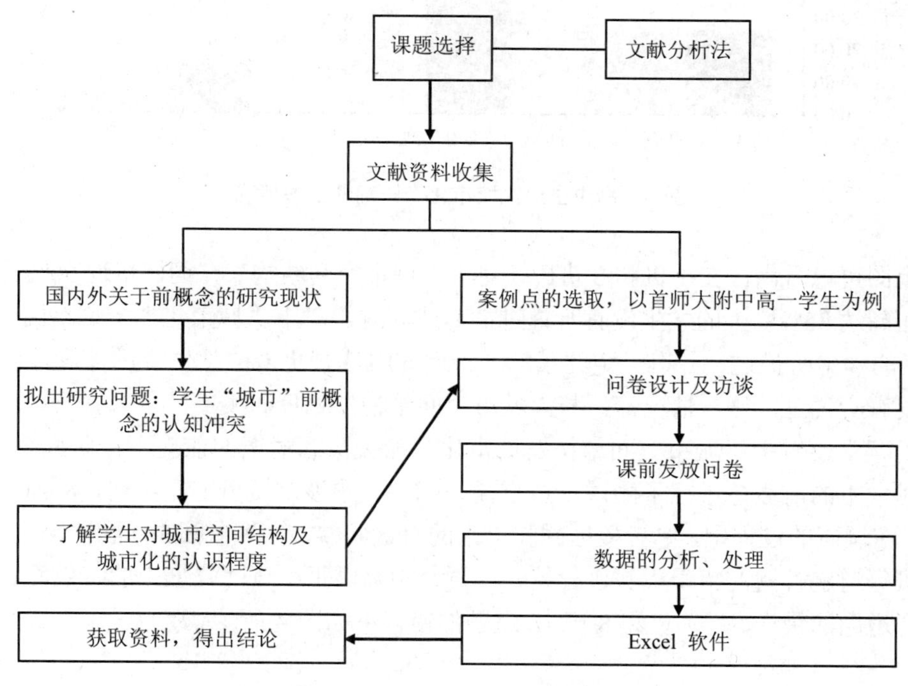

图1 调查研究过程

4 调查结果及分析

4.1 关于城市空间结构和城市化前概念的答题情况

通过调查问卷的统计发现，对于“城市空间结构”和“城市化”一词，高一学生1班和8班对前概念的了解情况如图2、图3所示。

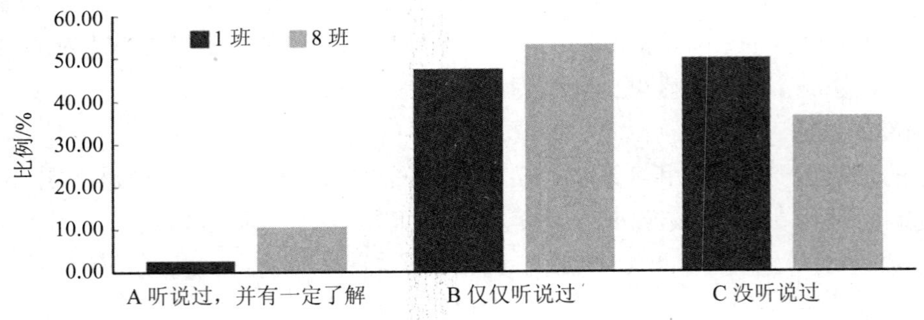

图 2　高中生对“城市空间结构”一词的了解情况

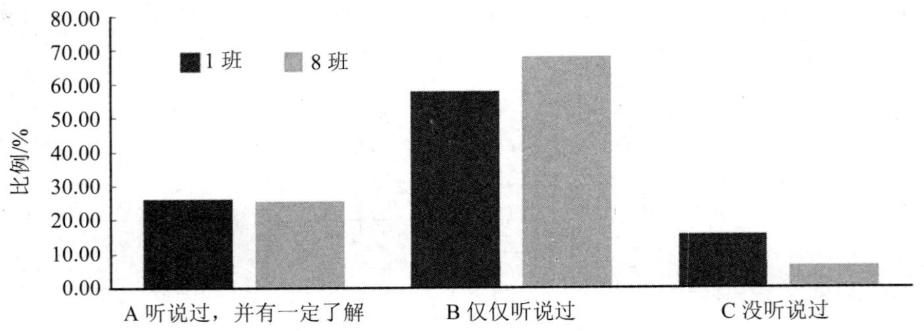

图 3　高中生对“城市化”一词的了解情况

从上图可以看出，在 1 班和 8 班中，对于“城市空间结构”一词，将近 50%的学生听说过，而高达 35%以上的学生没有听说过；与此同时，对于“城市化”一词，两个班中，20%以上的学生听说过、并有一定的了解；将近 60%或是更多的学生听说过，只有约 10%的学生没有听说过，这一情况恰好与“城市空间结构”相反。

在了解学生对于“城市空间结构及城市化”相关概念情况的前提下，研究者通过 12 道题，对学生的前概念进行了测试，12 道题中 1～7 题涉及城市空间结构，8～12 题涉及城市化。在调研的过程中，笔者根据回收上来的有效问卷，对两个班的问卷情况进行统计，将每个班每道题答题的错误人数进行统计，再分别除以每个班回收上来的有效问卷，得出每个班每道题的错误率。1 班和 8 班 12 道题的错误率如图 4 所示。

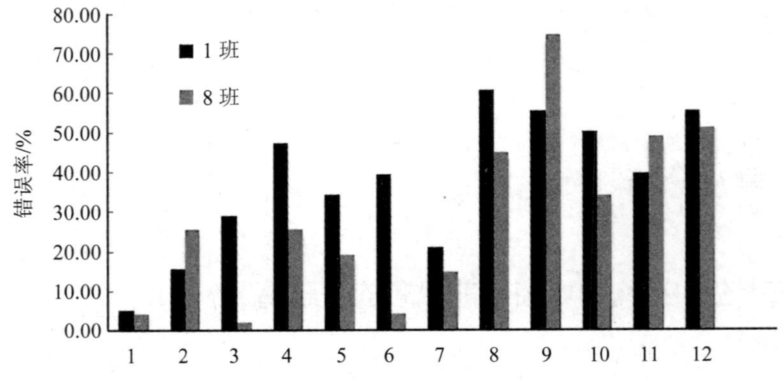

图 4　高中生对于“城市空间结构及城市化”相关概念答题的错误率

由图 4 可以看出，1 班和 8 班答题的错误率和班级层次的不同是有一定关系的。在图中，1～7 题是关于"城市空间结构"的测试，除了第 2 题之外，可以明显发现 1 班是普通班，错误率较高；8 班是实验班，错误率较低。

而当涉及"城市化"的测试时，即 8～12 题，2 个班答题的错误率有一定的波动，并且错误率明显上升。这引起了笔者的疑惑，为什么当涉及"城市空间结构"的概念时两个班的答题情况和班级所处的层次呈正相关，而涉及"城市化"一词时，规律就不明显？为什么两个班在了解"城市空间结构"一词的比例比"城市化"少的情况下，答题的错误率会低于"城市化"？笔者猜想这是与不同层次的班级、学生的基础知识、前概念的认知情况、生活经历是有关的。

为进一步探知学生对"城市空间结构及城市化"的前概念状况，笔者又对问卷的主观题进行了整理。尽管 1 班和 8 班学生回答主观题的人数分别只有 9 人和 21 人，并且部分学生不是所有的主观题都回答，笔者还是尝试从他们的回答情况探讨学生前概念的认知状况。具体情况如表 1 所示。

表 1　高一 1 班和 8 班对城市空间结构概念的理解情况

班　级	城市空间结构
1 班	A　城市规划的样式 B　城市中不同空间和排布 C　一个城市的区域分布结构 D　城市政府部门、住宅区、商业区等的分布 E　住宅区、商业区、工业区等空间结构的构成，并在城市中的面积比重和位置关系
8 班	A　城市规划、城市规划的构成 B　城市的建筑等排布 C　城市的空间利用 D　城市的规划和布局；城市的建筑、交通、规划；城市在空间上的布局结构 E　各种区域（如商业区、住宅区等）的空间分配 F　城市里 A 处做甲事用，B 处做乙事用，C 处做丙事用 G　城市不同位置因地价、交通条件的不同，布局也不同

由上表可以看出，尽管大部分同学没有填主观题，但就填写的同学而言，不管是普通班还是实验班，学生都能较好地理解城市空间结构的含义，尽管大部分同学只是听说过或是没有听说过。相对于城市空间结构而言，同学们对城市化、逆城市化以及郊区城市化的回答多种多样，回答问题要点不全，并且不能够较好地理解城市化的各种含义。如表 2 所示。

表 2 学生对城市化和逆城市化概念的理解情况

班级	城市化	逆城市化
1 班	A 城市规模扩大，数量增多，人口增多 B 大量的农村人口涌向城市 C 农业户口转为非农业户口并向城市发展 D 居民生活水平提高，经济水平提高，文化程度提高 E 指农村随着地区内人口的增长和地区规模的扩大，逐渐工业化、产业多样化的变化过程	A 城市规模缩小，数量减少 B 城市地区随着人口的减少等因素，城市功能逐渐退化，面积逐渐缩小，逐步变为农村乃至消失的过程
8 班	A 现代化 B 有健全的、完善的城市基础设施 C 农村变为城市，由平房变为楼房 D 城市用地增多 农村用地转化为城市用地 E 城市范围扩大 F 从事农业人数比重下降 G 向市中心靠近； 乡镇向城市靠拢； 农村人口减少，向城市靠拢； 农村人口向城市人口转变，农村向城市发展； 农业人口向非农业人口转变，并向城市集中的过程； 农业人口向非农业人口转化，第一、第二产业转化为第三产业，农业用地转化为城市用地	A 城市用地减少 B 城市里的人离开去农村 人口由城市向郊区集聚 城市人口到郊区生活 C 城市变乡村 由城市向郊区转型 D 从事农业人数比重增加 E 城市发展停滞或退步 F 回到现代化程度比较低的地方 G 与城市化相反的过程

4.2 调查结果分析

4.2.1 高中生“城市空间结构及城市化”前概念的来源

学生在走进课堂之前，他们的头脑中就已经有了对地理现象是与非的认识，潜意识中已经形成了许多前概念。从建构主义的观点出发、结合调查情况分析，首师大附中学生头脑中的地理前概念主要来源于以下几个方面。

（1）日常生活经验的影响。地理学是一个综合性的学科，它主要研究地球表面上自然环境与人类活动的关系。因此，许多自然现象与人们的生活、生产密切相关，这就决定了地理前概念的一个主要来源是生活经验。据调查，首师大附中的学生绝大部分都居住在市区，他们的衣、食、住、行都离不开城市提供的各种服务，因此他们的脑海中潜意识地对城市空间结构有一定的认识。而对于“城市化”这一个词汇，尽管接触到的机会比“城市空间结构”一词多，但由于城市化是一个缓慢的发展过程，且离学生的生活比较远，所以尽管听说过或是了解过，学生所形成的前概念并不一定是正确的[4]。

（2）地理知识的迁移。地理知识的迁移包括正迁移和负迁移。正迁移有利于学生对知识的理解，负迁移则引起学生对概念的错误印象。在地理学习中，思维定式造成的知识负迁移是存在的，因为总会有一些学生习惯以同化的方式把新的知识纳入原有的认知结构中，以维持其平衡状态。但有时候学生会由于“惯性思维”而产生对地理知识的曲解。

通过访谈，笔者发现，受学校课程安排的影响，学生在学习城市相关的内容之前，已经学习了农业、工业区位的相关知识。而区位这一概念又与城市空间结构有着类似的解释，因此学生在接触关于“城市空间结构”的概念时，把“布局”的概念迁移至“城市空间结构”中，大部分学生能够回答出“城市空间结构”的大致含义，尽管绝大部分同学没有接触过或是仅仅听说过“城市空间结构”的含义。

对于“城市化”一词而言，只有少数同学能回答出城市化是农业人口向非农业人口转变并在城市中集聚，第一、第二产业转化为第三产业，农业用地转化为城市用地的过程。而绝大部分同学只能回答出其中的一个方面或是歪曲其意思。例如，城市化就是现代化；城市化就是居民生活水平提高，经济水平提高，文化程度提高；城市化就是城市范围扩大，有健全的、完善的城市基础设施等。这些片面的、不正确的理解又会迁移到他们对于“逆城市化”的曲解。例如，一些学生认为，逆城市化就是城市规模缩小，数量减少；逆城市化就是农村越来越多、城市倒退的过程；逆城市化就是城市发展停滞或退步、回到现代化程度比较低的过程等。由此可见，动作技能、知识、情感、态度都可以迁移，而负迁移是产生各科前科学概念错误的主要原因之一[10]。

（3）由语词带来的曲解。概念是用一定的语词来记载和标志的，借助语词可以对感性材料进行抽象与概括，揭露事物的本质属性和共同特征[3]。在日常生活中，实践告诉我们，学生常用在生活中形成的对词语的理解来理解地理概念，并由此产生对地理概念的曲解。例如，城市化是由乡村转变为城市，逆城市化就是由城市转化为乡村；城市化就是从事农业的人数减少，逆城市化就是从事农业的人数增加；城市化就是现代化，逆城市化就是城市倒退或滞留等。

4.2.2　高中生“城市空间结构及城市化”的前概念分析

通过调查发现，1 班、8 班学生对“城市空间结构”“城市化”的了解情况如表 3 所示。

表 3　学生对城市空间结构及城市化的了解情况

城市空间结构			
	A 听说过，并有一定了解	B 仅仅听说过	C　没听说过
1 班	2.63%	47.37%	50%
8 班	10.64%	53.19%	36.17%
城市化			
	A 听说过，并有一定了解	B 仅仅听说过	C　没听说过
1 班	26.32%	57.89%	15.79%
8 班	25.53%	68.08%	6.38%

由表 3 可以看出，由于班级的层次不同，学生对“城市空间结构及城市化”的前概念了解情况是不同的。1 班作为普通班，只有 2.63%的学生听说过城市空间结构，并有一定的了解。8 班作为实验班，对于城市空间结构的了解情况略好于 1 班。对于城市化的了解情况，1 班有 15.79%的学生没有听说过城市化，而 8 班只有 6.38%的学生没有听说过，这也说明了不同层次的学生在前概念的认识上存在着一定的差距。

又根据图 1 可知，学生头脑中的地理前概念与地理科学概念存在着较大的冲突，笔者对其现象进行解释。首先，学生的前概念与科学概念相比，具有不完整性。在教材中，教材对“城市空间结构”的解释为组成城市的各要素在空间上的位置及其组合状况，大部分学生基本上能回答出城市的功能分区或是城市规划的空间组合，并且能说出城市主要可以分为哪几个区。尽管有些回答比较生动、形象，如“城市里 A 处做甲事用，B 处做乙事用，C 处做丙事用”。然而，当题目涉及更深层次、更具体的内容时，比如：问卷的第 2 题“城市用地面积最大、最普遍的功能区是什么时”，两个班中约 20%的错误率，大部分学生选择商业区而不是住宅区，这就出现了前概念的偏差。又如问卷中的第 5 题，“如图所示，图中的 a、b、c 分别代表哪几个分区”，1 班的错误率为 34.21%，8 班的错误率为 19.14%，这也充分地说明了学生对城市空间结构在空间上分布的理解存在一定的偏差，并且不同层次的学生对其理解的偏差也是不同的。

其次，学生拥有的地理前概念和科学概念之间是相悖的。对于“城市化”的调查发现，更多的学生所拥有的前认知与科学概念之间不仅仅是不完整有些甚至是相悖的[9]。例如，对于什么是城市化，许多学生只能回答出“农业人口向非农业人口转变”、“大量的农村人口涌向城市”等其中的某一方面，而不能完整地回答出来。对于什么是逆城市化，许多同学凭主观想象，直接理解成“与城市化相反”，甚至回答“逆城市化就是城市停滞发展、倒退”。对于当前世界城市化特点的认识上，是中小城市城市化迅速发展还是特大城市迅速发展，是发展中国家城市化进程加快还是发达国家城市化加快，学生往往有着与事实相悖的想法，这又迎合了上届学长的调研结果。

即尽管学生对“城市化”一词的了解程度高于“城市空间结构”，但由于学生的生活经验、前概念的认知与现实存在的反差以及学生的基础、层次不同等，造成了学生有着与事实相悖的想法。这就要求教师要根据学生的实际认知情况来改善教学设计，通过构建情境，引发学生的认知冲突，转变学生的错误观念。

5 地理教学中科学利用前概念的建议

5.1 利用学生生活中熟悉的各种“前概念”作比喻，突破知识难点

在进行地理教学的过程中，教师可以利用学生熟悉的各种“前概念”作比喻，突破知识难点。例如，在了解学生对“城市空间结构”前概念的程度上，笔者发现尽管大部分学生仅仅是听说过或者没听说过这个词汇，但他们还是能用自己的生活经验形象地解释出这个词汇[11]。教师就可以利用学生原有的知识观念，将外在的信息纳入前概念中，使其内涵更为丰富。教师可以通过出示两张不同时代同一城市的空间变化图，要求学生对两幅图进行观察、类比，找到它们的相似和不同之处。在这个过程中，让学生将图片与课本材料联系起来，通过同化和顺应，让学生更准确地理解城市空间结构的含义、分布状况及各功能区的分布特点，从而使学生的前概念转变为科学概念。

5.2 设置冲突情境，引起学生的认知冲突

学习的发生在于解决认知冲突或消除认知心理的不平衡，认知冲突的解决会引起学生对原有认知结构的改变[12]，从而让学生转变观念，形成正确概念。通过设置情景，让新知识与学生的前概念发生冲突，使学生暴露出错误观念，正确看待自己原有的生活经验，把对事物表面现象观察所得到的经验与地理知识不一致的地方提出来并进行反思。通过找出矛盾，经历思想上的冲突和震撼，造成认知结构的不平衡，促成原有知识结构的顺应，用

科学的概念代替原有的错误观念，实现错误前概念向科学概念的转变[5]。

在进行城市空间结构的教学时，教师可以通过实例，利用地图来引发学生的认知冲突。例如，在讲城市化时，我们知道城市化是农业人口向非农业人口转变并在城市集聚的过程，是农业用地转化为城市用地的过程，是居民从第一产业向第二、第三产业转变的过程。那么，逆城市化是不是正好相反？逆城市化是由非农业人口转变为农业人口、城市用地转变为农业用地、居民由第三产业向第一、第二产业转变的过程？通过这样的冲突情境，再举出发达国家逆城市化的例子，从而引发学生城市化的认知冲突，达到原有知识与现有知识的平衡过程。

5.3　自主探究转变错误前概念，建构科学概念

为了帮助学生实现从前概念到科学概念的转变，帮助学生架起原有认知与现在认知之间的桥梁，最有效的方法就是让学生自主探究、观察、发现。在探究结果的基础上，将得到的结果与原先的猜想作比较，找到矛盾之处，从而建立准确的科学概念[13]。例如，在上课之前，教师可以先向学生介绍城市空间结构的不同功能分区，然后分小组讨论，要求他们猜想不同的功能分区在城市中是如何分布的。接着教师通过列举实例，将学生猜想的结果和实例进行对比，从而得出城市空间结构的分布状况，构建出新的地理科学概念。

6　结论

本文在上届学长研究成果的基础上，继续验证学生关于“城市”前概念的认知来源及“城市空间结构及城市化”前概念与科学概念相悖这一结论是否具备普遍性，结论如下：

（1）关于“城市空间结构”的理解，尽管学生的认识程度低于“城市化”，但学生回答的正确率却高于“城市化”，这与上一届学长的研究成果是一致的。这说明学生在对“城市空间结构”的认识上，前概念的不完整性。由于“城市空间结构”的题目比较形象化、生活化，学生的回答准确程度要高于“城市化”。

（2）关于“城市化”的理解，尽管大部分同学都听说过，甚至有一定的了解，但学生回答的正确率却低于“城市空间结构’，这也与上一届学长的研究成果一致。出现这一情况是由于学生“城市化”的前概念与科学概念相悖，有关“城市化”的题目比较抽象，脱离生活实际。加之学生的生活经验、前概念的认知结构不同，所以对“城市化”的理解出现偏差。

（3）不同层次的班级情况、学生的基础知识水平在一定程度上会影响学生的前概念，从而出现不同的认知偏差。

参考文献

[1]　许以全. 中学地理教学的现状分析及思考[J]. 科技教育，2010，6：199.

[2]　邓学明. 从前概念到建构观——浅议建构主义学习理论[D]. 南宁：广西师范大学，2003.

[3]　赵强，刘炳升. 建构与前概念[J]. 物理教师，2001，22（7）：3.

[4]　闫锦先. 高中地理教学中前科学概念的研究[D]. 成都：四川师范大学，2009.

[5] 赖小琴. 物理前概念及纠正错误前概念的策略[J]. 广西师范学院学报：自然科学版，2002，19（3）：89.

[6] 王琼华，林国平. 高中地理教学的相异构想探索[J]. 教学月刊，2004（30）：73-74.

[7] 温彭年，贾国英. 建构主义理论与教学改革——建构主义学习理论综述[J]. 教育理论与实践，2002，22（5）：17.

[8] 李高峰，刘恩山. 前科学概念的研究进展[J]. 内蒙古师范大学学报：哲学社会科学版，2007，36（4）：62.

[9] 雷海燕. 高中生“城市”前认知程度调查——以首师大附中高一学生为例[D]. 北京：首都师范大学，2011.

[10] 王磊，等. 科学学习与教学心理学[M]. 西安：陕西师范大学出版社，2002.

[11] 周利强. 巧妙运用“前概念”[J]. 有效促进地理教学・中学政史地：教学指导版，2010，4：52.

[12] Driver R，Asoko H，Leach J，et al. Constructing scientific knowledge in the classroom[J]. Educational Researcher，1994，23（7）：5-12.

[13] 竺红波. 以学生前概念为基点建构科学概念[J]. 探秘：科学课，2010，11：14-15.

外源铜在暗棕壤中的形态分布及其植物毒性*

田雨

摘　要：随着工业化、城镇化和养殖业的发展，土壤铜污染日益严重，已经给生态环境与人类健康带来风险，因此，研究铜在土壤中的转化及其生物毒性对于土壤铜污染的控制及预防具有重要意义。本文以雾灵山暗棕壤为研究对象，通过添加不同铜浓度和不同有机质处理，系统研究了外源铜对暗棕壤大麦毒性变化规律。主要研究结果如下：①在外源铜为 0～200 mg/kg 时，各有机质梯度大麦根长随外源铜浓度变化不显著或略有提升，外源铜达到 200～1 200 mg/kg 时，根长随铜浓度升高变化显著降低。②相同外源铜浓度下，大麦根长随有机质比例增大而增大，其中外源铜在 400～1 200 mg/kg 时，大麦根长变化最显著；此外，有机质比例较低的土样变化更显著。③随外源铜浓度增加，各形态铜含量上升，可还原态增幅最大，残渣态增幅最小。弱酸提取态同样也有很高增幅，可氧化态次之。④在各外源铜浓度下，各形态铜分布比例随有机质变化不一。随有机质增加可氧化态铜比例增加；弱酸提取态铜比例降低；可还原态在外源铜为 0～100 mg/kg 时随有机质增加而降低，在外源铜达到 100～1 200 mg/kg 时随有机质增加而增加；在有机质最低时残渣态铜比例最小。⑤弱酸提取态铜与植物毒性相关性最大，可还原态次之。可氧化态和残渣态相关性较低。

关键词：铜　植物毒性　化学形态

0　引言

随着社会经济的发展，重金属的用量日益增加，对生态环境、人体健康和经济的可持续发展产生了严重的影响。重金属主要通过大气沉降、禽畜粪便、化学肥料、污泥污水产生污染[1]。重金属以气溶胶的形态进入大气，通过自然沉降和雨雪淋溶进入土壤。这些重金属物质主要来自燃料及其残渣的燃烧，金属矿产的开采和冶炼。加拿大安大略地区曾因 Cu、Ni 冶炼排放的废气导致附近土壤植被消失，水土流失[2]。城市内部重金属污染主要来自汽车尾气的排放，其中汽油、润滑油的燃烧和零件的磨损导致大气中 Pb、Cd、Cu、Zn 等重金属的积累[3]。现代农业中禽畜饲料添加剂和预混剂中含有促进动物生长发育的重金属元素，如 Cu、Zn。使用厩肥也成为土壤铜污染的主要贡献者，有研究表明猪栏肥的铜含量可以达到 1 990 mg/kg[4]。化肥对农业发展起到很重要的作用，同时也伴随着重金属元素的污染问题。农用含铜杀菌剂及含铜有机肥（污泥和厩肥）的大量施用也给农田土壤带

* 指导教师：王学东。

来潜在的污染。王正直等[5]对山东栽培苹果与葡萄10年以上的果园土壤剖面进行了铜含量及形态与特征研究，结果表明果园由于多年施用波尔多液等含铜农药，致使表层土壤全铜含量明显高于对照，超过土壤环境质量规定的二级标准，平均含量达252 mg/kg。土壤铜污染已经导致部分地区，如北京、天津、西安、沈阳、济南、长春、郑州、宁波、武汉、成都和上海等地的农产品铜含量超过国家食品卫生标准[6]。污泥中含有大量有机质和氮、磷、钾等营养元素，可作为有机肥料，但同时也会将重金属离子引入农田中。城市中大量生活垃圾，尤其是电子垃圾剧增，市政污泥进入农田，导致农田中重金属Cd、Hg、Cr、Cu、Zn、Pb、Ni、As等含量提高[7]。

1 研究综述

1.1 土壤中铜的植物毒害

土壤重金属对植物的生长发育产生影响主要表现在影响植物根系吸收养分的能力，也就是影响细胞膜的透性，从而影响植物光合作用和呼吸作用，最终导致农作物的产量和质量变化。植物的根系与土壤直接接触，因此是土壤重金属污染的首要部位。其中，铜元素对于抑制植物根系生长方面比其他元素要强[8]。此外，铜元素也会对种子的萌发、土壤中酶的活性、微生物的数量和种类产生影响。由于植物根系生长比较容易操作和观测，所以选择作为诊断铜生态毒害的指标。宋玉芳等[9]研究了在4种土壤条件下铜对白菜种子发芽与根伸长的抑制率，结果发现，同一浓度下，铜对白菜根伸长的抑制率明显大于对种子发芽抑制率；且和溶液培养试验相比，白菜在土壤中的抑制效应明显低于其在水溶液中的抑制效应，表明土壤对重金属污染具有缓冲作用。

1.2 土壤中重金属的形态及其分析方法

以往的重金属污染评价大多以重金属盐的总量为评价指标，但其结果往往与实际情况有所不同[10，11]。弱酸提取态是植物吸收利用的主要形态，对重金属生物毒性起主导作用，同时其他非残留态也可在弱酸态减少后作为补充。重金属进入土壤后，经过一系列反应，其实际存在形态与输入形态产生差异。重金属形态分析方法主要是顺序提取法，其中以Tessier等[12]于1979年提出的五步连续提取法以及欧共体标准物质局1992年提出的三级四步提取法（BCR法）[13，14，15]为主。BCR法准确度高，重现性好，能够更好地反映土壤中重金属元素的形态分布情况，但同时也存在耗时长等问题。周康民等[16]认为导致现今土壤环境污染和胁迫问题的自然因素可能来自于酸雨效应（即pH变化影响），以及局部环境氧化-还原点位的变化（即Eh变化），所以将重金属形态分为弱酸可提取态、可还原态、可氧化态和残渣态，这与BCR法相同，由此以BCR法为基础进行改进。

弱酸提取态可以认为是Tessier五步提取法中可交换态和碳酸盐结合态的总称。其中，可交换态重金属是指吸附在黏土、腐殖质及其他成分上的重金属，对环境变化较为敏感，容易发生迁移转化，而且能被植物吸收利用[17]。碳酸盐结合态重金属是指土壤中重金属元素在碳酸盐矿物上形成的共沉淀结合态[18]。碳酸结合态重金属对土壤环境条件尤其是pH

值最敏感。当 pH 值下降时，碳酸结合态的重金属离子容易重新释放出来而进入环境中；但当 pH 值升高时，重金属离子易形成碳酸盐沉淀[19]。弱酸提取态（可交换态和碳酸结合态）重金属含量是影响重金属生物有效性的最重要因素。

可还原态（铁锰氧化物结合态）重金属一般是以矿物外囊物和细粉散颗粒的形式存在，铁锰氧化物的比表面积巨大，对金属离子吸附能力很强[20]。土壤中铁锰氧化物易与金属发生吸附或沉淀作用。土壤中 pH 值和氧化还原条件变化是影响铁锰氧化物结合态含量的重要因素。较高 pH 值和氧化还原电位的土壤环境中，比较容易形成铁锰氧化物。

可氧化态（有机结合态）重金属是由土壤中各种有机物如动植物残体、腐殖质及矿物颗粒的包裹层等与土壤中的重金属元素螯合而成[17]。可氧化态含量与土壤中有机质的多少密切相关，同时也与重金属元素的种类相关。

残渣态重金属一般存在于硅酸盐、原生和次生矿物等土壤晶格中，是自然地质风化过程的结果[17]，在自然界正常条件下不易释放，能长期稳定在沉积物中，不易为植物吸收。残渣态结合的重金属主要受矿物成分及岩石风化和土壤侵蚀的影响。

1.3 土壤环境质量标准

土壤重金属污染中环境质量评价标准的确立尤为重要。目前各国已经制定了各自的大气和水环境标准，尚未有完善的土壤环境标准出台。由于土壤环境的复杂性，考虑到土壤性质对环境质量的影响，制定普遍性的标准较为困难。我国现行的《土壤环境质量标准》仍存在一定的问题[21, 22]。我国目前在土壤环境质量基准和标准制定方面缺少研究，目前主要依靠地球化学法和生态效应法制定。相较于国外大多采用生态效应法，我国土壤重金属镉标准要更加严格，汞、锌、铜的标准值高限与国外的中值相同[23]。

1.4 研究目的和意义

随着工业的发展以及工业在农业上的应用，重金属在土壤中的积累日益增加，对生态环境和人体健康产生了严重的影响。土壤重金属植物毒性不仅与土壤中所含重金属总量相关，还与土壤基本理化性质密切相关。土壤 pH、阳离子（CEC）和有机质都是影响土壤重金属植物毒性的重要因素，其中土壤的有机质含量尤为重要。土壤有机质通过改变溶液重金属的存在形态，或改变吸附体表面性质影响重金属的吸附。目前，大多数研究都是通过添加外源有机质（如有机酸、有机肥料以及有机物料等）来提高土壤有机质，以达到研究土壤有机质对土壤重金属植物毒性影响的目的[24,25]。因此，从土壤环境本身为出发点研究有机质对土壤重金属植物毒性的影响显得尤为重要，制定完善的环境监测体系和法律法规对土壤环境质量进行评价有着高度的必要性。但我国目前现行的土壤环境质量标准主要是采用添加重金属盐的形式来完成的，并不完善。本研究采用植物培养法和 BCR 三步分级提取法，研究了外加铜在雾灵山暗棕壤中对大麦的毒性，以及各形态铜的含量及分布特征，为合理制定土壤环境质量标准提供有效依据。

2 研究材料与方法

2.1 供试土壤与材料

供试土壤为采自雾灵山的暗棕壤。雾灵山地理位置位于东经 117°27′～117°35′，北纬 40°30′～40°36′，处于河北省兴隆县北部，与北京市密云县、承德地区滦平县、滦县、承德县相邻，是国家级自然保护区[26]，其主峰海拔 2 116.2 m，为燕山山脉主峰。雾灵山地区处于暖温带半湿润地区，年降雨量在 600～900 mm，年平均气温为 7.6℃。雾灵山海拔较高，植被和土壤垂直地带性分布明显，海拔 600 m 以下低山区分布的土壤类型主要为褐土，而海拔 600 m 以上分布着淋溶褐土、棕壤、暗棕壤等土壤类型，主要植被为森林、草甸[27]。采集地表 0～20 cm 的土壤样品风干后过 2 mm 筛备用。供试土壤的基本理化性质见表 1。

表 1 供试土壤基本理化性质

土壤类型	pH	有机质/（g/kg）	速效氮/（mg/kg）	速效磷/（mg/kg）	速效钾/（mg/kg）	CEC/（cmol/kg）
暗棕壤	6.07	67.65	193.10	24.58	313.46	14.40

注：大麦（*Hordeum vulgare*）种子购买自平谷县种子公司。

试剂 $CuCl_2 \cdot 2H_2O$、$CdCl_2$、冰醋酸、盐酸羟胺、双氧水、醋酸铵、浓硝酸、高氯酸和浓盐酸等化学试剂均为分析纯或以上，试验用水为去离子水。

2.2 样品分析方法

2.2.1 土壤样品处理

将风干后土样去除有机质。具体方法为：土样中加入 30%的 H_2O_2 溶液，充分搅动使有机质分解，待样品中不再有气泡生成时，再加入少量 H_2O_2 溶液，重复至没有气泡产生，然后风干过 2 mm 筛备用。

将去除有机质土壤与未去除有机质土壤按 1∶1、1∶2、1∶3、空白实验（完全未去除有机质）4 种比例混合。向按比例混合好的不同有机质含量土壤中分别添加配制好的不同浓度水平的 $CuCl_2 \cdot 2H_2O$、$CdCl_2$ 溶液，将溶液和土壤充分混合均匀，保持土壤最大持水量平衡一周，自然风干后过 2 mm 筛备用。

2.2.2 外源铜的添加

由于暗棕壤的 pH 值较低，有机质含量较高，故在铜化学形态和植物毒性试验中设置 0 mg/kg、100 mg/kg、200 mg/kg、400 mg/kg、800 mg/kg、1 200 mg/kg 6 个不同铜浓度梯度。每个铜梯度按去除有机质土壤与未去除有机质土壤比例为 1∶1、1∶2、1∶3、空白实验（完全未去除有机质）设置 4 个有机质浓度梯度。共设置 24 个样品组，每个样品组设置 3 个平行样。

2.2.3 植物培养

分别取不同处理的土样 360 g，装入聚乙烯培养杯内。保持土壤水分在最大持水量的

60%，7 d 后，选取发芽良好的大麦种子 5 颗，放入湿度为 80%±5%、温度白天为（20±2）℃、夜晚为（16±2）℃的人工气候箱进行培养。培养期间，保持土壤水分为最大持水量的 60%。生长 7 d 测量大麦根长，计算相对根长（RE，%）：

$$RE = \frac{RE_t}{RE_c} \times 100 \quad (1)$$

式中，RE_t——不同处理的大麦根伸长；

RE_c ——对照根伸长。

2.2.4 铜化学形态的提取

土壤中铜的化学形态提取采用 BCR 三步连续提取法[28,29]。其中，弱酸提取态（可交换态及碳酸盐结合态）用醋酸提取；可还原态（Fe、Mn 氧化物结合态）用盐酸羟氨提取；可氧化态（有机物及硫化物结合态）用双氧水氧化，醋酸铵提取；残渣态用 HNO_3-HCl-$HClO_4$ 法消化。具体操作流程见表 2。

表 2 BCR 三步提取法操作流程

步骤	重金属化学形态	提取方法
1	弱酸提取态	取 0.5 g 风干土壤样品，置于 100 mL 聚乙烯离心管中，加入 20 mL 醋酸溶液（0.11 mol/L），在室温下（20℃）振荡 16 h，然后在转速为 4 000 r/min 下离心 20 min，取上层清液，用 50 mL 容量瓶定容后待测。残留物用 10 mL 去离子水冲洗，离心 15 min，洗涤液丢弃
2	可氧化态	向上一级残留固体中加入 20 mL 0.5 mol/L $NH_2OH \cdot HCl$（盐酸羟胺）（用 HNO_3 调节 pH 至 1.5），分离过程如上一步所描述
3	可还原态	向上一级残留固体中加入 5 mL30% H_2O_2，离心管加盖在室温下反应 1 h，间歇振荡，然后在 85℃水浴中继续加热 1 h，直到试管中 H_2O_2 体积减少到 1～2 mL。再向其中加入 5 mL H_2O_2，去盖在 85℃水浴中加热 1 h，直到 H_2O_2 蒸发近干。待冷却后，向其中加入 25 mL 醋酸铵溶液（1 mol/L，用 HNO_3 调节 pH 至 2）。像第一步描述的样品再次被振荡，离心，萃取分离
4	残渣态	加王水（硝酸和盐酸 1∶3 混合）5 mL 过夜，然后放置于电热板上消解，待赶走红棕色气体后，加入高氯酸 1～2 mL 反应至土壤变成乳白色，加入硝酸 3 mL，静置后移至 50 mL 容量瓶定容

2.2.5 土壤基本理化性质测定

土壤 pH 值利用电位测定法测定，水土比例为 5∶1；有机质含量采用油浴加热—重铬酸钾容量法测定；速效氮利用碱解扩散吸收法测定；速效磷采用 $NaHCO_3$ 浸提法测定；速效钾采用四苯硼钠比浊法；阳离子代换量采用 $BaCl_2$ 缓冲液法测定；土壤中铜化学形态含量采用 ICP-OES 测定。

3 结果与分析

3.1 不同浓度铜处理对大麦急性毒性的影响

以外加铜浓度为 0 时的大麦根长为 100%，大麦相对根长随外加铜浓度变化见图 1。在暗棕壤中大麦相对根长随外加铜浓度呈现先短暂增高随后降低的两个变化阶段。在外加铜浓度在 0～200 mg/kg 时，各有机质处理方式的变化不显著或略有升高；当外加铜浓度达到 200～1 200 mg/kg 时，大麦根长随铜浓度升高显著下降。相对于理想的平稳下降趋势，这种首先略有升高再下降的趋势表现出低浓度的铜对大麦根的生长有刺激作用，产生了毒物兴奋作用。

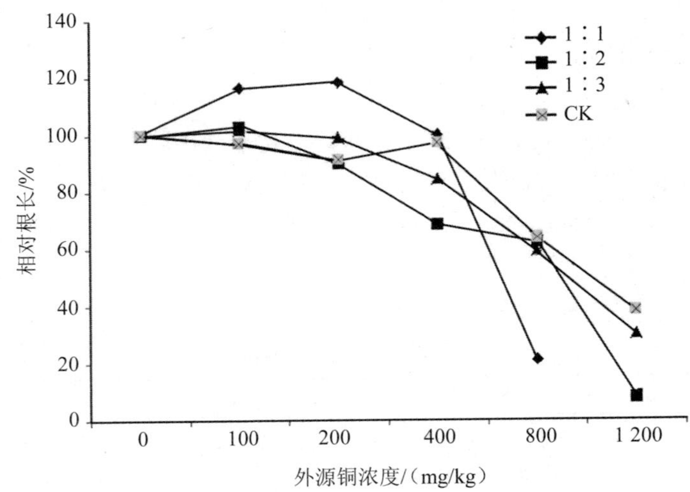

图 1　不同有机质梯度大麦相对根长随外加铜浓度变化

3.2　不同有机质处理对大麦急性毒性的影响

以未做有机质处理（CK）时大麦根长为 100%，大麦相对根长随有机质比例变化见图 2。总体上，在各外加铜浓度下，大麦根长随有机质比例的增加而增大。这是因为土壤中有机质比例增大，可以增加有机质与铜离子的络合与螯合作用，可影响铜的迁移转化过程，进而影响铜在土壤中的积累，降低铜对于大麦的毒性[30]。同时，在外源铜浓度在 0～400 mg/kg 时，大麦相对根长随有机质含量的增加而增长；在外加铜浓度达到 400～1 200 mg/kg 时，大麦根长随有机质含量变化的差距更加显著。其中，有机质含量最低（1∶1）时，根长随外加铜浓度变化最典型，呈现先缓慢增高随后急剧下降的趋势。这是因为铜浓度较低时，有机质较低的土样抑制铜对大麦毒性的能力较小，对低浓度的毒性刺激最敏感，产生根长短暂上升的趋势，随后因为铜浓度升高有机质缓解毒性的能力过低从而出现根长明显下降的趋势。

3.3　土壤中各形态铜的含量特点

由图 3 可知，随外源铜浓度的增加，土壤中各形态铜均呈上升趋势。其中可还原态铜的增幅最大，可达 192 倍。增长率最低的残渣态也可以达到 49 倍。可氧化态增长 67 倍，弱酸提取态增长 101 倍。通常情况下，土壤中重金属弱酸提取态所占比例比较低，残渣态所占比例较高，但是在污染的土壤中残渣态重金属含量较低，这是因为外源重金属易于转化为具有活性的形态[31,32]。

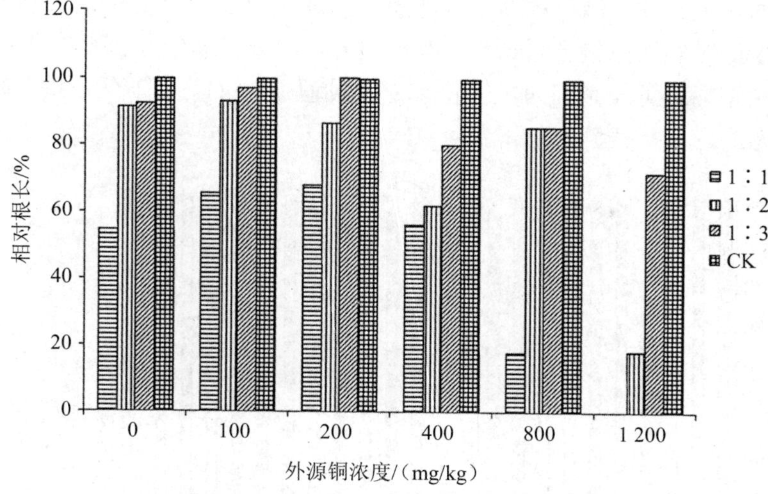

图 2 不同外加铜浓度大麦相对根长随有机质梯度变化

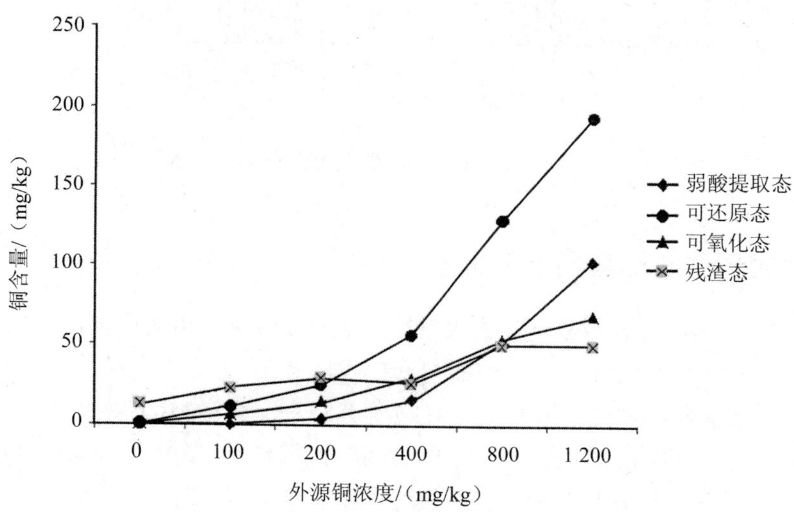

图 3 未经有机质处理的暗棕壤中各形态铜含量

3.4 土壤中各形态铜的分布特点

如图 4 所示，随外源铜浓度的增加各形态铜含量增加，但各形态所占比例的增减变化不一。相同外源铜浓度下，随着有机质含量的增加，可氧化态铜含量比例增加，这可能和土壤中 TOC 的含量有关。李丹等[27]在研究中表明有机碳含量会显著影响土壤中的有机态铜。弱酸提取态的比例随有机质增高而降低，这可能与土壤中的 $CaCO_3$ 和 CEC 有关。弱酸提取态包括碳酸盐态和可交换态，二者都与 CEC 有较好的相关性，所以土壤中活跃的阳离子对弱酸提取态铜有影响。此外，$CaCO_3$ 是碳酸盐的表征，所以弱酸提取态比例的降低可能与土壤中 $CaCO_3$ 的减少相关。

可还原态所占比例随有机质梯度变化的趋势根据外源铜含量的变化呈现分段趋势，表现为在外源铜为 0～100 mg/kg 时随有机质梯度增大而减小，在 100～1 200 mg/kg 时随有机质梯度的增大而增大。各外源铜浓度下残渣态比例随有机质梯度变化趋势不一致，但总体上有机质含量最低时残渣态铜含量最小，有机质升高时残渣态铜比例相对于最低有机质梯度都呈现增高状态。这可能是因为可氧化态提取过程中，pH 的下降和 $NH_2OH \cdot HCl$ 的增加导致可氧化态的增加，残渣态的降低[28, 34]。

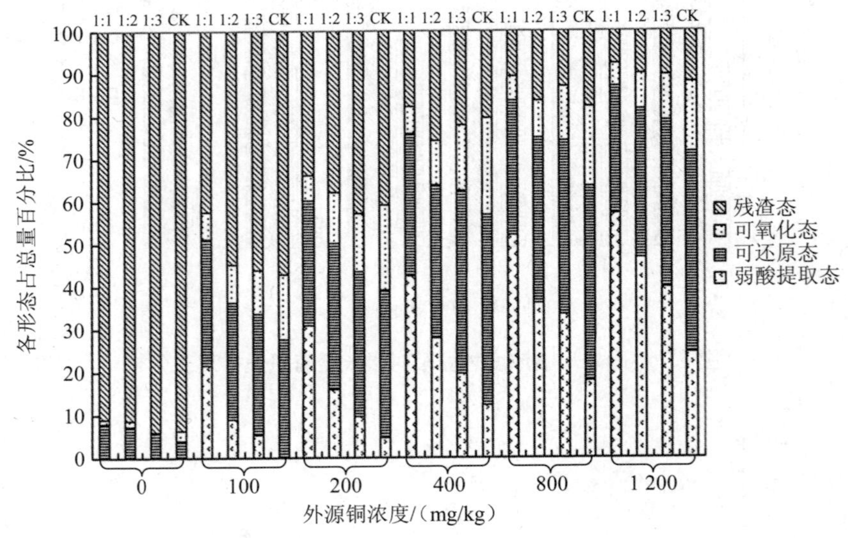

图 4 暗棕壤中铜形态分布

3.5 铜的化学形态与植物毒性的关系

对铜的总量和铜的化学形态与大麦相对根长进行 Pearson 相关分析，在 0.01 水平上均呈现极显著负相关性，因此进一步进行回归分析。见表 3，在铜的各化学形态中铜的总量、弱酸提取态、可还原态与大麦根长决定系数达到 0.833 3、0.893 0、0.696 3。可氧化态和残渣态的铜与大麦根长回归决定系数较低，拟合回归方程参考性较低。残渣态铜存在于原生矿物晶格中，又称为原生相重金属。在表生环境下一般不参与水-土壤系统的再平衡分配，迁移转化能力和毒性较小。原生矿物经风化破坏后释放出铜离子，形成次生相重金属，包括弱酸提取态、可还原态和可氧化态的铜。相对于其他形态的铜，弱酸提取态与大麦根长的相关性最显著。前文提到，铜的弱酸提取态与 CEC 有较好的相关性。当 CEC 增加时，土壤吸附铜离子的能力增加，铜的植物毒性降低，根长相对增加[35]。一般认为，弱酸提取态比较容易被生物利用，可还原态次之，可氧化态活性较差[36]。

表 3 铜的化学形态与相对根长的关系

铜的形态	方程	R^2
总量	$y = -0.264\,x + 114.12$	0.833 3
弱酸提取态	$y = -0.486\,4\,x + 102.68$	0.893 0
可还原态	$y = -0.504\,7\,x + 106.44$	0.696 3
可氧化态	$y = -1.235\,9\,x + 98.7$	0.416 4
残渣态	$y = -1.957\,9\,x + 134.29$	0.380 0

4 结论与展望

4.1 结论

（1）在外源铜为 0～200 mg/kg 时，各有机质梯度大麦根长随铜浓度变化不显著或者略有升高，当外源铜浓度达到 200～1 200 mg/kg 时，大麦根长显著降低。

（2）在各外源铜浓度下，大麦根长随有机质比例增大而增大。其中，外源铜在 400～1 200 mg/kg 时，大麦根长变化最显著。有机质较低的土样对铜的毒性最敏感，在外源铜浓度低时出现根长的短暂升高，浓度升高时因为有机质抑制毒性的能力过低而出现根长的明显下降。

（3）随外源铜增加，各形态铜呈上升趋势，可还原态铜增幅最大。残渣态铜的增幅最小。弱酸提取态同样也有很高增幅，可氧化态次之。

（4）随外源铜增加，各形态铜分布比例增减不一。土壤中 TOC 的含量变化可能导致可氧化态铜比例随有机质比例增加而增加。可能出于 CEC 和碳酸盐的影响，导致碳酸盐态或可交换态铜的变化，最终导致弱酸提取态铜的比例随有机质比例增加而降低。可还原态铜的比例在外源铜为 0～100 mg/kg 时随有机质梯度增加而降低，在外源铜达到 100～1 200 mg/kg 时随有机质梯度增加而升高。残渣态铜随有机质变化趋势不一，但总体上表现出有机质最低时残渣态铜比例最小。在提取过程中因为 pH 的下降和 $NH_2OH \cdot HCl$ 的增加导致可氧化态铜的增加。

（5）弱酸提取态铜与植物毒性相关性最大，可还原态次之，可氧化态和存在于原生矿物晶格中的残渣态相关性较低。

4.2 展望

由于我国土壤类型多样，制定土壤环境质量标准不仅要考虑毒性的敏感性分布，还要考虑土壤性质的复杂性，淋洗作用等。参考以往的研究，并在今后加强对于土壤环境质量的研究，可为我国土壤环境质量标准的制定提供理论数据和实施方法。

从 Tessier 法发展到 BCR 法其中仍有许多亟待改善的技术问题，包括提取过程对于待测量的损耗问题，外源重金属的选用对于重金属各形态比例的影响问题。同时，衡量土壤重金属的标准需要更加具体量化，不仅要限定金属盐的含量，同时也要考虑到重金属不同形态的毒性，以及对于不同植物的具体毒害部位、不同理化性质的土壤重金属存在形态、毒性以及影响因素等问题。

参考文献

[1] Luo L，Ma Y B，Zhang S Z，et al. An inventory of trace element inputs to agricultural soils in China[J]. Environ mental Manage，2009，90：2524-2530.

[2] Adamo P，Dudka S，Wilson M J，et al. Chemical and Mineralogical forms of Cu and Ni in Contaminated Soils from the Sudbury Mining and Smelting Region[J]. Environ mental Pollution，1996，91：11-19.

[3] Falahi-Ardakani A. Contamination of Environment with Heavy Metals Emitted from Automotives [J]. Ecotoxicology and Environmental Safety，1984，8：152-161.

[4] Baker D E. Copper in Heavy Metals in Soils[M]. Blackie & Sons Ltd.London，1990：151-176.

[5] 王正直，刘春生，邱德峰，等. 果园土壤铜素的含量、形态及剖面特征研究[J]. 土壤通报，2002，33（5）：369-371.

[6] 郑喜坤，鲁安怀，高翔，等. 土壤中重金属污染现状与防治方法[J]. 土壤与环境，2002，11（1）：79-84.

[7] 徐兴华. 城市污泥农用的农学和环境效应研究[D]. 北京：中国农业科学院研究生院，2008.

[8] Iwasaki K，Sakurai K，Takahashi E.Copper Binding by the Root Cell Walls of Italian Ryegrass and Red Clover[J]. Soil Science & Plant Nutrition，1990，36：431-440.

[9] 宋玉芳，许华夏，任丽萍，等. 土壤重金属对白菜种子发芽与根伸长抑制的生态毒性效应[J]. 环境科学，2002，23（1）：103-107.

[10] 高怀友，赵玉杰，师荣光，等. 区域土壤环境质量评价基准研究[J]. 农业环境科学学报，2005，24（增刊）：342-345.

[11] 冯素萍，鞠莉，沈永，等. 沉积物中重金属形态分析方法研究进展[J]. 化学分析计量，2006，15（4）：72-74.

[12] Tessier A，Campbell PGC，Bisson M. Sequential Extraction Procedure for the Specification of Particulate Trace Metals[J]. Analytical Chemistry，1979（51）：844-850.

[13] Quevauviller P，Rauret G，Griepink B. Single and Sequential Extraction in Sediments and Soils，Intern [J]. Environ Anal Chem，1993（51）：231-235.

[14] 邵孝侯，邢光熹. 连续提取法区分土壤重金属元素形态的研究及应用[J]. 土壤学进展，1994，22（3）：1-2.

[15] 王学锋，杨艳琴. 土壤-植物系统重金属形态分析和生物有效性研究进展[J]. 化工环保，2004，24（1）：1-5.

[16] 周康民，汤志云，黄光明，等. 土壤中重金属形态分析方法研究[J]. 江苏地质，2007，31（3）：165-175.

[17] 李宇庆，陈玲，仇雁翔，等. 上海化学工业区土壤重金属元素形态分析[J]. 生态环境，2004，13（2）：154-155.

[18] 魏俊峰，吴大清，彭金莲，等. 广州市水体沉积物正重金属形态分布研究[J]. 土壤与环境，1999，2（1）：10-14.

[19] 韩春梅，王林山，巩宗强，等. 土壤中重金属形态分析及其环境学意义[J]. 生态学杂志，2005，24（12）：1499-1502.

[20] 杨宏伟，王明仕，徐爱菊，等. 黄河（清水河段）沉积物中锰、钴、镍的化学形态研究[J]. 环境科学研究，2001，14（5）：20-22.

[21] 王国庆，骆永明，宋静，等. 土壤环境质量指导值与标准研究Ⅰ.国际动态及中国的修订考虑[J]. 土壤学报，2005，42（4）：666-673.

[22] 夏家淇，骆永明. 关于土壤污染的概念和 3 类评价指标的探讨[J]. 生态与农村环境学报，2006，22（1）：87-90.

[23] 夏家淇，骆永明. 我国土壤环境质量研究几个值得探讨的问题[J]. 生态与农村环境学报，2007，23（1）：1-6.

[24] 王果，谷勋刚. 三种有机肥水溶性分解产物对铜、镉吸附的影响[J]. 土壤学报，1999，36（2）：179-187.

[25] 陈建斌，高山. 有机物料对土壤中外源铜形态及土壤化学性质的影响[J]. 农业环境保护，2000，19（1）：38-40.

[26] 蔡万波. 京东第一峰：雾灵山[J]. 森林与人类，2004（11）：56-58.

[27] 傅桦. 雾灵山自然保护区研究III：低山丘陵地区土地资源的开发[J]. 首都师范大学学报：自然科学版，2000，21（3）：64-70.

[28] 曹会聪，王金达，张学林. BCR 法在污染农田黑土重金属形态分布研究中的应用[J]. 水土保持学报，2006，20（6）：163-166.

[29] 冯素萍，刘慎坦，杜伟，等. 利用 BCR 改进法和 Tessier 修正法提取不同类型土壤中 Cu、Zn、Fe、Mn 的对比研究[J]. 分析测试学报，2009，28（3）：298-300.

[30] 孙花，谭长银，黄道友，等. 土壤有机质对土壤重金属积累、有效性及形态的影响[J]. 湖南师范大学学报：自然科学版，2011，34（4）：82-87.

[31] 关天霞，何红波，张旭东，等. 土壤中重金属元素形态分析方法及形态分布的影响因素[J]. 土壤通报，2011，42（2）：504-512.

[32] Nyamangara J. Use of sequential extraction to evaluate zinc and copper in a soil amended with sewage sludge and inorganic metal salts [J]. Agric Ecosyst Environ，1998，69：135 -141.

[33] 李丹. 不同地区土壤中铜的生物可利用性及其评价[D]. 上海：上海交通大学，2007.

[34] Marika K，Markku Y. Use of Sequential Extraction to Assess Metal Portioning in Soils[J]. Environmental Pollution， 2003，126：225- 233.

[35] 胡红青，陈松，李妍，等. 几种土壤的基本理化性质与 Cu^{2+}吸附的关系[J]. 生态环境，2004，13（4）：544-545，548.

[36] 钟晓兰，周生路，黄明丽，等. 土壤重金属的形态分布特征及其影响因素[J]. 生态环境学报，2009，18（4）：1266-1273.

城市地理知识创新的空间与合作网络探究

——基于地理学三大核心期刊学术论文*

李秋秋

提 要：基于地理学三大核心期刊《地理学报》《地理研究》与《地理科学》1980—2009 年 30 年载文的统计数据资料，结合地理学的发展及知识创新与城市体系理论，分析我国城市创新能力的动态演变与城市间创新联系的空间网络。研究发现我国地理学知识创新格局呈塔形特征，其中北京地位突出，南京保持高水平发展；创新城市多集中在东部，但西部仅有少数发展强劲的创新中心；城市知识合作增多，网络日益复杂化，合作伙伴多为北京、南京、兰州等城市。

关键词：城市创新体系　时间演化　空间格局　合作网络

0 引言

以 1950 年中国地学会与中国地理学会合并成立新的中国地理学会和 50 年代各省、市、自治区陆续成立地理学会为标志[1]，我国现代地理学的发展逐渐繁荣昌盛。诸多大学设立地理系、各地也依据自身条件成立地理研究所[1,2]。尤其是改革开放后，新技术、新领域、新思想的发展进步，地理学更是欣欣向荣[1,3,4]。以地理学术期刊为例，除《地理学报》是 1934 年创刊外，其他 18 种核心期刊，如《地理研究》《地理科学》《地理科学进展》等均在 1978 年后开办，且大多始于 1980 年。

20 世纪 80 年代以来，在知识经济的背景下，创新理论备受关注。创新成为国家、地区、城市增长发展的关键动力，成为各国的首要战略选择。我国更是将自主创新、建设创新型国家定为国家发展的核心战略。创新往往集中在城市，因为创新需要大量的资金和智力资源的投入，而城市是经济增长的核心和大学、科研机构等创新主体的集聚地。在城市地理学中，研究创新立足于城市的角度。一般而言，“城市创新”是城市创新主体在一定的组织、制度和文化背景下所进行的一系列的创新活动。城市创新的实质就是在城市发展过程中，对诸要素进行新的整合而产生一系列城市创新的活动，从而提升城市发展的综合竞争力，并将这种竞争力因素转化为城市的竞争力[5]。

学术研究是创新的前提，没有资金和人员围绕一些课题的研究，是不能产生大量创新

* 指导教师：吕拉昌。

的。而作为研究成果的一种表现方式，学术论文的产出状况反映了一个地区知识积淀的深厚程度。我国已有大量关于城市或区域创新能力的研究，其中知识创新能力的指标均包括有论文发表数量，因此本文采用各个城市地理学的高质量学术论文的数量与年度变化来表征其地理学创新能力，并从中探究城市间的创新联系。

鉴于此，本文选取地理学三大核心期刊《地理学报》《地理研究》与《地理科学》在1980—1999 年 30 年的载文数据为研究对象，通过分类对比，探究我国各城市在地理学领域的创新能力的空间差异，并从 1980—1989 年、1990—1999 年和 2000—2009 年 3 个阶段探究这个空间体系的动态演变特征，以期获得有价值的结论。

1　研究背景与方法

1.1　国内研究综述

“创新理论”最早在 20 世纪初由熊彼特（J.A.Schumpter）提出[9]，此后国外学者们主要的研究方面及成果包括：创新环境研究、创新系统体系理论、创新空间扩散研究、城市创新能力的比较研究、全球城市研究系统的网络分析等[8]。近年来，创新在我国的研究受到广泛关注，经济学和管理学的学者们大量研究了国家创新系统（NIS）、区域创新系统（RIS）、城市创新系统（CIS）[10-13]，城市地理学者则较多地关注城市创新空间及组织、城市间的创新研究等方面[8]。随着“提高自主创新能力，建设创新型国家”成为我国新时期的重大战略，创新型城市的研究与建设也取得了较多成果[14-16]。

1992 年经济合作与发展组织指出：创新是一个广泛的概念。广义的创新是指各种形式的创新，包括知识创新、技术创新、制度创新、组织创新、管理创新和政策创新等，其中，知识创新是 20 世纪 90 年代诞生的一个新概念[17]，也一直是经济学和管理学的研究热点，大量研究从知识创新的概念、特点、过程、机制及不同视角等方面展开[18]。

作为创新的一个重要方面和要素，在大多数经济地理和城市地理学者的研究中，城市创新能力的评价或测度指标体系的设置均考虑到知识创新，虽然具体指标有所不同，但论文发表数量、研发经费情况都包括在内[8, 19]，但是这些研究并没有关注到城市知识创新能力在全国范围内的比较，城市知识空间网络及动态演化和城市创新联系的研究更是寥寥，因此需要进一步研究我国各城市在国家创新及城市体系中的地位与作用。

1.2　数据来源

《地理学报》《地理研究》与《地理科学》（简称“三地”期刊）是中国地理学最具权威的三大核心期刊，基本上反映了我国地理学发展动态和科技研究水平。三刊载文内容覆盖地理学所有研究领域，以此保证发文作者不因为研究内容而局限在某一区域或城市（如《冰川冻土》《干旱区地理》等）。本文选取三大期刊在 1980—1999 年 30 年的我国大陆（包括海南）31 个省、市、自治区的 6 428 篇载文（关于庆贺悼念、书评书介、会议综述、院所介绍、活动通讯、论文目录等的文章未予统计）进行检索，统计每篇论文的作者所在城市，不能确定城市的论文很可惜未算入其中，外国来稿、论文的外国城市也不考查（表 1）。

表 1 “三地”期刊信息统计表

	创刊时间	主办单位	出版地	1980—2009 年载文量/篇
地理学报	1934	中国地理学会；中科院地理所	北京市	2 208
地理研究	1982	中科院地理所	北京市	2 027
地理科学	1981	中科院东北地理所	长春市	2 193

1.3 研究方法

主要采取文献计量法，并将三刊论文分为 1980—1989 年、1990—1999 年和 2000—2009 年 3 个阶段，由各城市论文数量的定量变化与定性分析相结合，简要探究城市创新的空间体系和动态演进特征。再从城市间的合作论文切入，研究城市的创新联系强弱及演变。

具体办法是，在中国学术期刊网络出版总库通过“期刊导航”及“核心期刊导航”，可检索至地理学类的 19 种核心期刊，进入《地理学报》等的数字出版平台，依次点开 1980—2009 年的各期各论文（庆贺悼念、书评书介等文章除外），在“机构”一栏可统计作者所在城市，没有直接表明作者城市的可通过作者单位确定，不能确定城市的论文不予统计（但总共只有 6 篇），还有中国知网上没有汇总的某年期刊（如《地理科学》1992 年卷）可通过图书馆藏本补齐。将信息录入到 Excel（包括一个城市所作论文和多个城市合作论文），并进行整理统计，如“发表论文超过 3 篇的城市”、“合作超过 3 篇的城市”等。最后使用 Excel 画出统计图，通过 ArcGIS 绘出空间格局图。

2 中国城市地理知识创新网络演化

“三地”期刊主要刊登地理学及其分支学科、交叉学科的具有创新意义的高水平学术论文，因而可以通过在三刊上发表的论文多少来侧面反映各城市、机构单位的研究水平与能力。

2.1 1980—1989 年创新网络格局

1980—1989 年的 10 年间“三地”发表的论文共计 1 155 篇，作者来自 68 个城市，除西藏地区外的内地 30 个省市自治区均有分布，但在空间上和论文产量上呈现明显的不平衡性（表 2）。

表 2 1980—1989 年“三地”期刊各城市载文量

城市	载文量/篇	城市	载文量/篇	城市	载文量/篇	城市	载文量/篇
北京	515	沈阳	7	本溪	2	洛阳	1
南京	143	大连	7	衡阳	2	红原	1
长春	131	青岛	6	赤峰	2	湛江	1
兰州	52	天津	6	重庆	2	四平	1
广州	47	哈尔滨	5	柳州	1	株洲	1
上海	46	贵阳	4	新乡	1	无锡	1
西安	37	金华	4	锡林浩特	1	安阳	1

城市	载文量/篇	城市	载文量/篇	城市	载文量/篇	城市	载文量/篇
杭州	30	合肥	4	厦门	1	三亚	1
武汉	25	杨凌	3	徐州	1	昌吉	1
成都	20	济南	3	儋州	1	秦皇岛	1
石家庄	17	南宁	3	深圳	1	铜陵	1
长沙	16	太原	3	绍兴	1	桂林	1
郑州	15	开封	3	九江	1	南通	1
乌鲁木齐	12	银川	2	营口	1	呼和浩特	1
昆明	11	潍坊	2	锦州	1	张掖	1
福州	10	南昌	2	铁岭	1	渭南	1
西宁	7	芜湖	2	苏州	1	宿州	1

注：20 世纪 80 年代共有论文 1 155 篇，其中有 80 篇为合作论文，各城市所著论文篇次之和为 1 238 篇。

（1）论文数从 30 个城市的 1 篇至北京一城的 515 篇跨度极大，表明三刊作者的分布相对集中与极不均衡。以论文数超过 10 篇的城市为例，北京、南京、长春、昆明、福州等 16 个城市发表的论文(包括合作论文)之和为 1 127 篇，占总篇次 1 238 篇的 91.03%(图 1)。

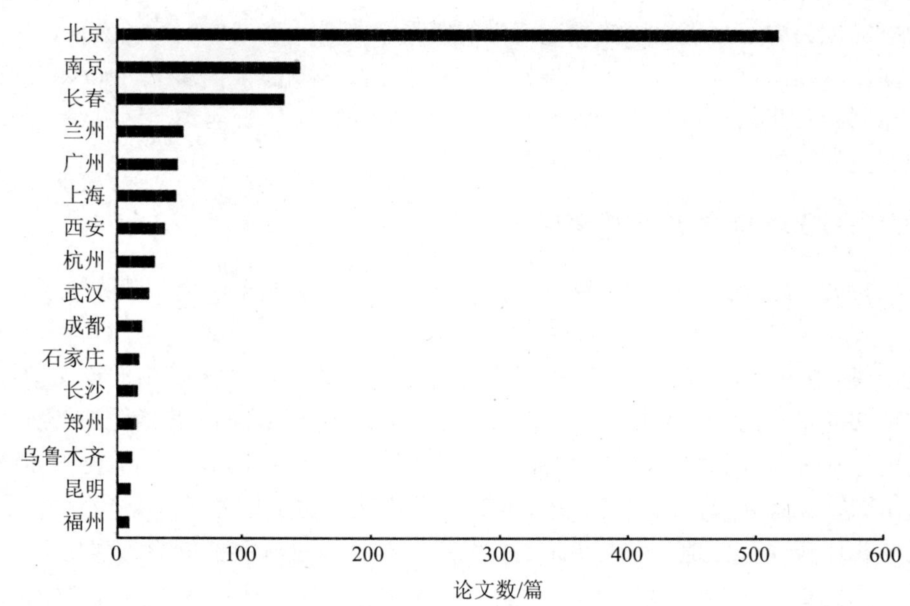

图 1　1980—1989 年三刊作者主要分布城市论文数

不难发现，这些城市都是省会直辖市甚至首都，往往是重点大学和科研机构的所在地，并设有专门的地理研究所，汇集着该省甚至地区的经济力量和科技人才资源。而在这其中，北京以 515 篇的超高数量独占鳌头，占总比的 41.60%。其次为南京、长春，发表论文百余篇，显示出北京、南京、长春的研究水平远高于其他城市。究其原因，北京是我国的政治、文化中心，大量高等院校与研究机构如北京大学、中科院地理所等创新主体聚集，且《地理学报》《地理研究》编辑部均在北京，文化资源和科研力量十分雄厚。而长春也因中科院东北地理所、东北师范大学等单位的存在而具有较高的研究力量，《地理科学》也推动了本地区的学术研究。南京总量位列第二，论文大多由南京大学、中科院南京地理所发表，科研力量十分强大。

（2）定量来说，可将论文数分为1～10篇、10～20篇、20～50篇、50～100篇、100～500篇、500篇以上6级，显然北京属最大一级，南京、长春为第二级。第三层级为兰州、广州、上海、西安、杭州，每年发文基本连续。这前8个城市的论文累积百分比已达到80%，具有较高的集中度。兰州虽然发文超过50篇，但与广州等其他城市相差不大且与长春差距较大，所以放置在第三级。而武汉、成都虽然发文在20篇以上，但较不稳定，起伏较大且偶有间断，所以本文将其与石家庄、长沙、郑州、乌鲁木齐、昆明、福州列为第四级，即具备一定的研究能力但仍需加大理论和实践创新。

（3）表1中除北京、南京、长春、兰州、广州、上海、西安等城市外，多数城市均不是第一作者所在地，也就是说，很多城市尤其是只有1～2篇论文的城市，自身并没有研究本区域地理环境的能力而是在其他城市对本地进行科研工作时提供数据、合作撰写论文。而表中没有出现的其他省会海口、拉萨等可能地理学起步较晚、发展较慢，需要投入更大的资金与人力资源支撑其地理学的创新研究。

（4）通过观察各城市的地理分布，发现80年代地理学的主要创新城市大多分布在东部，东中西的差距很大。

地理学的创新中心呈现出“尖顶宽底”的塔形结构，北京高居顶端，南京、长春位列第二，兰州、广州、上海、西安、杭州紧随其后，武汉、成都、石家庄、长沙、郑州、乌鲁木齐、昆明、福州具有一定的研究水平，其余52座城市居于基底，这也奠定了之后地理学的创新空间格局。

2.2 1990—1999年创新网络格局

1990—1999年三刊共刊登1 740篇学术论文，城市扩大到101个，西藏地区也有文章发表。

在这10年中，发文量超过10篇的城市达到24个（图2），大多城市的论文增幅较大，如北京增加289篇、南京108篇、乌鲁木齐从20世纪80年代的12篇增至26篇，但也有的城市出现停滞现象，如杭州在20世纪90年代仅发表17篇，石家庄17篇与80年代持平，而郑州则因只有9篇掉出“塔”外。这一现象表明，北京、南京、长春、兰州、广州、上海、西安相比较而言，地理研究更加稳定持续，从而反映其创新能力的强劲。

需要注意的是在这24个城市中，有青岛、芜湖、大连、开封4个非省会城市，其中青岛以12篇略低于省会济南的19篇，而大连15篇则多过沈阳的11篇，芜湖、开封赫然在列，其省会合肥、郑州却榜上无名。实则合肥是国家确定的四大科教城市之一，有著名理工科学府中国科学技术大学，但是其地理研究却稍弱于拥有安徽师范大学的芜湖；开封也同样凭借优越的文化资源和河南大学的研究优势在地理学创新上胜于郑州。

从图2看出，20世纪90年代北京的学术论文数量和创新研究能力仍是遥遥领先，南京和长春持续快速发展，兰州、广州、乌鲁木齐、昆明地理学研究进展较快。因此90年代的城市创新体系呈“顶更尖底更宽”的塔形，北京第一级，南京、长春、兰州第二级，广州、上海、西安为第三级，论文不足10篇的77个城市广泛分布于我国各省各区域。

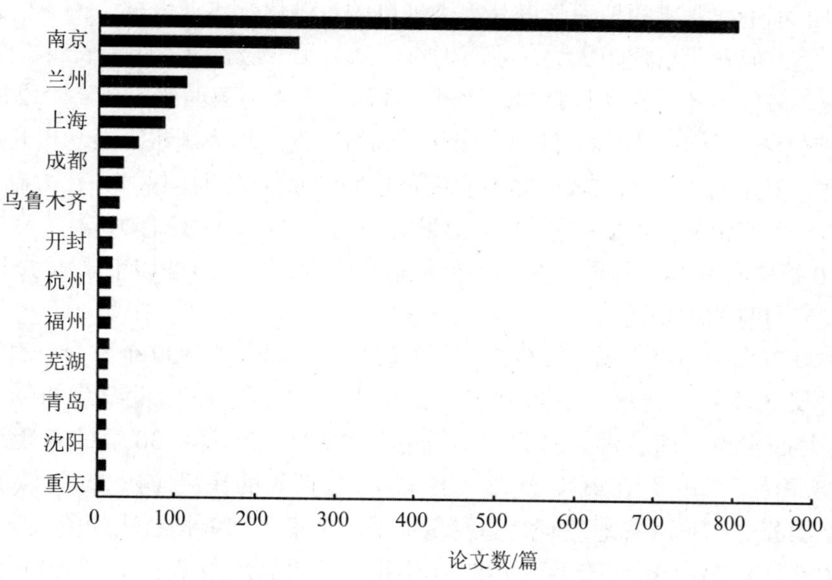

图2　1991—1999年三刊作者主要分布城市论文数

同时，东部与中西部地理学发展水平差距已表现得非常明显，城市创新能力的空间格局与城市经济、政治、文化水平的日益趋同，即地理学知识创新中心多在经济发达地区，同时大多为各省的省会，历史文化水平也较高。

2.3　2000—2009年创新网络格局

21世纪的地理学发展更加迅速，头10年三刊载文量上升到3 488篇，作者所在城市扩展到165个。在2000—2009年10年间，北京论文发表迅速增长到1 774篇，与第二级和底层城市的差距更加拉大，首位度极高。南京、长春论文数十年内翻了一番，前者已突破500篇，而广州则是翻了两倍与长春只差7篇。在21世纪前10年论文数超过10篇的40个城市中乌鲁木齐由26篇跃升至95篇，芜湖从14篇猛增至74篇，而值得欣喜的是20世纪90年代发表仅1篇论文的拉萨在21世纪前10年发表了17篇，南宁（10篇）、南昌（11篇）、西宁（24篇）也进入“塔身”内（表3）。

表3　2000—2009年三刊作者主要分布城市论文数

城市	论文数/篇	城市	论文数/篇	城市	论文数/篇	城市	论文数/篇
北京	1 774	开封	65	合肥	35	天津	24
南京	558	武汉	60	昆明	33	西宁	24
长春	303	大连	55	石家庄	33	呼和浩特	23
广州	296	重庆	48	杨凌	30	拉萨	17
上海	183	杭州	47	福州	30	金华	15
兰州	171	徐州	46	贵阳	29	桂林	12
西安	135	郑州	40	太原	27	佛山	11
乌鲁木齐	95	济南	38	深圳	26	南昌	11
成都	86	哈尔滨	36	青岛	26	临沂	10
芜湖	74	长沙	36	沈阳	25	南宁	10

在这 10 年里，北京的地理学以其得天独厚的资源优势迅速发展，南京的论文数量虽然超过 500 篇，但与北京差距太大，故而仍将其列为第二级，第三级为长春、广州、上海、兰州、西安，乌鲁木齐、成都、芜湖、开封、武汉、大连为第四级。这一阶段论文数 10～20 篇的城市拉萨、金华、桂林、佛山、南昌、临沂、南宁均为新进，显示出其地理学较快的发展速度。但是其中的一些城市并不能说是它们创新能力有所提升，比如临沂的 10 篇论文，全部是合作论文，再如桂林的 12 篇里有 10 篇、佛山 11 篇有 10 篇、南昌 11 篇有 9 篇、南宁 10 篇中有 9 篇是合作论文且极少是第一作者，可见这些城市学术水平有所发展，但还需要发展自身的创新能力。

表 3 中城市大多为省会城市，仅海口（3 篇）不在其中外，30 个省会、直辖市都包括在内，此外又新添 6 个地级市进入到表中。表 2 中的青岛在 21 世纪前 10 年以 26 篇与济南 38 篇大抵相当，而芜湖、开封、大连则以 39 篇、25 篇、30 篇的差距远远高于省会合肥（35 篇）、郑州（40 篇）、沈阳（25 篇）。而新进的徐州（46 篇）、深圳（26 篇）充分表明了江苏、广东两省地理研究的较高水平；金华市则依托浙江师范大学进入榜中；陕西杨陵（凌）本是咸阳的下辖区（1983 年由镇改区隶属咸阳市），但于 1997 年成立杨凌农业高新技术产业示范区，纳入国家高新区管理，且是中科院水土保持研究所的驻地，高质量论文数远高于咸阳（3 篇），成为陕西省的第二大地理学创新中心。

在新的 10 年内，东部论文发表超过 10 篇的城市增长多过中西部，且东部城市的创新能力又要比中西部城市较为强大，地域差距更大更明显，也反映区域环境对地理学发展的影响。

3 中国地理知识创新的合作网络演化

在新经济时代，知识已成为企业、城市、国家竞争力的主要决定因素，而知识的合作又推动着企业、城市、区域的共同发展。地理学因其学科地域性和综合性的特征，城市之间、区域之间进行地理学知识与资源共享已是一大趋势，区域、城市之间的知识合作往往也蕴含着一定的空间特征和地理格局，已成为研究地理学知识创新的重要内容。

本文将“三地”期刊 30 年 6 428 篇载文的作者的城市进行统计，其中由多个城市合作写成的论文有 1 435 篇，由图 3 不难发现，随着经济增长和城市联系技术的进步，城市之间合作进行地理学研究、撰写学术论文的机会、成果呈稳定增加趋势，合作论文占论文总数的比率（记为“合作率”）也具有较明显的涨势，但自 2006 年后有所下降，应当与地理学科快速发展而城市间联系缓慢变化有关。

3.1 合作率年度变化

以上文中“每 10 年论文超过 10 篇”的城市的合作率为研究对象，分析各城市的自主创新能力。

3.1.1 1980—1989 年合作论文量分析

1980—1989 年，城市间较少合作发文（图 4），北京的合作论文虽然数值较高，但在论文总数中的比重却不足 10%，而大部分城市与其他城市的合作论文在这 10 年内总数都不到 10 篇，反映 20 世纪 80 年代城市地理知识的合作创新尚处于低缓状态。而图中曲线的两处高值长沙与昆明，彼时相对而言较多地参与到其他创新城市对湖南、云南地区的研究中。

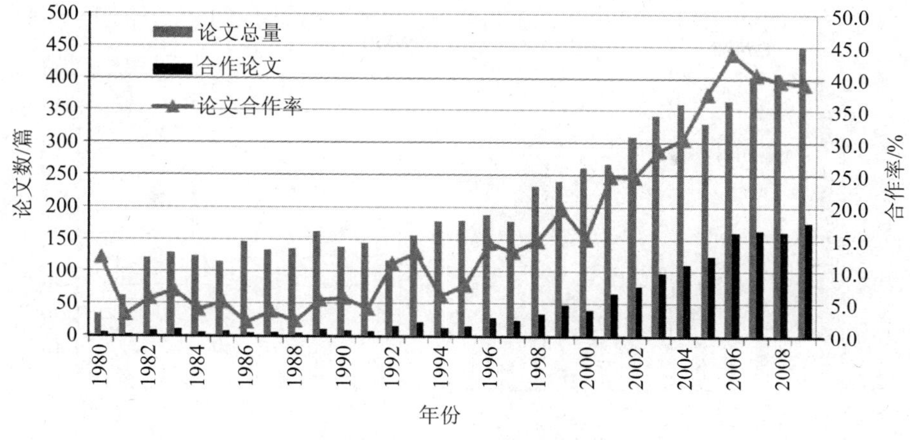

图 3 三刊合作论文统计图

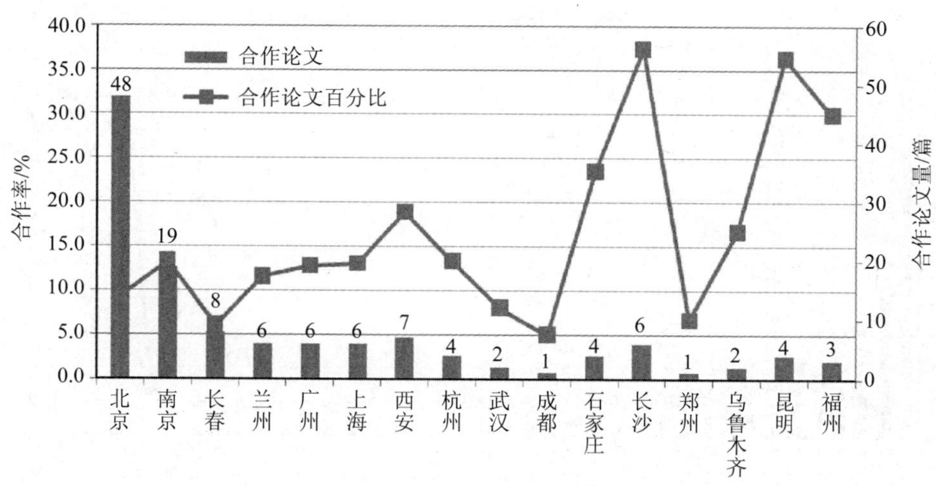

图 4 1980—1989 年各城市合作论文统计图

3.1.2 1989—1999 年合作论文量分析

1990—1999 年，大多城市合作论文的绝对数量增大，合作率提高（图 5）。其中北京、南京的比例保持稳定，兰州、西安、乌鲁木齐有较大上升，而需要注意的是沈阳与重庆的合作论文占总论文数的百分比都超过或达到了 50%，这表明两城市独自创新的能力可能有所欠缺，与此形成强烈反差的是北京以数倍于其他城市的最大值显示出其强大的学科创新力与影响力。

3.1.3 2000—2009 年合作论文量分析

2000—2009 年，随着地理学的快速发展和城市科技水平、研究能力的提高，合作论文大大增多，从 90 年代的 202 篇激增至 1 174 篇，参与合作的城市从 76 个跃升到 155 个，而有 3 个及 3 个以上城市合作撰写的论文从 22 篇猛增至 206 篇。面对这 10 年繁多的城市合作数据，本文仅对两个城市合作发表的论文进行分析（图 6），实际上这也并不影响本文对城市创新联系的探究。这一阶段最大的特征就是许多城市合作论文的百分比突破或接近了 50%，这不仅表明全国范围内城市之间的创新联系日益加强，还反映出知识创新的一个新趋势：学术关系网络更加复杂，对资源与环境的利用和研究将更趋于优化。

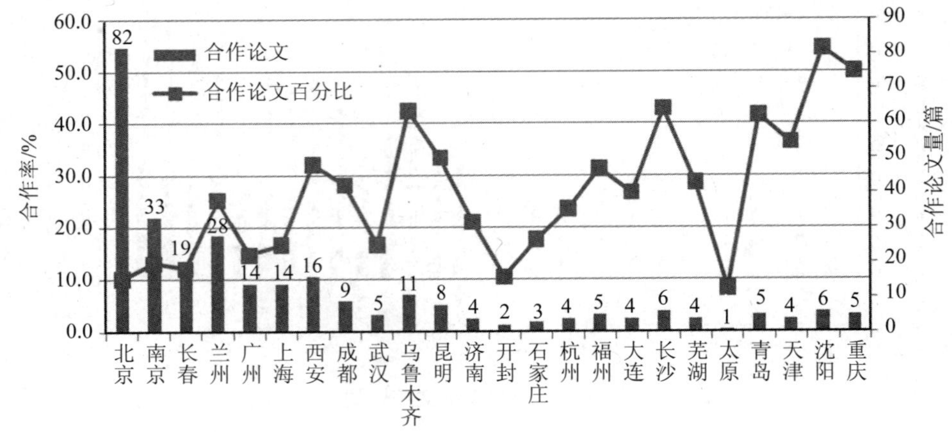

图 5 1990—1999 年各城市合作论文统计图

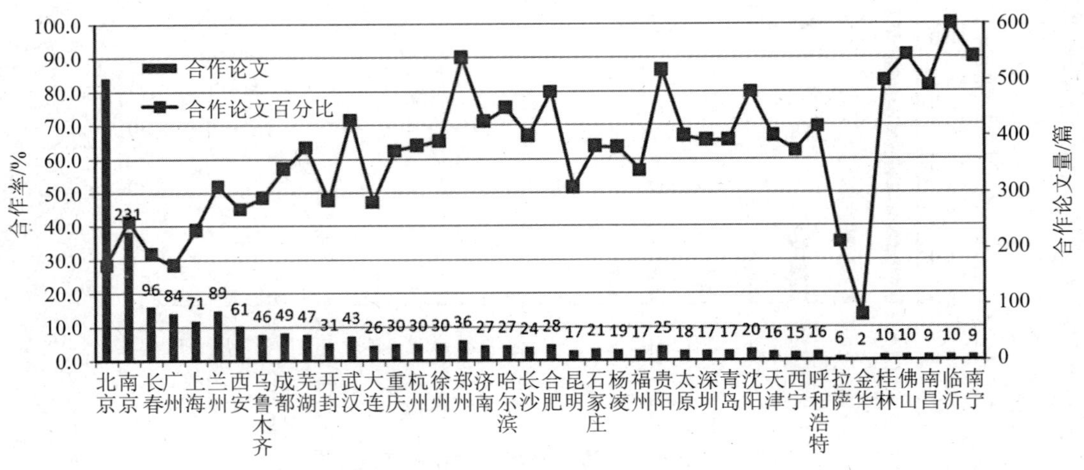

图 6 2000—2009 年各城市合作论文统计图

3.2 城市间创新联系分析

对合作城市进行分析，可大致研究我国地理学创新联系的空间网络以及各城市在地理学知识合作的地位和作用，再以年度划分以探究知识合作网络的动态变化：将 3 个时间段的合作论文进行统计整理（表 4～表 6），以 3 篇为起点，进行定量分类：3～8 篇、8～15 篇、15～30 篇、30～50 篇、50 篇以上。。

3.2.1 1980—1989 年合作城市分析

1980—1989 年，城市地理学合作研究较少，大体是以北京为首的省会城市进行交流与合作（表 4）。在这 10 年的 80 篇合作论文中，北京与 31 个城市（共 43 个）发表 48 篇，而这其中又以北京与南京的合作最多，为 9 篇。

表 4　1980—1989 年主要合作城市论文数

合作城市	合作论文数/篇	合作城市	合作论文数/篇	合作城市	合作论文数/篇
北京—南京	9	北京—长春	3	北京—福州	3
北京—长沙	5	北京—天津	3	南京—西安	3

3.2.2　1990—1999 年合作城市分析

20 世纪 90 年代，有 76 个城市进行地理学合作研究，但共同发表文章 3 篇以上的仅 17 个城市对（如北京与南京为一对），其中北京、南京、长春、兰州、广州、上海、西安之间占据了 57 篇（表 5），这就表明此时城市间的地理学知识创新合作已呈现出广泛联系又相对集中的局面。

表 5　1990—1999 年主要合作城市论文数

合作城市	合作论文数/篇	合作城市	合作论文数/篇	合作城市	合作论文数/篇
北京—南京	14	北京—武汉	4	长春—信阳	3
北京—长春	6	北京—乌鲁木齐	6	兰州—广州	4
北京—兰州	5	北京—石家庄	3	兰州—成都	3
北京—广州	4	北京—天津	3	广州—成都	3
北京—上海	7	南京—兰州	4	西安—成都	3
北京—西安	4	长春—哈尔滨	3		

3.2.3　2000—2009 年合作城市分析

21 世纪以来，城市的合作论文大增几个数量级，其格局仍旧以北京为主，南京、长春、广州、兰州、西安也不断发挥其在区域创新中的核心作用，且彼此之间也有较高的合作密度。而其中有些省份的省会与地级市之间的联系也逐渐加强，如乌鲁木齐与库尔勒、西安与杨凌等（表 6）。

表 6　2000—2009 年主要合作城市论文数

合作城市	合作论文数/篇	合作城市	合作论文数/篇	合作城市	合作论文数/篇	合作城市	合作论文数/篇
北京—长春	79	北京—杨凌	10	北京—绵阳	3	广州—上海	5
北京—南京	67	北京—西宁	8	开封—郑州	10	广州—佛山	5
北京—兰州	33	北京—太原	8	南京—芜湖	22	广州—福州	3
北京—上海	28	北京—青岛	8	南京—徐州	13	广州—青岛	3
北京—广州	28	北京—开封	8	南京—西安	9	广州—深圳	3
北京—乌鲁木齐	23	北京—拉萨	7	南京—乌鲁木齐	8	广州—乌鲁木齐	3
北京—石家庄	21	北京—杭州	7	南京—厦门	7	上海—杭州	4
北京—武汉	20	北京—长沙	6	南京—合肥	7	兰州—成都	6
北京—深圳	19	北京—福州	6	南京—上海	6	兰州—上海	4
北京—西安	16	北京—芜湖	5	南京—杭州	6	兰州—西安	3
北京—大连	15	北京—昆明	5	南京—兰州	5	西安—太原	6
北京—成都	15	北京—合肥	5	南京—临沂	5	西安—杨凌	6
北京—重庆	14	北京—呼和浩特	4	南京—大连	4	成都—太原	4
北京—济南	14	北京—哈尔滨	4	南京—福州	4	芜湖—合肥	4
北京—郑州	12	北京—沈阳	3	南京—长沙	3	武汉—成都	3
北京—天津	11	北京—宁波	3	长春—哈尔滨	7	重庆—贵阳	3
北京—贵阳	11	北京—南宁	3	长春—徐州	3	乌鲁木齐—库尔勒	3

如果将某些城市因地理研究水平较弱而只与省会城市或者北京合作发表少数论文的现象定义为知识创新的“封闭性”，那么芜湖、大连则已经超过它们的省会城市而表现出省区第一的“开放性”，即与北京、南京等有更多的联系。深圳与北京的合作多于广州，但要脱离广州的“学术阴影”还需更大的努力。同理，济南略胜于青岛，开封已与郑州旗鼓相当。

4 结论

本文对地理学三大核心期刊《地理学报》《地理研究》《地理科学》1980—2009 年 30 年的 6 428 篇载文作者所在城市进行统计分析，主要得出以下结论：

（1）改革开放后，现代地理学快速发展，城市地理学知识创新网络明显两极分化，空间格局总体情况与经济、政治能力同构，呈“尖顶宽底”的“塔形”特征，且 30 年来“顶”愈尖“底”愈宽：20 世纪 80 年代，三刊作者主要来自北京、南京、长春、兰州、广州、上海、西安等 16 个省会城市，而参与 1 155 篇论文写作的共有 68 个城市；到了 90 年代，论文增至 1 740 篇，城市扩大到 101 个，发文量超过 10 篇的城市仍只有 24 个且主要为东部城市、省会城市，地区间与城市间差异拉大；21 世纪前 10 年三刊载文共 3 488 篇，作者所在城市扩展到 165 个，40 个城市发表 10 篇以上论文，中西部城市增加较少，重点仍在东部、省会城市。

（2）我国城市地理学创新的空间格局：①北京一直保持其“塔顶”的地位且优势突出；南京次之，地理学科发展稳定而快速。究其原因，我国近现代地理学首先在北京、南京得到发展，“两京”起步早且基础好，同时拥有许多的高水平地理院系和地理专业研究机构，如北京大学、中科院地理所、北京师范大学和中科院南京湖泊与地理所、南京大学、南京师范大学等，地理研究人员众多、学科环境优良，总体发展水平很高。②长春、兰州、上海、西安以及乌鲁木齐则因布局了较多的地理学院系或影响较大的地理专业研究机构[尤其是中科院系统单位和著名大学地理系（院）等]，推动了地理学的快速发展。大多数中西部城市如武汉、长沙、成都等具备一定的研究水平，但总体水平有待提高。为促进其地理学发展贡献，应增强知识经济背景下自我发展的意识，加大人才引进力度。③以拉萨、哈尔滨、呼和浩特为代表的城市在 21 世纪地理学发展较快，但起步较晚，发展基础相对薄弱，而海口及整个海南省的地理研究水平与其他省市差距较大，应加大地理学的建设发展，除了要增加与其他城市的学术合作外更需着力提高自身研究能力。

（3）本文对合作论文进行分析，还发现：①随着地理学和科学技术的发展，城市间的合作论文持续增长，合作率（合作论文在论文总数中所占比例）不断升高，我国城市的知识合作网络呈现日益复杂化、合作城市多元化的发展特征，而各地创新主体选择的研究合作伙伴多为北京、南京、兰州、长春等水平高、影响力大的高等院校和科研机构，这与地理学知识创新网络格局大体一致。②大多数后发城市地理水平较差，主要依赖于与高水平城市的研究合作，应注重开拓自己的地理学发展方向、拓展生存空间，同时高水平的城市也应予以帮助，支持其地理学的建设发展。

参考文献

[1] 吴传钧，张家桢. 我国 20 世纪地理学发展回顾及新世纪前景展望——祝贺中国地理学会创立 90 周年[J]. 地理学报，1999，5：385-390.

[2] 吴传钧. 迎接中国地理学进入发展的新阶段[J]. 地域研究与开发，2002，21（3）：1-5.

[3] 李润田. 中国地理学发展的世纪回顾与展望[J]. 地理科学，2008，28（1）：10-14.

[4] 陆大道. 中国地理学的发展与全球变化研究[J]. 地理学报，2011，66（2）：147-156.

[5] 韩丽，吕拉昌，韦乐章，等. 广东城市创新空间体系研究[J]. 经济地理，2010，12：1978-1984.

[6] 石忆邵，卜海燕. 创新型城市评价指标体系及其比较分析[J]. 中国科技论坛，2008，1：22-26.

[7] 中国科技发展战略研究小组. 中国区域创新能力报告（2012）[M]. 北京：科学出版社，2013.

[8] 吕拉昌，李勇. 基于城市创新职能的中国创新城市空间体系[J]. 地理学报，2010，65（2）：177-190.

[9] 熊彼特. 经济发展理论[M]. 北京：商务印书馆，1998.

[10] 张凤，何传启. 国家创新系统：第二次现代化的发动机[M]. 北京：高等教育出版社，1999.

[11] 李青，李文军，郭金龙. 区域创新视角下的产业发展：理论与案例研究[M]. 北京：商务印书馆，2004.

[12] 范柏乃. 城市技术创新透视[M]. 北京：机械工业出版社，2003.

[13] 赵黎明，冷晓明，等. 城市创新系统[M]. 天津：天津大学出版社，2002.

[14] 杨冬梅，赵黎明，闫凌州. 创新型城市：概念模型与发展模式[J]. 科学学与科学技术管理，2006，27（8）：97-101.

[15] 宋河发，穆荣平，任中保. 国家创新型城市评价指标体系研究[J]. 中国科技论坛，2010（3）：20-25.

[16] 胡钰. 创新型城市建设的内涵、经验和途径[J]. 中国软科学，2007，4：32-38.

[17] 张凤，何传启. 知识创新的原理和路径[J]. 中国科学院院刊，2005，5：389-394.

[18] 龙跃. 知识创新研究综述与评析[J]. 情报杂志，2013，32（2）：88-92.

城市土地利用效率的时空分布特点及其影响因素分析*

王敏

提 要：随着城市化和工业化的快速发展，人地矛盾越来越严峻。城市土地利用效率的动态研究对城市的发展至关重要。本文从经济、社会和生态 3 个方面建立土地利用效率综合指标体系，搜集全国 254 个地级市及其以及以上城市在 2001—2010 年相关数据，利用主成分分析法对不同城市在不同年份的计算结果进行排序，利用 ArcGIS 制作空间分布图，通过相关分析法和案例研究法，经过横向和纵向的比较发现：城市之间的土地利用效率差距明显，总体水平较低，城市的总分排名大体上符合东强中弱西部低的规律分布；城市的土地利用效率随时间呈波动变化，这受经济系统因子，尤其是工业生产总值的影响最大，城市生态可持续发展系统因子和城市产业结构系统因子作为“潜力股”，只有各个系统优化组合才能促进城市土地利用效率健康高效的发展；城市土地利用效率的高低并不代表其内部因子结构合理，要因地制宜。

关键词：城市土地利用效率 综合测度指标 主成分分析法

0 引言

随着城市化、工业化进程越来越快，人地矛盾越来越凸显，城市的经济和社会都是基于城市土地上发展的，土地不仅能直接创造出经济价值，同时它也是促进经济、社会和自然之间和谐发展的纽带。城市规模的扩大直接表现在城市土地面积上的扩张，在原本土地资源紧缺的状况下，土地透支成为制约城市发展的“瓶颈”之一。同时，世界粮食问题迫在眉睫，如何合理利用土地，使得土地资源利用效率最大化，创造出更多的经济、社会和生态价值是我们值得思考和有待解决的问题。

20 世纪 80—90 年代在中国兴起的“开发区热”“房地产热”造成了巨大的土地浪费，土地利用粗放现象严重。针对这种情况，从国家“九五”(1996—2000 年）计划实施起，国家制定和实施了一系列宏观战略政策，其中“包括调整优化产业结构，推动国民经济由粗放经营向集约经营的转变，实现经济与社会间的相互协调和可持续发展”等，将土地资源的可持续利用提升到一个前所未有的高度，城市土地资源的集约化利用受到高度重视[1]。由于我国人多地少的特殊国情，再加上在城市化的道路上，土地利用系统的复杂性和土地管理体系的不完善，使得我国人地矛盾日益尖锐。

* 指导教师：张晓平。

目前，中国城市面积不断扩大。由1986年的6 720 km^2迅速增至2008年的39 140.5 km^2，年均增长8.3%，高于城市人口增速的4.4%[2]。1990—2000年，增长了78.3%；到2010年，又增长了85.5%，从倍数来讲，2010年是1990年的两倍以上。迅猛的城市扩张背后，是20年间有1.7万km^2耕地被城市化。由此看出，中国城市面积的增长速度加快。在资源能源的紧缺与生态环境的恶化下，“两型社会”呼之欲出。2007年12月，长株潭城市群和武汉都市圈被国务院批准为“两型社会”建设试验区，彰显了“两型社会”建设的重要性与紧迫性。这要求人们更加节约集约利用资源，不断提高资源的利用效率，而土地本身就是一种资源，土地资源利用效率的提高将带动区域产业空间布局的逐步优化，推动区域产业结构的优化升级和发展模式的创新，这将在一定程度上促进和带动新型工业化[3]。于是城市土地利用效率和城市经济发展是双向互动的关系，是相互促进，朝着健康良好的态势发展，如何提高城市土地利用效率受到社会各界的广泛关注。

目前中国大部分城市土地闲置率高，在城市化过程中，“摊大饼”的现象越来越明显，城市土地不合理利用造成土地资源的浪费，主要表现在：①城市建成区面积增长率快于人口的增长率；②城市土地结构不合理；③城市用地集约度处于上升阶段，但是总体偏低；④中国大部分城市土地闲置率高，利用粗放。

1　研究综述

1.1　城市土地利用效率的相关研究

1.1.1　相关概念

大多数学者认同城市土地的概念是从行政区域的角度进行定义的，是指城市行政辖区内所有陆地、水域及其地上与地下空间的综合，包含3个层次：城市建成区的土地、城市规划区范围内的土地、城市行政辖区内的土地[3]。关于什么是城市土地利用效率，鲍新中[4]认为城市土地利用是指城市土地在不同经济部门之间、各个不同项目上的配置和使用，是人类通过一定的劳动，以城市土地为劳动对象，利用其特性来满足自身需求的过程。陈顺增[5]主编的《土地管理知识辞典》中提到城市土地利用效率是将由土地利用所得的成果与劳动消耗的各种相关评价的统称。陈洪博[6]主编的《土地科学词典》中认为城市土地利用效率是指土地利用活动所取得的各种有用成果的总称，包括经济效益、社会效益和生态效益三种。

1.1.2　研究内容和方法

王雨晴[7]以全国14个大城市为例，定量评价城市土地利用综合效益和协调度的空间差异。她认为效益是指城市土地在数量、质量的空间和时间上安排、使用和优化，而给整个城市带来的生态、经济和社会效益的总和，在不同的时间和区域内经济效益、社会效益和生态效益实现的程度是不同的。方先知[8]认为工业化过程中土地利用效率评价的标准是保持生态平衡，满足社会需要的前提下，尽量提高经济效益，并介绍了土地利用效率测度的指标体系和方法等。

国内学者对城市利用效率做了大量的研究，郑新奇和王筱明[9]利用DEA方法发现沿海城市的用地结构不如内陆城市，高级别城市土地利用结构效率比低级别城市或者城镇要高；张兵和金凤君[10]利用 DEA 方法和城市土地结构指数得出 1990 年以来的长江三角洲城市土地利用效率，认为 2000—2004 年长三角城市土地利用效率处于高效状态；张良悦等[11]对地级市以上城市进行了土地利用效率的区域差异进行 DEA 方法分析，认为全国只有 2%～6%的城市处于产出效率前沿，而 88%～94%的城市处于非前沿面的无效率生产点上，截至 2005 年 60%的城市土地利用效率低于 50%；李娟等[12]认为 DEA 模型无法进一步对这些有效单元进行排序，因此采用超 DEA 模型的分析方法来评价成都市城市土地利用效率，解决了现有模型不能对大部分有效单元进行排序的问题。

1.1.3 主要研究方向

对城市土地利用效率的研究引起了很多学者的广泛关注，并且也取得了很多成就。概括起来，研究的内容包括以下几个方面：①在特定的时间内，选择特点的区域，对比和分析城市之间土地利用效率的空间差异；②从时间的角度出发，对具体区域的土地利用效率进行时间演化分析；③针对城市土地利用的经济效率进行研究；④综合各种理论和实际经验，寻找有关土地利用效率的综合指标体系与方法。研究主要对象集中在城市内部、省域内的城市与城市之间、开发区以及城市群。研究手段现在以综合指标测评法为主，利用主成分分析法、数据包络法等为主，不过一些学者开始尝试用新的研究方法，例如利用 ArcGIS 强大的空间分析对土地利用效率进行分析。

1.2 研究意义和目的

土地利用效率是土地利用研究的重要内容之一，目前我国对于土地利用效率关系的研究主要集中在城市空间形态上，多数研究都以小区域为研究对象，以不同的时间尺度来研究城市土地利用效率，即使是在大的时间尺度上，也只是针对个别城市或者地区进行研究，并且大多是从人口和土地利用面积上来考量；或者根据同一年份的城市发展，比较城市之间的土地利用状况进行分析论证。然而，这些研究仍然存在不足：一是缺乏纵向时间尺度上的研究，缺乏动态数据库，这不利于揭示国家尺度上城市土地利用效率的动态变化特征；二是城市样本少，不能有效准确地把握时空变化规律。

因此，在城市化快速发展的时代，为了加快提高土地利用率，合理配置，改变土地粗放利用的现象，本文采用定量和定性相结合的研究方法，对 254 个地级市以上城市从 2001—2010 年的土地利用效率进行综合评价，有待解决以下两个方面：①横向分析。根据城市土地利用效率综合得分的高低，得出城市得分在空间上的分布规律，并尝试分析影响这种空间分布的因素；同时还要分析影响城市土地利用效率的原因，让政府看到各自城市之间存在的差距，重视城市土地利用效率的提高，能够快速有效地提高城市土地利用效率。②纵向分析。总结出城市土地利用效率出现时空变化的规律，探讨发生这种变化的原因，进而提出相对应的解决措施，实现城市土地资源的优化配置，将城市土地资源发挥到最大效率，防止城市无序蔓延，与城市空间集约化相结合，为城市土地整体规划和城市发展提供科学参考，对于城市经济的发展有着重要的指导意义。

1.3 研究的创新点

首先，本文搜集了 2001—2010 年 254 个城市的相关数据，数据涵盖了经济效益、社会效益和生态效益，其中每个评价层下还有若干个指标层，因此数据量是非常大的，涵盖城市范围也很大，不仅限于全国重要城市，还包括地级市等城市。由此分析出来的结果具有全面性和可信度，能够分析城市土地利用效率的时空分布规律；其次，在分析方法上，本文利用主成分分析方法、空间分析法和案例分析法等多种方法进行影响因子分析，最后，得到一个合理的组合形式，为今后政府在为城市土地利用提供一个可信的依据。

1.4 研究思路框架

研究思路框架见图1。

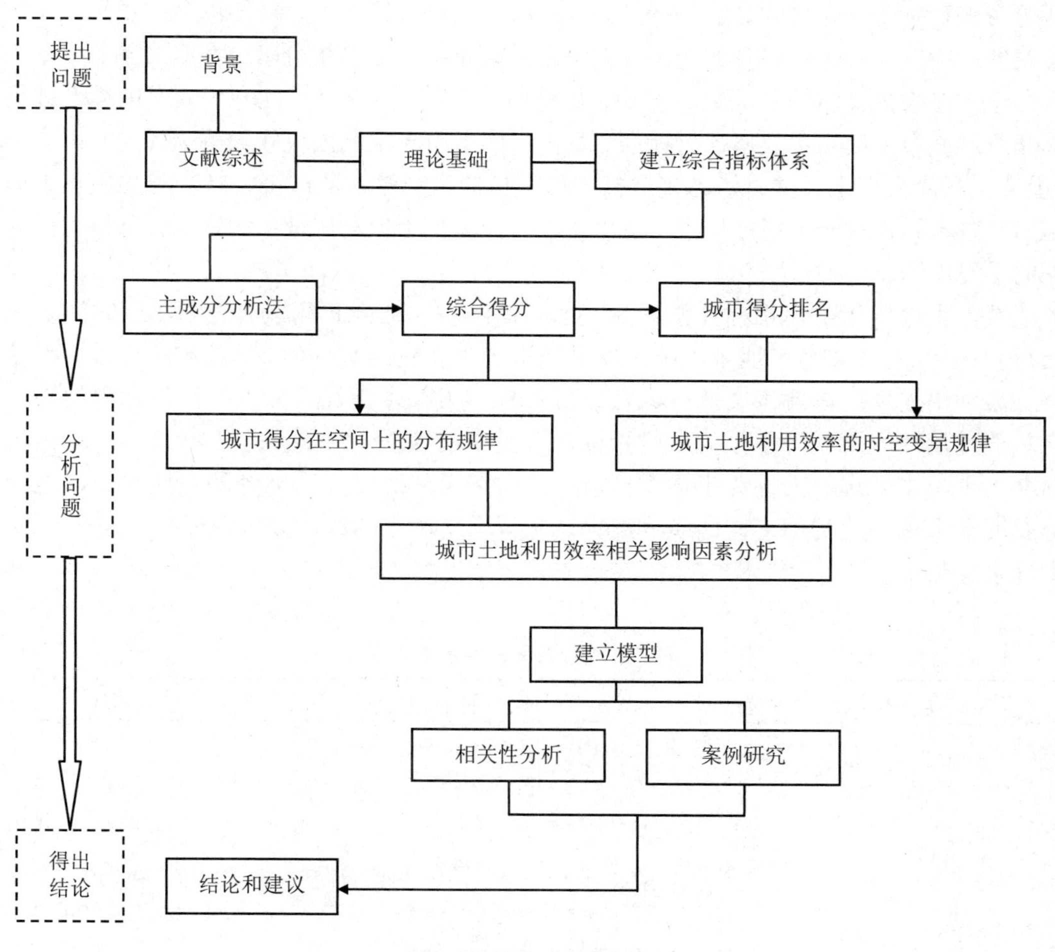

图1 研究思路框架

2 城市土地利用效率综合指标体系的建立

2.1 指标体系的建立原则

由于涉及的城市较多，年份跨度较大，因此本文在保证数据完整性的基础上，按照以下原则查取：①客观性（科学性）原则。所选择的指标具有较高的代表性，能够较为全面、真实地反映城市的资源、经济、社会和环境等的发展水平。②可操作性原则。数据都是来源于各年的《中国城市统计年鉴》和《中国城市建设统计年鉴》，找出能够较为全面和有效反映城市土地利用效率的指标。③系统性原则。按照系统论的观点，建立的评价系统尽可能反映城市土地利用的各个方面，既要保持各个子系统之间相互联系，又是相互独立的指标。

2.2 指标体系的构建

城市土地利用效率直接影响到城市经济的发展速度和水平，同时也给人类的工作、生活等带来直接或者间接的影响，不仅关系到城市的可持续发展，最终也会关系到人类社会的发展，所以建立一个科学的城市土地利用效率指标体系是十分基础和必要的。

本文在大量文献的基础上，主要参照鲍新中等[4]在《城市土地利用效率的综合评价》中介绍的城市土地利用效率评价标准。基于中国城市土地利用现状，所选择的指标落实到“土地”和“人”上，并且考虑到数据的可得性和客观性，从经济、社会和环境三方面总结出一些指标构成一个指标体系，得出现在中国城市土地利用效率的现状，分析出现此现象的主要原因。

城市土地利用效率指标体系既要保证涵盖经济、社会和环境等方面，同时还要保证能得到在2001—2010年地级市及其以上城市较为完整的数据信息，真实和有效地反映城市土地利用效率，因此本文选择城市经济指标作为综合指标。城市经济指标中的国内生产总值是反映城市经济水平的一般指标，但是影响经济发展的因素很复杂，也不是唯一标准。于是本文选取的经济指标主要从经济发展总体水平、人均经济发展水平、地均经济发展水平和产业结构来构建经济指标体系。土地利用的经济效率，可以通过表1中的指标来反映。

表1 综合效率测度指标体系

目标层	评价准则	指标层	单位
城市土地利用效率综合测评	经济效益	1. GDP	万元
		2. 人均GDP	万元/人
		3. 土地产出率	万元/km²
		4 单位固定资产投资	万元/km²
		5. 地均财政收入	万元/km²
		6. 地均工业总值	万元/km²
		7. 第三产业增长值占生产总值的比率	%
	社会效益	1. 人口密度	人/km²
		2. 人均居住面积	m²/人
		3. 人均道路面积	m²/人
		4. 百万人有用公共交通车数量	辆
	环境效益	1. 园林绿地面积	hm²
		2. 建成区绿化覆盖面积	hm²
		3. 公共绿地面积比重	%

3 城市土地利用效率评价结果分析

本文根据《中国城市统计年鉴》和《中国城市建设统计年鉴》各年的相关资料，截至2010年有283个地级市及其以上城市，但部分城市因数据缺失较多，于是舍去数据缺失数量大的城市共有29个，部分重要城市的缺失数据通过增长率法将其补齐，在保证数据完整性的基础上选取了2000—2010年全国254个地级市级以上城市的上述15个指标。

3.1 分析思路

由于所选的指标较多，而且信息之间会有重叠，不利于反映城市土地利用效率的情况，因此本文利用SPSS软件，选择了主成分分析法消除变量间多重共线性问题，把各种因素进行相关性分析和归类。

首先把每一年各城市的相关数据当做一个样本，对每个样本数据进行降维，标准化后通过主成分相关计算，得到一组新的指标体系（主成分），利用协方差作为主成分的权重对样本进行评分，然后得到各个城市每年的综合得分，并按照综合得分进行排名，于是得到了各个城市在2001—2010年每年的综合得分及其排名，然后将各个样本的城市土地利用效率进行年度比较，评价各城市的土地利用效率的动态发展过程和趋势。在此基础上，把每年城市土地利用效率得分都看成一个独立的样本进行累加，得出各城市10年的总得分，然后比较每一个样本，进行土地利用效率的横向评价，并探究影响城市土地利用效率总得分的因素。

3.2 分析过程

3.2.1 主成分分析

首先对数据进行标准化后，在保证特征值大于1，或者累计方差贡献率达到80%或85%以上作为主成分的选择条件，然后通过最大方差法旋转后提取主要成分，以每个主成分所对应的特征值占所提取主成分总的特征值之和的比值作为权重进行计算，最后得出每个样本的综合得分。

本文利用主成分分析法对各城市每一年的各项指标进行分析、抽取和计算。由于文本数据量大，不可能每年的主成分个数和表示的内容都一样，所以本文根据大多数年份的成分倾向，在保证特征值大于1或者累计方差贡献率大于70%的基础上，每一年都提取出4个主要成分。虽然2007年4个主要成分的累计方差贡献率只有69.624%，但是为了能统一分类，本文还是抽取了前4个主要成分，这里以表2和表3所示的2009年主成分特征值和贡献率和旋转成分矩阵为例。综合10年的样本数据，把14个指标综合成4个主要成分，并进行以下分类和归纳描述：①第一主成分主要包括城市的GDP、地均财政收入、土地产出率、地均工业总值、单位固定资产等指标，因此可以称第一主成分为土地利用经济系统因子；②第二主成分与园林绿地面积、建成区绿地覆盖面积有较大的负荷系数，因此本文称第二主成分为城市生态可持续发展系统因子；③第三主成分与人均道路面积、百万人拥有公交通数量、人均居住面积高度关系密切，因此可以称第三主成分为社会结构系统因子；④第四主成分是第三产业增长值占生产总值的比率有较大的负荷系数，称为城市产业结构系统因子。

表 2 2009 年主成分特征值和贡献率

主成分	1	2	3	4
特征值	7.022	1.718	1.351	1.146
贡献率/%	44.622	14.012	12.512	9.119
累积贡献率/%	44.622	58.633	71.146	80.264

表 3 2009 年旋转成分矩阵

指标	成分			
	1	2	3	4
地均财政收入	0.957	0.034	0.088	0.029
地均人口负荷	0.128	0.777	–0.066	–0.338
土地产出率	0.974	0.052	0.138	–0.030
地均工业总值	0.943	0.008	0.181	–0.068
GDP	0.745	0.465	–0.014	0.305
人均 GDP	0.529	0.332	0.399	0.306
第三产业增长值比率	0.054	–0.084	–0.032	0.866
单位固定资产	0.858	0.271	0.127	0.059
园林绿地面积	0.718	0.312	–0.035	0.275
建成区绿地面积	0.715	0.408	–0.020	0.322
公共绿地面积比值	0.910	–0.111	0.134	–0.085
百万人拥有公交车数量	0.061	0.789	0.353	0.148
人均道路面积	0.212	0.218	0.793	–0.087
人居居住面积	0.026	–0.036	0.859	0.021

提取方法：主成分分析法；

旋转方法：Kaiser 归一化方差，6 迭代旋转聚类。

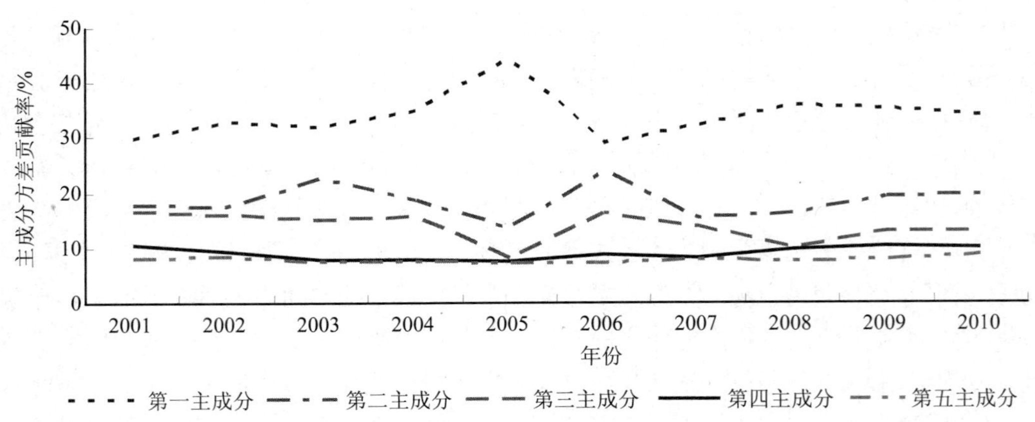

图 2 主成分的时间变化图

从图2可以看出，第一、第二、第三主成分10年里的波动较大，在2005年各个主成分相对于其他年份波动较大，即经济系统因子、城市生态可持续发展系统因子和社会结构系统因子的波动较大。其中经济系统因子在2005年所占方差贡献率达到最大值，城市生态可持续发展系统因子和社会结构系统因子却达到10年中的最小值，并且波动幅度每年都比较大，但共同趋势比较好。城市产业结构和其他系统因子年际变化不大，但是城市生态可持续发展系统因子和城市产业结构系统因子随时间有上升的趋势。

2005年，各城市的经济生产总值、工业生产总值、第三产业等都有大幅度的增长，因此经济系统因子相对于非经济系统因子对城市土地利用效率有突出的贡献，高达44.423%。尽管第一主成分、第二主成分和第三主成分波动大，但是第四和第五主成分依然保持平稳的累计贡献率。从图2中可以看到第二、第三和第四主成分在2007年后有上升的趋势，而第一主成分有下降的趋势。这说明经济系统因子的贡献率受到其他因子系统的影响，而城市生态可持续发展、社会结构和城市产业结构系统因子的贡献率会越来越重要。

从主成分分析可以看出，城市土地利用效率主要受经济系统因子的影响，其次是城市生态可持续发展系统因子、社会结构系统因子和产业结构系统因子，这5个系统因子综合概括了城市土地利用效率的5个方面。但是有一点不容忽视，从城市生态可持续发展系统因子、城市社会结构系统因子和城市产业结构系统因子在缓慢上升的趋势看，这3个系统因子和城市土地利用效率的关系将会越来越密切，是影响城市土地利用效率的“潜力股”。

3.2.2　城市土地利用效率空间分析

根据城市土地利用效率的综合指标体系，计算出各个城市每年的城市得分，每个样本都是独立的，将10年的得分累计求和，得到最后的总得分。从城市土地利用效率总得分排名来看，靠前的城市大多以东部城市为主，个别中西部经济发达的城市的土地利用效率综合得分比较靠前。城市得分差距很大，得分高的能达到149.93，最低的为–14.72，除了极个别城市的得分较高外，城市土地利用效率总体较低。

本文利用ArcGIS得到城市土地利用效率总分由高到低的城市分布，即前50名的城市主要集中在东部地区，尤其是以长三角地区分布密集，其15个主要城市中扬州市和泰州市除外，其余都在前50名里。中部城市入围前50的城市大多是省级市，其中西部地区只有重庆市、四川省的成都市、陕西省的西安市入围前50名；50～100名城市主要分布在河南省、河北省、山东省和辽宁省等北方省份。此时，西部地区，如青海省、甘肃省、云南省、贵州省也只有省会城市的城市土地利用效率进入前100名。由此可见城市土地利用效率差异的地域性较为明显。

2001—2010年有相当一部分城市排名名次年际变化幅度很大，变化最大的城市是广东省汕尾市，它在10年里排名变化了243位，其次是莆田市和朔州市，分别变化了197位和180位。其中10年里名次变化的幅度在100位以上的城市有15个，且这15个城市主要分布在中国南方地区，尤以东南地区居多。变化幅度在10名以内的城市只有20个，占总城市数量的7.9%；变化幅度在50名以内的城市有143个，占43.7%；其余的56.3%的城市变化幅度在50名以上，相当一部分城市综合排名年际变化很大。

分析得出，城市综合得分排名在前20名的城市，其年际波动较小，除了长春市、宁波市、成都市和武汉市外，其余都在10名范围内波动。波动范围小的城市主要分布在中国的东部和北部地区，这些地区恰恰也是城市土地利用效率比较高的地区。因此，可以看出综合得分越高，其年际变化幅度就越小。

综合以上可以得出两个结论：城市土地利用效率普遍较低，差异明显，城市土地利用效率总分排名大体上符合东强中弱西部低的规律分布；大部分城市土地利用效率年际变化大，综合得分越高，其年际变化幅度就越小。

3.2.3 城市土地利用效率相关影响因素分析

3.2.3.1 相关性分析

从表 4 看出，与城市综合得分相关性最高的是城市 GDP，其次是工业生产总值和工业用地，这三个与城市土地利用效率的相关度达到了 0.8 以上，而绿地面积、人口密度和第三产业生产总值的相关性紧跟其后。这个和主成分分析法分析出的结果一致，即城市经济系统因子对城市土地利用效率影响最大。同时，从表 4 看出，工业生产总值和城市 GDP 的相关度达 0.894，在城市建设用地上工业用地所占比值对城市土地利用效率也有很大的影响，因此经济效益里工业生产总值对城市土地利用效率的贡献率最高。

为了深入分析经济系统因子中哪些因子对城市土地利用效率的贡献率最高，本文将城市土地产出率分别和地均工业产业值、地均第三产业值以及地均财政收入做了进一步的相关性分析。结合以往的文献资料，这里所采用的土地产出率是指城市经济生产总值和总面积的比值。从表 5 看出，地均工业产值和城市土地利用效率最相关，达到了 0.688，其次是地均财政收入和第三产业生产总值，这也说明城市的工业水平对城市土地利用效率影响最大。

结合城市土地效率的高低在中国空间分布来看，东中西部城市之间土地利用效率的差距明显，呈现出东高西低的态势，这和城市经济发展水平布局格式类似[13]。

但是，经济系统因子不是影响城市土地利用效率的绝对因素，城市生态可持续系统因子和社会结构系统因子不容忽视。从表 6 可以看出，公共绿地面积所占比例和城市土地利用效率的相关性达到 0.8 以上，属于非常相关；次要相关的是道路广场用地面积和公共设施用地面积等，这也就说明城市土地利用效率和可持续发展因子与社会结构因子也有很强的相关性。

表 4 2010 年城市土地利用效率相关性分析（1）

		综合得分	城市 GDP	第三产业比例	第三产业值	工业生产总值	绿地面积	工业用地	人口密度
综合得分	皮尔森相关	1.000	0.890**	0.323**	0.428**	0.851**	0.773**	0.805**	0.565**
	显著性（双尾）		0.000	0.000	0.000	0.000	0.000	0.000	0.000
	N	254.000	254	254	254	254	254	251	254
城市 GDP	皮尔森相关	0.890**	1.000	0.346**	0.581**	0.894**	0.757**	0.788**	0.466**
	显著性（双尾）	0.000		0.000	0.000	0.000	0.000	0.000	0.000
	N	254	254	254	254	254	254	251	254
第三产业比例	皮尔森相关	0.323**	0.346**	1.000	0.481**	0.224**	0.288**	0.212**	0.077
	显著性（双尾）	0.000	0.000		0.000	0.000	0.000	0.001	0.221
	N	254	254	254	254	254	254	251	254

		综合得分	城市GDP	第三产业比例	第三产业值	工业生产总值	绿地面积	工业用地	人口密度
第三产业值	皮尔森相关	0.428**	0.581**	0.481**	1.000	0.492**	0.490**	0.469**	0.406**
	显著性（双尾）	0.000	0.000	0.000		0.000	0.000	0.000	0.000
	N	254	254	254	254	254	254	251	254
工业生产总值	皮尔森相关	0.851**	0.894**	0.224**	0.492**	1.000	0.665**	0.737**	0.497**
	显著性（双尾）	0.000	0.000	0.000	0.000		0.000	0.000	0.000
	N	254	254	254	254	254	254	251	254
绿地面积	皮尔森相关	0.773**	0.757**	0.288**	0.490**	0.665**	1.000	0.811**	0.395**
	显著性（双尾）	0.000	0.000	0.000	0.000	0.000		0.000	0.000
	N	254	254	254	254	254	254	251	254
工业用地	皮尔森相关	0.805**	0.788**	0.212**	0.469**	0.737**	0.811**	1.000	0.446**
	显著性（双尾）	0.000	0.000	0.001	0.000	0.000	0.000		0.000
	N	251	251	251	251	251	251	251	251
人口密度	皮尔森相关	0.565**	0.466**	0.077	0.406**	0.497**	0.395**	0.446**	1.000
	显著性（双尾）	0.000	0.000	0.221	0.000	0.000	0.000	0.000	
	N	254	254	254	254	254	254	251	254

** 在 0.01 水平上相关性显著（双尾）。

表 5　2010 年城市土地利用效率相关性分析（2）

		土地产出率	地均工业产值	地均第三产业	地均财政收入
土地产出率	皮尔森相关	1.000	0.688**	0.150*	0.708**
	显著性（双尾）		0.000	0.016	0.000
	N	257	257	257	257
地均工业产值	皮尔森相关	0.688**	1.000	0.159*	0.996**
	显著性（双尾）	0.000		0.011	0.000
	N	257	257	257	257
地均第三产业	皮尔森相关	0.150*	0.159*	1.000	0.161**
	显著性（双尾）	0.016	0.011		0.010
	N	257	257	257	257
地均财政收入	皮尔森相关	0.708**	0.996**	0.161**	1.000
	显著性（双尾）	0.000	0.000	0.010	
	N	257	257	257	257

** 在 0.01 水平上相关性显著（双尾）。

* 在 0.05 水平上相关性显著（双尾）。

表 6 2010 年城市土地利用效率相关性分析（3）

		综合得分	垃圾处理率	公共绿地面积比重	公共设施用地	道路广场	对外交通
综合得分	皮尔森相关	1.000	0.159*	0.836**	0.650**	0.751**	0.643**
	显著性（双尾）		0.011	0.000	0.000	0.000	0.000
	N	254	254	254	254	254	254
垃圾处理率	皮尔森相关	0.159*	1.000	–0.024	0.165**	0.043	0.097
	显著性（双尾）	0.011		0.705	0.009	0.494	0.127
	N	254	254	254	254	254	254
公共绿地面积比例	皮尔森相关	0.836**	–0.024	1.000	0.380**	0.597**	0.449**
	显著性（双尾）	0.000	0.705		0.000	0.000	0.000
	N	254	254	254	254	254	254
公共设施用地	皮尔森相关	0.650**	0.165**	0.380**	1.000	0.851**	0.779**
	显著性（双尾）	0.000	0.009	0.000		0.000	0.000
	N	254	254	254	254	254	254
道路广场	皮尔森相关	0.751**	0.043	0.597**	0.851**	1.000	0.773**
	显著性（双尾）	0.000	0.494	0.000	0.000		0.000
	N	254	254	254	254	254	254
对外交通	皮尔森相关	0.643**	0.097	0.449**	0.779**	0.773**	1.000
	显著性（双尾）	0.000	0.127	0.000	0.000	0.000	
	N	254	254	254	254	254	254

** 在 0.01 水平上相关性显著（双尾）。

* 在 0.05 水平上相关性显著（双尾）。

虽然第三产业占地面积没有工业占地面积大，但是第三产业的发展对绿地面积的扩大是有正向推动的作用。从表 7 可以看出，工业和第三产业的发展对绿地面积和公共设施面积等社会结构都有很大的影响，但是第三产业日益兴盛对于缓解工业化带来的环境污染和城市土地结构不合理等有直接帮助，作为“潜力股”的产业结构调整对城市土地利用效率也会有所改善和提高，而且城市土地结构的优化配置对城市土地利用效率的提高也日益明显。此外，建成区面积、绿地面积、道路面积等城市建设用地的结构变化对城市土地利用效率也有很大的影响，绿地面积的增长代表了生态环境朝良性方向发展，城市土地利用效率高的城市，除了不断促进自身经济的快速发展外，还很重视生态环境的改善，改变传统的工业化道路，走新型工业化道路，充分发挥环境对城市发展的促进作用，而粗放的经济增长模式会抑制生态环境的改善，反而阻碍循环经济的发展。

表7　相关性分析

（1）第三产业与园林绿地面积、公共设施用地的相关性

		第三产业	园林绿地面积	公共设施用地
第三产业	皮尔森相关	1.000	0.596**	0.524**
	显著性（双尾）		0.000	0.000
	N	254	254	250
园林绿地面积	皮尔森相关	0.596**	1.000	0.794**
	显著性（双尾）	0.000		0.000
	N	254	254	250
公共设施用地	皮尔森相关	0.524**	0.794**	1.000
	显著性（双尾）	0.000	0.000	
	N	250	250	250

** 在0.01水平上相关性显著（双尾）。

（2）地均工业总值与园林绿地面积、公共设施用地的相关性

		地均工业总值	园林绿地面积	公共设施用地
地均工业总值	皮尔森相关	1.000	0.552**	0.403**
	显著性（双尾）		0.000	0.000
	N	254	254	250
园林绿地面积	皮尔森相关	0.552**	1.000	0.794**
	显著性（双尾）	0.000		0.000
	N	254	254	250
公共设施用地	皮尔森相关	0.403**	0.794**	1.000
	显著性（双尾）	0.000	0.000	
	N	250	250	250

** 在0.01水平上相关性显著（双尾）。

3.2.3.2　排名前19名城市为例的案例分析

由于样本数量太多，本文以排名前19名的城市为例，前三名分别是上海、广州和北京。在主成分分析后得到十年总成绩排名前19名的城市在10年里的位次变化情况。城市土地利用效率前19名城市不是所有的都为省级城市，其中包含了北京、天津和上海3个直辖市。广东省和江苏省入围城市最多，分别有4个城市，辽宁省和浙江省各有2个城市，山东省、福建省、湖北省和四川省都只有1个城市入围前19名。从城市位次变化上看（图3），只有上海市每年都稳居第一名，其余城市的排名都处在波动变化中，除了广州市和北京市变化幅度较小外，其余城市波动幅度都很大，排名越靠后的城市变化幅度越大，排名靠前的城市主要分布在长江三角洲和珠江三角洲地区。

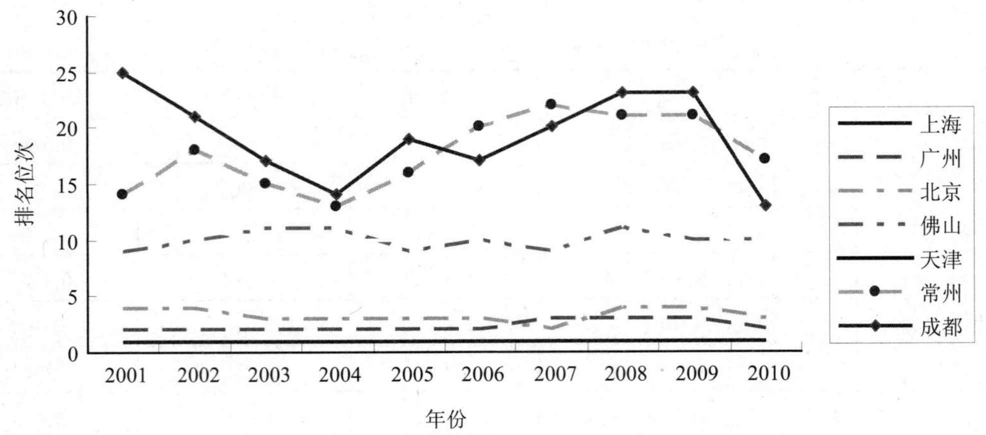

图 3 前 19 名部分城市动态变化图

根据表 3 的相关性分析可以看出，城市土地利用效率受城市工业化水平的影响很大。工业化是城市经济增长的原动力，而且大多数工业用地占城市建设用地的比例较大。如长江三角洲和珠江三角洲地区的工业总产值居全国较高水平，尤其以上海、南京、宁波、杭州、广州、东莞等为代表的核心城市。

作为长三角的核心城市以及中国城市紧凑度最高的城市[14]，上海土地一直都处于高效利用状态，其地均 GDP 位于全国首位，无锡、宁波、苏州地均 GDP 增长率处于该区域前列，这为高效的城市土地利用效率奠定良好的基础。不过城市土地利用效率综合测量指标还包括社会和生态指标，因此城市土地利用效率也受这两个指标的影响，同时城市不同指标的年际增长幅度不同，这就造成了土地利用效率的波动变化。长三角和珠三角地区的土地利用效率非常高，这也预示着其提升的空间相对于其他城市要小，王家庭等[15]认为长三角地区和珠三角地区除非增加一种或者多种新的投入，否则城市土地集约利用效率水平提升的空间非常小。

唐山市、重庆市和长春市在 2010 年的 GDP 排名比城市土地利用效率的排名靠前，例如重庆市的 GDP 排名是第 8 位，但是其城市土地利用效率却排在 27 位。唐山市和重庆市的工业用地比较大，如表 4 所示，唐山市的工业用地占建成区面积的 30.77%，这三个市的工业生产值所占比例都很大，工业生产总值对城市经济做出了很大的贡献，所以唐山和重庆市的经济水平较高。

但是城市经济水平的高低并不是所有城市土地利用效率的决定因素。东莞市、常州市和合肥市在 2010 年的城市土地利用效率排名比当年城市 GDP 的排名更靠前，比如东莞的城市土地利用效率是第 4 名，但是在 2010 年的中国城市 GDP 排名上却只排 21 名，从所举的城市来看，土地利用效率高的城市不一定经济发展水平就高。从城市用地结构的角度，这 3 个城市的道路广场面积与绿地面积的面积总和和工业面积相比差距不远，常州市和合肥市的道路广场面积和绿地面积甚至还大于工业面积。从产业比值的角度上看，前 3 个市的第二、第三产业值相差不远，虽然第二产业值比例很大，但是第三产业值却也毫不逊色。

表 8　2010 年城市产业比值与城市用地结构对比表

城市	GDP/万元	第一产业值：第二产业值：第三产业值/%	工业占地面积/km^2	道路广场占地面积/km^2	绿地占地面积/km^2
东莞	42 464 527	0.39：50.89：48.72	329.44	84.22	124.10
常州	30 448 900	3.28：55.3：41.43	35.94	19.47	22.84
合肥	27 016 100	4.91：53.92：41.17	61.88	48.28	38.91
唐山	44 691 588	9.44：58.14：32.42	72.00	20.56	14.09
重庆	79 255 800	8.65：55：36.35	200.94	131.55	71.50
长春	33 290 329	7.59：51.66：40.74	94.91	54.77	28.37

图 4 是 2010 年人均 GDP 和城市土地利用效率的散点图，根据人均 GDP 和城市土地利用效率的关系分为 4 个类别，分别是高高型、高低型、低高型、低低型。第 1 种高高型是人均 GDP 高且城市土地利用效率都很高，但是属于这类的城市不是很多，只有上海、北京和广州 3 个城市。第 2 种高低型是人均 GDP 高的城市，其城市土地利用效率却很低，属于这类的城市一共有 17 个，占 6.7%；第 3 种低高型是指尽管人均 GDP 不高，但是土地利用效率却很高，属于这一类的只有东莞市；第 4 种低低型的城市最多，占到 82.7%，这些城市人均 GDP 和土地利用效率都不高。通过添加趋势线，可以得到公式：

$$y = 0.000\,8\,x - 18.683，R^2 = 0.542\,1$$

这一方面说明经济水平和土地利用效率存在一定的正向关系，比如第 4 类的人均 GDP 和土地利用效率呈很高的正相关。另一方面是 R^2 比较小，整体上相关性不是很高，所以如第 2 和第 3 种类型所示，城市经济水平的高低并不是所有城市土地利用效率的决定因素。

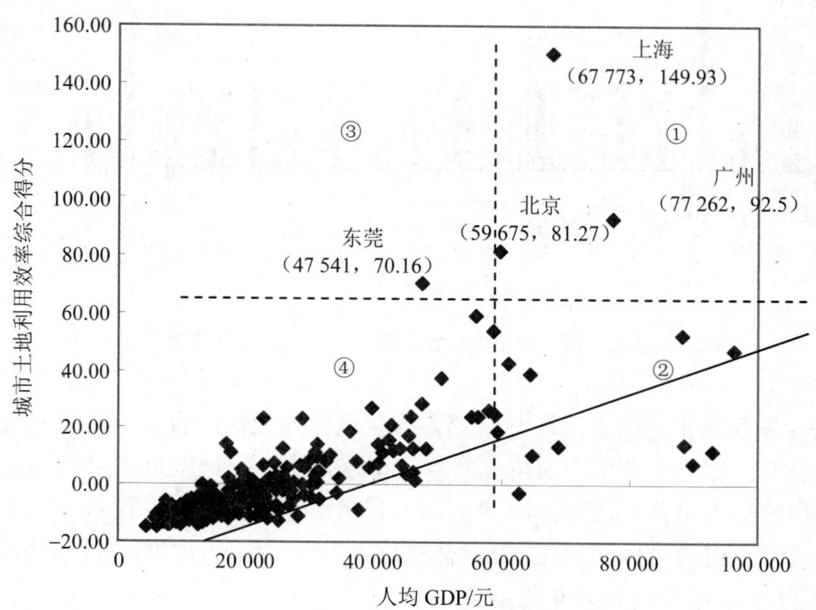

图 4　经济水平和城市土地利用效率的散点图

除了工业水平对城市土地利用效率的影响外，产业结构合理化演变对经济波动产生了抑制，而产业结构高级化演变则是经济波动的主要来源之一，这种效应对于周期波动而言更为明显。产业结构合理化对经济增长的影响具有相当强的稳定性，其影响不仅取决于产业结构合理性本身，还与经济发展速度有关。从全国平均水平来看，第三产业与城市 GDP 的相关性较大，相关性达 0.581。产业结构的调整优化不仅对城市土地利用效率有帮助，对城市经济发展也至关重要。当一个城市经济水平较低时，城市主要靠扩张城市建设面积来促进经济的发展；但是当一个城市经济达到较高的发展水平时，城市的经济增长不再过度依赖于建设用地的外延式扩张，因此为了达到城市空间扩张和社会经济发展之间的协调，应进一步转变经济发展方式[16]。由此说明，产业结构是一个潜力因子，产业结构的合理调整对城市土地利用类型的合理分布有着直接影响，这也有利于提高城市土地利用效率。

2010 年中国城市工业用地占建成区总面积的 23.5%，有些城市甚至超过了 40%，超过了合理限度 10%～15%[17]，使得商业用地不足，第三产业零星依附于其他用地之上，不能形成较好的规模效益。工业污染降低了土地的价值，绿地面积只占建成区的 12.78%，我国城市交通用地和绿地面积偏紧，同时工业带来的污染又大，出现了如“城市病”“热岛效应”等环境问题，因此即便是经济发展速度快，但是其土地利用效率也不会很高。

从图 5 可以看出，排名前 19 的城市地均工业总产值的年平均增长率相对于绿地面积、GDP 和人均道路的年平均增长率是最高的。虽然城市绿地面积的平均增长率很高，但是城市之间的绿地面积和人居道路面积年平均增长率相差较大，甚至有些城市出现了负增长，如绿地面积增长速度快的东莞市年平均增长率能达到近 40%，而沈阳市低至近负的 10%。虽然上海土地利用效率最高，但是人均道路面积的增长率却不如其他城市，出现负增长。与此相似的还有南京市、天津市，沈阳市的绿地面积的年平均增长率也出现了负增长现象。

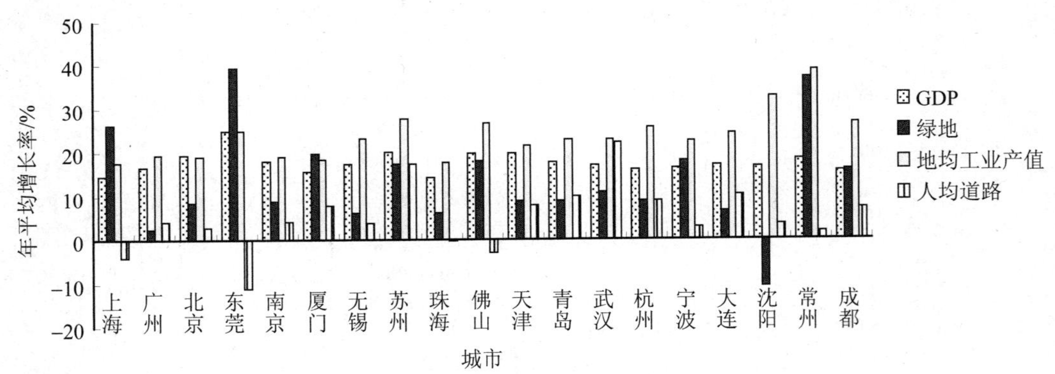

图 5 前 19 名城市相关指标的年平均增长率图

为了进一步探究影响城市土地利用效率的合理性和最优组合，本文在主成分分析中的 4 个系统因子中，每一个系统因子按照分数大小进行排序，把城市数量的 1/5 为一个档次进行分类，最终分为最优、较好、一般、较差和落后 5 个档次。

综合 4 个系统因子的分类，在 254 个城市中每个系统因子中的都处于最优的只有 24 个城市，这 24 个城市分别如表 9 所示。

表 9　最优组合城市排名

城市（排名）	总得分	城市（排名）	总得分	城市（排名）	总得分
上海（1）	149.93	佛山（10）	38.86	常州（18）	24.05
广州（2）	92.5	天津（11）	37.62	成都（19）	23.15
北京（3）	81.27	青岛（12）	28.73	济南（21）	21.19
东莞（4）	70.16	武汉（13）	27.31	郑州（22）	18.97
南京（5）	58.99	杭州（14）	26.32	合肥（28）	14.29
厦门（6）	54.02	宁波（15）	24.52	长沙（29）	14.05
无锡（7）	52.51	大连（16）	24.21	绍兴（32）	13.08
苏州（8）	47.54	沈阳（17）	24.2	长春（37）	11.7

其中珠海、海口、威海、淄博、嘉兴、东营、重庆、大庆、镇江、石家庄、烟台、马鞍山、克拉玛依、汕头、唐山市等城市土地利用效率虽然名列前茅，但是在每个系统中却不是最优的。因此，本文认为只有表 9 所示的 24 个城市，其土地利用效率中各因子组合是最优的，其结构是最合理的。其他城市的土地利用效率虽然很高，但是内部结构不一定是最优的，这有可能是暂时的。

由此可知，虽然这些城市土地利用效率总分名列前茅，但是这仅仅只代表了城市土地利用效率暂时很高，站在长远的角度上，这并不意味着土地利用效率中各指标的合理程度，各因子系统的合理组合和构建影响城市土地利用效率是否健康合理的发展，以及提升的速度，城市土地利用效率的好坏也直接影响城市的经济发展速度和水平。

因此，城市土地利用效率高并不代表城市土地利用效率呈现的就是良好健康的发展趋势，由于城市资源禀赋不同、城市规模不同、经济发展水平不同、城市功能和性质不同等原因，其发展模式不尽相同，寻找一个符合自身发展的模式至关重要。

4　总结与讨论

我国一些城市为了经济的快速增长，完成城市建设任务对土地资源价值的认识还不够深入，耕地资源相对匮乏，而土地资源受限是要保证粮食的供应，解决温饱问题。因此这决定了城市化过程中不能盲目地扩张土地，城市土地的利用要依据科学、合理、集约用地的方针，保证土地的可持续发展。

随着人们对城市土地价值和发展潜力的认识逐渐深入，本文通过对城市土地利用效率时空的对比和分析，得出以下几个结论。

（1）城市之间的土地利用效率差距明显，总体水平较低，城市分布表现出东强中弱西部低的分布规律。这大体上符合城市经济水平的空间分布，但是排名靠后的城市意味着城市土地利用效率仍具有很大的发展潜力，因此为了提高我国城市用地效益，在今后城市发展中，应把中低用地效益城市作为发展的重点，高效益城市继续探索新思路[17]。

（2）城市土地利用效率年际变化大。土地利用效率变动范围在 100 名内的城市主要分布在我国东部和北部地区，其余城市主要集中在中西部地区，并且以中小城市为主。政府部门应尽早注意土地的经济、社会和生态价值对城市发展的重要意义，根据实际情况制定出相关政策，引导城市土地的合理利用，提高其利用效率。

（3）经济系统因子对于城市土地利用效率影响最大，但不是决定性因素。作为“潜力股”的城市生态可持续发展系统因子和城市产业结构系统因子对城市土地利用效率的影响不容忽视，同时城市生态可持续发展因子和产业系统因子对经济系统因子也有影响，所以，只有当这3个系统和谐发展，合理分配才能保障城市经济的健康循环发展，提高城市土地利用效率。

（4）工业生产总值对城市经济发展的贡献性很大。经济发达，尤其是工业经济发达的城市，其城市土地利用效率总分较高。但是根据城市 GDP 的排名和城市土地利用效率总分排名来看，城市土地利用效率按照城市经济发展高低排列并不是绝对的。为了适应经济快速、高效发展的需求，城市的可持续发展系统因子和产业结构系统会和经济系统因子保持适当的增长率，土地综合利用才能体现出明显的效率优势。

（5）优化城市土地利用结构有利于城市土地利用效率的提升，产业结构的合理调整对城市土地利用结构有带动作用。促进工业合理发展，积极发展第三产业，释放闲置土地，根据不同产业的特点，合理安排不同产业所处的位置和占地面积大小，如长三角地区需要降低工业用地的比例，扩大绿地面积、道路交通面积等，均衡城市用地结构。

（6）城市土地利用效率高并不代表城市土地利用效率呈现的就是良好健康的发展趋势。每个城市都需要根据自身实际情况，只有对症下药才能促进城市土地利用效率的良好发展，最后才能实现经济健康的循环发展。

本文搜集了 2001—2010 年 254 个城市的相关数据，数据量非常大，涵盖城市范围也很大，包括地级市等城市。由此分析出来的结果具有全面性和可信度，能够分析城市土地利用效率的时空分布规律，并且本文利用主成分分析方法、空间分析法和案例分析法等多种方法进行影响因子分析，最后得到一个合理的组合形式。

但是由于样本多，数据量大，现实中不存在土地利用状态完全相同的城市，也不存在唯一的城市土地集约利用状态标准，因此确定评价指标标准值时并不容易，也不是很全面。本文采取的分析方法还有不足之处，有些部分还不够深入，希望以后在阅读大量文献基础上，借鉴前辈的经验，学习到更多相关研究方法，加深对影响城市土地利用效率因素的分析。

参考文献

[1] 张富刚，郝晋珉，姜广辉，等. 中国城市土地利用集约度时空变异分析[J]. 中国土地科学，2005，19（1）：24-25.

[2] 吴得文，毛汉英，张小雷，等. 中国城市土地利用效率评价[J]. 地理学报，2011，66（8）：1111-1121.

[3] 张绍敏. 不同规模城市土地利用效率的比较研究——以长江三角洲为例[D]. 上海：同济大学，2008.

[4] 鲍新中，刘澄，张建斌. 城市土地利用效率的综合评价[J]. 城市问题，2009，4：46-50.

[5] 陈顺增. 土地管理知识词典[M]. 北京：中国经济出版社，1991：369-371.

[6] 陈洪博. 土地科学词典[M]. 南京：江苏科学技术出版社，1992：331-332.

[7] 王雨晴，宋戈. 城市土地利用综合效率评价与案例研究[J]. 地理科学，2006，26（6）：743-746.

[8] 方先知. 土地利用效率测度的指标体系和方法研究[J]. 系统工程，2004，22（12）：22-25.

[9] 郑新奇，王筱明. 城镇土地利用结构效率的数据包络分许[J]. 中国土地科学，2004，18（2）：34-39.

[10] 张兵，金凤君. 1990年代以来长江三角洲城市土地利用效率研究[J]. 重庆建筑大学学报，2007，29（5）：38-42.

[11] 张良悦，师博，刘东. 中国城市土地利用效率的区域差异——对地级以上城市的DEA分析[J]. 经济评论，2009，4：18-21.

[12] 李娟，李建强，吉中贵，等. 基于DEA模型的成都市城市土地利用效率评价[J]. 资源评价，2010，12（2）：40-43.

[13] 王文刚，宋玉祥，庞笑笑. 基于数据包络分析的中国区域土地利用效率研究[J]. 经济问题探索，2011，8：60-63.

[14] 马丽，金凤君. 中国城市化发展的紧凑度评价分析[J]. 地理科学进展，2011，30（8）：1014-1020.

[15] 王家庭，季凯文. 中国城市土地集约利用效率评价——来自34个典型城市数据的实证分析[J]. 学习与实践，2009（4）：28-30.

[16] 张俊凤，刘友兆. 城市建成区扩张与经济增长间的关系——以长三角地区为例[J]. 城市问题，2013，211（2）：10-15.

[17] 罗罡辉，吴次芳. 城市用地效益的比较研究[J]. 经济地理，2003，23（3）：367-393.

北京市老龄化发展及对社会经济影响的时空变化特征*

王女英

摘　要：人口老龄化是一个日益受到全球各国普遍关注的重大问题。进入21世纪后，人口老龄化这一趋势不可逆转并有加剧之势，老龄化因此也成为学术界关注的焦点。北京是我国较早进入老龄化的城市，老年人口多，老龄化程度高，老龄化及相关社会经济问题突出。分析其老龄化及其对社会经济影响的时空发展特征，对于更好地解决北京市老龄化问题，促进社会和谐和经济可持续发展具有重要意义。本文采用北京市第五次和第六次人口普查数据，从老龄化程度、老龄化人口结构、老龄化空间分布、老龄化对社会经济的影响等几个方面，对2000—2010年北京市老龄化发展及其对社会经济影响的时空变化特征进行了研究。研究认为：2000—2010年北京市老龄人口数量显著增长；2000—2010年北京市老年人口比重上升缓慢，但高龄化程度加深；2000—2010年北京市老年人口城乡差异增大，乡村老年人口抚养负担加重；2000—2010年北京市老年人口死亡率整体降低，未来老龄化高龄化风险加剧；2000—2010年北京市老龄化空间分布特征仍呈圈层结构；2000—2010年北京市老龄化人口分布集中度下降，空间分布差异减小。

关键词：老龄化　时空特征　社会生产　北京市

0　引言

人口老龄化问题是一个日益受到全球各国普遍关注的重大问题。国际上公认，当一个国家60岁以上老年人占总人口的比重达到10%时，即进入老龄化社会。一些发达国家早在20世纪中叶就跨入了老龄化社会，如世界第一个老龄化国家法国、“老人王国”瑞典、“长寿王国”日本以及西班牙、德国等。David预测到2050年不论发达国家还是发展中国家，将同样面临严峻的人口老龄化压力，人口老龄化将成为一个世界性的问题[1]。

2006年，全国老龄工作委员会办公室发布的《中国人口老龄化发展趋势预测研究报告》指出，21世纪是人口老龄化的时代。区别于发达国家老龄化进程是伴随着工业化、城市化、生产社会化，以及人口再生产的现代化而自发实现的[2]，中国老龄化进程中，生育率下降的作用大过死亡率下降，而这是由于计划生育政策的推行产生的。经济发展水平与人口老龄化程度不相适应，势必对我国经济社会发展带来巨大挑战。

北京作为首都，社会经济发展都处于全国较高水平。生育率和死亡率普遍偏低，是较早进入老龄化的城市，且老年人口数量庞大，老龄化程度高。而老龄化发展的必然结果是

* 指导教师：蔺雪芹。

高龄化，这也对社会保障、养老服务体系等提出了更高的要求。

邬沧萍教授说："只有正确地认识老龄化，才能制定有效的政策、采取适当的措施"。从时空分布的角度认识老龄化是研究人口问题的一个重要分支，更是分析其社会影响的基础，为相关政策、决策的提出提供一个基础数据。老龄化的影响是全面而深刻的，而在社会经济方面的影响尤为明显，因此从社会生产视角分析，具有对老龄化认识的现实意义。

本文通过2000年第五次、2010年第六次人口普查数据的比较分析，计算老龄化指标，研究老龄化在2000—2010年的时空变化特征。并以此为基础，以社会生产为视角，研究老龄化对其产生影响的时空特征，并结合目前的发展状况提出相应对策。

1　文献综述

目前国内外关于老龄化问题的研究主要集中在以下几个方面：

（1）不同尺度老龄化的发展趋势、时空特征及影响因素分析。Joshua 对 2050 年美国老龄人口规模和老龄化程度进行了预测和分析[3]；李日邦等对我国人口老龄化发展的时空分布特点及区域差异等进行了研究[4]；林琳等对广州市人口老龄化的空间分布及趋势进行分析[5]；张纯等对北京市老龄化空间特征及影响因素进行分析，并提出北京市老龄化呈现圈层结构特征[6]。

（2）老龄化及其影响研究。邬民乐对劳动生产率与老龄化进行了对应研究；钟若愚对人口老龄化影响产业结构调整的传导机制进行了研究[7]；王立勋分析了人口老龄化对北京产业结构调整的影响[8]；袁蓓对人口老龄化对经济增长影响研究进行了评述[9]。

（3）老龄化对策研究。如 Maliki、Linda 等对人口老龄化背景下进行医疗保险制度改革提出了建议[10,11]。除了一些具体对策的文章外，还有一些综述性的文章，邬沧萍等对中国老龄化进行前景展望和对策研究[12]；李爽等结合中国人口老龄化的特点、成因，分析了对策[13]；王岱等在系统总结发达国家应对老龄化对策后，提出值得我国借鉴的经验[14]。

（4）对特定老年人口的研究。如对城市老年人日常行为、休闲行为研究[15,16]，如袁俊、吴殿廷等分析了中国农村人口老龄化的空间差异及其影响因素[17]；周园园对浙江地区百岁老人地区分布差异与数量增长的研究[18]；崔红威对低龄老年人人力资源开发的研究[19]；王苗苗对女性老年人口养老需求的研究[20]。

目前关于老龄化空间分异、时空特征的研究在理论上、方法上已经相对完善。本文在已有研究的基础上，结合北京市第六次人口普查数据分析 2000—2010 年北京老龄化的时空特征，分析其变化发展。在对老龄化影响方面研究，不同学科学者从各自学科角度展开，本文从地理视角，分析老龄化对社会经济影响的时空特征。

2　相关概念及研究方法

2.1　相关概念界定

2.1.1　老年人口

老年人口界定，即老年人口的起算年龄问题。不同国家或地区由于人口寿命的差异，对于老年人口的界定年龄也不同。如英国、法国、美国、瑞典、挪威、意大利、冰岛、日本等国家，都把 65 岁及以上的人口划分为老年人口；而东欧各国、俄罗斯等国家则把 60 岁作为划分老年人口的标准。非洲及赤道国家的老年人口的起始年龄更低。联合国及很多国际研究组织和工作机构，在其研究和统计工作中，通常并用两种老年人口的起始年龄：60 岁和 65 岁。我国现阶段以 60 岁以上为划分老年人的通用标准，因此本研究把 60 岁作为界定老年人口的标准。

2.1.2　年龄阶段划分标准

由于发达国家老年人口绝对数量的增多、人口老龄化程度的加重和人口预期寿命的延长，人们又将老年人口划分为高龄老年人口（80 岁及以上）、中龄老年人口（70～79 岁）和低龄老年人口（65～69 岁或 60～69 岁）。作为发展中国家的发达地区，北京市人口老龄化具有如上特征，因此，本研究采用这个年龄划分标准来对老年人口进行年龄结构的划分。

2.1.3　人口老龄化

人口老龄化是一个人口结构转变的过程。是指总人口中因年轻人口数量减少、年长人口数量增加而导致的老年人口比例相应增长的动态。人口老龄化有两个含义：一是指老年人口相对增多，在总人口中所占的比例不断上升的过程；二是指社会人口年龄结构呈现出老年状态，进入老龄化社会[21]。

联合国对人口年龄结构的划分提出了一套标准，而国际上通常把 60 岁以上的人口占总人口比例达到 10%，或 65 岁以上人口占总人口的比重达到 7%作为国家或地区进入老龄化社会的标准。

一些学者在对北京老龄化进行分析时，考虑到了包括年龄中位数、老少比等在内的年龄结构的综合指标。如李扬等在对北京市各年份人口普查数据进行整理后，得出了表 1。发现 1990 年北京市按 60 岁及以上老年人口占总人口比例达到 10%的标准，从这一项指标来看，北京市已进入老龄化社会；而到 1995 年，北京市已经全面进入老龄化社会；此后人口老龄化程度不断加深。张纯、曹广忠等在分析北京市第五次人口普查数后得出，从少儿人口比例、中位数年龄、老年人口比例（包括 60 岁及以上和 65 岁及以上两个指标）看，北京市人口年龄结构综合指标已达到国际上人口老龄化的标准[6]。

表 1　北京人口年龄结构类型（国际通用标准）

项目	年轻型	成年型	老年型	1982 年	1990 年	1995 年	2000 年	2010 年
少儿人口比例	40 以上	30～40	30 以下	22.4	20.2	19.7	13.6	8.6
老年人口比例（65 岁）	4 以下	4～7	7 以上	5.6	6.3	7.8	8.42	8.7
老少比	15 以下	15～13	30 以上	25.2	31.5	39.8	62	101.3
年龄中位数/岁	20 以下	20～30	30 以上	27	31	33	34	40

注：李扬文章中出现，2010 年数据为本研究新增数据。

本研究在分析老龄化程度时选择 60 岁老年人口比例作为指标。同时兼顾北京市人口普查数据中 65 岁及以上人口的统计数据，进行趋势分析。

2.2　研究方法

（1）数据分析方法：运用 Excel、SPSS 等数据分析软件，对 2000 年第五次和 2010 年第六次人口普查数据进行数据运算、处理。计算老年系数、老年人口集中度、抚养比等反映老龄化的指标，是对北京市老龄化的时空特征进行总结概括的基础。

（2）对比分析法：在已有研究的基础上，通过对新增数据的分析，对比特征变化。

（3）公式推导加实证研究：运用简单的公式推导分析老龄化指标变化与社会生产关系，并结合北京市相关社会经济数据加以实证分析。

（4）聚类分析法：借鉴城市社会空间的相关方法，按照综合抚养压力对全市 18 个区县进行分类。分析老龄化对社会生产成本影响的空间格局。

本研究定性研究与定量研究相结合，试图以多图表、多图像来诠释老龄化时空特征，通过多种方法的结合、尝试，对北京市老龄化及其社会经济影响进行评价分析。

2.3　资料来源

本研究基础数据包括北京市第五次（2000 年）、第六次（2010 年）人口普查数据。并选取 2011 年北京市统计年鉴相关经济数据，查阅相关政府网站获得全市老年服务机构设施等信息。

2.4　研究区介绍

北京市包括 14 个市辖区，2 个县。市辖区包括东城区、西城区、朝阳区、丰台区、石景山区、海淀区、门头沟区、房山区、通州区、顺义区、昌平区、大兴区、怀柔区、平谷区。辖县包括密云县、延庆县。2010 年，北京市行政区划进行调整，原西城区、原宣武区合并为西城区，原东城区、原崇文区合并为东城区。但第六次人口普查数据也分别对原行政区划进行统计，因此本研究不受其影响。

图 1　北京市行政区划图

3 北京市人口老龄化时空变化特征

3.1 2000—2010年北京市老龄人口显著增长，女性增长较男性快

2000—2010年北京市老年人口数显著增长。从国际上常用的两个老年人口指标来看，2000年全市60岁及以上老年人口数为1 701 510人，2010年增长到2 460 108人，10年间增长了758 598人，年均增长率4.46%。65岁以上老年人口从2000年的1 142 864人增长到2010年的1 708 852人，增长了565 988人，年均增长4.95%。其中，女性老年人口数始终大于男性老年人口数，且10年间女性老年人口增长也快于男性老年人口增长。男性人数由2000年的820 477人增加到2010年的1 173 156人，增长了352 679人，年均增长4.30%，女性人数由2000年的881 033人增长到2010年的1 286 952人，增长了405 919人，年均增长4.61%。

表2 2000—2010年北京市老年人口数变化情况

年份	60岁及以上老年人口数/人	65岁及以上老年人口数/人	男性		女性	
			人数/人	比重/%	人数/人	比重/%
2000	1 701 510	1 142 864	820 477	48.22	881 033	51.78
2010	2 460 108	1 708 852	1 173 156	47.69	1 286 952	52.31

表3 分性别、分年龄阶段老年人口增速

	男	女
60～69岁	19.06%	21.34%
70～79岁	68.40%	77.66%
80岁以上	148.13%	112.07%
总计	42.98%	46.07%

3.2 2000—2010年北京市老年人口比重变化不大，但高龄化程度加深

人口老龄化有两个含义：一是指老年人口相对增加，在总人口中所占的比例不断上升的过程；二是指社会人口年龄结构呈现出老年状态，进入老龄化社会[21]。从表4可以看出，2000—2010年北京市老年人口数占总人口数比例由2000年的12.539 5%变化至2010年的12.543 7%，老年人口比例变化极小，但从老年人口内部年龄结构来看，老年人口的高龄化趋势加深。

表4 2000—2010年北京市老年人口比例变化情况

	2000年		2010年	
	数量/人	比例/%	数量/人	比例/%
全 部	1 701 510	12.539 5	2 460 108	12.543 7
低龄（60～69岁）	1 054 320	61.96	1 267 620	51.53
中龄（70～79岁）	514 262	30.22	890 379	36.19
高龄（80岁以上）	132 928	7.81	302 109	12.28

从不同年龄结构老年人口数量来看，低龄老年人口由 2000 年的 1 054 320 人增长到 2010 年的 1 267 620 人，10 年增长了 20.23%，中龄老年人口由 2000 年的 514 262 人增长到 2010 年的 890 379 人，10 年增长了 73.14%，高龄老年人口由 2000 年的 132 928 人增长到 2010 年的 302 109 人，10 年增长了 127.27%。

如图 2 所示，从不同年龄老年人口比例来看，2000 年 60～69 岁低龄老年人口、70～79 岁中龄老年人口和 80 岁以上高龄老年人口比例分别为 61.96%、30.22%和 7.81%，2010 年低龄、中龄、高龄老年人口比例分别为 51.53%、36.19%和 12.28%，低龄老年人口比例显著降低，而中龄老年人口比例和高龄老年人口比例明显增长。

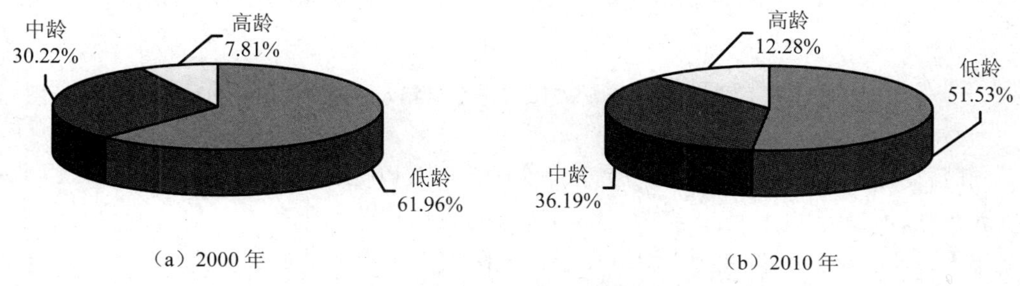

图 2　2000 年、2010 年老年人口年龄结构变化图

说明不论是从不同年龄结构老年人口数量和老年人口比例来看，老年人口结构的高龄化都非常明显，10 年间高龄化程度不断加深。

3.3　2000—2010 年北京市老年人口城乡差异增大，乡村老年人口抚养负担加重

2000—2010 年北京市老年人口城乡差异增大。如表 5、图 3 所示，2000 年北京市城镇老年人口 1 333 364 人，2010 年城镇老年人口 2 056 206 人，增长了 54.21%；2000 年北京市乡村老年人口 368 146 人，2010 年乡村老年人口 403 902 人，增长了 9.71%，城镇老年人口增长快于乡村老年人口。

2000 年城镇老年人口占总人口比例为 9.83%，2010 年为 10.48%，10 年增长 0.65%；2000 年乡村老年人口比例 2.71%，2010 年为 2.06%，10 年下降 0.65%，城镇老年人口比例远高于乡村老年人口比例。

表 5　老年人口城乡结构

	2000 年		2010 年	
	60 岁及以上人口数/人	占总人口比例/%	60 岁及以上人口数/人	占总人口比例/%
城镇	1 333 364	9.83	2 056 206	10.48
乡村	368 146	2.71	403 902	2.06

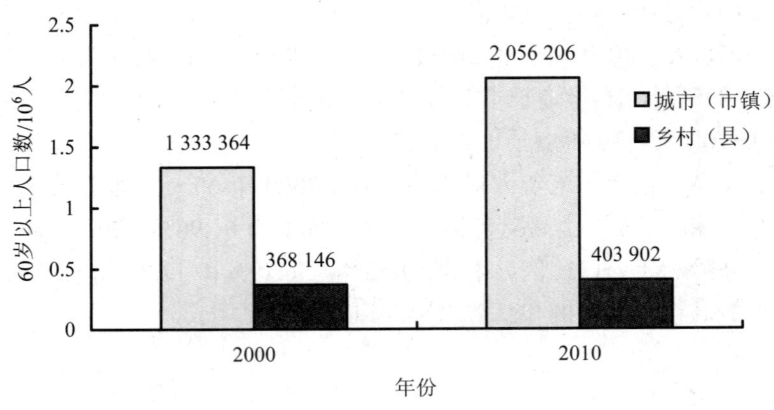

图3　2000年、2010年城乡老年人口数变化图

同时，从抚养比来看，2000—2010年乡村老年人口抚养负担呈加重趋势。抚养比又称为抚养系数，是指某地区人口当中，非劳动年龄人口与劳动年龄人口数之比。老年抚养比即老年人口与劳动人口的比值，用以反映该地区对老年人口的抚养负担。2000—2010年北京市全市老年人口抚养比由16.97%降低至15.91%，而从城乡看，城镇老年人口抚养比降低，由2000年的16.81%降低至2010年的15.38%，乡村老年人口抚养比上升，由2000年的17.59%上升至2010年的19.26%。说明2000—2010年北京市城镇老年人口抚养负担有所减轻，而乡村老年人口抚养负担有所加重。

表6　2000年、2010年城乡老年抚养比变化

地区	2000年	2010年
全市	16.97%	15.91%
城镇	16.81%	15.38%
乡村	17.59%	19.26%

3.4　2000—2010年北京市老年人口死亡率整体降低，未来老龄化高龄化风险加大

全市老年人口死亡率下降，如表7所示，由2000年的3.28%下降至2010年的2.62%。各年龄段老龄人口死亡率均有所下降。低龄老年人口死亡率由1.49%下降至0.85%，下降0.64个百分点；中龄老年人口死亡率由4.55%下降至2.85%，下降1.70个百分点；高龄老年人口死亡率由13.59%下降至9.48%，下降4.11个百分点。在这个过程中，可以看出，随着年龄阶段的增长，死亡率下降越明显，这说明未来老龄化高龄化的风险加大。

表7　分性别、分年龄阶段死亡率变化数据

年龄阶段	2000年			2010年		
	合计	男	女	合计	男	女
60～70岁	1.49%	1.80%	1.20%	0.85%	1.10%	0.62%
70～80岁	4.55%	5.19%	3.93%	2.85%	3.44%	2.31%
80岁以上	13.59%	14.83%	12.70%	9.48%	10.38%	8.71%
老年人口	3.28%	3.63%	2.95%	2.62%	3.03%	2.25%

3.5 2000—2010年北京市老龄化空间分布特征仍呈圈层结构

2007年张纯等在对第五次人口普查分析后，从老年人口的密度和老龄人口比例的关系发现老龄人口分布的圈层结构规律。按照其计算分析过程，对第六次人口普查数据计算分析，发现圈层结构特征依然存在。

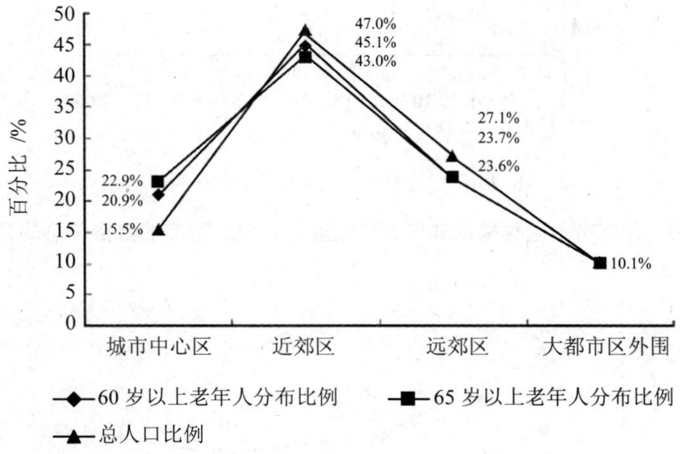

（a）张纯根据第五次人口普查数据制图

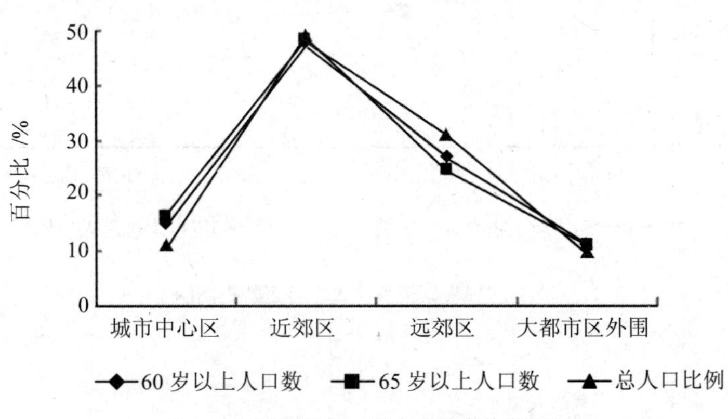

（b）本研究根据第六次人口普查数据制图

图4 北京市老年人口数量分布特征

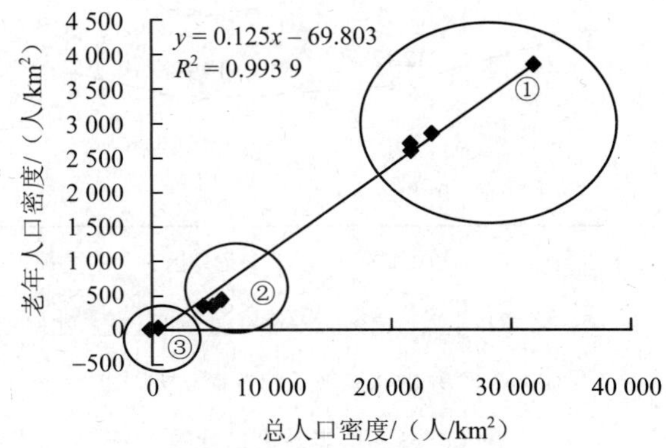

（a）张纯根据第五次人口普查数据制图

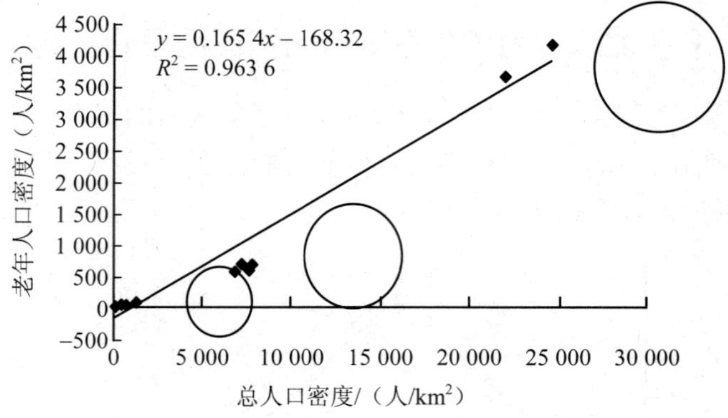

（b）本研究根据第六次人口普查数据制图

图 5 北京市各区县根据老年人口密度与人口总密度的数量关系的分类

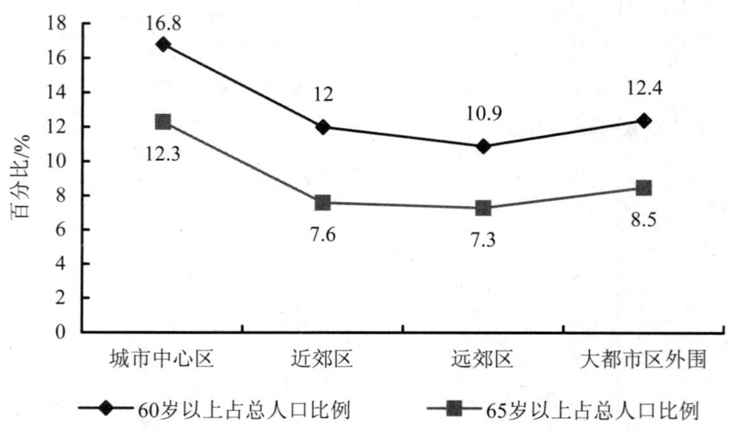

（a）张纯根据第五次人口普查数据制图

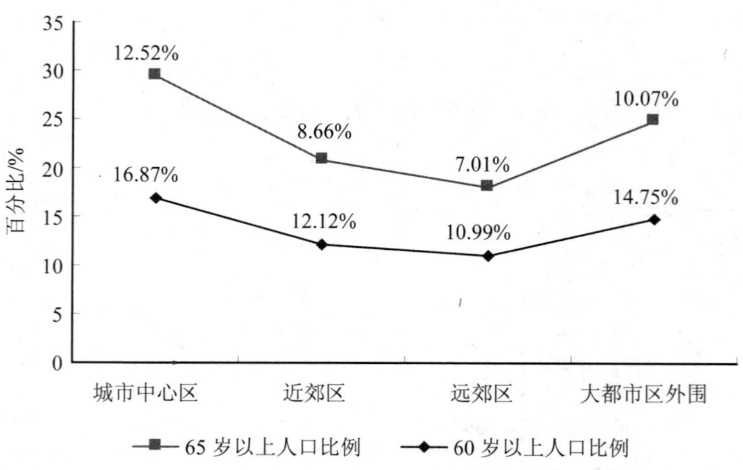

（b）本研究根据第六次人口普查数据制图

图 6 分圈层老龄人口比重

张纯等根据老年人口密度和总人口密度的数量关系，将 18 个区县大致分为三类。第一类地区为总人口密度和老年人口密度都处于高水平；第二类地区为总人口密度和老年人口密度都处于较低水平；第三类地区为老年人口密度和总人口密度都处于最低水平。这三类地区恰恰分别对应了城市中心地带（旧城区）、近郊和大部分远郊地带、大都市区外围和个别远郊地带等三个地带，从而可从老年人的密度和老龄人口比例的关系发现老龄人口分布的圈层结构规律[6]。

而经过分析第六次人口普查数据，我们发现这一特征依然存在。但是有几点值得注意：①第六次数据中第一类只包含了两个点，这是由于统计数据中是采用新的行政区划，实际上涵盖的范围还是城市中心区；②第二类地区的老年人口密度有所提升；③老年人口绝对数量和老年人口比例分布仍旧呈现倒 U 形分布，而老年人口在城市中心区比例有所减小，而在近郊区比例有所增加；④北京市老年人口比例的分布从城市中心向外，呈现出两头高、中间低的 U 形变化，而需要指出的是，在大都市外围整体水平抬升明显。由这些变化可以分析出，老年人口的分布由城市中心向外移的趋势。

3.6　2000—2010 年北京市老龄化人口分布集中度下降，空间分布差异减小

为了刻画各区县间老龄化程度的差异，反映老龄化的空间分布格局，构建老龄化区位商如下：

$$Q=\frac{Q_i/P_i}{O/P} \tag{1}$$

式中，Q——人口老龄化区位商；

O_i——第 i 个区县老龄人口数；

P_i——第 i 个区县总人口数；

O——全市老年人口数；

P——全市总人口数。

如表 8 所示，2000 年老龄化区位商大于 1 的区县有 6 个：东城区、西城区、崇文区、宣武区、门头沟区、延庆县；2010 年老龄化区位商大于 1 的区县数量增加到 11 个，包括：东城区、西城区、崇文区、宣武区、丰台区、石景山区、门头沟区、房山区、平谷区、密云县、延庆县。空间分布集中度有所下降。

表 8　2000—2010 年北京市老龄化区位商变化情况

区县	东城区	西城区	崇文区	宣武区	朝阳区	丰台区	石景山区	海淀区	门头沟区
2000 年	1.34	1.35	1.36	1.34	1.00	0.97	0.94	0.92	1.10
2010 年	1.32	1.38	1.34	1.33	0.97	1.02	1.07	0.90	1.26
区县	房山区	通州区	顺义区	昌平区	大兴区	平谷区	怀柔区	密云县	延庆县
2000 年	0.83	0.95	0.89	0.79	0.81	0.99	0.96	1.00	1.03
2010 年	1.09	0.98	0.96	0.73	0.76	1.27	1.00	1.18	1.17

为了衡量各区县间老龄化水平的离差程度，计算各区县 2000 年和 2010 年老龄化标准差系数。公式如下：

$$V_\sigma = \sigma / x \times 100\% \tag{2}$$

式中，V_σ ——标准差系数；

σ ——标准差。

标准差系数越大说明离散程度越大。计算结果显示，2000 年北京市各区县老龄化程度标准差系数为 0.183 633，2010 年标准差系数为 0.179 661。说明 10 年间北京市各区县老龄化水平空间分布差异减小。这一特征，在上一特征分析时也有所体现。

4 对社会经济影响的时空特征

老龄化对社会的影响是全方位的，而对于社会经济的影响尤为深刻。在对北京市老龄化时空特征分析的基础上，从社会生产视角，分析老龄化对其时空影响。

老龄化是一个人口转化的过程。从人口结构角度，劳动人口为社会生产直接提供动力；老年人口抚养会增加社会生产的成本；而随着老龄化加深，人口结构的老化，将会对社会生产结构发生影响。

4.1 老龄化程度加深，直接影响生产动力

4.1.1 公式推导

人口转变的必然结果是引起人口老龄化，而人口老龄化的发展将推动从人口红利走向人口负债[22]。邬民乐在《劳动生产率增长与人口老龄化的对应研究》[7]中，通过迭代模型说明了人口红利的产生机制，并论证了人口红利向人口负债过渡的必然性。在此基础上，他利用简单的公式推导，说明了人口总抚养比与人均产出的关系。本文借鉴这个模型公式，进行相关的推导。

把人均社会产出作为评价社会生产的指标，即社会生产与总人口的比值

$$\frac{Y}{N} \tag{3}$$

把人口结构因素加入进去，对式（3）进行展开，设定 t 时刻的人均产出用 $\overline{y}_t$ 来表示，得到：

$$\overline{y}_t = \frac{Y_t}{N_t} = \frac{Y_t}{L_t}\frac{L_t}{N_t} = y_t \frac{L_t}{N_t} \tag{4}$$

式中，$\frac{Y_t}{N_t}$ ——人均产出；

$\frac{Y_t}{L_t}$ ——劳动生产率；

$\frac{L_t}{N_t}$ ——劳动人口占总人口比例。

即人均产出与劳动生产率、总人口中的劳动人口都成正比。也就是说，人均产出的增加，既可以是劳动生产率的上升所致，也可以是有利的人口年龄（人口中高比例的劳动人口）所致。加入总抚养比这一指标，将式（4）进一步展开：

$$\overline{y}_t = y_t \frac{L_t}{N_t} = y_t \frac{L_t}{L_t + L_t D_t} = y_t \frac{1}{1 + D_t} \tag{5}$$

式中，D——总抚养比。

对式（5）进行动态化后可以得到：

$$\frac{\mathrm{d}\overline{y_t}}{\mathrm{d}t} = \overline{y}_t = \frac{y_t}{1+D} = \frac{y_t'}{y_t} - \frac{(1+D)'}{(1+D)} \tag{6}$$

式中，$\frac{y_t'}{y_t}$——反映了劳动生产率 y_t 的增长率，我们用 g_y 表示；

$g_{\overline{y}}$——人均产出的增长率，总抚养比的调整值（1+D）的增长率用 $g_{(1+D)}$ 表示。

也就是：

$$g_{\overline{y}} = g_y - g_{(1+D)} \tag{7}$$

即人均产出的增长率 $g_{\overline{y}}$ 与劳动生产率 g_y 成正比，而与总抚养比调整值增长率 $g_{(1+D)}$ 成反比。

由以上推导可知，总抚养比变动反映的是人口结构的变化。它对人均产出的影响可以分为三种情况来讨论：①当总抚养比不变，从而总抚养比的调整值增长率为 0（$g_{(1+D)}=0$）时，人口年龄结构变动因素对人均产出没有影响；②当总抚养比下降，从而总抚养比的调整增长率小于 0（$g_{(1+D)}<0$）时，即使劳动生产率保持不变，有利的人口结构也会使人均产出保持增长；③当总抚养比上升，从而使调整值增长率大于 0（$g_{(1+D)}>0$）时，人口年龄结构变动因素不利于人均产出的增长。在劳动生产率不变的情况下，人均产出将因为总抚养比的上升而出现下降。

4.1.2　实证分析

从上面讨论的动态公式中，可以发现，要保持人均产出正增长，则要求劳动生产率的增长必须超过总抚养比调整值的增长。总抚养比下降，只有在社会劳动生产率增长率不发生变化时才是一个有利于社会生产的人口年龄结构变化。

对北京市 2000—2010 年的经济、人口数据进行计算、分析，发现：①总人口抚养比下降。总抚养比由 28.22%下降到了 20.94%。②人均产出增加。人均产出从 1990—2000 年按10年内年均增长来计算，人均GDP增长1 949.2元，2000—2010年，人均GDP增长5 181.6元。③社会劳动生产率变动值远远高于总抚养比变动值。

表 9　2000 年、2010 年社会生产率、总抚养比变化

	社会劳动生产率/万元	总抚养比
2000 年	51 082	28.22%
2010 年	139 057	20.94%
增长率	1.722 231	−0.257 97

经过分析，虽然总抚养比在下降，但是社会劳动生产率的变动率远远高过总抚养比的变动率，因此经济增长的动因主要是由于社会劳动生产率的增长，而目前的人口年龄结构可能已经不利于社会生产，即在向“人口负债”转变。

4.1.3 对策

第一，从宏观角度来说，人口红利期的结束意味着，无法利用廉价人力资本的优势。要在人口红利期结束之前及时调整产业结构，增加社会生产效率，并且完善养老制度体系，以应对人口负债期到来的人口抚养压力。

第二，结合北京发展实际，相对于其他省市地区，产业结构优势明显。但是需要指出的是，目前第三产业的发展呈现以传统服务业为主的特征，具有高附加值的现代服务业发展尚滞后[7]。而制约其发展的最主要因素就是现代服务业需要高素质的人才，因此培养第三产业发展所需的各类人才应当成为今后发展的重点。

第三，从长远角度来看，将已经获得的人口红利更多地投资于教育、健康和就业机会，才能实现人力资源的积累和开发，从而进一步提高劳动生产率，使未来相对较少的劳动力人口创造出满足老龄化社会需求的社会财富。

4.2 老龄抚养比变化，影响社会生产的成本

从北京市老龄化时空特征中已经得出，北京市老年抚养比总体下降，但是各区县变化差异明显。因此本节希望通过建立一个指标体系评价各区县老年抚养负担压力情况，借鉴城市社会空间相关思想、方法，来表达北京市综合抚养压力的空间格局。

4.2.1 指标建立

老年人的抚养问题是一个社会问题，需要由社会、家庭和个人共同承担，因此从这 3 个层面我们分别选取指标来对北京市各区县综合老年人负担状况进行分析。

指标一：区县老年抚养比。是该区县老年人口与区县内劳动人口的比例，反映整个地区老年抚养的负担情况。该指标反映一定地域内，社会这个层级上的负担压力，与地区综合老年人抚养压力呈正相关。

指标二：老年家庭比例。老年型家庭指含有两个以上老龄人口的家庭，老年型家庭的抚养负担明显高于其他类型家庭。因此将区域老年家庭占整个区域家庭数的比例作为指标。该指标一定程度上反映了一定地域内，家庭这个层级上老年抚养的负担情况，与地区综合老年人负担状况呈正相关。

指标三：有较强自我负担能力的老年人口比例。人口统计中，老年人口的收入来源包括劳动收入、离退休金养老金、失业保障金、最低生活保障金、财产性收入、家庭其他成员供养和其他，本研究把有劳动收入和离退休养金的老人视为有较强自我负担能力的老年人口。该指标反映的是一定地域内，个人这个层级上老人的自我负担能力，与地区综合老年人负担状况呈负相关。

指标四：不健康老年人口比例。人口统计中，老年人口按健康状况，分为健康、比较健康、不健康但可以生活自理和不能生活自理，研究把后两项视为不健康老年人口。该指标反映了一定地域内，个人这个层级上老年人对抚养照顾的需要，与地区综合老年人负担状况呈正相关。

表 10 不同层级老年抚养负担指标数据

指标	老年抚养比	老年型家庭比例	劳动收入和退休金	健康状况
指标含义	地区抚养压力（正）	家庭抚养压力（正）	个人抚养能力（负）	个人抚养需要（正）
东城区	15.26%	35.13%	92.67%	18.10%
西城区	16.57%	40.45%	92.46%	20.74%
崇文区	15.52%	36.47%	92.96%	21.58%
宣武区	15.14%	37.81%	92.71%	19.62%
朝阳区	10.29%	41.66%	91.69%	13.75%
丰台区	10.74%	39.97%	88.79%	14.93%
石景山区	11.87%	41.65%	86.59%	19.52%
海淀区	9.99%	44.41%	92.28%	12.52%
门头沟区	13.98%	34.82%	57.19%	23.68%
房山区	10.94%	36.02%	44.77%	22.04%
通州区	9.27%	36.49%	48.75%	14.31%
顺义区	9.59%	37.35%	34.57%	22.84%
昌平区	6.79%	39.17%	68.40%	12.88%
大兴县	7.13%	37.40%	56.55%	12.47%
平谷县	10.94%	36.76%	31.30%	43.05%
怀柔县	13.31%	37.80%	26.96%	27.65%
密云县	13.12%	35.20%	31.36%	27.10%
延庆县	12.50%	34.70%	32.80%	23.15%

4.2.2 聚类分析

北京市各区县的抚养负担压力在各个层级上呈现出不同的空间分布格局。根据划分出的各个指标发现：社会负担压力较大的区县包括延庆、怀柔、密云；家庭抚养压力大的区县包括海淀、朝阳、石景山；个人抚养能力差的区域包括延庆、怀柔、密云、顺义、平谷、通州、房山；而个人抚养需求大的区域主要是平谷。

借鉴城市社会空间研究中的生态因子方法，我们把 4 个指标作为影响各区县综合老年抚养压力的 4 个主要因素，然后通过 SPSS 进行聚类分析，希望能够形成一个全市综合老年抚养压力空间格局图。

首先对数据进行描述，求出各因子数据的平均值和标准差，然后进行 *Z*-Score 标准化，使得各个因子之间具有可比性。*Z*-Score 方法可以使变量在标准化后，围绕 0 上下波动，大于 0 说明高于平均水平，小于 0 说明低于平均水平，可以使各变量呈现一个和全市平均水平相较下的水平程度。

表 11 描述统计量

	N	均值	标准差
地区抚养压力（正）	18	11.830 6%	2.821 4%
家庭抚养压力（正）	18	37.960 8%	2.734 5%
个人抚养能力（负）	18	–64.600 7%	26.622 6%
个人抚养需要（正）	18	20.552 0%	7.427 8%
有效的 *N*（列表状态）	18		

表 12 各类别中心值

指标	聚类		
	1	2	3
地区抚养压力	0.079 281 815 512	1.343 978 166 868	−0.847 309 846 176
家庭抚养压力	−0.682 352 453 773	−0.180 632 081 211	0.785 562 409 672
个人抚养压力	1.036 977 873 794	−1.055 438 236 686	−0.433 867 626 968
个人抚养需要	0.878 001 084 280	−0.072 988 919 471	−0.836 275 965 260

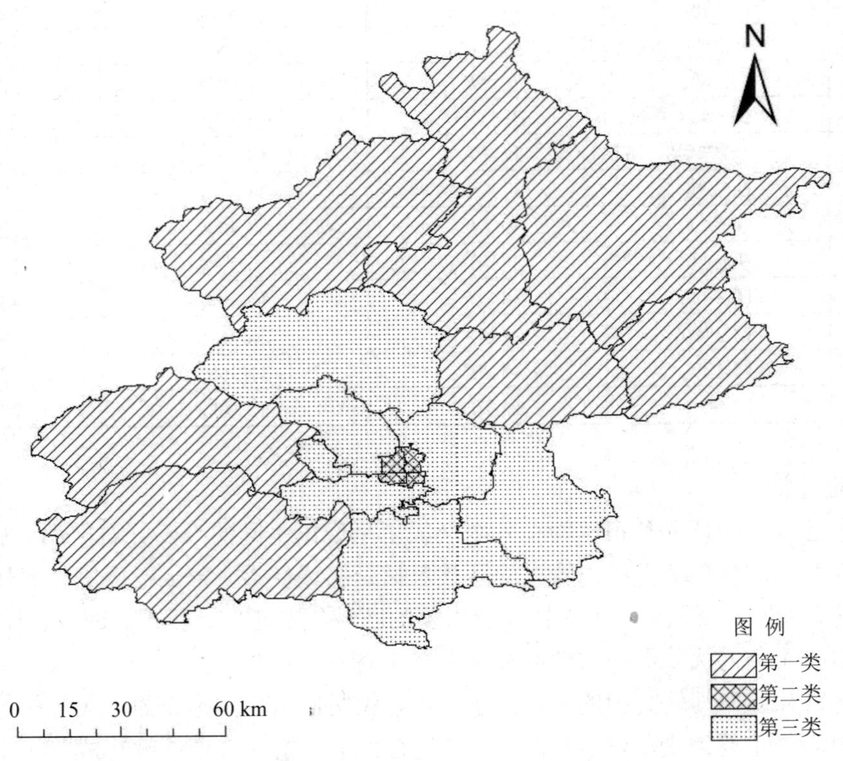

图 7 北京市综合抚养压力空间格局图

根据聚类分析结果，将北京市 18 个区县大致分为三类地区。第一类地区：门头沟区、房山区、顺义区、平谷区、怀柔区、密云县、延庆县，这些区县个人抚养需求大，个人抚养能力差；第二类地区：东城区、西城区、宣武区、崇文区，中心城区的四个区地区抚养压力高于其他区县；第三类地区：朝阳区、丰台区、石景山区、海淀区、通州区、昌平区、大兴区，这些区县的家庭抚养压力普遍高于全市水平。

4.2.3 对策

针对根据抚养压力分出的三类地区，我们应当有侧重地进行改善。

针对第一类地区，提出如下建议：①个人抚养能力差的地区针对低龄老人，提供适当的职位，使其有一定的自我抚养能力；或提高退休年龄，使仍具有工作能力、工作意愿的老年人有一定的劳动收入。②对于个人抚养需求大的老年人群，医疗服务、相关的护理服务则是必要而迫切的；医疗服务的质量也是亟待改善的，医疗、服务机构从业人员专业素质需要系统培训。③政府可以提供一些优惠政策，鼓励老年护理相关服务企业落户。

针对第二类地区，主要是由于老年人口较为集中引起的社会抚养压力大，主要解决建议如下：①改善居住条件，增强社区服务，满足老年人的精神文化需求；②增进社区居民间的相互照顾，推进居家式社区养老模式；③市中心的老人还可以借鉴“以房养老”的经验，将市中心地区的房屋出租，利用地租差异换取更好的居住条件或者选择机构养老方式。

针对第三类地区，解决家庭负担较重问题，主要是发动社会力量。如：①大力开展老年服务组织，鼓励一些非营利性的、公益性的老年服务机构，为老年家庭提供相应的物质、精神照护。②可以借鉴国外成功经验，如英国20世纪50年代提出的“社区照护”（community care for the elderly）的养老模式，并取得很好的效果。即不让老年人离开熟悉环境的情况下，动员社区内的资源达成一个相互支持体系，达到目标是在“自己的家或‘像家似的’环境中供养人们”。

4.3　老龄化结构差异，市场需求差异，影响产业政策及设施布局

4.3.1　老年产业

老龄产业也被称为“银色产业”。是根据人的生理特征和生活习惯，从生产、经营和服务三方面为老人提供产品或劳务，满足老年人衣、食、住、行、用等各方面需求的各种行业的统称。

人口老龄化将通过供需两方面的共同作用，间接地影响各种资源、要素在产业内部和产业之间的分布、配置和使用效率。这种影响发挥作用的传导机制表现在促使老年市场的形成和老年产业的发展[23]。钟若愚[23]指出，在老年产业体系中，最值得关注的老年医疗保健业、老年家庭服务业、老年保险业和老年娱乐业等均属于第三产业的范畴。因而，未来人口老龄化的进展必然带动第三产业的发展，有力促进农业剩余劳动力向第三产业转移，从而实现劳动力就业的产业结构调整。

借鉴国外老年产业发展经验，结合北京市现状，可以在如下一些方面进一步的发展：①老年人餐饮业，目前大多存在于疗养院、养老院等特定的机构中，但是随着老年人市场的扩展，餐饮业专业化、细化的趋势尤为明显，它的发展还将催生（如送餐上门服务等）一系列的服务产业链条的发展。②老年人用品，包括保健品、营养品、老年服装、体检用品等。随着老龄化的加深，不仅需求市场大大拓宽，而且需求层次也不断提升。结合北京老年消费市场特点、需求，可以进一步展开包括个性化定制的深层产业发展。③北京老年人口普遍文化程度较高，对精神层面、文化方面有更多的需求，发展包括老年旅游、老年心理咨询、老年图书、音像制品在内的老年文化产业。

4.3.2　服务设施

齐明珠等在《北京市区县间医疗资源配置的人口公平性研究》[24]中指出到2008年年末，从区域分布上看，北京市医疗卫生机构在各城区分布是非常不平衡的。医疗卫生机构数量最多的是朝阳区1 052个，占北京市医疗卫生机构的17%；其次是海淀区901个，占总数的14.56%；昌平区574个，占9.27%；而崇文区、门头沟区、延庆县较少，大约都只占北京市医疗卫生机构的2%左右，崇文区135个，门头沟区119个，延庆县99个；最少的是平谷区68个，仅占1.10%。

陶文莹[25]指出，北京养老机构约有40%分布在城八区，60%分布在其他区县；从入住

率来看，城区与郊区有很大的差异，城八区养老机构的入住率比其他区县高出近 20 个百分点。

结合已有研究和前面的分析可以看出，郊区县的个人负担能力较差，这可能是入住率低的原因；而且养老机构的质量差异比较大，规模不足、条件简陋、人员素质偏低，无法满足老年人对于机构养老替代居家养老的心理预期。管理、服务人员的业务培训问题是发展养老机构亟待解决的问题。政府方面应当提供相关的用水、用电、用气以及电话安装等优惠政策，宏观上促进医疗机构布局的均匀化、合理化。

4.3.3 老龄人口结构差异需求不同

基于性别差异研究，一些研究把视角转向女性群体。王苗苗[20]指出女性老年人口存在几点困境：经济困境、健康困境、生活照顾和精神慰藉需求和家庭依附和社会地位低下。随着年龄比的增加，女性老年人口将占据老年人口的大多数，社会为老年人服务更应该注重女性老年人的需求，提供针对于女性老年人的心理辅导、健康服务等。此外，提前在就学、就业、社会保障等方面对女性有所倾向，可以保护老年女性实现晚年的平等权益。

基于年龄差异，崔红威指出政府应该抓住时机，尽早着手开发低龄老年人力资源，挖掘经济发展的潜力，延长第一人口红利，发展第二人口红利[19]。根据年龄阶段，我们可以提出建议如下：①对具有一定工作能力，并有意愿发挥余热的低龄老年人，扩展老年人力资源，开发人口第二红利。当然这需要一些制度上的保障，来解决包括工作机会、身体状况、用工制度等方面产生的问题。②满足高龄老年人的护理、医疗需求，特别是上门服务。③对于各年龄阶段的老年人，以社区为单位开展丰富的老年人活动，鼓励老年人各种形式的文体活动，满足其精神文化需求；开办老年人大学，满足老年人“活到老，学到老”的教育需求。

5 结论与建议

5.1 北京市人口老龄化时空变化特征

基于对 2000 年第五次、2010 年第六次北京市人口普查数据的统计分析，发现 2000—2010 年北京市老龄化时空呈现如下 6 个特征：①老龄人口显著增长，女性增长较男性快；②老年人口比重变化不大，但高龄化程度加深；③老年人口城乡差异增大，乡村老年人口抚养负担加重；④老年人口死亡率整体降低，未来老龄化高龄化风险加大；⑤老龄化空间分布特征仍呈圈层结构；⑥老龄化人口分布集中度下降，空间分布差异减小。

5.2 对社会经济影响的时空特征

在对老龄化时空特征分析的基础上，进一步以社会生产的视角，分析老龄化对其时空影响。发现：①当前老龄化程度水平下的人口年龄结构，已经走向人口负债期，因此要抓住时机加快产业结构调整、做好相关的制度保障，提前应对人口负债的到来。②老龄化影响下，老年抚养负担在各区县呈现差异化分布，根据地区抚养负担、家庭抚养负担、个人抚养能力和个人抚养需要，对 18 个区县进行聚类分析，刻画出北京市综合老年抚养压力的空间结构。针对每类地区的特点，提出相应对策。③老龄化影响下将促进老年产业发展，影响养老服务机构、设施的全市布局，以及针对不同类型老年人需求的服务。

5.3 建议

（1）老龄化对社会生产分析中的公式推导只是一个运用已有数据的简单数理推算，还有很多实际因素未能考虑，是未来进一步研究中需要着重讨论的。

（2）本文对于老龄化对社会生产成本的分析，主要是想借鉴城市社会空间的相关方法，着重于地理视角，通过建立因子指标对整体抚养压力的空间格局进行描述，因此选取的指标也不能充分涵盖所有影响社会生产成本的因素。

（3）关于如何发展老年产业、进行老年服务，内容涵盖甚广，相关研究也很多，本文中的建议只是结合北京市发展现状和一些文献进行的大致分析，有待进一步探讨。

参考文献

[1] Bloom D E，Canning D，Fink G. Implications of population ageing for economic growth[J]. Oxford Review of Economic Policy，2010，26（4）：583-612.

[2] 姚静，李爽. 中国人口老龄化的特点、成因及对策分析[J]. 人文地理杂志，2000（5）：24-29.

[3] Wiener J M，Tilly J. Population ageing in the United States of America：implications for public programmes[J]. Int J Epidemiol，2002，31（4）：776-781.

[4] 李日邦，王五一，谭见安，等. 我国人口老龄化发展的阶段、趋势和区域差异[J]. 地理研究，1999，18（2）：113-121.

[5] 林琳，马飞. 广州市人口老龄化的空间分布及趋势[J]. 地理研究，2007，26（5）：1043-1054.

[6] 张纯，曹广忠. 北京市人口老龄化的空间特征及影响因素[J]. 城市发展研究，2007（2）：56-61.

[7] 邬民乐. 劳动生产率增长与人口老龄化的应对研究[D]. 上海：复旦大学，2008.

[8] 王立勋. 人口老龄化对北京市产业结构调整的影响[J]. 人口与经济，2010（S1）：21-22.

[9] 袁蓓，郭熙保. 人口老龄化对经济增长影响研究评述[J]. 经济学动态，2009（11）：114-120.

[10] Martin L G. Population aging policies in East Asia and the United States[J]. Science，1991，251（4993）：527-531.

[11] Yip P S，Tan K C. Impacts of ageing population on monetary and exchange rate management in Singapore[J]. The Singapore Economic Review，2008，53（2）：245-259.

[12] 邬沧萍，王琳，苗瑞凤. 中国特色的人口老龄化过程、前景和对策[J]. 人口研究，2004，28（1）：8-15.

[13] 李爽，姚静. 中国人口老龄化的特点、成因及对策分析[J]. 人文地理，2000，15（5）：24-29.

[14] 王岱，刘旭，蔺雪芹. 发达国家应对人口老龄化的对策及对我国的借鉴[J]. 世界地理研究，2013（1）：132-142.

[15] 张纯，柴彦威，李昌霞. 北京城市老年人的日常活动路径及其时空特征[J]. 地域研究与开发，2007（4）：116-120.

[16] 孙樱，陈田，韩英. 北京市区老年人口休闲行为的时空特征初探[J]. 地理研究，2001（5）：537-546.

[17] 袁俊，吴殿廷，吴铮争. 中国农村人口老龄化的空间差异及其影响因素分析[J]. 中国人口科学，2007（3）：41-47.

[18] 周园园. 浙江省百岁老人地区分布差异与数量增长[D]. 杭州：浙江大学，2008.

[19] 崔红威. 浅谈低龄老年人力资源开发潜力[J]. 理论界，2011（5）：38-39.

[20] 王苗苗. 老龄化背景下老年女性养老问题研究[D]. 西安：陕西师范大学，2012.

[21] 刘娜. 我国人口老龄化时空分布特征研究[D]. 西安：陕西师范大学，2012.
[22] Heckman J.J. China's investment in human capital. 美国国家经济研究局工作论文，2002.
[23] 钟若愚. 人口老龄化影响产业结构调整的传导机制研究：综述及借鉴[J]. 中国人口科学，2005（S1）：169-174.
[24] 齐明珠，童玉芬. 北京市区县间医疗资源配置的人口公平性研究[J]. 北京社会科学，2010（5）：27-33.
[25] 陶文莹. 北京市养老机构发展数量与功能研究[D]. 北京：首都经济贸易大学，2010.